KB233046

 예배와 삶의 일치

복음에는 하나님의 의가 나타나서 믿음으로 믿음에

이르게 하나니 기록된 바 오직 의인은 믿음으로

말미암아 살리라 함과 같으니라

로마서 1 : 17

비전북은 줄과 추 도서출판 와 하늘사다리 가 연합하여 설립한 출판사로서 오직 믿음으로만 살았던 개혁신앙을 계승 발전시키고 다시오실 주님의 길을 예비하는 마음으로 21세기에도 역동적인 신앙을 세우는데 꿈과 비전을 품고 예배와 삶의 일치를 이루는 출판 공동체입니다.

기독교 신학

쉽게 풀어쓴
기독교 신학

V. 예수 재림과 십계명

박재호 지음

비전북출판사

 **예배와 삶의 일치**

복음에는 하나님의 의가 나타나서 믿음으로 믿음에

이르게 하나니 기록된 바 **오직** 의인은 **믿음**으로

말미암아 살리라 함과 같으니라

로마서 1 : 17

비전북은 줄과추 도서출판 와 하늘사다리 가 연합하여 설립한 출판사로서

이 땅에 하나님 나라의 확장을 위하여 존재하며

오직 믿음으로 주님 오실 그날까지 주님을 외치며 꿈과 비전을 가지고

모든 삶의 영역 속에서 예배와 삶의 일치를 이루어 갈 것입니다.

쉽게 풀어쓴 **기독교 신학**
V. 예수 재림과 십계명

1판 1쇄 인쇄 : 2001년 4월 10일
1판 1쇄 발행 : 2001년 4월 30일

저　자 : 박 재 호
발행인 : 이 원 우　/　발행처 : **비전 북출판사**
주　소 : (121-839)서울시 마포구 서교동 388-1 대강 B/D 201호
전　화 : (02)3141-9090(대)　/　팩　스 : (02)3144-6620
E-mail : Vsbook@hitel.net
등록번호 : 제10-1452호

공급인 : 박 종 태　/　공급처 : **비전북**
전　화 : (031)907-3927　/　팩　스 : (080)403-1004

Copyright ⓒ 2001 비전북출판사　Printed in Korea
값 9,000원
ISBN 89-87613-50-X　04230
ISBN 89-87613-45-3　(전5권)

「기독교 신학」을 쉽게 풀어쓴 것은

하나님께서 인간에게 계시하신 그분의 뜻과 진리를

체계적으로 파악하여 평이하게 기술해 놓음으로써

누구든지 읽고 그 가르치심을 깊이 깨달아

하나님과의 인격적 · 윤리적 · 영적 관계를

바로 정립하여 참된 신앙생활을

가능케 하려는데 근본 목적이 있습니다.

하나님께만 모든 영광을 세세 무궁토록 돌려드립니다.

머 리 말

기독 신자가 신앙의 기준인 성경을 알지 못하면 신앙생활을 바로 할 수 없고, 또 성경을 안다고 하더라도 그 안에 담겨진 근본 교의(敎義)를 체계적으로 이해하지 못하고는 성경 진리에 부합되는 올바른 신앙생활이 불가능한 것입니다. 오늘날 교인들 중에는 성경이 가르치는 바른 교리와 기초적 신학 지식이 없어 건전한 신앙생활을 못하고 맹신(盲信)과 미신(迷信), 무속(巫俗) 또는 사이비 기독교 집단이나 이단(異端)의 유혹에 빠지는 경우가 많습니다. 이러한 폐단은 성경의 교의와 기독교 신학에 대한 가르침을 제대로 받지 못한 데 근본 원인이 있는 것입니다.

지난 날 한국에 와 있던 어떤 외국 선교사가 "한국 교회는 신앙은 있으나 신학은 없다."고 지적한 것은 참으로 심사숙고해야 할 교훈이라고 사료됩니다.

이런 취지에서 필자는 기독교 교의(敎義)와 신앙의 근본인 성경의 핵심 교리(敎理)를 누구나 쉽게 이해할 수 있도록 간결 평이한 문체로 기독교 신학 강해서를 기술하였습니다.

루터의 종교개혁 기본 이념과 취지가 신앙의 근본이요, 표준인 성경으로 돌아가자는 것이라면 개혁주의는 한마디로 성경주의라고 단언할 수 있습니다.

　본서는 이러한 개혁주의 정신과 취지에 입각하여 성경 안에 담겨져 있는 기독교 근본 교리와 신학을 조직적으로 체계화하여 엮어 놓은 것입니다.

　필자는 지난 수년 동안 목회 일선에서 성도들에게 성경의 교리와 신학을 강의하면서 준비했던 여러쪽의 교안(教案)들을 한데 모아 조직 신학적인 논술 체계로 책을 편집하였습니다. 미흡한 점이 있을 듯하나 이 책이 한국 기독교계에 다소나마 보탬이 되기를 바라며 출판이 이루어지기까지 많은 격려와 물심 양면간의 협조에 인색하지 않은 새소망교회의 이중재 장로님을 위시하여 당회원 및 여러 성도님들과 새벽성서대학 학우들에게 감사를 드리는 바입니다.

브라질 상파울루에서
저자 **박 재 호**

추 천 사

한국 교회의 가장 심각한 문제가 무엇이냐고 한다면 목회와 신학의 균형 문제라고 생각합니다. 은혜 치중의 강단에 신학의 빈곤에서 야기되는 폐단으로 말미암아 한국 교회는 사회적인 빈축을 받아 온 것이 심각한 현실의 문제입니다. 이러한 시기에 참으로 적절하게 한국의 목회자와 성도들이 이목을 집중하여야 할 기독교 신학과 교리를 성경 중심으로 체계화한 저서가 발행되었음을 기뻐하는 바입니다.

본서는 저자가 그 동안에 목회현장에서 수년 간 강의한 "성경의 교리" 및 "기독교 신학"의 교안들을 체계적으로 정리하여 편집한 것으로써 이는 그의 목회의 빛나는 결실이 되리라 사료되는 바입니다.

저자는 과거에 한국에서 신학교 교수와 목회자로 활약했고, 현재 전 미주 영성 목회협의회 총재직을 맡아 영성목회운동에 앞장서고 있는 미주 지역의 영적인 지도자로도 부각되어 지성과 영성을 겸비한 목회자로 정평이 나 있습니다.

저자는 예전에 국내 목회에도 두각을 나타냈을 뿐만 아니라 남미 브라질의 이민 목회에도 크게 성공한 목회자입니다. 저자는 신학자로서 한국과 브라질 및 미국의 신학교 강단에서 다년 간 후학들을 가르쳤고, 국내외 교회에서 부흥회를 통

하여 은혜스러운 말씀으로 성도들에게 영적 양식을 제공해 준 부흥사이기도 합니다. 본서는 목회자요 신학자요 부흥사인 저자의 역작으로서, 주로 평소에 강단에서 일반 성도들에게 강의하기 위하여 내용을 아주 알기 쉽게 풀어쓴 기독교 신학 강해서입니다. 본서를 정독하는 이들은 기독교의 진리를 체계적으로 이해하는데 큰 도움이 되겠기에 적극 추천합니다.

한기총 증경회장
예장 증경총회장
동도교회 원로목사 **최 훈**

추 천 사

한국 기독교인들에게 크게 공헌하게 될 「쉽게 풀어쓴 기독교 신학」의 출판을 축하합니다. 본 저서의 저자이신 박재호 목사님은 이민 목회에 성공한 대표적인 목회자중의 한분입니다. 특히 복음 전파에 열악한 환경인 남미에서 신앙생활하기에 참으로 버거운 교포들에게 20여년간 꾸준히 사랑과 진실로 사역하여 한인 교회로써는 가장 두각을 나타내는 대형 교회로 새소망교회가 성장하게 된 원동력이 본 저서로 입증이 될 듯합니다.

저자는 영성과 지성을 겸비한 목회자로써 목회에 전심전력 할뿐만 아니라 오랜 기간 신학대학에서도 후진 양성에 심혈을 기울여 왔기에 금번에 강단과 교단에서 강해된 "성경에 기반을 둔 기독교의 진리"를 복음적인 입장에서 해박한 신학논리로 평이하게 강해한 신학서적입니다. 이는 누구든지 기독교를 쉽게 접근할 수 있도록 시도한 공을 높이 인정하게 됩니다.

그의 20여년간의 이민 목회는 단순한 목회에만 급급하지 않고 기회 있을 때마다 기독교의 진리를 이해하기 쉽게 강해한 노력의 흔적이 있었음을 인지하면서 그토록 새소망교회가 이민 성도들에게 신앙의 지주 역할을 감당한 저력이 바로 그의 확고부동한 건전한 신학을 바탕으로 한 영성목회에 있었음을 쉽게 이해하게

될 것입니다.

저자는 금번에 이민 목회의 결산서답게 평소 목회에 강조점을 두었던 기독교 신학의 강해를 5권의 방대한 저서로 발간하게 되었기에 신학의 부재로 인하여 야기되기 쉬운 한국 교회의 위기적인 상황이 치유되리라고 소망하면서 본서를 적극 추천하는 바입니다.

이러한 방대한 신학적인 저서가 목회자나 신학자만을 위함이 아니고 모든 한국 성도들을 위한 수고이기에 노작(勞作)을 널리 소개하고 싶습니다.

한기총 증경회장
기성 증경총회장
신촌교회 원로목사 **정 진 경**

차 례

제 20 장
종말론

본장에서는 세계와 인류 역사의 종말에 실현될

예수 그리스도의 재림과 천년왕국의 건설,

의인과 악인의 부활, 최후 심판, 개인의 종말인 죽음과 사후 중간 상태,

영혼 불멸과 악인과 의인의 최후 상태, 영원 형벌,

지옥과 천국, 천국의 영생 복락에 관하여 체계적으로 기술하였다.

종말론의 개념

Ⅰ. 종말론이란?

　기독교 신학의 마지막 부분에서 세계와 인류의 종말에 관한 교리 강론을 하게 되는데 이를 가리켜 종말론(終末論 ; Eschatology ; 에스커탈로지) 혹은 말세론(末世論)이라고 한다. 종말론에서는 역사의 종말과 인류의 지상 생활의 종국 및 사후(死後)의 문제를 논하게 된다. 기독교의 종말론은 이 세대가 끝난 후의 일, 즉 예수님의 귀환(歸還, 재림)과 심판, 일반적 부활, 천년왕국, 영원 세계의 상태 등을 포함하여 논하게 된다(사 2 : 2; 미 4 : 1; 벧전 1 : 20; 요일 2 : 18).

사 2 : 2	말일에 여호와의 전의 산이 모든 산꼭대기에 굳게 설 것이요 모든 작은 산 위에 뛰어나리니 만방이 그리로 모여들 것이라
미 4 : 1	말일에 이르러는 여호와의 전의 산이 산들의 꼭대기에 굳게 서며 작은 산들 위에 뛰어나고 민족들이 그리로 몰려갈 것이라
벧전 1 : 20	그는 창세 전부터 미리 알리신 바 된 자나 이 말세에 너희를 위하여 나타내신 바 되었으니
요일 2 : 18	아이들아 이것이 마지막 때라 적그리스도가 이르겠다 함을 너희가 들은 것과 같이 지금도 많은 적그리스도가 일어났으니 이러므로 우리가 마지막 때인 줄 아노라

Ⅱ. 종말론의 구분

1. 개인적 종말론

　개인적 종말론은 개인의 육신적 죽음, 영혼의 불변성, 사후의 중간 상태(개인은 사망과 더불어 현세에서 내세로 옮겨지는데 그 사망 때부터 일반적 부활 때까지의 상태)와 이미 죽은 세대들이 어떻게 마지막 종말론적 사건들에 참여하게 될 것인지에 대하여 논하게 된다.

2. 일반적 종말론

일반적 종말론은 세계와 인류의 역사가 마침내 종국이 올 것이라는 사실을 놓고 논하는 것이다. 성경에 의하면 일반적 종말은 그리스도의 재림과 연관되어 있다. 그러므로 일반적 종말론에서는 그리스도의 재림을 위시하여 세상 종말, 일반적 부활, 마지막 심판, 천년왕국의 건설, 선한(경건) 자와 악한 자의 마지막 상태 등에 대하여 논하게 된다.

개인적 종말

I. 인간의 육체적 죽음

성경적 죽음의 개념은 인간의 육체적, 영적, 영원적 죽음을 포함한다. 그리고 기독교 신학에서 육체적 죽음과 영적 죽음은 죄의 교리와 연관되고, 영원적 죽음은 일반적 종말론과 연관하여 고찰하게 된다.

성경에 나타난 인간의 죽음은 앞에서 언급한 대로 육체적, 영적, 영원적 죽음의 3부분으로 구분되는데(마 10 : 28; 눅 12 : 4) 그 내용은 다음과 같다.

마 10 : 28	몸은 죽여도 영혼은 능히 죽이지 못하는 자들을 두려워하지 말고 오직 몸과 영혼을 능히 지옥에 멸하시는 자를 두려워하라
눅 12 : 4	내가 내 친구 너희에게 말하노니 몸을 죽이고 그 후에는 능히 더 못하는 자들을 두려워하지 말라

1. 육체의 죽음

성경에서 육체의 죽음은 육체적 생명의 종결 또는 상실을 의미한다(눅 6 : 9; 요 12 : 25). 또 육체적 죽음은 신체로부터 영혼이 분리되는 것이라고 성경은 말하고 있다(전 12 : 7; 약 2 : 26; 요 19 : 30; 마 27 : 59; 행 5 : 5,10). 그러므로 성경이 말하는 육체적 죽음은 인생의 멸절(滅絶 : 존재가 끝남)이 아니라 생(生)이 자연적 관계들로부터 분리됨을 의미한다.

눅 6 : 9	예수께서 저희에게 이르시되 내가 너희에게 묻노니 안식일에 선을 행하는 것과 악을 행하는 것 생명을 구하는 것과 멸하는 것 어느 것이 옳으냐 하시며

요 12 : 25	자기 생명을 사랑하는 자는 잃어버릴 것이요 이 세상에서 자기 생명을 미워하는 자는 영생하도록 보존하리라
전 12 : 7	흙은 여전히 땅으로 돌아가고 신은 그 주신 하나님께로 돌아가기 전에 기억하라
약 2 : 26	영혼 없는 몸이 죽은 것같이 행함이 없는 믿음은 죽은 것이니라
요 19 : 30	예수께서 신 포도주를 받으신 후 가라사대 다 이루었다 하시고 머리를 숙이시고 영혼이 돌아가시니라
마 27 : 59	요셉이 시체를 가져다가 정한 세마포로 싸서
행 5 : 5	아나니아가 이 말을 듣고 엎드러져 혼이 떠나니 이 일을 듣는 사람이 다 크게 두려워하더라
행 5 : 10	곧 베드로의 발 앞에 엎드러져 혼이 떠나는지라 젊은 사람들이 들어와 죽은 것을 보고 메어다가 그 남편 곁에 장사하니

2. 영혼의 죽음

성경이 말하는 영혼의 죽음은 죄로 말미암아 사람의 영혼이 하나님께로부터 분리되어 영교(靈交)가 단절됨을 의미한다(사 59 : 2; 롬 7 : 24; 엡 2 : 1).

사 59 : 2	오직 너희 죄악이 너희와 너희 하나님 사이를 내었고 너희 죄가 그 얼굴을 가리워서 너희를 듣지 않으시게 함이니
롬 7 : 24	오호라 나는 곤고한 사람이로다 이 사망의 몸에서 누가 나를 건져내랴
엡 2 : 1	너희의 허물과 죄로 죽었던 너희를 살리셨도다

3. 영원적 죽음

영원적 죽음이란 천년 시대 후에 악한 자(惡한 者)의 부활로 인하여 재연합한 육체와 영혼이 하나님께로부터 추방되어 최종적으로 영원한 고초에 들어감을 의미한다(계 11 : 18, 20 : 14, 21 : 8).

계 11 : 18	이방들이 분노하매 주의 진노가 임하여 죽은 자를 심판하시며 종 선지자들과 성도들과 또 무론대소하고 주의 이름을 경외하는

	자들에게 상 주시며 또 땅을 망하게 하는 자들을 멸망시키실 때로소이다
계 20 : 14	사망과 음부도 불못에 던지우니 이것은 둘째 사망 곧 불못이라
계 21 : 8	그러나 두려워하는 자들과 믿지 아니하는 자들과 흉악한 자들과 살인자들과 행음자들과 술객들과 우상 숭배자들과 모든 거짓말하는 자들은 불과 유황으로 타는 못에 참예하리니 이것이 둘째 사망이라

Ⅱ. 육체적 죽음의 성질

1. 신체와 영혼의 분리

육체적 죽음은 신체와 영혼의 분리(전 12 : 7; 창 2 : 7; 약 2 : 26)로 말미암은 육체적 생명의 종결이다(마 2 : 20; 막 3 : 4; 눅 6 : 9,14 : 26; 요 12 : 25,13 : 37-38; 행 15 : 26,20 : 24). 그러나 육체적 죽음은 존재의 끝남이 아니고 생(生)이 자연적 관계들로부터 끊어지고 분리됨을 의미한다(전 12 : 6-7 참조). 그리고 육체와 분리된 영혼은 부활 때에 재결합하게 된다.

전 12 : 7	흙은 여전히 땅으로 돌아가고 신은 그 주신 하나님께로 돌아가기 전에 기억하라
창 2 : 7	여호와 하나님이 흙으로 사람을 지으시고 생기를 그 코에 불어 넣으시니 사람이 생령이 된지라
약 2 : 26	영혼없는 몸이 죽은 것같이 행함이 없는 믿음은 죽은 것이니라
마 2 : 20	일어나 아기와 그 모친을 데리고 이스라엘 땅으로 가라 아기의 목숨을 찾던 자들이 죽었느니라 하시니
막 3 : 4	저희에게 이르시되 안식일에 선을 행하는 것과 악을 행하는 것 생명을 구하는 것과 죽이는 것 어느 것이 옳으냐 하시니 저희가 잠잠하거늘
눅 14 : 26	무릇 내게 오는 자가 자기 부모와 처자와 형제와 자매와 및 자기 목숨까지 미워하지 아니하면 능히 나의 제자가 되지 못하고
눅 6 : 9	예수께서 저희에게 이르시되 내가 너희에게 묻노니 안식일에 선을 행하는 것과 악을 행하는 것 생명을 구하는 것과 멸하는 것 어느 것이 옳으냐 하시며
요 12 : 25	자기 생명을 사랑하는 자는 잃어버릴 것이요 이 세상에서 자기

생명을 미워하는 자는 영생하도록 보존하리라

요 13 : 37-38　베드로가 가로되 주여 내가 지금은 어찌하여 따를 수 없나이까
주를 위하여 내 목숨을 버리겠나이다 예수께서 대답하시되 네가
나를 위하여 네 목숨을 버리겠느냐 내가 진실로 진실로 네게
이르노니 닭 울기 전에 네가 세 번 나를 부인하리라

행 15 : 26　사람을 택하여 우리 주 예수 그리스도의 이름을 위하여 생명을
아끼지 아니하는 자인 우리의 사랑하는 바나바와 바울과 함께
너희에게 보내기를 일치 가결하였노라

행 20 : 24　나의 달려갈 길과 주 예수께 받은 사명 곧 하나님의 은혜의 복음
증거하는 일을 마치려 함에는 나의 생명을 조금도 귀한 것으로
여기지 아니하노라

2. 세상을 떠남

육체적 죽음은 인생이 세상을 떠나(딤후 4 : 6; 수 23 : 14) 성부 하나님 앞에
가서 집결하는 것으로 성경에 묘사되어 있다(신 32 : 50; 눅 16 : 22; 삿 2 : 10).
그러므로 육체의 죽음은 사람이 영적인 세계에 들어가는 첫 관문이라고 할 수 있
다. 즉 사람이 죽으면 신체와 영혼이 분리되어 영혼이 먼저 영계에 들어가고(전
12 : 7) 다음에 그 신체가 부활, 영화되어 영과 육이 완전히 영계에 들어가게 되
는 것이다. 신자는 육체적 죽음으로 일단 그 영혼이 몸을 떠나 주님과 함께 동거
하게 된다(고후 5 : 8).

딤후 4 : 6　관제와 같이 벌써 내가 부음이 되고 나의 떠날 기약이 가까왔도다

수 23 : 14　보라 나는 오늘날 온 세상이 가는 길로 가려니와 너희 하나님
여호와께서 너희에게 대하여 말씀하신 모든 선한 일이 하나도
틀리지 아니하고 다 너희에게 응하여 그 중에 하나도 어김이 없음을
너희 모든 사람의 마음과 뜻에 아는 바라

신 32 : 50　네 형 아론이 호르산에서 죽어 그 조상에게로 돌아간 것같이 너도
올라가는 이 산에서 죽어 네 조상에게로 돌아가리니

눅 16 : 22　이에 그 거지가 죽어 천사들에게 받들려 아브라함의 품에 들어가고
부자도 죽어 장사되매

삿 2 : 10	그 세대 사람도 다 그 열조에게로 돌아갔고 그 후에 일어난 다른 세대는 여호와를 알지 못하며 여호와께서 이스라엘을 위하여 행하신 일도 알지 못하였더라
전 12 : 7	흙은 여전히 땅으로 돌아가고 신은 그 주신 하나님께로 돌아가기 전에 기억하라
고후 5 : 8	우리가 담대하여 원하는 바는 차라리 몸을 떠나 주와 함께 거하는 그것이라

3. 영혼의 장막이 무너짐

육체의 죽음은 흙으로 된 나약한 신체(영혼의 장막)가 무너지므로(해체되어 내려앉음) 거기서 영혼이 벗어남을 의미한다(고후 5 : 1; 벧후 1 : 14). 이는 마치 옷을 갈아입기 위하여 헌옷을 벗음같이 영화된 몸을 입기 위하여 흙집(육체)을 벗어 버리는 것이라고 할 수 있다.

고후 5 : 1	만일 땅에 있는 우리의 장막집이 무너지면 하나님께서 지으신 집 곧 손으로 지은 것이 아니요 하늘에 있는 영원한 집이 우리에게 있는 줄 아나니
벧후 1 : 14	이는 우리 주 예수 그리스도께서 내게 지시하신 것같이 나도 이 장막을 벗어날 것이 임박한 줄을 앎이라

4. 잠들음

인간의 육체적 죽음을 성경에는 잠들음으로 표현하고 있다(요 11 : 11; 행 7 : 60; 고전 15 : 6,18; 살전 4 : 13-14; 벧후 3 : 4; 욥 3 : 13,14 : 12; 겔 32 : 29-30). 이는 육체적 죽음은 부활을 전제로 한 죽음이라는 관념에서 나온 표현인 것이다.

요 11 : 11	이 말씀을 하신 후에 또 가라사대 우리 친구 나사로가 잠들었도다 그러나 내가 깨우러 가노라
행 7 : 60	무릎을 꿇고 크게 불러 가로되 주여 이 죄를 저들에게 돌리지 마옵소서 이 말을 하고 자니라

고전 15 : 6	그 후에 오백여 형제에게 일시에 보이셨나니 그 중에 지금까지 태반이나 살아 있고 어떤이는 잠들었으며
고전 15 : 18	또한 그리스도 안에서 잠자는 자도 망하였으리니
살전 4 : 13-14	형제들아 자는 자들에 관하여는 너희가 알지 못함을 우리가 원치 아니하노니 이는 소망 없는 다른 이와 같이 슬퍼하지 않게 하려 함이라 우리가 예수의 죽었다가 다시 사심을 믿을진대 이와 같이 예수 안에서 자는 자들도 하나님이 저와 함께 데리고 오시리라
벧후 3 : 4	기도와 주의 강림하신다는 약속이 어디 있느뇨 조상들이 잔 후로부터 만물이 처음 창조할 때와 같이 그냥 있다 하니
욥 3 : 13	그렇지 아니하였던들 이제는 내가 평안히 누워서 자고 쉬었을 것이니
욥 14 : 12	사람이 누우면 다시 일어나지 못하고 하늘이 없어지기까지는 눈 뜨지 못하며 잠을 깨지 못하느니라
겔 32 : 29-30	거기 에돔 곧 그 열왕과 그 모든 방백이 있음이여 그들이 강성하였었으나 칼에 살륙 당한 자와 함께 있겠고 할례받지 못하고 구덩이에 내려간 자와 함께 누우리로다 거기 살륙당한 자와 함께 내려간 북방 모든 방백과 모든 시돈 사람이 있음이여 그들이 본래는 강성하였으므로 두렵게 하였었으나 이제는 부끄러움을 품고 할례 받지 못하고 칼에 살륙당한 자와 함께 누웠고 구덩이에 내려가는 자와 함께 수욕을 당하였도다

5. 정하신 것(필연성)

성경에 사람이 "한번 죽는 것은 정하신 것"이라고 하였으니(히 9 : 27) 사망은 인간에게 필연적인 것이다. 속담에 "죽음은 사람의 낯(안면)을 보지 않는다" 라는 말과 같이 죽음은 남녀노소, 빈부 귀천, 선악을 구별하지 않고 때가 되면 어느 때 어느 곳에서나 그 사람에게 반드시 찾아온다. 누구도 죽음 앞에는 항의 할 수 없고 면제도 없으며, 어떤 이유도 통하지 않는다. 인생이 당하는 "죽음"은 "멈춰(Stop)" 라는 하나님의 절대 명령이니 그 누구도 불복하지 못하는 것이다. 죽음은 인간에게 평등하고 필연적이다. 그러므로 모든 인생에게 가장 확실한 것은 "죽는다" 라는 것뿐이라고 하였다.

히 9 : 27　　　　　　한번 죽는 것은 사람에게 정하신 것이요 그 후에는 심판이 있으리니

III. 죽음과 죄의 관계

세상에 죽음이 들어오고 인간들이 필연적으로 죽음을 당하게 되는 것은 죄 때문이라고 성경은 가르치고 있다(창 2 : 17, 3 : 17-19; 롬 5 : 12-19 참조). 그러나 이에 대하여 견해를 달리하는 신학자들도 있다.

창 2 : 17　　　　선악을 알게 하는 나무의 실과는 먹지 말라 네가 먹는 날에는 정녕
　　　　　　　　죽으리라 하시니라
창 3 : 17-19　　아담에게 이르시되 네가 네 아내의 말을 듣고 내가 너더러 먹지
　　　　　　　　말라한 나무 실과를 먹었은즉 땅은 너로 인하여 저주를 받고 너는
　　　　　　　　종신토록 수고하여야 그 소산을 먹으리라…네가 얼굴에 땀이 흘러야
　　　　　　　　식물을 먹고 필경은 흙으로 돌아가리니 그 속에서 네가 취함을
　　　　　　　　입었음이라

1. 죽음의 원인

펠라기우스파(Pelagians)와 소시니안파(Socinians)의 주장에 의하면 사람은 본래 가사적(可死的)인 존재로 창조되었으므로 죽음의 희생물이 될 가능성이 있을 뿐만 아니라, 사멸(死滅)의 법칙에 종속되었기 때문에 죽도록 운명 지워졌다는 것이다. 이것은 본래 아담이 죽음의 가능성을 지녔을 뿐만 아니라, 타락하기 전에 실제적으로 사멸의 법칙에 예속되어 있었다는 것을 의미한다. 다시 말하면 아담은 본래부터 죽을 수밖에 없도록 사멸의 법칙에 예속된 채로 창조되었다는 것이다. 그러나 이 법칙이 그에게 있어서 그 효력을 발생하게 된 것은 오직 그가 범죄했기 때문이었다는 것이다. 그러기에 아담이 만일 스스로 순종하였더라면 그는 불멸의 상태로 승화하였을 것이라고 한다. 이는 성경의 교훈에 부합되지 않는 신학적 견해이다.

1) 죽음은 죄로 인한 형벌임

죽음은 인간의 죄로 말미암아 인간 세계에 들어오게 되었고, 이는 범죄한 인간

에게 부과된 형벌이라고 성경은 말하고 있다(창 2 : 17, 3 : 19; 롬 5 : 12, 17, 6 : 23; 고전 15 : 21; 약 1 : 15). 하나님께서는 아담과 하와를 지으시고 그들이 타락하기에 앞서 사전에 인간의 범죄에 대한 형벌로 죽음을 선언(창 2 : 17)하셨고, 그 후 범죄한 인간에게 예고된 대로 죽음의 형벌이 가해진 것이다(롬 5 : 12, 6 : 23; 겔 18 : 4; 고전 15 : 22). 그리고 인류의 시조인 아담이 타락할 때에 그는 온 인류의 머리와 대표로서 행동하였기 때문에 그의 범죄에 대한 형벌로서의 죽음은 그 자신에게만 아니라 그의 모든 후손에게까지 임한 것이다(롬 5 : 12).

창 2 : 17	선악을 알게 하는 나무의 실과는 먹지 말라 네가 먹는 날에는 정녕 죽으리라 하시니라
창 3 : 19	네가 얼굴에 땀이 흘러야 식물을 먹고 필경은 흙으로 돌아가리니 그 속에서 네가 취함을 입었음이라 너는 흙이니 흙으로 돌아갈 것이니라 하시니라
롬 5 : 12	이러므로 한 사람으로 말미암아 죄가 세상에 들어오고 죄로 말미암아 사망이 왔나니 이와같이 모든 사람이 죄를 지었으므로 사망이 모든 사람에게 이르렀느니라
롬 5 : 17	한 사람의 범죄를 인하여 사망이 그 한 사람으로 말미암아 왕노릇 하였은즉 더욱 은혜와 의의 선물을 넘치게 받는 자들이 한 분 예수 그리스도로 말미암아 생명 안에서 왕노릇 하리로다
롬 6 : 23	죄의 삯은 사망이요 하나님의 은사는 그리스도 예수 우리 주 안에 있는 영생이니라
고전 15 : 21	사망이 사람으로 말미암았으니 죽은 자의 부활도 사람으로 말미암는도다
약 1 : 15	욕심이 잉태한즉 죄를 낳고 죄가 장성한즉 사망을 낳느니라
겔 18 : 4	모든 영혼이 다 내게 속한지라 아비의 영혼이 내게 속함같이 아들의 영혼도 내게 속하였나니 범죄하는 그 영혼이 죽으리라
고전 15 : 22	아담 안에서 모든 사람이 죽은 것같이 그리스도 안에서 모든 사람이 삶을 얻으리라

2) 죽음은 자연적인 것이 아님

성경은 인간의 죽음이 원래는 자연적인 것이 아니라고 한다. 하나님의 형상으로 지음을 받은 인간에게 사망이 자연적일 수 없었음은 당연한 이치이다. 이에 대하여 좀더 구체적으로 설명을 하면 다음과 같다.

(1) 성경에 사람은 하나님의 형상대로 창조되었다고 하였으니(창 1 : 26-27) 이는 인간의 그 형상이 본래 완전한 상태로 존재하였던 것을 실증해 주는 것이다. 그러므로 본래의 사람은 그 안에 생명의 해소(解消 ; 지워서 없앰)와 사멸(死滅)의 종자(種子)를 지니고 있었을 가능성이 없다(창 1 : 27).

> 창 1 : 26-27　　하나님이 가라사대 우리의 형상을 따라 우리의 모양대로 우리가
> 　　　　　　　　사람을 만들고… 모든 것을 다스리게 하자 하시고 하나님이 자기
> 　　　　　　　　형상 곧 하나님의 형상대로 사람을 창조하시되 남자와 여자를
> 　　　　　　　　창조하시고

(2) 인간의 육체적 죽음은 사람이 하나님의 명령을 불순종하여 영생의 고지(高地)에 올라가지 못함으로 인한 그의 본래적 가사(可死)의 상태가 영생의 상태로 승화되지 못하였기 때문이라고 성경은 말하지 않고 오직 인간의 범죄의 결과라고 지적하고 있다(롬 5 : 12,17,6 : 23,5 : 21; 고전 15 : 56; 약 1 : 15).

> 롬 5 : 12　　　이러므로 한 사람으로 말미암아 죄가 세상에 들어오고 죄로
> 　　　　　　　　말미암아 사망이 왔나니 이와 같이 모든 사람이 죄를 지었으므로
> 　　　　　　　　사망이 모든 사람에게 이르렀느니라
> 롬 5 : 17　　　한 사람의 범죄를 인하여 사망이 그 한 사람으로 말미암아 왕노릇
> 　　　　　　　　하였은 즉 더욱 은혜와 의의 선물을 넘치게 받는 자들이 한 분 예수
> 　　　　　　　　그리스도로 말미암아 생명 안에서 왕노릇하리로다
> 롬 6 : 23　　　죄의 삯은 사망이요 하나님의 은사는 그리스도 예수 우리 주 안에
> 　　　　　　　　있는 영생이니라
> 롬 5 : 21　　　이는 죄가 사망 안에서 왕노릇한 것같이 은혜도 또한 의로 말미암아
> 　　　　　　　　왕노릇하여 우리 주 예수 그리스도로 말미암아 영생에 이르게

	하려 함이니라
고전 15 : 56	사망의 쏘는 것은 죄요 죄의 권능은 율법이라
약 1 : 15	욕심이 잉태한즉 죄를 낳고 죄가 장성한즉 사망을 낳느니라

(3) 성경은 죽음이 분명히 죄로 말미암아 인간 세계에 도입(導入)된 것으로써 이는 죄에 대한 적극적인 형벌이라고 말하고 있다(창 2 : 17, 3 : 19; 롬 5 : 12, 17, 6 : 23; 고전 15 : 21-22; 약 1 : 15).

창 2 : 17	선악을 알게 하는 나무의 실과는 먹지 말라 네가 먹는 날에는 정녕 죽으리라 하시니라
창 3 : 19	네가 얼굴에 땀이 흘러야 식물을 먹고 필경은 흙으로 돌아가리니 그 속에서 네가 취함을 입었음이라 너는 흙이니 흙으로 돌아갈 것이니라 하시니라
롬 5 : 12	이러므로 한 사람으로 말미암아 죄가 세상에 들어오고 죄로 말미암아 사망이 왔나니 이와 같이 모든 사람이 죄를 지었으므로 사망이 모든 사람에게 이르렀느니라
롬 5 : 17	한 사람의 범죄를 인하여 사망이 그 한 사람으로 말미암아 왕노릇 하였은즉 더욱 은혜와 의의 선물을 넘치게 받는 자들이 한 분 예수 그리스도로 말미암아 생명 안에서 왕노릇하리로다
롬 6 : 23	죄의 삯은 사망이요 하나님의 은사는 그리스도 예수 우리 주 안에 있는 영생이니라
고전 15 : 21-22	사망이 사람으로 말미암았으니 죽은 자의 부활도 사람으로 말미암는도다 아담 안에서 모든 사람이 죽은 것같이 그리스도 안에서 모든 사람이 삶을 얻으리라
약 1 : 15	욕심이 잉태한즉 죄를 낳고 죄가 장성한즉 사망을 낳느니라

(4) 성경에 죽음은 인생에 있어서 본래부터 자연적으로 있는 어떤 것, 즉 인간으로 하여금 이상적인 존재가 되지 못하게 하는 것이라 하지 않고 인간에 대하여 적개(敵愾)를 가진 것이라고 표현하고 있다(시 90 : 1-10 참조). 또 죽음은 하나님의 진노의 표현이요(시 90 : 7, 11), 심판이요(롬 1 : 32), 정죄요(롬 5 : 16), 저

주요(갈 3 : 13), 인류의 마음속에 공포를 채워 주는 것이라고 한다. 그리고 인간으로 인하여 죄가 세상에 들어옴으로써 이것은 다른 피조물에게 생소했던 부패의 속박을 가져오게 하였다고 한다(롬 8 : 20-22).

하나님께서는 엄격한 공의로써 인간이 범죄한 직후에 그에게 온전히 죽음을 부과하실 수 있었다(창 2 : 17). 그러나 하나님께서는 자신의 보통 은혜로써 죄와 죽음의 활동을 억제하셨으며, 또 예수 그리스도 안에 있는 그분의 특별 은혜로써 이 죽음의 적개적 세력(敵愾的 勢力)들을 정복하셨으므로(롬 5 : 17; 고전 15 : 45; 딤후 1 : 10; 히 2 : 14; 계 11 : 18, 20 : 14) 그 결과로 말미암아 죽음의 세력은 이제 그리스도 안에서 제공되는 구원(죽음으로부터의)의 은혜를 거부하는 자들의 생명에서만 완전한 효력을 나타내고 있으며(고전 15 : 56), 그리스도를 믿는 자들은 죽음의 세력에서 해방되고 하나님과의 교제가 회복되어 영원한 생명을 부여받는다(요 3 : 36, 6 : 40; 롬 5 : 17-21 참조 8 : 23; 고전 15 : 21-22, 51-56; 계 20 : 14 참조; 계 21 : 3-4). 그러나 아담의 범죄에 대한 형벌로서의 사형 집행은 즉시 시행된 것으로 볼 수도 있으니 그것은 그가 타락된 직후에 영적으로 죽어 하나님과 교제가 단절되어 멀어지고 낙원에서 쫓겨났으며 또 그의 육신은 즉시 늙기 시작하여 무덤을 향한 행진을 하게 되었기 때문이다.

시 90 : 7	우리는 주의 노에 소멸되며 주의 분내심에 놀라니이다
시 90 : 11	누가 주의 능력을 알며 누가 주를 두려워하여야 할대로 주의 진로를 알리이까
롬 1 : 32	저희가 이같은 일을 행하는 자는 사형에 해당하다고 하나님의 정하심을 알고도 자기들만 행할 뿐 아니라 또한 그 일을 행하는 자를 옳다 하느니라
롬 5 : 16	또 이 선물은 범죄한 한 사람으로 말미암은 것과 같지 아니하니 심판은 한 사람을 인하여 정죄에 이르렀으나 은사는 많은 범죄를 인하여 의롭다 하심에 이름이니라
갈 3 : 13	그리스도께서 우리를 위하여 저주를 받은 바 되사 율법의 저주에서 우리를 속량하셨으니
롬 8 : 20-22	피조물이 허무한데 굴복하는 것은 자기 뜻이 아니요 오직 굴복케 하시는 이로 말미암음이라 그 바라는 것은 자기 뜻이 아니요 오직

<table>
<tr><td></td><td>굴복케 하시는 이로 말미암음이라 그 바라는 것은 피조물도 썩어
짐의 종노릇한 데서 해방되어 하나님의 자녀들의 영광의 자유에
이르는 것이니라 피조물이 다 이제까지 함께 탄식하며 함께 고통
하는 것을 우리가 아나니</td></tr>
<tr><td>창 2 : 17</td><td>선악을 알게 하는 나무의 실과는 먹지 말라 네가 먹는 날에는 정녕
죽으리라 하시니라</td></tr>
<tr><td>롬 5 : 17</td><td>한 사람의 범죄를 인하여 사망이 그 한 사람으로 말미암아 왕노릇
하였은즉 더욱 은혜와 의의 선물을 넘치게 받는 자들이 한 분 예수
그리스도로 말미암아 생명 안에서 왕노릇하리로다</td></tr>
<tr><td>고전 15 : 45</td><td>기록된바 첫 사람 아담은 산 영이 되었다 함과 같이 마지막 아담은
살려 주는 영이 되었나니</td></tr>
<tr><td>딤후 1 : 10</td><td>이제는 우리 구주 그리스도 예수의 나타나심으로 말미암아
나타났으니 저는 사망을 폐하시고 복음으로서 생명과 썩지 아니할
것을 드러내신지라</td></tr>
<tr><td>히 2 : 14</td><td>자녀들은 혈육에 함께 속하였으매 그도 또한 한 모양으로 혈육에
함께 속하심은 사망으로 말미암아 사망의 세력을 잡은 자 곧 마귀를
없이 하시며</td></tr>
<tr><td>계 11 : 18</td><td>이방들이 분노하매 주의 진노가 임하여 죽은 자를 심판하시며
종 선지자들과 성도들과 또 무론대소하고 주의 이름을 경외하는
자들에게 상 주시며 또 땅을 망하게 하는 자들을 멸망시키실 때로
소이다</td></tr>
<tr><td>계 20 : 14</td><td>사망과 음부도 불못에 던지우니 이것은 둘째 사망 곧 불못이라</td></tr>
<tr><td>고전 15 : 56</td><td>사망의 쏘는 것은 죄요 죄의 권능은 율법이라</td></tr>
<tr><td>요 3 : 36</td><td>아들을 믿는 자는 영생이 있고 아들을 순종치 아니하는 자는
영생을 보지 못하고 도리어 하나님의 진노가 그 위에 머물러
있느니라</td></tr>
<tr><td>요 6 : 40</td><td>내 아버지의 뜻은 아들을 보고 믿는 자마다 영생을 얻는 이것이니
마지막 날에 내가 이를 다시 살리리라 하시니라</td></tr>
<tr><td>롬 8 : 23</td><td>이뿐 아니라 또한 우리 곧 성령의 처음 익은 열매를 받은 우리까지도
속으로 탄식하여 양자될 것 곧 우리 몸의 구속을 기다리느니라</td></tr>
<tr><td>고전 15 : 21-22</td><td>사망이 사람으로 말미암았으니 죽은 자의 부활도 사람으로
말미암는도다 아담 안에서 모든 사람이 죽은 것같이 그리스도</td></tr>
</table>

	안에서 모든 사람이 삶을 얻으리라
고전 15 : 51-56	보라 내가 너희에게 비밀을 말하노니 우리가 다 잠잘 것이 아니요 마지막 나팔에 순식간에 홀연히 다 변화하리니 나팔 소리가 나매 죽은 자들이 썩지 아니할 것으로 다시 살고 우리도 변화하리라 이 썩을 것이 불가불 썩지 아니할 것을 입겠고 이 죽을 것이 죽지 아니함을 입으리로다 이 썩지 아니함을 입을 때에는 사망이 이김의 삼킨 바 되리라고 기록된 말씀이 응하리라 사망아 너의 이기는 것이 어디 있느냐 사망아 너희 쏘는 것이 어디 있느냐 사망의 쏘는 것은 죄요 죄의 권능은 율법이라
계 21 : 3-4	내가 들으니 보좌에서 큰 음성이 나서 가로되 보라 하나님의 장막이 사람들과 함께 있으매 하나님이 저희와 함께 거하시리니 저희는 하나님의 백성이 되고 하나님은 친히 저희와 하께 계셔서 모든 눈물을 그 눈에서 씻기시매 다시 사망이 없고 애통하는 것이나 곡하는 것이나 아픈 것이 다시 있지 아니하리니 처음 것들이 다 지나갔음이러라

2. 신자의 죽음의 의의(意義)

성경은 인간의 육신적 죽음을 형벌(刑罰), 즉 "죄의 값"이라고 말하고 있다(롬 6 : 23; 약 1 : 15). 그러나 그리스도를 믿는 자들은 이미 "의롭다 함"을 받아 죄책에서 벗어났는데 왜 그들이 반드시 죽어야 하는가? 신자들은 그리스도를 믿음으로 모든 죄로부터 완전히 용서함을 받았기 때문에 실은 정죄 아래 있지 않다. 따라서 죄의 형벌인 죽음이 그들에게 적용될 수 없음은 당연한 일이다. 그런데 어째서 하나님께서는 여전히 신자들로 하여금 공포와 쓰라린 고통의 죽음을 통과하게 하시는가? 왜 하나님께서는 에녹과 엘리야가 휴거된 것과 같은 방식으로 신자들이 죽음을 통과하지 않고 직접 하늘나라로 옮겨지게 하시지 않으시는가? 이러한 의문에 대하여 혹자는 말하기를 사람이 완전히 성화(聖化)함에는 죄로 오염된 신체의 파멸이 필요하기 때문에 신자들도 죽음을 통과하도록 하나님께서 정명(定命)하신 것이라고 한다. 그러나 이러한 주장은 죽음을 경험하지 않고도 영화의 세계에 들어간 에녹과 엘리야의 예가 있기 때문에 지지할 수 없다. 그리고 또 주장하기를 죽음은 신자들이 현세의 질고(疾苦), 수난, 진토(흙, 신체)의 속박으로부터 해방되기 위해 필요하다고 한다. 그러나 하나님께서는 그 같은 해방은 재림 때 생존한 성도들이 경험하게 될 것과 같은 돌발적인 변화로도 능히 하실 수 있는 것이다.

롬 6 : 23	죄의 삯은 사망이요 하나님의 은사는 그리스도 예수 우리 주 안에 있는 영생이니라
약 1 : 15	욕심이 잉태한즉 죄를 낳고 죄가 장성한즉 사망을 낳느니라

1) 신자의 죽음은 형벌이 아님

신자들의 죽음은 그들의 죄에 대한 형벌로 부과되는 것이 아니다. 성경에 "그리스도 예수 안에 있는 자에게는 결코 정죄함이 없나니 이는 그리스도 예수 안에 있는 생명의 성령의 법이 죄와 사망의 법에서 너를 해방하였음이라"(롬 8 : 1-2)고 하였고, 또 "사망아 너의 이기는 것이 어디 있느냐 너의 쏘는 것이 어디 있느냐 사망의 쏘는 것은 죄요 죄의 권능은 율법이라"(고전 15 : 55-56)고 하였으니 이미 회개함으로 죄 사함받고, 그리스도를 믿음으로 구원을 얻은 신자의 죽음에는 형벌적 의미가 없음이 분명하다.

2) 성화를 위한 징계의 절정

신자의 죽음은 하나님께서 자기 백성의 성화(聖化)를 위하여 제정하신 징계의 절정(絶頂)으로 간주해야 한다. 즉 성경에 "주께서 그 사랑하시는 자를 징계하신다…" 라고 하였고(히 12 : 6), 죽음은 신자들의 영혼의 성화를 완성하며, 따라서 신자는 죽음 즉시 "온전케 된 의인의 영들"이 되는 것이다(히 12 : 23). 그러기 때문에 "성도의 죽음을 여호와께서 귀중히 보신다"(시 116 : 15 참조)고 하였다. 그러므로 죽음의 관념, 죽음으로 인한 영별(永別), 질병과 수난은 사망의 선구자라는 감상(感想), 죽음이 가까이 다가온다는 의식 등은 하나님의 백성에게 유익을 주는 것들이다. 이것들은 교만한 자를 겸손하게 하고 육욕(肉慾)을 억제하며 속념(俗念)을 저지하며 영적 성장을 촉진하는 요소들이다. 그러기에 신자의 죽음은 형벌이 아니라 축복이라는 것이다(계 14 : 13, 21 : 3-4).

히 12 : 23	하늘에 기록한 장자들의 총회와 교회와 만민의 심판자이신 하나님과 및 온전케 된 의인의 영들과
계 14 : 13	또 내가 들으니 하늘에서 음성이 나서 가로되 기록하라 지금 이후로 주 안에서 죽는 자들은 복이 있도다 하시매 성령이 가라사대 그러하다 저희 수고를 그치고 쉬리니 이는 저희의 행한 일이 따름이라 하시더라
계 21 : 3-4	내가 들으니 보좌에서 큰 음성이 나서 가로되 보라 하나님의 장막이 사람들과 함께 있으매 하나님이 저희와 함께 거하시리니 저희는 하나님의 백성이 되고 하나님은 친히 저희와 하께 계셔서 모든 눈물을 그 눈에서 씻기시매 다시 사망이 없고 애통하는 것이나 곡하는 것이나 아픈 것이 다시 있지 아니하리니 처음 것들이 다 지나갔음이러라

3) 신자의 죽음은 잠정적임

성경에 신자의 죽음은 잠정적인 것이라고 표현하고 있다(요 5 : 25, 29). 즉 "나팔소리가 나매 죽은 자들이 썩지 아니할 것으로 다시 살고 우리도 변화하리라"(고전 15 : 52, 15 : 51-58 참조)고 하였고, 또 "…주 강림하실 때까지 우리 살아 남아 있는 자도 자는 자보다 결단코 앞서지 못하리라 주께서 호령과 천사장의 소리와 하나님의 나팔로 친히 하늘로 좇아 강림하시리니 그리스도 안에서 죽은 자들이 먼저 일어나고 그 후에 우리 살아 남은 자도 저희와 함께 구름 속으로 끌어올려 공중에서 주를 영접하게 하시리니 그리하여 우리가 항상 주와 함께 있으리라"(살전 4 : 15-17)고 하였다.

요 5 : 25	진실로 진실로 너희에게 이르노니 죽은 자들이 하나님의 아들의 음성을 들을 때가 오나니 곧 이때라 듣는 자는 살아나리라
요 5 : 29	선한 일을 행한 자는 생명의 부활로 악한 일을 행한 자는 심판의 부활로 나오리라

3. 신자의 죽음에 대한 태도

1) 두려워하지 않음

신자에게 있어서 죽음은 형벌이 아니라 그 영혼의 성화를 완성하여 즉시 "온전케 된 의인의 영들"이 되도록 해준다(히 12 : 23; 계 21 : 27). 그러므로 신자에게 있어서 죽음은 궁극적인 면에서 볼 때 생의 종말이 아니라 완전한 생의 시작이다. 현세에서는 신자도 사망을 접하게 되지만 사망이 그를 쏘지 못하며 도리어 그를 천성으로 들어가게 하는 관문(關門)이 된다(고전 15 : 55). 신자는 자기의 죽음이 예수 안에서 자는 것이며(살전 4 : 14-15) 따라서 주님이 오시는 날에 다시 살아 주님과 함께 영원히 거하리라는 것을 안다(롬 8 : 11; 살전 4 : 16-17; 마 27 : 52 참조). 그러므로 참된 신자는 사망을 두려워하지 않는다.

히 12 : 23	하늘에 기록한 장자들의 총회와 교회와 만민의 심판자이신 하나님과 및 온전케 된 의인의 영들과
계 21 : 27	무엇이든지 속된 것이나 가증한 일 또는 거짓말하는 자는 결코 그리로 들어오지 못하되 오직 어린양의 생명책에 기록된 자들뿐이라
고전 15 : 55	사망아 너의 이기는 것이 어디 있느냐 사망아 너의 쏘는 것이 어디 있느냐
살전 4 : 14-15	우리가 예수의 죽었다가 다시 사심을 믿을진대 이와 같이 예수 안에서 자는 자들도 하나님이 저와 함께 데리고 오시리라 우리가 주의 말씀으로 너희에게 이것을 말하노니 주 강림하실 때까지 우리 살아남아 있는 자도 자는 자보다 결단코 앞서지 못하리라
롬 8 : 11	예수를 죽은 자 가운데서 살리신 이의 영이 너희 안에 거하시면 그리스도 예수를 죽은 자 가운데서 살리신 이가 너희 안에 거하시는 그의 영으로 말미암아 너희 죽을 몸도 살리시리라
살전 4 : 16-17	주께서 호령과 천사장이 소리와 하나님의 나팔로 친히 하늘로 좇아 강림하시리니 그리스도 안에서 죽은 자들이 먼저 일어나고 그 후에 우리 살아남은 자도 저희와 함께 구름 속으로 끌어올려 공중에서 주를 영접하게 하리니 그리하여 우리가 항상 주와 함께 있으리라

2) 죽음을 욕망함

사도 바울은 죽음이 "지상의 장막집"을 떠나 "하늘의 영원한 집"으로 이주하는 것이라 보고(고후 5 : 1-4 참조) "우리가 담대하여 원하는 바는 차라리 몸을 떠나 주

와 함께 거하는 그것이라"고 하였다(고후 5 : 8). 바울은 현세의 무거운 고통의 짐
들을 벗어 버리고 영광의 세계에 들어가기를 열망하였던 것이다(롬 7 : 24). 성경
에 보면 이러한 열망, 즉 "썩을 것이 썩지 않을 것에게 삼키워지는 구원의 완성을
대망하는 탄식은 저급(低級)의 피조물들에게도 있다"(롬 8 : 18-22) 라고 한다.

> **롬 7 : 24**　　오호라 나는 곤고한 사람이로다 이 사망의 몸에서 누가 나를 건져
> 내랴
>
> **롬 8 : 18-22**　　생각건대 현재의 고난은 장차 우리에게 나타날 영광과 족히 비교
> 할 수 없도다 피조물의 고대하는 바는 하나님의 아들들의 나타나는
> 것이니 피조물이 허무한데 굴복하는 것은 자기 뜻이 아니요 오직
> 굴복케 하시는 이로 말미암음이라 그 바라는 것은 피조물도 썩어
> 짐의 종노릇 한데서 해방되어 하나님의 자녀들의 영광의 자유에
> 이르는 것이니라 피조물이 다 이제까지 함께 탄식하며 함께 고통
> 하는 것을 우리가 아나니

4. 신자의 죽음을 위한 준비

1) 항상 준비할 것

　신자는 현세에서 필연적으로 찾아올 죽음을 맞이할 준비를 항상 하고 있어야
한다. 물론 임종시의 회개도 할 수만 있다면 해서 유용할 것이지만, 그러나 하나
님과 올바른 관계에 서지 못한 채 살다가 갑자기 생의 최후 순간에 도달한 자들
이 그 때에 회개하기란 거의 불가능한 것이다.

　찰스 하지는 "우리가 죽게 된 때에는 죽을 것밖에 할 일이 아무 것도 없어야 한다
는 것은 매우 중요하다" 라고 하였다. 그렇다. 이미 회개한 사람이라면 자기의 죄
가 용서된 줄 알고 조용히 죽음을 기다리는 일밖에 할 일이 아무것도 없을 것이
다. 그러므로 믿는 자들은 필연적이면서도 불확실한 자기의 죽음에 대하여(창
3 : 19; 히 9 : 27) 항상 준비하고 있어야 할 것이다(마 25 : 13).

> **창 3 : 19**　　네가 얼굴에 땀이 흘러야 식물을 먹고 필경은 흙으로 돌아가리니
> 그 속에서 네가 취함을 입었음이라 너는 흙이니 흙으로 돌아갈

	것이니라 하시니라
히 9 : 27	한번 죽는 것은 사람에게 정하신 것이요 그후에는 심판이 있으리니
마 25 : 13	그런즉 깨어 있으라 너희는 그 날과 그 시를 알지 못하느니라

2) 미리 묵상할 것

신자는 자기 자신의 죽음을 놓고 미리 묵상하여 죽음의 참된 의미를 깊이 인식함이 필요하다. 그것은 대다수의 사람들이 죽음의 의미를 바로 인식함이 없이 죽음을 접하게 되고, 또 그 육체적 생명의 최종 순간에 명료(明瞭)한 사고(思考)를 가지지 못하기 때문이다. 그러기에 신자가 미리 죽음을 묵상하여 죽음의 참된 의미를 깊이 새기며 마음을 정돈하고 마치 여명(黎明)의 때 평화와 안식의 기분으로 새 하늘과 새 땅에서의 영생의 삶이 새출발 할 것이라는 희망을 가지고 조용히 죽음을 맞이한다는 것은 매우 중요한 것이다. 이것이 바로 의인의 죽음의 태도일 것이다. 구약의 발람은 "…나는 의인의 죽음같이 죽기를 원하며 나의 종말이 그와 같기를 바라도다"(민 23 : 10) 라고 하였다.

그러나 주 안에 있지 않은 불신자(不信者)들에게는 죽음은 가장 무섭고 괴로운 일이다. 그것은 그들이 가장 귀중히 여기는 것, 즉 얻은 지위, 모은 재물, 과거 성공, 미래 계획을 모두 다 버리고 간다는 것과 죽으면 심판이 따른다는 것 때문이다(딤전 6 : 7; 히 9 : 27; 요 5 : 28-29).

딤전 6 : 7	우리가 세상에 아무것도 가지고 온 것이 없으매 또한 아무것도 가지고 가지 못하리니
히 9 : 27	한번 죽는 것은 사람에게 정하신 것이요 그 후에는 심판이 있으리니
요 5 : 28-29	이를 기이히 여기지 말라 무덤 속에 있는 자가 다 그의 음성을 들을 때가 오나니 선한 일을 행한 자는 생명의 부활로 악한 일을 행하는 자는 심판의 부활로 나오리라

3) 슬퍼하지 말 것

죽음을 놓고 신자는 영생과 내세의 소망이 없는 것처럼 슬퍼하지 말아야 하며, 신자는 또 그리스도를 믿는 사랑하던 이가 별세한 때에도 너무 슬퍼하지 말며,

하나님의 섭리에 대하여 회의적 혹은 반항적 표시도 하지 말아야 할 것이다. 오히려 이미 천성(天城)에 올라가 영생에 들어간 고인의 영광스러운 천상 행복(天上幸福)을 생각하며 위안을 받아야 할 것이다(히 11 : 13-16; 요 14 : 2). 물론 사람이 죽었을 때에 세상에서 영구히 헤어지는 서운한 정은 눈물을 금하기 어렵다. 그러나 지상에 살아 있는 자들도 불원간에 천성으로 올라가서 앞서간 사랑하던 이들과 기쁘게 상봉하여 영원히 함께 있을 것이며, 앞선 자나 뒤선 자를 막론하고 신체는 무덤에 머물러 썩을 것이나 끝 날에는 썩지 않을 몸으로 부활하여 영광 중에 나타날 것이니 신자는 이같은 복된 소망을 안고 현세에서의 사별(死別)의 애통을 극복할 수 있는 것이다.

히 11 : 13-16 이 사람들은 다 믿음을 따라 죽었으며 약속을 받지 못하였으되
그것들을 멀리서 보고 환영하며 또 땅에서는 외국인과 나그네로라
증거하였으니 이같이 말하는 자들은 본향 찾는 것을 나타냄이라
저희가 나온바 본향을 생각하였더면 돌아갈 기회가 있었으려니와
저희가 이제는 더 나은 본향을 사모하니 곧 하늘에 있는 것이라
그러므로 하나님이 저희 하나님이라 일컬음 받으심을 부끄러워
아니하시고 저희를 위하여 한 성을 예비하셨느니라

요 14 : 2 내 아버지 집에 거할 곳이 많도다 그렇지 않으면 너희에게
일렀으리라 내가 너희를 위하여 처소를 예비하러 가노니

4) 하나님의 섭리를 살필 것

죽음을 당하였을 때에 신자는 인생의 생사 화복(生死禍福)과 만사 만물(萬事萬物)을 절대 주권으로 관할하시는 하나님의 섭리를 믿고 살피는 일이 중요하다. 그것은 "우리가 알거니와 하나님을 사랑하는 자 곧 그 뜻대로 부르심을 입은 자들에게는 모든 것이 합력하여 선을 이루느니라"(롬 8 : 28)고 하셨으며, 또 "…지금 이후로 주 안에서 죽는 자들은 복이 있도다…" 라고 하셨기 때문이다(계 14 : 13). 성경에 "의인은 화액(禍厄) 전에 취하여 감을 입는다" 라고 하였으니 참된 신자는 죽는 것이 도리어 그 자신에게 복이 되는 것이다(사 57 : 1-2).

사 57 : 1-2　　　의인이 죽을지라도 마음에 두는 자가 없고 자비한 자들이 취하여
감을 입을지라도 그 의인은 화액 전에 취하여 감을 입은 것인 줄로
깨닫는 자가 없도다

5) 매장과 화장 문제

신자의 사체(死體)를 처리하는 방법에 있어서 매장(埋葬)과 화장(火葬) 중에 어느 것이 성경적으로 볼 때 정당한가에 대하여 아무것이든 무방하다고 생각할 수도 있다.

그것은 부활 때에는 땅 속 무덤에 매장된 자나, 화염에 연소된 자나, 맹수의 밥이 된 자나, 바닷물에 침몰된 자가 다같이 살아나게 될 것이며, 순교를 당해서 신체가 불에 타고 그 재가 바람에 날아간 성도들도 부활하여 일어날 때에는 와석 종신(臥席終身)하여 땅 속에 안장(安葬)된 자와 동일할 것이기 때문이다.

그러나 그렇다고 해서 매장과 화장 사이에 영적인 의미로 큰 차이가 있다는 것을 부정할 수는 없다. 시체를 수면(잠자는)의 자세로 잘 보전되도록 땅 속에 안장하는 것은 고인의 사체를 존중하는 표시가 된다. 그리고 신체는 그 영과 같이 참으로 영원히 사람의 한 부분이며 따라서 신체의 부활은 구원의 완성에 없어서는 안 되는 것이다.

(1) 화장의 부당성

우리는 사랑하는 이의 영혼이 내주(內住)하던 그 신체를 취하여 화염 속에 던져 참혹한 파멸을 당하게 되는 것을 태연히 바라볼 수는 없다. 성경에 불은 완전한 소독과 파멸과 행악에 대한 정죄의 상징이다.

성경에 죄수들의 시체를 불살라 그들의 죄의 중대함과 형벌의 엄혹(嚴酷)함을 표시하였으니 하나님의 명령을 어기고 금물(禁物)을 취하여 이스라엘의 패전을 초래한 아간을 돌로 쳐죽인 후에 불로 살랐던 일(수 7 : 25-26)과 전사한 사울 왕과 그 아들들의 시체를 길르앗 야베스 사람들이 취해다가 화장한 일(삼상 31 : 10-13) 등이 바로 그 실례이다.

구약에서 모세의 시체는 벧브올 맞은편 모압 땅에 있는 골짜기에 안장하였고

(신 34 : 6) 아브라함은 사라의 시체를 막벨라 굴에 안장하였으며 야곱은 그의 처 레아와 라헬의 시체를 안장하였다.

믿음의 조상 아브라함을 위시하여 이삭, 야곱, 요셉도 다 매장되었으며 다윗과 솔로몬 기타 이스라엘과 유다 열왕들이 다 매장되었다. 그리고 예수 그리스도의 시체가 정성스럽게 정결한 세마포에 싸여 바위 속에 판 새 무덤에 안장되었으니 이는 후대 신자들에게 모범이 된다(마 27 : 58-60). 세례 요한의 시체도 매장되었고 그밖에 다른 사람들의 시체도 다 매장되었다. 화장을 옹호하는 이들은 구약의 사울과 아간의 화장을 성경적 근거로 제시하고 있으나 이 사건들은 오히려 화장 반대의 근거가 되는 것이다(전 6 : 3).

수 7 : 25-26	여호수아가 가로되 네가 어찌하여 우리를 괴롭게 하였느뇨 여호와께서 오늘날 너를 괴롭게 하시리라 하니 온 이스라엘이 그를 돌로 치고 그것들도 돌로 치고 불사르고 그 위에 돌무더기를 크게 쌓았더니 오늘날까지 있더라 여호와께서 그 극렬한 분노를 그치시니 그러므로 그곳 이름을 오늘날까지 아골 골짜기라 부르더라
삼상 31 : 10-13	나 갑옷은 아스다롯의 집에 두고 그 시체는 벧산 성벽에 못박으매 길르앗야베스 거민들이 블레셋 사람들의 사울에게 행한 일을 듣고 모든 장사가 일어나 밤새도록 가서 사울과 그 아들들의 시체를 벧산 성벽에서 취하여 가지고 야베스에 돌아와서 거기서 불사르고 그 뼈를 가져다가 야베스 에셀나무 아래 장사하고 칠일을 금식하였더라
신 34 : 6	벧브올 맞은편 모압 땅에 있는 골짜기에 장사되었고 오늘까지 그 묘를 아는 자 없으니라
마 27 : 58-60	빌라도에게 가서 예수의 시체를 달라 하니 이에 빌라도가 내어주라 분부하거늘 요셉이 시체를 가져다가 정한 세마포로 싸서 바위 속에 판 자기 새무덤에 넣어 두고 큰 돌을 굴려 무덤 문에 놓고 가니
전 6 : 3	사람이 비록 일백 자녀를 낳고 또 장수하여 사는 날이 많을지라도 그 심령에 낙이 족하지 못하고 또 그 몸이 매장되지 못하면 나는 이르기를 낙태된 자가 저보다 낫다 하노니

(2) 매장의 정당성

로빈슨(W. C. Robinson)은 "기독교인들은 유대인의 풍속을 따라 죽은 자의 시체들을 씻고 세마포로 싸고 향유를 뿌리고 사역자들과 친척들과 친우들 앞에서 기도와 시편의 노래로 그들의 사체를 부활체의 종자(種子)로 땅의 품 속에 맡기었다"라고 하였다.

우리가 시체를 땅에 안장하는 것은 시체를 존중히 다룸과 고인에 대한 정중한 예의이며 또 재림 때에 그 고인의 신체가 부활하여 나오리라는 신앙과 소망의 표현이 되는 것이다(전 6 : 3; 시 79 : 2-3; 요 5 : 28-29; 살전 4 : 16).

전 6 : 3	사람이 비록 일백 자녀를 낳고 또 장수하여 사는 날이 많을지라도 그 심령에 낙이 족하지 못하고 또 그 몸이 매장되지 못하면 나는 이르기를 낙태된 자가 저보다 낫다 하노니
시 79 : 2-3	저희가 주의 종들의 시체를 공중의 새에게 밥으로 주며 주의 성도들의 육체를 땅 짐승에게 주며 그들의 피를 예루살렘 사면에 물갈이 흘렸으며 그들을 매장하는 자가 없었나이다
요 5 : 28-29	이를 기이히 여기지 말라 무덤 속에 있는 자가 다 그의 음성을 들을 때가 오나니 선한 일을 행한 자는 생명의 부활로 악한 일을 행하는 자는 심판의 부활로 나오리라
살전 4 : 16	주께서 호령과 천사장의 소리와 하나님의 나팔로 친히 하늘로 좇아 강림하시리니 그리스도 안에서 죽은 자들이 먼저 일어나고

IV. 영혼의 불멸
1. 사후 영혼 존속 문제

육체적 죽음은 그 사람의 육신과 영혼의 분리로서 육신은 영혼과 분리된 후 해체되어 흙이 되고 만다. 따라서 육체의 죽음은 사실상 현세적 육신의 존재가 끝나는 것인 동시에 현세 생활의 종말이 되는 것이다. 그렇다면 육체의 죽음으로 신체와 분리된 그 영혼은 사후에도 계속 존재하게 되는가? 아니면 육신처럼 해체되어 버리는가? 이 문제에 대하여 정통 기독교에서는 "영혼 불멸"이라고 믿고 있다.

2. 사후 영혼 존속의 증거
성경은 인간이 육체적 죽음 후에도 그 영혼은 계속 존속한다고 가르치고 있다.

1) 영혼은 육체와 같이 죽지 않음
육체는 죽어도 영혼은 죽지 않음을 성경은 말하고 있다. 즉 "몸은 죽여도 영혼은 능히 죽이지 못하는 자들을 두려워하지 말고 오직 몸과 영혼을 능히 지옥에 멸하시는 자를 두려워하라"(마 10 : 28; 전 20-21 참조)고 한 것이 그것이다.

2) 영혼은 하나님의 형상임
인간의 영혼은 영원 불멸하시는 하나님의 형상을 닮았다. 그러므로 영혼은 불멸성(不滅性)이라 죽지 않는 것이다(딤전 6 : 15-16; 창 2 : 7,1 : 26; 전 3 : 11,3 : 20-21).

딤전 6 : 15-16	기약이 이르면 하나님이 그의 나타나심을 보이시리니 하나님은 복되시고 홀로 한 분이신 능하신 자이며 만왕의 왕이시며 만주의 주시요 오직 그에게만 죽지 아니함이 있고 가까이 가지 못할 빛에 거하시고 아무 사람도 보지 못하였고 또 볼 수 없는 자시니 그에게 존귀와 영원한 능력을 돌릴지어다 아멘
창 2 : 7	여호와 하나님이 흙으로 사람을 지으시고 생기를 그 코에 불어 넣으시니 사람이 생령이 된지라
창 1 : 26	하나님이 가라사대 우리의 형상을 따라 우리의 모양대로 우리가 사람을 만들고 그로 바다의 고기와 공중의 새와 육축과 온 땅과 땅에 기는 모든 것을 다스리게 하자 하시고
전 3 : 11	하나님이 모든 것을 지으시되 때를 따라 아름답게 하셨고 또 사람에게 영원을 사모하는 마음을 주셨느니라 그러나 하나님의 하시는 일의 시종을 사람으로 측량할 수 없게 하셨도다
전 3 : 20-21	다 흙으로 말미암았으므로 다 흙으로 돌아가나니 다 한 곳으로 가거니와 인생의 혼은 위로 올라가고 짐승의 혼은 아래 곧 땅으로 내려가는 줄을 누가 알랴

3) 사후에도 영혼은 존속함

성경은 사람이 사후에도 그 영혼의 생명은 소멸되지 않고 "음부" 또는 "낙원"에서 계속 존재한다고 가르치고 있다(시 16 : 10; 욥 19 : 26; 마 13 : 43; 눅 16 : 19-26 참조; 마 25 : 41; 롬 2 : 7; 딤후 4 : 8; 계 21 : 3-4, 22 : 3-5; 고전 15 : 49; 빌 3 : 21).

신자들은 죽은 후에도 몸은 비록 죽었어도 그 영혼은 계속 살아 있어 영계(靈界)에서 하나님을 대면하여 대화하며 존재하고 있음을 성경은 보여 주고 있다(욥 19 : 25-27; 시 73 : 23-26).

시 16 : 10	이는 내 영혼을 음부에 버리지 아니하시며 주의 거룩한 자로 썩지 않게 하실 것임이니이다
욥 19 : 26	나의 이 가죽 이것이 썩은 후에 내가 육체 밖에서 하나님을 보리라
마 13 : 43	그때에 의인들은 자기 아버지 나라에서 해와 같이 빛나리라 귀 있는 자는 들으라
마 25 : 41	또 왼편에 있는 자들에게 이르시되 저주를 받은 자들아 나를 떠나 마귀와 그 사자들을 위하여 예비된 영영한 불에 들어가라
롬 2 : 7	참고 선을 행하여 영광과 존귀와 썩지 아니함을 구하는 자에게는 영생으로 하시고
딤후 4 : 8	이제 후로는 나를 위하여 의의 면류관이 예비되었으므로 주 곧 의로우신 재판장이 그 날에 내게 주실 것이니 내게만 아니라 주의 나타나심을 사모하는 모든 자에게니라
계 21 : 3-4	내가 들으니 보좌에서 큰 음성이 나서 가로되 보라 하나님의 장막이 사람들과 함께 있으매 하나님이 저희와 함께 거하시리니 저희는 하나님의 백성이 되고 하나님은 친히 저희와 함께 계셔서 모든 눈물을 그 눈에서 씻기시매 다시 사망이 없고 애통하는 것이나 곡하는 것이나 아픈 것이 다시 있지 아니하리니 처음 것들이 다 지나갔음이러라
계 22 : 3-5	다시 저주가 없으며 하나님과 그 어린양의 보좌가 그 가운데 있으리니 그의 종들이 그를 섬기며 그의 얼굴을 볼 터이요 그의 이름도 저희 이마에 있으리라 다시 밤이 없겠고 등불과 햇빛이 쓸데없으니 이는 주 하나님이 저희에게 비취심이라 저희가 세세토록

	왕노릇하리로다
고전 15 : 49	우리가 흙에 속한 자의 형상을 입은 것같이 또한 하늘에 속한 자의 형상을 입으리라
빌 3 : 21	그가 만물을 자기에게 복종케 하실 수 있는 자의 역사로 우리의 낮은 몸을 자기 영광의 몸의 형체와 같이 변케 하시리라
욥 19 : 25-27	내가 알기에는 나의 구속자가 살아 계시니 후일에 그가 땅 위에 서실 것이라 나의 이 가죽 이것이 썩은 후에 내가 육체 밖에서 하나님을 보리라 내가 친히 그를 보리니 내 눈으로 그를 보기를 외인처럼 하지 않을 것이라 내 마음이 초급하구나
시 73 : 23-26	내가 항상 주와 함께 하니 주께서 내 오른손을 붙드셨나이다 주의 교훈으로 나를 인도하시고 후에는 영광으로 나를 영접하시리니 하늘에서는 주 외에 누가 네게 있으리요 땅에서는 주밖에 나의 사모할 자 없나이다 내 육체와 마음은 쇠잔하나 하나님은 내 마음의 반석이시요 영원한 분깃이시라

4) 예수 그리스도께서 증거하심

예수 그리스도께서 말씀하시기를 "나는 아브라함의 하나님이요 이삭의 하나님이요 야곱의 하나님이로라 하신 것을 읽어 보지 못하였느냐 하나님은 죽은 자의 하나님이 아니요 산 자의 하나님이시니라"(마 22 : 32)고 하셨다. 이는 출애굽기 3장 6절의 말씀을 인용하신 것으로서 인간의 육체는 죽었을지라도 그 영혼은 여전히 살아 있음과 장차 때가 이르면 육체와 더불어 다시 부활할 것을 말씀하신 것이다 (욥 19 : 23-27; 시 16 : 9-11, 17 : 15, 49 : 15; 단 12 : 2).

욥 19 : 23-27	나의 말이 곧 기록되었으면 책에 씌어졌으면 철필과 연으로 영영히 돌에 새겨졌으면 좋겠노라 내가 알기에는 나의 구속자가 살아계시니 후일에 그가 땅 위에 서실 것이라 나의 이 가죽 이것이 썩은 후에 내가 육체 밖에서 하나님을 보리라 내가 친히 그를 보리니 내 눈으로 그를 보기를 외인처럼 하지 않을 것이라 내 마음이 초급하구나
시 16 : 9-11	이러므로 내 마음이 기쁘고 내 영광도 즐거워하며 내 육체도 안전히 거하리니 이는 내 영혼을 음부에 버리지 아니하시며 주의 거룩한 자로 썩지 않게 하실 것임이니이다 주께서 생명의 길로 내게

보이시리니 주의 앞에는 기쁨이 충만하고 주의 우편에는 영원한
즐거움이 있나이다

시 17 : 15　　나는 의로운 중에 주의 얼굴을 보리니 깰 때에 주의 형상으로
만족하리이다

시 49 : 15　　하나님은 나를 영접하시리니 이러므로 내 영혼을 음부의 권세에서
구속하시리로다(셀라)

단 12 : 2　　땅의 티끌 가운데서 자는 자 중에 많이 깨어 영생을 얻는 자도
있겠고 수욕을 받아서 무궁히 부끄러움을 입을 자도 있을 것이며

사후 중간기 상태

사후 중간기 상태(死后 中間期 狀態)라 함은 사람이 죽은 후 그 영혼이 일반적 부활 때까지 중간기에 존재하는 상태와 정황(情況)을 의미한다. 사후의 중간기 상태가 있다는 것은 부활과 최종 심판을 믿는 사람들은 다 인정을 한다. 그러나 중간기에 영혼들의 처소와 그 정황 등에 대하여는 견해가 일치하지 않다.

I. 중간기 상태에 대한 견해들

사람의 사후 중간기에 그 영혼이 존재하는 상태와 처소에 대하여 다음과 같이 여러 가지 견해가 있다.

1. 천국과 지옥설

이는 사람이 죽을 때 신자의 영혼은 완전 성화되어 즉시 천국으로 옮겨져서 위로와 복락을 누리며 그 신체는 그리스도에게 연합되어 영광의 부활 때까지 무덤에서 쉬게 되고(눅 16 : 24-26; 계 14 : 13; 눅 16 : 19-31 참조; 요 5 : 29; 살전 4 : 16) 불신자의 영혼은 그 사람이 죽을 때 즉시 지옥으로 옮겨져서 고통을 당하며 그 신체는 무덤에서 심판의 부활 때까지 대기하게 된다는 것이다(눅 16 : 23-24; 유1 : 6-7; 요 5 : 29).

이 문제에 관하여 웨스터민스터 신도개요(信徒槪要, 32장 12조)에는 "의인의 영혼들은 그때에 완전히 거룩하여져서 최고천(最高天)에 영접되고 거기서 빛과 영광 중에 하나님의 얼굴을 보며 그들의 신체들의 충분한 구속을 기다리게 되지만, 악인의 영혼들은 지옥에 던져 버린 바 되어 거기서 고초와 전적 흑암에 남아 있어 큰 날의 심판을 위해 유치(留置)된다. 신체를 떠난 영혼들을 위하여 이 두 곳(천국과 지옥)밖에는 아무것도 성경이 승인하지 않는다"(고후 5 : 1,8; 빌 1 : 23; 행 2 : 21; 눅 16 : 23-24; 유1 : 6-7) 라고 하였다. 그러므로 신자나 불신자가 육체의 중간 상태는 꼭 같다고(무덤에서 쉼) 볼 수도 있다. 그러나 신자의 육체는 죽음에서도 그리스도에게 속하여 영광의 부활을 위해 보존되어 지고 불신자의 육체는 저주와 심판의 부활을 위해 보존되어 진다는 점에서 현격한 차이가 있는 것이다.

눅 16 : 24-26	불러 가로되 아버지 아브라함이여 나를 궁휼히 여기사 나사로를 보내어 그 손가락 끝에 물을 찍어 내 혀를 서늘하게 하소서 내가 이 불꽃 가운데서 고민하나이다 아브라함이 가로되 얘 너는 살았을 때에 네 좋은 것을 받았고 나사로는 고난을 받았으니 이것을 기억하라 이제 저는 여기서 위로를 받고 너는 고민을 받느니라 이 뿐아니라 너희와 우리 사이에 큰 구렁이 끼어 있어 여기서 너희에게 건너가고자 하되 할 수 없고 거기서 우리에게 건너올 수도 없게 하였느니라
계 14 : 13	또 내가 들으니 하늘에서 음성이 나서 가로되 기록하라 자금 이후로 주 안에서 죽는 자들은 복이 있도다 하시매 성령이 가라사대 그러하다 저희 수고를 그치고 쉬리니 이는 저희의 행한 일이 따름이라 하시더라
요 5 : 29	선한 일을 행한 자는 생명의 부활로 악한 일을 행하는 자는 심판의 부활로 나오리라
살전 4 : 16	주께서 호령과 천사장의 소리와 하나님의 나팔로 친히 하늘로 좇아 강림하시리니 그리스도 안에서 죽은 자들이 먼저 일어나고
고후 5 : 1	만일 땅에 있는 우리의 장막 집이 무너지면 하나님께서 지으신 집 곧 손으로 지은 것이 아니요 하늘에 있는 영원한 집이 우리에게 있는 줄 아나니
고후 5 : 8	우리가 담대하여 원하는 바는 차라리 몸을 떠나 주와 함께 거하는 그것이라
빌 1 : 23	내가 그 두 사이에 끼였으니 떠나서 그리스도와 함께 있을 욕망을 가진 이것이 더욱 좋으나
행 2 : 21	누구든지 주의 이름을 부르는 자는 구원을 얻으리라 하였느니라
눅 16 : 23-24	저가 음부에서 고통 중에 눈을 들어 멀리 아브라함과 그의 품에

있는 나사로를 보고 불러 가로되 아버지 아브라함이여 나를 긍휼히
여기사 나사로를 보내어 그 손가락 끝에 물을 찍어 내 혀를 서늘하게
하소서 내가 이 불꽃 가운데서 고민하나이다
유 1 : 6-7　　또 자기 지위를 지키지 아니하고 자기 처소를 떠난 천사들을 큰
날의 심판까지 영원한 결박으로 흑암에 가두셨으며 소돔과 고모라와
그 이웃 도시들도 저희와 같은 모양으로 간음을 행하며 다른 색을
따라 가다가 영원한 불의 형벌을 받음으로 거울이 되었느니라

2. 음부(陰府)설

이는 의인과 악인이 죽은 후에 다같이 음부(陰府 ; 구약에서는 "스올"〈Sheol〉이
라 하고, 신약에서는 "하데스"〈Hades〉라고 부름)라는 중간 지역으로 내려가게 된
다는 것이다. 음부는 영계의 하계(下界)인 음지로서 이는 형벌의 장소도 아니고
상급의 장소도 아니며 여기서는 의인이나 악인이 다 같이 동일한 운명에 처하게
된다는 것이다. 그리고 이곳은 침울한 장소로서 죽은 자가 다만 지상 생활을 꿈
처럼 반영하는 존재가 된다는 것이다. 이곳은 약화된 의식의 장소요, 침체한 무
활동의 장소이며, 생의 흥미를 잃고 생활의 기쁨이 슬픔으로 변한 장소라고 한
다. 이와 같이 음부는 천국도 지옥도 아닌 별개의 장소로서 선악의 관계없이 죽
은 자들의 영혼이 모여서 일반적 부활 때까지 머물러 있는 중간 상태라는 것이다
(창 37 : 35; 욥 14 : 13; 삼하 12 : 23).

그리고 의인들의 영은 메시야가 재림하실 때 음부에서 나오게 되나 악인들의
영혼은 그 흑암한 처소에 영원히 남게 된다는 것이다. 이는 통속적인 내세관과
그 사상에서 유래된 것이요 성경 교훈에 부합되지 못하는 관념이다.

창 37 : 35　　그 모든 자녀가 위로하되 그가 그 위로를 받지 아니하여 가로되
내가 슬퍼하며 음부에 내려 아들에게로 가리라 하고 그 아비가
그를 위하여 울었더라
욥 14 : 13　　주는 나를 음부에 감추시며 주의 진노가 쉴 때까지 나를 숨기시고
나를 위하여 기한을 정하시고 나를 기억하옵소서
삼하 12 : 23　　시방은 죽었으니 어찌 금식하랴 내가 다시 돌아오게 할 수 있느냐
나는 저에게로 가려니와 저는 내게로 돌아오지 아니하리라

음부설이 성경의 교리에 부합되지 않는 증거는 아래와 같다.

1) 음부에 내려감은 악인에 대한 형벌임

성경은 사람이 죽은 다음 그 영혼이 음부(스올)에 내려가는 것은 악인에 대한 하나님의 형벌이라고 가르치고 있다(눅 16 : 23; 욥 21 : 13; 시 9 : 17, 49 : 14, 55 : 15; 잠 5 : 5, 7 : 27, 15 : 11, 24, 9 : 18, 23 : 14). 만일 음부(스올)가 모든 사람이 다 가는 사후의 중간 장소라면 그 곳은 형벌의 장소가 될 수 없다.

눅 16 : 23	저가 음부에서 고통 중에 눈을 들어 멀리 아브라함과 그의 품에 있는 나사로를 보고
욥 21 : 13	그 날을 형통하게 지내다가 경각간에 음부에 내려가느니라
시 9 : 17	악인이 음부로 돌아감이여 하나님을 잊어버린 모든 열방이 그리하리로다
시 49 : 14	양같이 저희를 음부에 두기로 작정되었으니 사망이 저희 목자일 것이라 정직한 자가 아침에 저희를 다스리리니 저희 아름다움이 음부에서 소멸하여 그 거처조차 없어지려니와
시 55 : 15	사망이 홀연히 저희에게 임하여 산 채로 음부에 내려갈지어다 이는 악독이 저희 거처에 있고 저희 가운데 있음이로다
잠 5 : 5	그 발은 사지로 내려가며 그 걸음은 음부로 나아가나니 그는 생명의 평탄할 길을 찾지 못하며 자기 길이 든든치 못하여도 그것을 깨닫지 못하느니라
잠 7 : 27	그 집은 음부의 길이라 사망의 방으로 내려가느니라
잠 15 : 11	음부와 유명도 여호와의 앞에 드러나거든 하물며 인생의 마음이리요
잠 15 : 24	지혜로운 자는 위로 향한 생명길로 말미암음으로 그 아래 있는 음부 깊은 곳에 있는 것을 알지 못하느니라
잠 9 : 18	오직 그 어리석은 자는 죽은 자가 그의 곳에 있는 것과 그의 객들이 음부 깊은 곳에 있는 것을 알지 못하느니라
잠 23 : 14	그를 채찍으로 때리면 그 영혼을 음부에서 구원하리라

2) 죽은 자가 다 음부에 내려가지 않음

성경은 죽은 자들이 다 음부(하계 ; 下界)로 내려가지 않는다는 사실을 시사(示唆)하고 있다(민 23 : 10; 시 16 : 10-11, 17 : 15, 73 : 24; 잠 14 : 32). 에녹과 엘리야는 하늘로 올리워 갔다고 하였을 뿐 영계(靈界)의 하계(下界)인 음부로 내려갔다는 언급이 없다(왕하 2 : 11; 히 11 : 5).

민 23 : 10	야곱의 티끌을 뉘 능히 계산하며 이스라엘 사분지 일을 뉘 능히 계수할고 나는 의인의 죽음같이 죽기를 원하며 나의 종말이 그와 같기를 바라도다
시 16 : 10-11	이는 내 영혼을 음부에 버리지 아니하시며 주의 거룩한 자로 썩지 않게 하실 것임이니이다 주께서 생명의 길로 내게 보이시리니 주의 앞에는 기쁨이 충만하고 주의 우편에는 영원한 즐거움이 있나이다
시 17 : 15	나는 의로운 중에 주의 얼굴을 보리니 깰 때에 주의 형상으로 만족하리이다
시 73 : 24	주의 교훈으로 나를 인도하시고 후에는 영광으로 나를 영접하시리니 하늘에서는 주 외에 누가 내게 있으리요 땅에서는 주밖에 나의 사모할 자 없나이다
잠 14 : 32	악인은 그 환난에 엎드러져도 의인은 그 죽음에도 소망이 있느니라
왕하 2 : 11	두 사람이 행하며 말하더니 홀연히 불 수레와 불 말들이 두 사람을 격하고 엘리야가 회리 바람을 타고 승천하더라
히 11 : 5	믿음으로 에녹은 죽음을 보지 않고 옮기웠으니 하나님이 저를 옮기심으로 다시 보이지 아니하니라 저는 옮기우기 전에 하나님을 기쁘시게 하는 자라 하는 증거를 받았느니라

3) 음부는 형벌의 장소임

성경이 시사(示唆)하는 바에 의하면 음부는 악인을 위한 형벌의 장소(그곳은 하나님의 진노가 있음, 신 32 : 22; 눅 16 : 28)로서 구원얻은 신자가 가는 곳이 아니고 악인들만이 가서 고통을 당하는 형벌의 장소임이 틀림없다(잠 5 : 5, 27 : 20; 눅 16 : 28).

신 32 : 22	내 분노의 불이 일어나서 음부 깊은 곳까지 사르며 땅의 소산을 삼키며 산들의 터도 붙게 하는도다
눅 16 : 28	내 형제 다섯이 있으니 저희에게 증거하게 하여 저희로 이 고통받는 곳에 오지 않게 하소서
잠 5 : 5	그 발은 사지로 내려가며 그 걸음은 음부로 나아가나니
잠 27 : 20	음부와 유명은 만족함이 없고 사람의 눈도 만족함이 없느니라

4) 구약의 음부의 개념이 발전됨

구약에는 신약처럼 내세의 교리를 분명하게 밝히지 않고 "음부"가 선악의 관계 없이 죽은 자가 가는 곳이며 막연하게 사망 또는 무덤으로 표현(민 16 : 30; 시 88 : 3; 왕상 2 : 6,9; 욥 17 : 13,21 : 13; 전 9 : 10)함으로써 부활 때까지 머물러 있는 사후의 중간 상태로 묘사하고 있다(창 37 : 35; 욥 14 : 13; 삼하 12 : 23).

신약의 "음부"도 처음에는 구약의 "음부"와 같은 개념이었으나(행 2 : 27,31) 악인의 중간 지대인 "음부"에 대립되는 선인(善人)의 중간 지대, 즉 '낙원(樂園)"의 개념이 차츰 발전하면서(눅 23 : 43; 고후 12 : 3-4; 계 2 : 7) 신약에서의 음부는 점차 악인이 가는 처소로 성격지어지게 되었다. 누가복음에 소개된 "부자의 음부"와 '나사로의 낙원'의 비유는 구약적인 음부 개념의 전환에 중요한 역할을 한다(눅 16 : 19-31 참조).

민 16 : 30	만일 여호와께서 새 일을 행하사 땅으로 입을 열어 이 사람들과 그들의 모든 소속을 삼켜 산 채로 음부에 빠지게 하시면 이 사람들이 과연 여호와를 멸시한 것인 줄을 너희가 알리라
시 88 : 3	대저 나의 영혼에 곤란이 가득하며 나의 생명은 음부에 가까왔사오니
왕상 2 : 6	네 지혜대로 행하여 그 백발로 평안히 음부에 내려가지 못하게 하라
왕상 2 : 9	그러나 저를 무죄한 자로 여기지 말지어다 너는 지혜있는 사람인 즉 저에게 행할 일을 알찌니 그 백발의 피를 흘려 저로 음부에 내려 가게 하라
욥 17 : 13	내 소망이 음부로 내 집을 삼음에 있어서 침상을 흑암에 베풀고

욥 21 : 13	그 날을 형통하게 지내다가 경각간에 음부에 내려가느니라
전 9 : 10	무릇 네 손이 일을 당하는 대로 힘을 다하여 할지어다 네가 장차 들어갈 음부에는 일도 없고 계획도 없고 지식도 없고 지혜도 없음이니라
창 37 : 35	그 모든 자녀가 위로하되 그가 그 위로를 받지 아니하여 가로되 내가 슬퍼하며 음부에 내려 아들에게로 가리라 하고 그 아비가 그를 위하여 울었더라
욥 14 : 13	주는 나를 음부에 감추시며 주의 진노가 쉴 때까지 나를 숨기시고 나를 위하여 기한을 정하시고 나를 기억하옵소서
삼하 12 : 23	시방은 죽었으니 어찌 금식하랴 내가 다시 돌아오게 할 수 있느냐 나는 저에게로 가려니와 저는 내게로 돌아오지 아니하리라
행 2 : 27	이는 내 영혼을 음부에 버리지 아니하시며 주의 거룩한 자로 썩음을 당치 않게 하실 것임이로다
행 2 : 31	미리 보는 고로 그리스도의 부활하심을 말하되 저가 음부에 버림이 되지 않고 육신이 썩음을 당하지 아니하시리라 하더니
눅 23 : 43	예수께서 이르시되 내가 진실로 네게 이르노니 오늘 네가 나와 함께 낙원에 있으리라 하시니라
고후 12 : 3-4	내가 이런 사람을 아노니(그가 몸 안에 있었는지 몸 밖에 있었는지 나는 모르거니와 하나님은 아시느니라) 그가 낙원으로 이끌려가서 말할 수 없는 말을 들었으니 사람이 가히 이르지 못할 말이로다
계 2 : 7	귀 있는 자는 성령이 교회들에게 하시는 말씀을 들을지어다 이기는 그에게는 내가 하나님의 낙원에 있는 생명나무의 과실을 주어 먹게 하리라

5) 음부를 추상적 의미로도 사용함

성경에는 "음부"(Sheol 혹은 Hades) 라는 말이 항상 처소만을 표시한 것이 아니라 자주 죽음의 상태와 신체와 영혼의 분리 상태를 가리키는 추상적 의미의 용어로도 사용되었다(욥 14 : 13-14, 17 : 13-14; 시 89 : 48; 호 13 : 14; 계 1 : 18, 6 : 8). 신약에서도 "하데스"(음부 : Hades) 라는 말이 여러 번 비처소적(非處所的)인 죽음의 상태의 의미로 사용되었다(행 2 : 27, 31; 계 6 : 8, 20 : 13-14). 그러므로 음부(스올)라는 말이 영계의 어떤 특수 장소를 가리키는지 혹은 무덤을 의미하는

지 아니면 죽음의 상태를 의미하는지 분간하기 어렵다.

혹자는 이 문제의 해답으로 구약의 "음부"(스올 ; Sheol)가 신약에서 "음부" (Hades)와 "낙원"(Paradise)이라 칭하는 두 부분으로 구획되었는데 "음부"는 악인들의 영혼의 거처로 "낙원"은 의인들의 영혼의 거처로 되어 있다고 한다. 그러나 성경에는 음부가 악인의 형벌받는 장소라고만 말하였을 뿐, 두 부분으로 나뉘어져 있다는 언급이 없다(눅 16 : 23-24, 28; 신 32 : 22). 그뿐만 아니라 신약에서 "낙원"은 분명히 천국과 동일한 곳으로 시사하고 있다(고후 12 : 2-4).

욥 14 : 13-14	주는 나를 음부에 감추시며 주의 진노가 쉴 때까지 나를 숨기시고 나를 위하여 기한을 정하시고 나를 기억하옵소서
욥 17 : 13-14	내 소망이 음부로 내 집을 삼음에 있어서 침상을 흑암에 베풀고 무덤더러 너는 내 아비라 구더기더러 너는 내 어미 내 자매라 할진대
시 89 : 48	주가 살아서 죽음을 보지 아니하고 그 영혼을 음부의 권세에서 건지리이까(셀라)
호 13 : 14	내가 저희를 음부의 권세에서 속량하며 사망에서 구속하리니 사망아 네 재앙이 어디 있느냐 음부야 네 멸망이 어디 있느냐 뉘우침이 내 목전에 숨으리라
계 1 : 18	곧 산 자라 내가 전에 죽었었노라 볼지어다 이제 세세토록 살아 있어 사망과 음부의 열쇠를 가졌노니
계 6 : 8	내가 보매 청황색 말이 나오는데 그 탄 자의 이름은 사망이니 음부가 그 뒤를 따르더라 저희가 땅 사분일의 권세를 얻어 검과 흉년과 사망과 땅의 짐승으로서 죽이더라
행 2; 27	이는 내 영혼을 음부에 버리지 아니하시며 주의 거룩한 자로 썩음을 당치 않게 하실 것임이로다
행 2 : 31	미리 보는 고로 그리스도의 부활하심을 말하되 저가 음부에 버림이 되지 않고 육신이 썩음을 당하지 아니하시리라 하더라
계 20 : 13-14	바다가 그 가운데서 죽은 자들을 내어주고 또 사망과 음부도 그 가운데서 죽은 자들을 내어주매 각 사람이 자기의 행위대로 심판을 받고 사망과 음부도 불못에 던지우니 이것은 둘째 사망 곧 불못이라
눅 16 : 23-24	저가 음부에서 고통 중에 눈을 들어 멀리 아브라함과 그의 품에

있는 나사로를 보고 불러 가로되 아버지 아브라함이여 나를
긍휼히 여기사 나사로를 보내어 그 손가락 끝에 물을 찍어 내 혀를
서늘하게 하소서 내가 이 불꽃 가운데서 고민하나이다

눅 16 : 28　　내 형제 다섯이 있으니 저희에게 증거하게 하여 저희로 이 고통
받는 곳에 오지 않게 하소서

신 32 : 22　　내 분노의 불이 일어나서 음부 깊은 곳까지 사르며 땅의 그 소산을
삼키며 산들의 터도 붙게 하는도다

고후 12 : 2-4　　내가 그리스도 안에 있는 한 사람을 아노니 십사 년 전에 그가 셋째
하늘에 이끌려 간 자라(그가 몸 안에 있었는지 몸 밖에 있었는지
나는 모르거니와 하나님은 아시느니라) 내가 이런 사람을 아노니
(그가 몸 안에 있었는지 몸 밖에 있었는지 나는 모르거니와 하나님은
아시느니라) 그가 낙원으로 이끌려 가서 말할 수 없는 말을 들었으니
사람이 가히 이르지 못할 말이로다

3. 연옥과 림부설

로마 카톨릭 교회는 사후 영혼의 거처에 대하여 연옥과 림부(선조림부와 유아
림부로 구분됨)설을 주장하며, 사후 영혼의 거처를 천당과 지옥 외에 연옥(煉獄 ;
Purgatory)과 선조림부(先祖臨府 ; Limbus Patrum)와 유아림부(幼兒臨府 ;
Limbus Infantum)를 추가하고 있는 것이다.

로마 카톨릭 교회의 주장에 의하면 그리스도인으로서 완전 성결의 상태에 도달
한 신자들의 영혼은 죽음과 즉시 천당에 들어감이 허용되고(마 25 : 46; 빌 1 : 23)
세례를 받지 못한 장년들과 세례받은 후에 죽음에 이르는 죄로 인하여 세례의 은
혜를 잃어버리고 교회에 화목되지 못한 채로 죽은 장년들의 영혼은 즉시 지옥에
가게 된다는 것이다. 그러나 완전히 성결함을 받지 못하고 부분적으로 성화된 그
리스도인들, 즉 교회와의 교제에 있으되 소죄(小罪)를 여전히 가지고 있고 그 지
은 죄에 대하여 현세에서의 합당한 형벌을 받지 않은 가운데 있는 자들(사실상 이
것은 대부분의 신자들의 죽을 때의 상태이다)은 죽음 즉시 그 영혼이 연옥으로 간
다는 것이다. 그리고 구약의 신자들의 영혼은 "선조림부"(先助臨府) 혹은 "아브라
함 품"에 들어가 거기에 집결하게 되며 세례를 받지 못하고 죽은 영아들의 영혼은
그들을 위해 특별히 준비된 "유아림부"(幼兒臨府) 라는 곳으로 간다는 것이다.

마 25 : 46	저희는 영벌에 의인들은 영생에 들어가리라 하시니라
빌 1 : 23	내가 그 두 사이에 끼였으니 떠나서 그리스도와 함께 있을 욕망을 가진 이것이 더욱 좋으나

1) 연옥설(煉獄說)

(1) 불완전한 성결자의 정화

로마 카톨릭 교회의 주장에 의하면 지상에서 완전 성결하여진 신자의 영혼은 사후에 직접 천당에 들어가게 되지만(마 25 : 46; 빌 1 : 23), 지상에서 죽을 때 완전히 성결되지 못한 영혼 또는 아직도 가벼운 죄책(罪責) 하에 있는 완전히 사죄함을 받지 못한 심령(이는 신자들 대다수가 죽을 때의 상태이다)은 천당 복락에 들어가기 위해 반드시 연옥에 가서 일정 기간 정화(淨化)의 과정을 밟게 된다는 것이다.

마 25 : 46	저희는 영벌에 의인들은 영생에 들어가리라 하시니라
빌 1 : 23	내가 그 두 사이에 끼였으니 떠나서 그리스도와 함께 있을 욕망을 가진 이것이 더욱 좋으나

(2) 연옥의 고통과 체재기간

연옥(煉獄; Purgatory)에 들어간 영혼들은 거기서 정화(淨化)되는 동안에 영혼의 적극적인 고통을 당하게 되는데 그들은 "상실의 고통", 즉 그들이 하나님을 뵙는 축복으로부터 제외됨으로 말미암은 고뇌를 당하게 되며 또한 '감각적 형벌' 곧 영혼을 괴롭게 하는 극렬한 고통을 받는다고 한다. 그리고 그들이 연옥에 머물러 있는 기간은 개인의 심령 상태와 죄의 경중과 그들이 당하는 고통의 강도(强度) 등에 따라 각기 다르다고 한다. 그리고 연옥의 체재 기간은 지상(地上) 또는 천상(天上)의 신실한 성도들의 기도(代禱; 대신 기도)와 선행(善行; 특히 미사)에 의하여) 단축되어 지며 또한 고통이 경감되어 지기도 한다는 것이다.

로마 카톨릭 교회는 이 연옥 교리의 근거를 가경(假經; 외경) 마카비 2서 12장 42-45절에 두고 있다. 그리고 그들은 여러 성구(사 4 : 4, 미 7 : 8, 슥 9 : 11, 말 3 : 2, 마 12 : 32, 고전 3 : 13-15, 15 : 29)도 역시 이 교리를 지지하고 있다고 하나 이는 잘못된 견해이다.

사 4 : 4　　　이는 주께서 그 심판하는 영과 소멸하는 영으로 시온의 딸들의
　　　　　　더러움을 씻으시며 예루살렘의 피를 그 중에서 청결케 하실 때가
　　　　　　됨이라

미 7 : 8　　　나의 대적이여 나로 인하여 기뻐하지 말지어다 나는 엎드러질지라도
　　　　　　일어날 것이요 어두운데 앉을지라도 여호와께서 나의 빛이 되실
　　　　　　것임이로다

슥 9 : 11　　또 너로 말할진대 네 언약의 피를 인하여 내가 너의 갇힌 자들을
　　　　　　물 없는 구덩이에서 놓았나니

말 3 : 2　　　그의 임하는 날을 누가 능히 당하며 그의 나타나는 때에 누가 능히
　　　　　　서리요 그는 금을 연단하는 자의 불과 표백하는 자의 잿물과 같을
　　　　　　것이라

마 12 : 32　　또 누구든지 말로 인자를 거역하면 사하심을 얻되 누구든지 말로
　　　　　　성령을 거역하면 이 세상과 오는 세상에도 사하심을 얻지 못하리라

고전3 : 13-15　각각 공력이 나타날 터인데 그 날이 공력을 밝히리니 이는 불로
　　　　　　나타내고 그 불이 각 사람의 공력이 어떠한 것을 시험할 것임이니라
　　　　　　만일 누구든지 그 위에 세운 공력이 그대로 있으면 상을 받고
　　　　　　누구든지 공력이 불타면 해를 받으리니 그러나 자기는 구원을
　　　　　　얻되 불 가운데서 얻은 것 같으리라

고전 15 : 29　만일 죽은 자들이 도무지 다시 살지 못하면 죽은 자들을 위하여
　　　　　　세례받는 자들이 무엇을 하겠느냐 어찌하여 저희를 위하여 세례를
　　　　　　받느뇨

⑶ 연옥에 대한 교황의 영향권

로마 카톨릭 교회는 교황(敎皇)이 연옥을 관할할 수 있다고 추정하며 따라서
그의 특권은 연옥의 체재 기간이나 고통의 경감, 관면(寬免)에 영향을 미칠 유효
한(효력 있는) 선언을 할 수 있다고 한다.

2) 림부(臨府 ; Limbus)설

로마 카톨릭 교회에서는 구약 시대의 신자들의 영혼들과 세례받지 아니하고 죽

은 유아들의 영혼이 처하는 곳을 림부(臨府 : Limbus)라고 하는데 이를 유아림부 (幼兒臨府 : Limbus Infantum)와 대인림부(大人臨府 : Limbus Patrum, 선조 림부 혹은 아브라함의 품이라고도 함)로 구분한다.

(1) 유아림부(幼兒臨府)

① 유아림부란?

로마 카톨릭 교회에 의하면 유아림부(幼兒臨府 : Limbus Infantum)란 그리스 도인의 자녀이든 이교도의 자녀이든 간에 불문하고 세례를 받지 아니하고 죽은 어린아이들의 영혼이 머물러 있는 영계(靈界)의 처소(천당과 지옥 그 사이에 있 는)라고 한다. 로마 카톨릭 교회에서는 세례받지 않은 어린자녀들은 천국에 들어 갈 수 없다고 한다(요 3 : 5). 그러나 세례받지 않은 어린자녀들이 지옥에서 고통 을 받아야 한다는 개념에는 언제나 자연적인 모순이 있었으며 따라서 로마 카톨 릭 신학자들은 이 난제를 해결할 수 있는 방법으로 유아림부설을 주장하였으니 이는 곧 그들이 비록 천국에서 제외되지만 무서운 불꽃이 이르지 못하는 지옥의 연변(림부, 가장자리)에 있는 어떤 장소에 머물게 된다는 것이다.

요 3 : 5   **예수께서 대답하시되 진실로 진실로 네게 이르노니 사람이 물과 성령으로 나지 아니하면 하나님 나라에 들어갈 수 없느니라**

② 유아림부의 상태

이곳에 있는 어린아이들은 천국(하나님의 왕국)에 들어가도록 허락되지 않는다 (요 3 : 5). 그러기에 그들은 온전히 구원받아 천국 복락을 누릴 것에 대한 아무 런 희망도 없이 영원히 이곳에 머물러 있어야 한다는 것이다. 그래서 그들은 적 극적인 고통(형벌)은 당하지 않지만 천국의 행복에서는 제외된다는 것이다.

이곳에서는 비록 하나님의 직접적인 광명의 은택은 입지 못하지만 이곳은 지옥 의 상단부(상음부 : 上陰府)에 위치하고 있기 때문에 지옥의 화염의 기세가 미치지 못한다고 하며 이곳에서는 자기들의 자연적인 재능을 사용함으로써 하나님을 알 게 되고 사랑하게 되며 또한 자연적인 행복을 충분히 누리게 된다고 한다. 그들의 당하는 벌은 다만 "상실의 벌"(하나님을 뵙는 축복으로부터 제외됨)일 뿐, 감각적인 고통을 당하지는 않는다는 것이다(요일 3 : 2).

> 요 3 : 5　　예수께서 대답하시되 진실로 진실로 네게 이르노니 사람이 물과 성령으로 나지 아니하면 하나님 나라에 들어갈 수 없느니라
> 요일 3 : 2　　사랑하는 자들아 우리가 지금은 하나님의 자녀라 장래에 어떻게 될 것은 아직 나타나지 아니하였으나 그가 나타내심이 되면 우리가 그와 같을 줄을 아는 것은 그의 계신 그대로 볼 것을 인함이니

(2) 대인림부

로마 카톨릭 교회의 주장에 의하면 대인림부(大人臨府 ; Limbus Patrum)는 구약 시대 성도들의 영혼들이 주님께서 죽은 자 가운데서 부활하실 때까지 기다림의 상태로 체류해 있던 장소라고 한다. 대인림부는 "선조림부"(先祖臨府) 또는 신약에서 "아브라함의 품"이라고도 불리우는 곳인데 "림부"(臨府)란 말은 라틴어의 "림부스"(Limbus) 즉 "가장자리", "연변"(沿邊)이란 뜻이다. 주님께서는 십자가에 죽으신 후 3일간(부활하시기까지의 기간) 그곳(선조들의 거처)에 내려가셔서 그 영혼들을 임시적 구금으로부터 해방시켜 주심으로써 그들로 하여금 천국으로 당당히 들어가게 하셨다는 것이다. 이것은 그리스도께서 십자가에 죽으신 후 "하데스"(Hades)로 내려가 그곳에 있는 영들에게 전파하셨다는 사실을 근거한 주장이다(벧전 3 : 19-20).

하데스(음부)는 의인과 악인을 위하여 두 부분으로 구획된 영혼들의 거처로서 의인들의 영혼이 거주하는 부분은 "선조림부"(先祖臨府)이며 유대인들에게는 "아브라함의 품"(눅 16 : 23), 또는 "낙원"(눅 23 : 43)으로 알려졌고, 천국은 그리스도께서 실제적으로 세상 죄를 위해 대속을 행하시기 전까지는 아무에게도 열려 있지 않았었다고 주장한다.

> 벧전 3 : 19-20　　저가 또한 영으로 옥에 있는 영들에게 전파하시니라 그들은 전에 노아의 날 방주 예비할 동안 하나님이 오래참고 기다리실 때에 순종치 아니하던 자들이라 방주에서 물로 말미암아 구원을 얻은

	자가 몇 명뿐이니 겨우 여덟 명이라
눅 16 : 23	저가 음부에서 고통 중에 눈을 들어 멀리 아브라함과 그의 품에 있는 나사로를 보고
눅 23 : 43	예수께서 이르시되 내가 진실로 네게 이르노니 오늘 네가 나와 함께 낙원에 있으리라 하시니라

4. 낙원과 음부설

현세에서 예수 그리스도를 믿고 의롭다 함을 얻은 신자들의 영혼은 낙원에 들어가서 주님과 함께 거하게 되는데(눅 23 : 43; 고후 5 : 1,8; 행 7 : 59; 눅 16 : 22-24), 이곳에 가는 영혼들은 주님께서 재림하실 때에 부활하기까지 평안하고 즐거운 가운데 지내게 된다고 한다. 그리고 그리스도를 구주로 믿지 않고 죽은 불신자들의 영혼들은 음부에 가서 최후 심판을 받고 지옥에 들어가기까지, 그곳에 머물게 되는데 그들은 그곳에 있는 동안에도 심한 고통과 고민을 당하게 된다고 한다(눅 16 : 23).

성경은 예수님께서 십자가에서 죽으시고 무덤에 계시는 동안에 영으로 낙원에 가시고(눅 23 : 43) 또 음부에 가셔서 전파하셨다고 하며(벧전 3 : 19, 4 : 6) 예수님께서 죽으신 후에 일단(一旦) 음부에 가신 것을 말하고 있다(행 2 : 27,31). 그러나 성경은 신자의 영혼은 신체와 분리될 때 그리스도 앞(천국 곧 하늘의 집)으로 가며(고후 5 : 1,8; 빌 1 : 23; 눅 23 : 43), 낙원은 천국(셋째 하늘 즉 하나님이 계시는 곳)을 의미하는 것임을 보여 주고 있다(고후 12 : 2-4).

눅 23 : 43	예수께서 이르시되 내가 진실로 네게 이르노니 오늘 네가 나와 함께 낙원에 있으리라 하시니라
고후 5 : 1	만일 땅에 있는 우리의 장막 집이 무너지면 하나님께서 지으신 집 곧 손으로 지은 것이 아니요 하늘에 있는 영원한 집이 우리에게 있는 줄 아나니
고후 5 : 8	우리가 담대하여 원하는 바는 차라리 몸을 떠나 주와 함께 거하는 그것이라
행 7 : 59	저희가 돌로 스데반을 치니 스데반이 부르짖어 가로되 주 예수여 내 영혼을 받으시옵소서 하고

눅 16 : 22-24　이에 그 거지가 죽어 천사들에게 받들려 아브라함의 품에 들어가고
　　　　　　　부자도 죽어 장사되매 저가 음부에서 고통 중에 눈을 들어 멀리
　　　　　　　아브라함과 그의 품에 있는 나사로를 보고 불러 가로되 아버지
　　　　　　　아브라함이여 나를 긍휼히 여기사 나사로를 보내어 그 손가락
　　　　　　　끝에 물을 찍어 내 혀를 서늘하게 하소서 내가 이 불꽃 가운데서
　　　　　　　고민하나이다
벧전 3 : 19　저가 또한 영으로 옥에 있는 영들에게 전파하시니라
벧전 4 : 6　이를 위하여 죽은 자들에게도 복음이 전파되었으니 이는 육체로는
　　　　　　　사람처럼 심판을 받으나 영으로는 하나님처럼 살게 하려 함이니라
행 2 : 27　이는 내 영혼을 음부에 버리지 아니하시며 주의 거룩한 자로 썩음을
　　　　　　　당치 않게 하실 것임이로다
행 2 : 31　미리 보는 고로 그리스도의 부활하심을 말하되 저가 음부에 버림이
　　　　　　　되지 않고 육신이 썩음을 당하지 아니하시리라 하더니
빌 1 : 23　내가 그 두 사이에 끼였으니 떠나서 그리스도와 함께 있을 욕망을
　　　　　　　가진 이것이 더욱 좋으나
고후 12 : 2-4　내가 그리스도 안에 있는 한 사람을 아노니 십사 년 전에 그가 셋째
　　　　　　　하늘에 이끌려 간 자라(그가 몸 안에 있었는지 몸 밖에 있었는지
　　　　　　　나는 모르거니와 하나님은 아시느니라) 내가 이런 사람을 아노니
　　　　　　　(그가 몸 안에 있었는지 몸 밖에 있었는지 나는 모르거니와 하나님은
　　　　　　　아시느니라) 그가 낙원으로 이끌려가서 말할 수 없는 말을 들었으니
　　　　　　　사람이 가히 이르지 못할 말이로다

5. 음부와 낙원과 천국과의 관계

　성경에는 사후 문제에 있어서 지나가는 것이나 일시적인 것에 대하여는 별로
기술하지 않고, 그리스도의 재림과 그 후에 시작할 시대에 대하여 특별히 중점을
두었다. 그러므로 우리는 사후 중간기 상태에 있는 자들의 형편과 거처 등에 관
하여 확실한 개념을 형성하기가 매우 어렵다.

　그러나 성경이 시사(示唆)하는 바에 따라 음부와 낙원, 그리고 낙원과 천국의
관계에 대하여 좀더 깊이 상고해 봄으로써 음부와 낙원과 천국의 관계를 바로 인
식하는데 도움이 되기를 바란다.

1) 음부

"음부"(陰府)는 히브리어로 "스올"(Sheol)인데, 이는 땅 밑의 세계, 즉 죽은 자들의 영들이 머무는 거처를 의미한다. 구약에는 "음부"가 흔히 "무덤"으로 번역되어 선악의 관계없이 죽은 자의 가는 곳이며, 부활 때까지 머무는 중간 지대로 표현되어 있다(창 37 : 35; 욥 14 : 13; 삼하 12 : 23). 신약에는 "음부"(陰府)를 헬라어로 "하데스"(Hades)라고 하는데 이것도 역시 구약과 마찬가지로 죽은 자들의 영혼이 가는 땅 밑의 세계를 가리키는 말이다(행 2 : 27,31; 롬 10 : 7).

창 37 : 35	그 모든 자녀가 위로하되 그가 그 위로를 받지 아니하여 가로되 내가 슬퍼하며 음부에 내려 아들에게로 가리라 하고 그 아비가 그를 위하여 울었더라
욥 14 : 13	주는 나를 음부에 감추시며 주의 진노가 쉴 때까지 나를 숨기시고 나를 위하여 기한을 정하시고 나를 기억하옵소서
삼하 12 : 23	시방은 죽었으니 어찌 금식하랴 내가 다시 돌아오게 할 수 있느냐 나는 저에게로 가려니와 저는 내게로 돌아오지 아니하리라
행 2 : 27	이는 내 영혼을 음부에 버리지 아니하시며 주의 거룩한 자로 썩음을 당치 않게 하실 것임이로다
행 2 : 31	미리 보는 고로 그리스도의 부활하심을 말하되 저가 음부에 버림이 되지 않고 육신이 썩음을 당하지 아니하시리라 하더니
롬 10 : 7	혹 누가 음부에 내려가겠느냐 하지 말라 하니 내려가겠느냐 함은 그리스도를 죽은 자 가운데서 모셔 올리려는 것이라

(1) 구약에 있어서의 음부

구약에서 음부(Sheol)는 영계(靈界)의 하계(下界), 즉 죽은 자의 영혼들이 거처하는 땅 밑의 세계를 가리킴으로써 지하에 있는 죽은 자의 주거(住居)로 생각되어 왔다(민 16 : 33; 욥 17 : 13,26 : 6; 시 16 : 10,88 : 11-13; 사 28 : 15; 겔 31 : 16-17). 그래서 일반적으로 구약에서 음부(Sheol)에 내려간다는 말은 죽음과 동의어(同意語)로 사용되었다(창 37 : 35; 욥 7 : 9). 구약에서 음부는 지하(地下)의 깊은 곳에 있고(시 86 : 13; 암 9 : 2), 캄캄하고 소리가 없고(시 143 : 3,94 : 17), 모든 활동이 정지(靜止, 전 9 : 10)된 암흑과 우울의 세계로서 그림자 같이 존재가 잠잠하여 정지(靜止)하는 곳이며(욥 3 : 13-19) 사람은 죽어서 모두 그곳으로 가고 세상에 두 번 다시 돌아오지 못하고(삼하 12 : 23), 그곳에서는 하나님과의 교제가 단절되는 것(시 6 : 5,88 : 10-12)으로 생각되어 왔다. 그러나 구약후기에는 의인은 음부에서 구출된다고 생각했고, 음부까지도 하나님의 지배가 미친다고 생각하였다(시 16 : 10,49 : 15,139 : 8; 욥 26 : 6; 사 26 : 19).

민 16 : 33	그들과 그 모든 소속이 산 채로 음부에 빠지며 땅이 그 위에 합하니 그들이 총회 중에서 망하니라
욥 17 : 13	내 소망이 음부로 내 집을 삼음에 있어서 침상을 흑암에 베풀고
욥 26 : 6	하나님 앞에는 음부도 드러나며 멸망의 웅덩이도 가리움이 없음이니라
시 16 : 10	이는 내 영혼을 음부에 버리지 아니하시며 주의 거룩한 자로 썩지 않게 하실 것임이니이다
시 88 : 11-13	주의 인자하심을 무덤에서 주의 성실하심을 멸망 중에서 선포할 수 있으리이까 흑암 중에서 주의 가사와 잊음의 땅에서 주의 의를 알 수 있으리이까 여호와여 오직 주께 내가 부르짖었사오니 아침에 나의 기도가 주의 앞에 달하리이다
사 28 : 15	너희 말이 우리는 사망과 언약하였고 음부와 맹약하였은즉 넘치는 재앙이 유행할지라도 우리에게 미치지 못하리니 우리는 거짓으로 우리 피난처를 삼았고 허위 아래 우리를 숨겼음이라 하는도다
겔 31 : 16-17	내가 그로 구덩이에 내려가는 자와 함께 음부에 떨어뜨리던 때에 열국으로 그 떨어지는 소리를 인하여 진동하게 하였고 물 대임을 받은 에덴의 모든 나무 곧 레바논의 뛰어나고 아름다운 나무들로 지하에서 위로를 받게 하였느니라
창 37 : 35	그 모든 자녀가 위로하되 그가 그 위로를 받지 아니하여 가로되 내가 슬퍼하며 음부에 내려 아들에게로 가리라 하고 그 아비가 그를 위하여 울었더라
욥 7 : 9	구름이 사라져 없어짐같이 음부로 내려가는 자는 다시 올라오지 못할 것이오니
시 86 : 13	이는 내게 향하신 주의 인자가 크사 내 영혼을 깊은 음부에서 건지셨음이니이다

암 9 : 2	저희가 파고 음부로 들어갈지라도 내 손이 거기서 취하여 낼 것이요 하늘로 올라 갈지라도 내가 거기서 취하여 내리울 것이며
시 143 : 3	원수가 내 영혼을 핍박하며 내 생명을 땅에 엎어서 나로 죽은지 오랜 자같이 흑암한 곳에 거하게 하였나이다
시 94 : 17	여호와께서 내게 도움이 되지 아니하셨더면 내 혼이 벌써 적막 중에 처하였으리로다
전 9 : 10	무릇 네 손이 일을 당하는 대로 힘을 다하여 할지어다 네가 장차 들어가 음부에는 일도 없고 계획도 없고 지식도 없고 지혜도 없음이니라
욥 3 : 13-19	그렇지 아니하였던들 이제는 내가 평안히 누워서 자고 쉬었을 것이니 자기를 위하여 거친 터를 수축한 세상 임금들과 의사들과 함께 있었을 것이요 혹시 금을 가지며 은으로 집에 채운 목백들과 함께 있었을 것이며 또 부지중에 낙태한 아이 같아서 세상에 있지 않았겠고 빛을 보지 못한 아이들 같았었을 것이라 거기서는 악한 자가 소요를 그치며 거기서는 곤비한 자가 평강을 얻으며 거기서는 자나 큰 자나 일반으로 있고 종이 상전에게서 놓이느니라
삼하 12 : 23	시방은 죽었으니 어찌 금식하랴 내가 다시 돌아오게 할 수 있느냐 나는 저에게로 가려니와 저는 내게로 돌아오지 아니하리라
시 6 : 5	사망 중에서는 주를 기억함이 없사오니 음부에서 주께 감사할 자 누구리이까
시 88 : 10-12	주께서 사망한 자에게 기사를 보이시겠나이까 유혼이 일어나 주를 찬송하리이까(셀라) 주의 인자하심을 무덤에서 주의 성실하심을 멸망 중에서 선포할 수 있으리이까 흑암 중에서 주의 가사와 잊음의 땅에서 주의 의를 알 수 있으리이까
시 16 : 10	이는 내 영혼을 음부에 버리지 아니하시며 주의 거룩한 자로 썩음을 당치 않게 하실 것임이로다
시 49 : 15	하나님은 나를 영접하시리니 이러므로 내 영혼을 음부의 권세에서 구속하시리로다(셀라)
시 139 : 8	내가 하늘에 올라갈지라도 거기 계시며 음부에 내 자리를 펼지라도 거기 계시나이다
사 26 : 19	주의 죽은 자들은 살아나고 우리의 시체들은 일어나리이다 티끌에 거하는 자들아 너희는 깨어 노래하라 주의 이슬은 빛난 이슬이니

땅이 죽은 자를 내어 놓으리로다

(2) 신약에 있어서의 음부

신약에서는 주님의 비유 중에 나사로의 이야기(눅 16 : 22-31)를 통하여 살펴 보면 죽은 자의 거처인 음부(마 11 : 23,16 : 18; 눅 16 : 23; 계 1 : 18,6 : 8)는 의인을 위한 축복의 장소와 악인을 위한 저주의 장소로 구획되어져 있으며 이것 들은 서로 연접(連接)되어져 있기는 하지만 상호 내왕의 교통은 불가능한 것으로 나타나 있다. 또 음부는 최후 심판의 장소는 아니며(계 20 : 13-14) 지옥과도 구 별되어 있다(마 5 : 29-30 참조; 눅 16 : 23). 그리스도께서는 음부의 열쇠를 가지 고 계시니(계 1 : 18) 그리스도의 지배권은 그곳에까지 철저히 미치고 있는 것이 다(엡 4 : 9; 빌 2 : 10; 벧전 3 : 18-20).

랍비(Rabbi) 문헌에 의하면 음부는 특별히 파멸과 징벌의 장소를 뜻하며 땅의 가장 낮은 세 번째 층에 사악한 자들을 위하여 마련된 지옥의 한 구획으로 여겼 는데 이러한 관념은 신약에서 무저갱을 다스리는 사자를 "아바돈"(Abadon)이라 고 표현한 데서도 찾아볼 수 있다.

즉 요한계시록 9장 11절에 "저희에게 임금이 있으니 무저갱의 사자(使者)라 히브 리 음으로 이름은 아바돈이요 헬라음으로 이름은 아볼루온이더라"고 하였는데 여기 서 아바돈이란 "파괴자"란 뜻이다. 본래 히브리어의 "아바돈"(Abadon)은 "아바 드"(멸망하다, 죽다)에서 파생된 말로써 이는 유대 문학에서 때로는 "음부" (Sheol)의 뜻으로 사용되었으며, 특히 음부 맨 밑바닥 죄인들이 벌을 받는 무저 갱을 가리켰다(계 9 : 11,11 : 7,17 : 8,20 : 1,3; 눅 8 : 31).

어떤 면에서는 신약의 음부(Hades) 개념도 구약과 비슷한 것이었으나(예수님 께서 음부로 가심, 행 2 : 27,31) 점차 선인(善人)의 중간 지대인 낙원의 개념이 발전되어(눅 23 : 43; 고후 12 : 4; 계 2 : 7) 음부와 대립하게 되었고 따라서 신약 에서의 음부는 점차 악인의 영혼들이 가는 처소로 규정되어 졌다고 볼 수 있는 것이다. 예수님의 유명한 나사로와 부자의 비유("나사로의 낙원"과 "부자의 음부") 는 구약의 막연한 음부 개념이 신약에 와서 "낙원"과 "음부"로 분명히 구분되는 개념으로 바뀌어지는 전환점에서 중요한 역할을 한 것이다.

눅 16 : 22-31   이에 그 거지가 죽어 천사들에게 받들려 아브라함의 품에 들어가고
                부자도 죽어 장사되매 저가 음부에서 고통 중에 눈을 들어 멀리
                아브라함과 그의 품에 있는 나사로를 보고 불러 가로되 아버지
                아브라함이여 나를 긍휼히 여기사 나사로를 보내어 그 손가락
                끝에 물을 찍어 내 혀를 서늘하게 하소서 내가 이 불꽃 가운데서
                고민하나이다 아브라함이 가로되 얘 너는 살았을 때에 네 좋은
                것을 받았고 나사로는 고난을 받았으니 이것을 기억하라 이제
                저는 여기서 위로를 받고 너는 고민을 받느니라 이 뿐아니라 너희와
                우리 사이에 큰 구렁이 끼어 있어 여기서 너희에게 건너가고자
                하되 할 수 없고 거기서 우리에게 건너올 수도 없게 하였느니라
                가로되 그러면 구하오니 아버지여 나사로를 내 아버지의 집에
                보내소서 내 형제 다섯이 있으니 저희에게 증거하게 하여 저희로
                이 고통받는 곳에 오지 않게 하소서 아브라함이 가로되 저희에게
                모세와 선지자들이 있으니 그들에게 들을지니라 가로되 그렇지
                아니하나이다 아버지 아브라함이여 만일 죽은 자에게서 저희에게
                가는 자가 있으면 회개하리이다 가로되 모세와 선지자들에게 듣지
                아니하면 비록 죽은 자 가운데서 살아나는 자가 있을지라도 권함을
                받지 아니하리라 하였다 하시니라

마 11 : 23   가버나움아 네가 하늘에까지 높아지겠느냐 음부에까지 낮아지리라
                네게서 행한 모든 권능을 소돔에서 행하였더면 그 성이 오늘날까지
                있었으리라

마 16 : 18   또 내가 네게 이르노니 너는 베드로라 내가 이 반석 위에 내 교회를
                세우리니 음부의 권세가 이기지 못하리라

계 1 : 18   곧 산 자라 내가 전에 죽었었노라 볼지어다 이제 세세토록 살아
                있어 사망과 음부의 열쇠를 가졌노니

계 20 : 13-14   바다가 그 가운데서 죽은 자들을 내어주고 또 사망과 음부도 그
                가운데서 죽은 자들을 내어주매 각 사람이 자기의 행위대로 심판을
                받고 사망과 음부도 불못에 던지우니 이것은 둘째 사망 곧 불못이라

계 6 : 8   내가 보매 청황색 말이 나오는데 그 탄 자의 이름은 사망이니 음부가
                그 뒤를 따르더라 저희가 땅 사분일의 권세를 얻어 검과 흉년과
                사망과 땅의 짐승으로서 죽이더라

엡 4 : 9   올라가셨다 하였은즉 땅 아랫 곳으로 내리셨던 것이 아니면

무엇이냐

| 빌 2 : 10 | 하늘에 있는 자들과 땅에 있는 자들과 땅 아래 있는 자들로 모든
무릎을 예수의 이름에 꿇게 하시고 |

빌 2 : 10   하늘에 있는 자들과 땅에 있는 자들과 땅 아래 있는 자들로 모든
            무릎을 예수의 이름에 꿇게 하시고

벧전3 : 18-20 그리스도께서도 한번 죄를 위하여 죽으사 의인으로서 불의한 자를
            대신하셨으니 이는 우리를 하나님 앞으로 인도하려 하심이라
            육체로는 죽임을 당하시고 영으로는 살리심을 받으셨으니 저가
            또한 영으로 옥에 있는 영들에게 전파하시니라 그들은 전에 노아의
            날 방주 예비할 동안 하나님이 오래 참고 기다리실 때에 순종치
            아니하던 자들이라 방주에서 물로 말미암아 구원을 얻은 자가
            몇 명뿐이니 겨우 여덟 명이라

계 9 : 11   저희에게 임금이 있으니 무저갱의 사자라 히브리 음으로 이름은
            아바돈이요 헬라 음으로 이름은 아볼루온이더라

계 11 : 7   저희가 그 증거를 마칠 때에 무저갱으로부터 올라오는 짐승이
            저희로 더불어 전쟁을 일으켜 저희를 이기고 저희를 죽일터인즉

계 17 : 8   네가 본 짐승은 전에 있었다가 시방 없으나 장차 무저갱으로부터
            올라와 멸망으로 들어갈 자니 땅에 거하는 자들로서 창세 이후로
            생명책에 녹명되지 못한 자들이 이전에 있었다가 시방 없으나
            장차 나올 짐승을 보고 기이히 여기리라

계 20 : 1   또 내가 보매 천사가 무저갱 열쇠와 큰 쇠사슬을 그 손에 가지고
            하늘로서 내려와서

계 20 : 3   내가 들으니 보좌에서 큰 음성이 나서 가로되 보라 하나님의 장막이
            사람들과 함께 있으매 하나님이 저희와 함께 거하시리니 저희는
            하나님의 백성이 되고 하나님은 친히 저희와 함께 계셔서

눅 23 : 43   예수께서 이르시되 내가 진실로 네게 이르노니 오늘 네가 나와
            함께 낙원에 있으리라 하시니라

눅 8 : 31   무저갱으로 들어가라 하지 마시기를 간구하더니

행 2 : 27   이는 내 영혼을 음부에 버리지 아니하시며 주의 거룩한 자로 썩음을
            당치 않게 하실 것임이로다

행 2 : 31   미리 보는 고로 그리스도의 부활하심을 말하되 저가 음부에 버림이
            되지 않고 육신이 썩음을 당하지 아니하시리라 하더니

고후 12 : 4   그가 낙원으로 이끌려가서 말할 수 없는 말을 들었으니 사람이
            가히 이르지 못할 말이로다

계 2 : 7 　　　귀 있는 자는 성령이 교회들에게 하시는 말씀을 들을지어다
　　　　　　　이기는 그에게는 내가 하나님의 낙원에 있는 생명나무의 과실을
　　　　　　　주어 먹게 하리라

2) 낙원

히브리어로 "낙원"(樂園 : Paradise)이란 "파르데스"(Pardes)이며 헬라어로는 "파라데이소스"(Paradeisos)라 하는데 이 말은 원래 페르시아어의 "Pardes"에서 유래된 것으로 본래는 "정원" 또는 "공원"이라는 의미로 사용되었다. 그런데 후에 유대교와 기독교에서 선한 사람의 영혼이 가는 곳으로서 에덴동산과 같은 사후 중간 지대를 가리키는 말로 사용되었으니, 이 말은 히브리어 구약성서에 세 번 나온다(창 2 : 8; 전 2 : 5; 아 4 : 13). 그 후 랍비(Rabbi) 문헌에서도 계속해서 사용되었으며, 의인의 사후 거처에 대한 믿음이 생긴 후부터는 낙원(Paradise)은 의인들이 죽은 뒤에 그 영혼이 가서 안락하게 지내는 거처를 표현하는 용어로 사용되어졌다.

신약에서는 이 용어가 세 군데(눅 23 : 43; 고후 12 : 4; 계 2 : 7) 나오는데 이 경우에도 그 뜻은 동일하다. 신약성서에서 "아브라함의 품"은 "낙원"을 가리키는 것이 분명하며 거기에는 죽은 자의 두 세계(낙원과 음부)가 있고 그 경계선은 큰 구렁으로 되어 있음을 보여 주고 있다 (눅 16 : 22, 26).

창 2 : 8 　　　여호와 하나님이 동방의 에덴에 동산을 창설하시고 그 지으신
　　　　　　　사람을 거기 두시고
전 2 : 5 　　　여러 동산과 과원을 만들고 그 가운데 각종 과목을 심었으며
아 4 : 12 　　　나의 누이 나의 신부는 잠근 동산이요 덮은 우물이요 봉한
　　　　　　　샘이로구나
눅 23 : 43 　　예수께서 이르시되 내가 진실로 네게 이르노니 오늘 네가 나와
　　　　　　　함께 낙원에 있으리라 하시니라
고후 12 : 4 　　그가 낙원으로 이끌려가서 말할 수 없는 말을 들었으니 사람이
　　　　　　　가히 이르지 못할 말이로다
계 2 : 7 　　　귀 있는 자는 성령이 교회들에게 하시는 말씀을 들을지어다
　　　　　　　이기는 그에게는 내가 하나님의 낙원에 있는 생명나무의 과실을

눅 16 : 22   주어 먹게 하리라

눅 16 : 22   이에 그 거지가 죽어 천사들에게 받들려 아브라함의 품에 들어가고
부자도 죽어 장사되매

눅 16 : 26   이뿐 아니라 너희와 우리 사이에 큰 구렁이 끼어 있어 여기서
너희에게 건너가고자 하되 할 수 없고 거기서 우리에게 건너올
수도 없게 하였느니라

3) 낙원과 천국의 관계

성경에서 신자의 사후 중간기 상태인 낙원(Paradise)의 개념이 발달되어 온 자취를 더듬어 볼 때 이미 지적한 바와 같이 구약에서는 선악의 구별 없이 죽은 자들의 처소는 "스올"(Sheol 혹은 음부)이라는 개념이 지배적이었다. 구약의 종교사상은 국가적이며 현세적이었기 때문에 개인의 사후 문제에는 극히 소홀하였던 것이다. 그러나 신약 시대에 이르러 종말론은 보다 명백하여 졌으니, 즉 음부(Sheol)는 차차 악한 자의 형벌받는 곳으로 성격지어지고, 낙원은 의로운 자들이 기업을 받아 찬미하는 행복한 곳으로 규정 지어졌던 것이다.

예수님께서 죽은 자가 가게 될 두 세계를 가리키시면서 선한 자의 세계를 "아브라함의 품"으로 악인의 세계를 "음부"로 묘사하셨다(눅 16 : 19-31 참조). 그리고 십자가에서 운명하실 때 친히 낙원에 가실 것을 밝히셨다(눅 23 : 43).

바울은 셋째 하늘(하나님이 계시는 곳)과 낙원을 동일한 세계로 표현하였다(고후 12 : 1-4). 낙원은 음부와 대치되는 죽은 성도들의 사후 중간 세계이며, 그곳은 신자들이 부활하여 영과 육이 온전히 천국에 들어가기까지 기다리는 상태에 있는 곳이다(고전 15 : 51; 살전 4 : 13-18). 그러나 낙원과 천국의 관계는 형이하학적인 어떤 추리나 상상으로 구분할 수도 없고 온전히 이해할 수도 없다. 웨스터민스터 신앙 고백(32장)은 "죽은 자인 신자의 영이 하나님 앞에 올리어 극한 영광속에 살면서 육체의 완전한 속량을 기다린다" 라고 하였다. 실로 천국과 낙원의 관계는 고린도전서 13장 12절의 말씀과 같이 우리가 직접 그곳에 가 보게 되는 날 확실한 것을 알게 될 것이니 이를 기대할 뿐이다.

눅 23 : 43   예수께서 이르시되 내가 진실로 네게 이르노니 오늘 네가 나와

	함께 낙원에 있으리라 하시니라
고후 12 : 1-4	무익하나마 내가 부득불 자랑하노니 주의 환상과 계시를 말하리라 내가 그리스도 안에 있는 한 사람을 아노니 십사 년 전에 그가 세째 하늘에 이끌려 간 자라(그가 몸 안에 있었는지 몸 밖에 있었는지 나는 모르거니와 하나님은 아시느니라) 내가 이런 사람을 아노니 (그가 몸 안에 있었는지 몸 밖에 있었는지 나는 모르거니와 하나님은 아시느니라) 그가 낙원으로 이끌려가서 말할 수 없는 말을 들었으니 사람이 가히 이르지 못할 말이로다
고전 15 : 51	보라 내가 너희에게 비밀을 말하노니 우리가 다 잠잘 것이 아니요 마지막 나팔에 순식간에 홀연히 다 변화하리니
살전 4 : 13-18	형제들아 자는 자들에 관하여는 너희가 알지 못함을 우리가 원치 아니하노니 이는 소망 없는 다른 이와 같이 슬퍼하지 않게 하려 함이라 우리가 예수의 죽었다가 다시 사심을 믿을진대 이와 같이 예수 안에서 자는 자들도 하나님이 저와 함께 데리고 오시리라 우리가 주의 말씀으로 너희에게 이것을 말하노니 주 강림하실 때까지 우리 살아남아있는 자도 자는 자보다 결단코 앞서지 못하리라 주께서 호령과 천사장의 소리와 하나님의 나팔로 친히 하늘로 좇아 강림하시리니 그리스도 안에서 죽은 자들이 먼저 일어나고 그 후에 우리 살아남은자도 저희와 함께 구름 속으로 끌어올려 공중에서 주를 영접하게 하시리니 그리하여 우리가 항상 주와 함께 있으리라 그러므로 이 여러 말로 서로 위로하라
고전 13 : 12	우리가 이제는 거울로 보는 것같이 희미하나 그 때에는 얼굴과 얼굴을 대하여 볼 것이요 이제는 내가 부분적으로 아나 그 때에는 주께서 나를 아신 것같이 내가 온전히 알리라

II. 사후 영혼의 의식적 존재 상태

사람이 사후에 그 영혼이 활동적인 의식 상태로 존재하면서 이성적이고 종교적인 행동을 할 수 있다는 것을 부인하는 이들이 있다. 그 이유는 사람의 영혼은 그 의식적 활동이 그 사람의 두뇌에 의존되어 있으므로 죽은 사람은 두뇌가 파괴된 상태여서 더 이상 그 기능을 계속 할 수 없기 때문이라는 것이다. 이에 대하여 달레(Dahle)는 "그것은 마치 기술자가 자기의 기술과 기계를 혼동하는 것과 같은 오류에 근거되어 있는 것"이라고 하였다. 즉 사람의 의식적 활동이 현세에서 두뇌를 통하여 그 기능을 발휘한다는 사실에 비추어 그것이 다른 방법으로는 작용할 수 없다고 결론지을 수는 없다는 것이다(눅 16 : 19-31 참조).

1. 사후 영혼의 의식적 활동설

사후에 영혼이 의식적이고 활동적인 상태로 존재하게 된다는 주장이 "사후 영혼의 의식적 활동설"이다. 이 설에 의하면 사후 영혼이 의식적이고 활동적인 상태로 존재한다고 하며 이에 대한 성경적 근거는 "나사로의 낙원"과 "부자의 음부"에 관한 예수님의 가르침이라고 한다. 즉 누가복음 16장에 나타난 부자와 나사로의 이야기가 사후에 "영혼들이 살며, 기억하며, 대화하며, 활동하는 것"을 분명하게 보여 주고 있다는 것이다(눅 16 : 19-31 참조). 그리고 사도 바울도 영혼이 신체를 벗어난 상태(주와 함께 거하는 상태)를 현세의 생활 이상(生活理想)으로 소원하였으며(고후 5 : 6-9; 빌 1 : 23) 히브리서에는 사후 신자들은 "온전하게 될 영들"이라고 하였고(히 12 : 23), 성경이 가르치는 바에 의하면 사후에 완전 성화된 영들이 무의식 상태에 있다고는 상상할 수 없는 일이라고 한다.

사도 요한이 본 묵시에도 제단 아래에서 교회를 핍박한 자들에 대한 심판을 호소하는 순교자들이 "큰소리로 부르짖으며 기도하며 주의 대답을 들으며 흰 옷을 입었던 것"(계 6 : 9-11 참조)으로 나타나 있으니 이는 무의식 상태에서 하는 일이라고 볼 수 없는 것이며 성경은 순교자의 영들이 그리스도와 함께 통치하게 된다고 언급하고 있다(계 20 : 4).

고후 5 : 6-9	이러므로 우리가 항상 담대하여 몸에 거할 때에는 주와 따로 거하는 줄을 아노니 이는 우리가 믿음으로 행하고 보는 것으로 하지 아니함이로라 우리가 담대하여 원하는 바는 차라리 몸을 떠나 주와 함께 거하는 그것이라 그런즉 우리는 거하든지 떠나든지 주를 기쁘시게 하는 자 되기를 힘쓰노라
빌 1 : 23	내가 그 두 사이에 끼였으니 떠나서 그리스도와 함께 있을 욕망을 가진 이것이 더욱 좋으나
히 12 : 23	하늘에 기록한 장자들의 총회와 교회와 만민의 심판자이신 하나님과

<blockquote>
및 온전케 된 의인의 영들과

계 20 : 4 또 내가 보좌들을 보니 거기 앉은 자들이 있어 심판하는 권세를 받았더라 또 내가 보니 예수의 증거와 하나님의 말씀을 인하여 목 베임을 받은 자의 영혼들과 또 짐승과 그의 우상에게 경배하지도 아니하고 이마와 손에 그의 표를 받지도 아니한 자들이 살아서 그리스도로 더불어 천년 동안 왕노릇하니
</blockquote>

2. 영혼 수면(睡眠)설

신체를 떠난 영혼의 의식적 활동의 존재 형태를 부인하는 이들의 주장은 사람이 사후에도 그 영혼은 계속 존재하나 신체가 부활할 때까지는 무의식적인 안면(安眠) 상태에 있게 된다는 것이다. 이 주장은 영혼이 두뇌를 떠나서는 의식 활동을 존속할 수 없다는 이들의 주장과 부합된다.

이 설에 대한 성경적 근거로는 죽음을 수면으로 표현한 구절들(마 9 : 24; 행 7 : 60; 고전 15 : 18; 살전 4 : 13)과 죽은 자의 상태를 무의식의 상태로 표현한 듯한 성경 구절들(시 115 : 17; 전 9 : 10; 사 38 : 18-19; 시 6 : 5, 30 : 9, 146 : 4)을 들고 있다. 그러나 성경에 죽음에 대하여 "잠잔다", 혹은 "무의식이다" 라고 하는 표현은 죽은 몸과 잠자는 몸의 상태가 서로 유사하다는 점에서 그렇게 표현한 것일 뿐, 다른 의미가 또 있는 것은 아니다. 더구나 죽은 자를 무의식 상태라고 표현한 것처럼 보이는 성경 구절들이 내포한 의미를 살펴 보면 인간이 죽음의 상태에서는 현세의 활동에 관심을 가질 수도, 참여할 수도 없다는 사실에 대해서만 강조하고 있을 뿐이다.

그리고 성경은 분명히 사후의 상태가 무의식 상태가 아니라는 것과 신자들이 사후에 그 영혼이 즉시 주님께로 가서 의식적 생활을 하며 하나님과 예수 그리스도와의 의식적인 교제를 즐긴다는 사실을 분명하게 나타내 보여 주고 있다(눅 16 : 19-31 참조 23 : 43; 행 7 : 59; 고후 5 : 8; 빌 1 : 23; 계 6 : 9-10, 20 : 4).

<blockquote>
마 9 : 24 가라사대 물러가라 이 소녀가 죽은 것이 아니라 잔다 하시니 저들이 비웃더라

행 7 : 60 무릎을 꿇고 크게 불러 가로되 주여 이 죄를 저들에게 돌리지
</blockquote>

마옵소서 이 말을 하고 자니라

고전 15 : 18　또한 그리스도 안에서 잠자는 자도 망하였으리니

살전 4 : 13　형제들아 자는 자들에 관하여는 너희가 알지 못함을 우리가
　　　　　　원치 아니하노니 이는 소망 없는 다른 이와 같이 슬퍼하지 않게
　　　　　　하려 함이라

시 115 : 17　죽은 자가 여호와를 찬양하지 못하나니 적막한 데 내려가는
　　　　　　아무도 못하리로다

전 9 : 10　무릇 네 손이 일을 당하는 대로 힘을 다하여 할지어다 네가 장차
　　　　　　들어갈 음부에는 일도 없고 계획도 없고 지식도 없고 지혜도
　　　　　　없음이니라

사 38 : 18-19　음부가 주께 사례하지 못하며 사망이 주를 찬양하지 못하며
　　　　　　구덩이에 들어간 자가 주의 신실을 바라지 못하되

시 6 : 5　사망 중에서는 주를 기억함이 없사오니 음부에서 주께 감사할 자
　　　　　　누구리이까

시 30 : 9　내가 무덤에 내려갈 때에 나의 피가 무슨 유익이 있으리요 어찌
　　　　　　진토가 주를 찬송하며 주의 진리를 선포하리이까

시 146 : 4　그 호흡이 끊어지면 흙으로 돌아가서 당일에 그 도모가
　　　　　　소멸하리로다

눅 23 : 43　예수께서 이르시되 내가 진실로 네게 이르노니 오늘 네가 나와
　　　　　　함께 낙원에 있으리라 하시니라

행 7 : 59　저희가 돌로 스데반을 치니 스데반이 부르짖어 가로되 주 예수여
　　　　　　내 영혼을 받으시옵소서 하고

고후 5 : 8　우리가 담대하여 원하는 바는 차라리 몸을 떠나 주와 함께 거하는
　　　　　　그것이라

빌 1 : 23　내가 그 두 사이에 끼였으니 떠나서 그리스도와 함께 있을 욕망을
　　　　　　가진 이것이 더욱 좋으나

계 6 : 9-10　다섯째 인을 떼실 때에 내가 보니 하나님의 말씀과 저희의 가진
　　　　　　증거를 인하여 죽임을 당한 영혼들이 제단 아래 있어 큰소리로
　　　　　　불러 가로되 거룩하고 참되신 대주재여 땅에 거하는 자들을
　　　　　　심판하여 우리 피를 신원하여 주지 아니하시기를 어느 때까지
　　　　　　하시려나이까 하니

계 20 : 4　또 내가 보좌들을 보니 거기 앉은 자들이 있어 심판하는 권세를

> 받았더라 또 내가 보니 예수의 증거와 하나님의 말씀을 인하여
> 목 베임을 받은 자의 영혼들과 또 짐승과 그의 우상에게 경배하지도
> 아니하고 이마와 손에 그의 표를 받지도 아니한 자들이 살아서
> 그리스도로 더불어 천년 동안 왕노릇하니

3. 멸절설과 조건적 영생설

멸절설(滅絕說)과 조건적 영생설(條件的 永生說)에 의하면 악인은 죽은 뒤 의식적 존재가 되지 못한다고 한다. 즉 악인의 영혼은 사후의 생존이 허용되지 않으며, 믿음으로 구원받은 자의 영혼만이 영생의 생명을 누리게 된다는 것이다.

1) 멸절설

멸절설(滅絕說 ; Annihilationism)은 사람의 영혼이 본래 영생하도록 불멸성으로 창조되었지만 하나님께서 죄 가운데 생활을 계속하다 죽는 영들에게서 영생의 은사를 박탈하심으로써 그들은 마침내 멸절되거나 혹은 영원히 의식을 상실하여 실제적으로 비존재와 같은 상태에 있게 된다는 것이다(창 3 : 17-19). 성경에 "너는 흙이니 흙으로 돌아갈 것이니라"는 말씀을 얼른 보면 이는 사람에게 영혼이 없고 흙뿐인고로 죽어서 진토가 되고 무생명, 무의식 상태가 된다고 오해하기 쉽다. 그러나 이 성구는 인간의 육신에 대해서만 언급하고 그 영혼에 대해서는 언급을 하지 않은 것이다.

> 창 3 : 17-19　　아담에게 이르시되 네가 네 아내의 말을 듣고 내가 너더러 먹지
> 말라한 나무 실과를 먹었은즉 땅은 너로 인하여 저주를 받고 너는
> 종신토록 수고하여야 그 소산을 먹으리라 땅이 네게 가시덤불과
> 엉겅퀴를 낼 것이라 너의 먹을 것은 밭의 채소인즉 네가 얼굴에 땀이
> 흘러야 식물을 먹고 필경은 흙으로 돌아가리니 그 속에서 네가
> 취함을 입었음이라 너는 흙이니 흙으로 돌아갈 것이니라 하시니라

2) 조건적 영생설

조건적 영생설(條件的 永生說)은 사람이 본래 사멸하도록 창조되었으므로 인간

의 영생은 태어날 때부터 지니는, 즉 생득적 사물(生得的 賜物)이 아니라 그리스도 안에서 믿는 자들에게만 주시는 하나님의 은사라는 것이다. 그러기에 인간이 비록 사멸하도록 창조되었지만 그리스도를 믿음으로 의롭다 함을 얻으면 하나님의 특별 은사로서 영생이 부여된다는 것이다. 그리고 그리스도를 받아들이지 않는 사람들의 영혼은 영생의 은사를 받지 못하기 때문에 마침내 멸절되거나 모든 의식을 상실하게 된다고 한다.

3) 멸절설과 조건적 영생설의 근거

멸절설과 조건적 영생설에서 제시하는 성경적 근거는 다음과 같다.

(1) 영생은 하나님의 은사임

저들은 영생이 그리스도 예수 안에 있는 자들에게 주시는 하나님의 은사라고 표현한 성구들을 근거로 한다(요 10 : 27-28, 17 : 2; 롬 2 : 7, 6 : 23; 갈 6 : 8).

요 10 : 27-28	내 양은 내 음성을 들으며 나는 저희를 알며 저희는 나를 따르느니라 내가 저희에게 영생을 주노니 영원히 멸망치 아니할터이요 또 저희를 내 속에서 빼앗을 자가 없느니라
요 17 : 2	영생은 곧 유일하신 참 하나님과 그의 보내신 자 예수 그리스도를 아는 것이니이다
롬 2 : 7	참고 선을 행하여 영광과 존귀와 썩지 아니함을 구하는 자에게는 영생으로 하시고
롬 6 : 23	죄의 삯은 사망이요 하나님의 은사는 그리스도 예수 우리 주 안에 있는 영생이니라
갈 6 : 8	자기의 육체를 위하여 심는 자는 육체로부터 썩어진 것을 거두고 성령을 위하여 심는 자는 성령으로부터 영생을 거두리라

(2) 멸망을 경고함

성경은 불신자(죄인)들이 비존재(非存在 ; 의식을 상실한 상태)로 돌아감, 또는 죄인들의 사멸(死滅)을 경고하고 있다는 것이다(시 73 : 27; 마 10 : 28; 벧후 2 :

12; 롬 6 : 23,8 : 13; 살후 1 : 9; 눅 23 : 43).

시 73 : 27	대저 주를 멀리하는 자는 망하리니 음녀같이 주를 떠난 자를 주께서 다 멸하셨나이다
마 10 : 28	몸은 죽여도 영혼은 능히 죽이지 못하는 자들을 두려워하지 말고 오직 몸과 영혼을 능히 지옥에 멸하시는 자를 두려워하라
벧후 2 : 12	그러나 이 사람들은 본래 잡혀 죽기 위하여 난 이성 없는 짐승 같아서 그 알지 못한 것을 훼방하고 저희 멸망 가운데서 멸망을 당하며
롬 6 : 23	죄의 삯은 사망이요 하나님의 은사는 그리스도 예수 우리 주 안에 있는 영생이니라
롬 8 : 13	너희가 육신대로 살면 반드시 죽을 것이로되 영으로써 몸의 행실을 죽이면 살리니
살후 1 : 9	너희가 육신대로 살면 반드시 죽을 것이로되 영으로써 몸의 행실을 죽이면 살리라
눅 23 : 43	이런 자들이 주의 얼굴과 그의 힘의 영광을 떠나 영원한 멸망의 형벌을 받으리로다

(3) 하나님만이 영생이심

성경이 일반적 불멸성을 언급하지 않고 오직 하나님만이 고유적으로 불멸적이시며, 영생하심이라고 언급하였다는 것이다(딤전 6 : 16; 마 7 : 13-14; 요 3 : 16). 그러나 이상에서 저들이 제시한 성경 구절들은 저들의 주장을 뒷받침하기에 적합한 것이 못 된다. 성경에는 신자들은 물론 죄인들도 사후에 영원히 존재가 계속된다고 가르치고 있다(전 12 : 7; 마 25 : 46; 롬 2 : 8-10; 계 14 : 13,20 : 10). 그리고 또 성경은 악인의 형벌에 차등이 있을 것이라고 가르치고 있다(눅 12 : 47-48; 롬 2 : 12). 그런데 멸절은 형벌이라고 할 수 없으니 그것은 형벌이란 고통과 죄책 의식을 포함하는데 멸절함으로 존재가 끝나는 때에는 고통도 죄책 의식도 없기 때문이다. 그러므로 사람은 생의 피로와 고통을 느낄 때 종종 존재와 의식의 소멸을 바람직한 것으로 생각하게 되는 것이다.

딤전 6 : 16   오직 그에게만 죽지 아니함이 있고 가까이 가지 못할 빛에 거하시고

	아무 사람도 보지 못하였고 또 볼 수 없는 자시니 그에게 존귀와 영원한 능력을 돌릴지어다
마 7 : 13-14	좁은 문으로 들어가라 멸망으로 인도하는 문은 크고 그 길이 넓어 그리로 들어가는 자가 많고 생명으로 인도하는 문은 좁고 길이 협착하여 찾는 이가 적음이니라
요 3 : 16	하나님이 세상을 이처럼 사랑하사 독생자를 주셨으니 이는 저를 믿는 자마다 멸망치 않고 영생을 얻게 하려 하심이니라
전 12 : 7	흙은 여전히 땅으로 돌아가고 신은 그 주신 하나님께로 돌아가기 전에 기억하라
마 25 : 46	저희는 영벌에 의인들은 영생에 들어가리라 하시니라
롬 2 : 8-10	오직 당을 지어 진리를 좇지 아니하고 불의를 좇는 자에게는 노와 분으로 하시리라 악을 행하는 각 사람의 영에게 환난과 곤고가 있으리니 첫째는 유대인에게요 또한 헬라인에게며 선을 행하는 각 사람에게는 영광과 존귀와 평강이 있으리니 첫째는 유대인에게도 또한 헬라인에게라
계 14 : 13	또 내가 들으니 하늘에서 음성이 나서 가로되 기록하라 자금 이후로 주 안에서 죽는 자들은 복이 있도다 하시매 성령이 가라사대 그러하다 저희 수고를 그치고 쉬리니 이는 저희의 행한 일이 따름이라 하시더라
계 20 : 10	또 저희를 미혹하는 마귀가 불과 유황못에 던지우니 거기는 그 짐승과 거짓 선지자도 있어 세세토록 밤낮 괴로움을 받으리라
눅 12 : 47-48	주인의 뜻을 알고도 예비치 아니하고 그 뜻대로 행치 아니한 종은 많이 맞을 것이요 알지 못하고 맞을 일을 행한 종은 적게 맞으리라 무릇 많이 받은 자에게는 많이 찾을 것이요 많이 맡은 자에게는 많이 달라 할 것이니라
롬 2 : 12	선을 행하는 각 사람에게는 영광과 존귀와 평강이 있으리니 첫째는 유대인에게요 또한 헬라인에게라

4. 제2시련설(재심설)

1) 제2시련설의 내용

제2시련설이란 "제2기회설" 또는 "재심설(再審說)"이라고도 하는데 이는 구원을 얻지 못하고 죄 가운데 죽은 사람들이 사후 중간 상태에서 회개하고, 그리스도를 믿음으로 영접하여 구원의 은혜에 참여할 기회를 가지게 된다는 주장이다. 다시 말하면 유일한 구세주이신 예수 그리스도는 구주를 필요로 하는 모든 인간에게 알려지고 또 그의 영접이 권면되어야 하는데 현세에서 복음을 접할 기회가 없어 그리스도를 믿지 못하고 죄 중에 죽은 자들에게는 사후 중간기 상태에서 현세에서와 같이 회개하고 그리스도 예수를 믿고 영접하여 구원얻을 기회가 부여된다는 것이다.

그러므로 인간은 예수님을 알고 영접할 충분한 복음의 기회가 주어짐이 없이 멸망되지 않을 것이라 하며, 사람이 정죄를 받고 멸망하는 것은 그리스도 예수 안에서 주어진 구원을 완강히 거절할 때에만 있는 일이라 한다. 공평의 하나님께로부터 복음의 제시를 받지 못하여 그리스도에 대한 지식을 가질 기회를 가져 보지 못하고 죽은 유아들이나, 이방인의 영혼들에게 복음을 받고 믿어 구원얻을 기회가 부여되는 것은 당연하다는 것이다.

2) 제2시련설의 성경 근거

(1) 예수님께서 옥에서 전하심

예수님께서 십자가에 죽으시고 부활하시기 전 그 육체를 요셉의 무덤에 두신 채 영으로 가셔서, 죽음과 부활의 중간 상태인 옥(하데스)에 있는 복음을 듣지 못하고 죽은 영들에게 심판 전에 구원의 기회를 주기 위하여 복음을 전하셨다고 하는 것이다(벧전 3 : 19, 4 : 6).

이 주장은 복음을 듣지 못하고 죽은 자들에게 심판 전에 전도한다는 타당성은 지니고 있으나 죽은 자에게 복음을 전하고 그들이 믿고 구원받으면 음부에서 낙원으로 옮겨 주어야 할 터인데 그런 내용을 성경에서는 전혀 찾아볼 수 없다. 그러므로 예수님께서 옥에 가셔서 그곳의 영혼들이 구원을 얻게 하려고 복음을 전하셨다는 주장은 결국 연옥설로 귀결되기 쉽다.

벧전 3 : 19　　저가 또한 영으로 옥에 있는 영들에게 전파하시니라
벧전 4 : 6　　이를 위하여 죽은 자들에겐 복음이 전파되었으니 이는 육체로는

사람처럼 심판을 받으나 영으로는 하나님처럼 살게 하려 함이니라

(2) 의식적 불신앙만이 죄를 구성함

제2시련설을 주장하는 이들은 성경이 예수님을 믿지 않는 것, 즉 예수 그리스도를 의식적으로 배척하는 것만을 정죄의 유일한 근거가 된다고 하며 다음의 성구들을 제시하고 있다(요 3 : 18,36; 막 16 : 15-16; 롬 10 : 9,12; 엡 4 : 18; 벧후 2 : 3-4; 요일 4 : 3). 그러나 이런 성구들은 그리스도를 믿는 신앙이 구원의 길이라는 것을 증거할 뿐 그리스도의 의식적 배척만이 정죄의 근거라는 것을 가리키고 있지 않다.

요 3 : 18	저를 믿는 자는 심판을 받지 아니하는 것이요 믿지 아니하는 자는 하나님의 독생자의 이름을 믿지 아니하므로 벌써 심판을 받은 것이니라
요 3 : 36	아들을 믿는 자는 영생이 있고 아들을 순종치 아니하는 자는 영생을 보지 못하고 도리어 하나님의 진노가 그 위에 머물러 있느니라
막 16 : 15-16	또 가라사대 너희는 온 천하에 다니며 만민에게 복음을 전파하라 믿고 세례를 받는 사람은 구원을 얻을 것이요 믿지 않는 사람은 정죄를 받으리라
롬 10 : 9	네가 만일 네 입으로 예수를 주로 시인하며 또 하나님께서 그를 죽은 자 가운데서 살리신 것을 네 마음에 믿으면 구원을 얻으리니
롬 10 : 12	유대인이나 헬라인이나 차별이 없음이라 한 주께서 모든 사람의 주가 되사 저를 부르는 모든 사람에게 부요하시도다
엡 4 : 18	저희 총명이 어두워지고 저희 가운데 있는 무지함과 저희 마음이 굳어짐으로 말미암아 하나님의 생명에서 떠나 있도다
벧후 2 : 3-4	저희가 탐심을 인하여 지은 말을 가지고 너희로 이를 삼으니 저희 심판은 옛적부터 지체하지 아니하며 저희 멸망은 자지 아니하느니라 하나님이 범죄한 천사들을 용서치 아니하시고 지옥에 던져 어두운 구덩이에 두어 심판 때까지 지키게 하셨으며
요일 4 : 3	예수를 시인하지 아니하는 영마다 하나님께 속한 것이 아니니 이것이 곧 적그리스도의 영이니라 오리라 한 말을 너희가 들었거니와 이제 벌써 세상에 있느니라

3) 제2시련설의 부당성

(1) 사후 상태의 고정성(固定性)

인간의 사후 상태가 영구히 고정적인 것으로 변경이 전혀 없음을 성경은 보여 주고 있다. 즉 음부에 간 부자가 자기의 당하는 고통을 조금이라도 덜어 보려고 노력하였으나 불가능했다고 말해 주고 있으며(눅 16 : 19-31 참조) 또 사람이 금생(今生)에서 만난 구원의 기회를 놓쳐버리면 "죄 가운데 죽으며"(요 8 : 24) 일단 죽은 후에는 "울며 이를 갈리라"고 하였다(마 13 : 42, 22 : 13, 24 : 51, 25 : 30).

이같이 성경의 가르침은 사후에 운명의 변동 없이 행불행(幸不幸)의 상태가 영구 고정적이며 따라서 불신자의 멸망의 상태와 신자의 영생의 상태가 영원히 변개되지 아니한다(전 11 : 3; 벧후 2 : 4, 9; 유 1 : 7, 13)는 사실을 확증하고 있다.

요 8 : 24	이러므로 내가 너희에게 말하기를 너희가 너희 죄 가운데서 죽으리라 하였노라 너희가 만일 내가 그인줄 믿지 아니하면 너희 죄 가운데서 죽으리라
마 13 : 42	풀무불에 던져 넣으리니 거기서 울며 이를 갊이 있으리라
마 22 : 13	임금이 사환들에게 말하되 그 수족을 결박하여 바깥 어두움에 내어던지라 거기서 슬피 울며 이를 갊이 있으리라 하니라
마 24 : 51	엄히 때리고 외식하는 자의 받는 율에 처하리니 거기서 슬피 울며 이를 갊이 있으리라
마 25 : 30	이 무익한 종을 바깥 어두운 데로 내어 좇으라 거기서 슬피 울며 이를 갊이 있으리라 하니라
전 11 : 3	구름에 비가 가득하면 땅에 쏟아지며 나무가 남으로나 북으로나 쓰러지면 그 쓰러진 곳에 그냥 있으리라
벧후 2 : 4	하나님이 범죄한 천사들을 용서치 아니하시고 지옥에 던져 어두운 구덩이에 두어 심판 때까지 지키게 하셨으며
벧후 2 : 9	주께서 경건한 자는 시험에서 건지시고 불의한 자는 형벌 아래 두어 심판 날까지 지키시며
유 1 : 7	소돔과 고모라와 그 이웃 도시들도 저희와 같은 모양으로 간음을 행하며 다른 색을 따라가다가 영원한 불의 형벌을 받음으로 거울이 되었느니라

유 1 : 13	자기의 수치의 거품을 뿜는 바다의 거친 물결이요 영원히 예비된 캄캄한 흑암에 돌아갈 유리하는 별들이라

(2) 현세 생활만이 심판의 근거임

성경은 장차 있을 최후 심판 때에 인간이 현세에서 행한 일만을 근거로 하여 심판할 뿐 결코 중간기 상태에서 행한 일을 근거로 하여 심판을 한다는 언급이 전혀 없다(마 7 : 22-23, 10 : 32-33, 25 : 34-46 참조; 눅 12 : 47-48; 고후 5 : 9-10; 갈 6 : 7-8; 살후 1 : 8; 히 9 : 27; 막 16 : 16; 계 21 : 8; 롬 8 : 1, 2 : 12-15).

마 7 : 22-23	그날에 많은 사람이 나더러 이르되 주여 주여 우리가 주의 이름으로 선지자 노릇하며 주의 이름으로 귀신을 쫓아내며 주의 이름으로 많은 권능을 행치 아니하였나이까 하리니 그 때에 내가 저희에게 밝히 말하되 내가 너희를 도무지 알지 못하니 불법을 행하는 자들아 내게서 떠나가라 하리라
마 10 : 32-33	누구든지 사람 앞에서 나를 시인하면 나도 하늘에 계신 내 아버지 앞에서 저를 시인할 것이요 누구든지 사람 앞에서 나를 부인하면 나도 하늘에 계신 내 아버지 앞에서 저를 부인하리라
눅 12 : 47-48	주인의 뜻을 알고도 예비치 아니하고 그 뜻대로 행치 아니한 종은 많이 맞을 것이요 알지 못하고 맞을 일을 행한 종은 적게 맞으리라 무릇 많이 받은 자에게는 많이 찾을 것이요 많이 맡은 자에게는 많이 달라 할 것이니라
고후 5 : 9-10	그런즉 우리는 거하든지 떠나든지 주를 기쁘시게 하는 자 되기를 힘쓰노라 이는 우리가 다 반드시 그리스도의 심판대 앞에 드러나 각기 선악간에 그 몸으로 행한 것을 따라 받으려 함이라
갈 6 : 7-8	스스로 속이지 말라 하나님은 만홀히 여김을 받지 아니하시나니 사람이 무엇으로 심든지 그대로 거두리라 자기의 육체를 위하여 심는 자는 육체로부터 썩어진 것을 거두고 성령을 위하여 심는 자는 성령으로부터 영생을 거두리라
살후 1 : 8	하나님을 모르는 자들과 우리 주 예수의 복음을 복종치 않는 자들에게 형벌을 주시리니
히 9 : 27	한번 죽는 것은 사람에게 정하신 것이요 그후에는 심판이 있으리니

막 16 : 16	믿고 세례를 받는 사람은 구원을 얻을 것이요 믿지 않는 사람은 정죄를 받으리라
계 21 : 8	그러나 두려워하는 자들과 믿지 아니하는 자들과 흉악한 자들과 살인자들과 행음자들과 술객들과 우상 숭배자들과 모든 거짓말 하는 자들은 불과 유황으로 타는 못에 참예하리니 이것이 둘째 사망이라
롬 8 : 1	그러므로 이제 그리스도 예수 안에 있는 자에게는 결코 정죄함이 없나니
롬 2 : 12-15	무릇 율법 없이 범죄한 자는 또한 율법 없이 망하고 무릇 율법이 있고 범죄한 자는 율법으로 말미암아 심판을 받으리라 하나님 앞에서는 율법을 듣는 자가 의인이 아니요 오직 율법을 행하는 자라야 의롭다 하심을 얻으리니 (율법 없는 이방인이 본성으로 율법의 일을 행할 때는 이 사람은 율법이 없어도 자기가 자기에게 율법이 되나니 이런 이들은 그 양심이 증거가 되어 그 생각들이 서로 혹은 송사하며 혹은 변명하여 그 마음에 새긴 율법의 행위를 나타내느니라)

(3) 불신앙으로 정죄받음

성경에는 고의적으로 믿지 않는 자만이 멸망의 죄를 구성한다고 하지 않고 단순히 그냥 믿지 아니하는 자는 정죄함을 받는다고 하였다(막 16 : 16; 계 21 : 8; 롬 8 : 1,2 : 12-15). 그리고 또 유아나 이방인이 사후에 믿음으로 구원된다고 말한 사실을 전혀 찾아볼 수 없다.

막 16 : 16	믿고 세례를 받는 사람은 구원을 얻을 것이요 믿지 않는 사람은 정죄를 받으리라
계 21 : 8	그러나 두려워하는 자들과 믿지 아니하는 자들과 흉악한 자들과 살인자들과 행음자들과 술객들과 우상 숭배자들과 모든 거짓말하는 자들은 불과 유황으로 타는 못에 참예하리니 이것이 둘째 사망이라
롬 8 : 1	그러므로 이제 그리스도 예수 안에 있는 자에게는 결코 정죄함이 없나니
롬 2 : 12-15	무릇 율법 없이 범죄한 자는 또한 율법 없이 망하고 무릇 율법이

있고 범죄한 자는 율법으로 말미암아 심판을 받으리라 하나님 앞에서는 율법을 듣는 자가 의인이 아니요 오직 율법을 행하는 자라야 의롭다 하심을 얻으리니(율법 없는 이방인이 본성으로 율법의 일을 행할 때는 이 사람은 율법이 없어도 자기가 자기에게 율법이 되나니 이런 이들은 그 양심이 증거가 되어 그 생각들이 서로 혹은 송사하며 혹은 변명하여 그 마음에 새긴 율법의 행위를 나타내느니라

일반적 종말론(예수 재림)

일반적 종말론이란 세계와 인류 역사가 끝남과 그 후의 일들을 주제로 하여 논하는 것으로서 여기에는 예수의 귀환(재림), 심판날, 일반적 부활, 천년왕국, 영원 세계의 상태 등을 포함하게 된다.

Ⅰ. 그리스도의 재림 예고

구약은 그리스도의 "이중내림"(二重來臨, 이 세상에 거듭 찾아오심)을 분명하게 구별하여 말하지는 아니하였으나 초림(初臨, 성자 예수 그리스도께서 육신을 입고 세상에 태어나심)은 분명히 예언하였다(사 7 : 14, 11 : 1-5; 렘 31 : 31). 그리고 그리스도의 재림(再臨, 부활 승천하신 예수 그리스도께서 이 세상에 두 번째 찾아오심)도 예언자들에 의해 예언되어 있다(단 7 : 13; 슥 14 : 4). 그러나 신약은 그리스도의 초림이 있은 후 재림이 있을 것을 분명히 가르치고 있으며 예수님 자신이 공생애 말기에 여러번 다시 오실 것을 약속하셨다(마 24 : 30, 25 : 19, 31, 26 : 64; 요 14 : 3). 예수님께서 십자가에 죽으시고 부활 승천하실 때에 천사들이 나타나 예수님께서 재림하실 것이라고 하였으며(행 1 : 11), 사도들은 그들의 서신에서 여러번 그리스도의 재림을 언급하였다(행 3 : 20-21; 빌 3 : 20; 살전 4 : 15-17; 살후 1 : 7, 10; 딛 2 : 13; 히 9 : 28).

사 7 : 14	그러므로 주께서 친히 징조로 너희에게 주실 것이라 보라 처녀가 잉태하여 아들을 낳을 것이요 그 이름을 임마누엘이라 하리라
사 11 : 1-5	이새의 줄기에서 한 싹이 나며 그 뿌리에서 한 가지가 나서 결실할 것이요 여호와의 신 곧 지혜와 총명의 신이요 모략과 재능의 신이요 지식과 여호와를 경외하는 신이 그 위에 강림하시리니 그가

여호와를 경외함으로 즐거움을 삼을 것이며 그 눈에 보이는 대로
심판치 아니하며 귀에 들리는 대로 판단치 아니하며 공의로 빈핍한
자를 심판하며 정직으로 세상의 겸손한 자를 판단할 것이며 그
입의 막대기로 세상을 치며 입술의 기운으로 악인을 죽일 것이며
공의로 그 허리띠를 삼으며 성실로 몸의 띠를 삼으리라

렘 31 : 31   나 여호와가 말하노라 보라 날이 이르리니 내가 이스라엘 집과
유다 집에 새 언약을 세우리라

단 7 : 13   내가 또 밤 이상 중에 보았는데 인자 같은 이가 하늘 구름을 타고
와서 옛적부터 항상 계신 자에게 나아와 그 앞에 인도되매

슥 14 : 4   그날에 그의 발이 예루살렘 앞 곧 동편 감람산에 서실 것이요
감람산은 그 한가운데가 동서로 갈라져 매우 큰 골짜기가 되어서
산 절반은 북으로 절반은 남으로 옮기고

마 24 : 30   그때에 인자의 징조가 하늘에서 보이겠고 그때에 땅의 모든
족속들이 통곡하며 그들이 인자가 구름을 타고 능력과 큰 영광으로
오는 것을 보리라

마 25 : 19   오랜 후에 그 종들의 주인이 돌아와 저희와 회계할 새

마 25 : 31   인자가 자기 영광으로 모든 천사와 함께 올 때에 자기 영광의 보좌에
앉으리니

마 26 : 64   예수께서 가라사대 네가 말하였느니라 그러나 내가 너희에게
이르노니 이 후에 인자가 권능의 우편에 앉은 것과 하늘 구름을
타고 오는 것을 너희가 보리라 하시니

요 14 : 3   가서 너희를 위하여 처소를 예비하면 내가 다시 와서 너희를 내게로
영접하여 나 있는 곳에 너희도 있게 하리라

행 1 : 11   가로되 갈릴리 사람들아 어찌하여 서서 하늘을 쳐다보느냐 너희
가운데서 하늘로 올리우신 이 예수는 하늘로 가심을 본 그대로
오시리라 하였느니라

행 3 : 20-21   또 주께서 너희를 위하여 예정하신 그리스도 곧 예수를 보내시리니
하나님이 영원 전부터 거룩한 선지자의 입을 의탁하여 말씀하신
바 만유를 회복하실 때까지는 하늘이 마땅히 그를 받아 두리라

빌 3 : 20   오직 우리의 시민권은 하늘에 있는지라 거기로서 구원하는 자
곧 주 예수 그리스도를 기다리노니

살전 4 : 15-17   우리가 주의 말씀으로 너희에게 이것을 말하노니 주 강림하실

> 때까지 우리 살아남아 있는 자도 자는 자보다 결단코 앞서지
> 못하리라 주께서 호령과 천사장의 소리와 하나님의 나팔로 친히
> 하늘로 좇아 강림하시리니 그리스도 안에서 죽은 자들이 먼저
> 일어나고 그후에 우리 살아남은 자도 저희와 함께 구름 속으로
> 끌어올려 공중에서 주를 영접하게 하시리니 그리하여 우리가 항상
> 주와 함께 있으리라

살후 1 : 7　환난 받는 너희에게는 우리와 함께 안식으로 갚으시는 것이
하나님의 공의시니 주 예수께서 저의 능력의 천사들과 함께
하늘로부터 불꽃 중에 나타나실 때에

살후 1 : 10　그날에 강림하사 그의 성도들에게서 영광을 얻으시고 모든 믿는
자에게서 기이히 여김을 얻으시리라(우리의 증거가 너희에게 믿어
졌음이라)

딛 2 : 13　복스러운 소망과 우리의 크신 하나님 구주 예수 그리스도의 영광이
나타나심을 기다리게 하셨으니

히 9 : 28　이와 같이 그리스도도 많은 사람의 죄를 담당하시려고 단번에
드리신 바 되셨고 구원에 이르게 하기 위하여 죄와 상관없이
자기를 바라는 자들에게 두 번째 나타나시리라

II. 그리스도 재림의 의의

1. 성경 예언의 성취

1) 초림의 예언과 성취

그리스도의 초림은 구약에 예언된 대로 성자 예수 그리스도께서 동정녀의 몸을 통하여(사 7 : 14; 마 1 : 23) 베들레헴에서 탄생하심으로써 성취되었다(미 5 : 2; 마 2 : 6). 그리고 예수님께서 탄생하신 후에 애굽으로 피난하셨다가(호 11 : 1; 마 2 : 15), 귀환하시어 결국에는 십자가에 달리시니 군병들이 예수님의 속옷을 제비 뽑아 나누어 가지며(시 22 : 18; 마 27 : 35), 그 시체는 부자의 무덤에 장사되고(사 53 : 9; 마 27 : 57-60), 장사한 지 삼일만에 부활하시고(사 53 : 10; 눅 24 : 46) 승천하신 것이다. 이리하여 그리스도의 초림에 관한 모든 예언이 그대로 성취된 것을 미루어 볼 때 그분의 재림의 예언도 그대로 성취될 것이 확실하다.

사 7 : 14   그러므로 주께서 친히 징조로 너희에게 주실 것이라 보라 처녀가
잉태하여 아들을 낳을 것이요 그 이름을 임마누엘이라 하리라

마 1 : 23   보라 처녀가 잉태하여 아들을 낳을 것이요 그 이름은 임마누엘이라
하리라 하셨으니 이를 번역한즉 하나님이 우리와 함께 계시다
함이라

미 5 : 2   베들레헴 에브라다야 너는 유다 족속 중에 작을지라도 이스라엘을
다스릴 자가 네게서 내게로 나올 것이라 그의 근본은 상고에
태초에니라

마 2 : 6   또 유대 땅 베들레헴아 너는 유대 고을 중에 가장 작지 아니하도다
네게서 한 다스리는 자가 나와서 내 백성 이스라엘의 목자가 되리라

호 11 : 1   이스라엘의 어렸을 때에 내가 사랑하여 내 아들을 애굽에서 불러
내었거늘

마 2 : 15   헤롯이 죽기까지 거기 있었으니 이는 주께서 선지자로 말씀하신 바
애굽에서 내 아들을 불렀다 함을 이루려 하심이니라

시 22 : 18   내 겉옷을 나누며 속옷을 제비 뽑나이다

마 27 : 35   저희가 예수를 십자가에 못박은 후에 그 옷을 제비 뽑아 나누고

사 53 : 9   그는 강포를 행치 아니하였고 그 입에 궤사가 없었으나 그 무덤이
악인과 함께 되었으며 그 묘실이 부자와 함께 되었도다

마 27 : 57-60   저물었을 때에 아리마대 부자 요셉이라 하는 사람이 왔으니
그도 예수의 제자라 빌라도에게 가서 예수의 시체를 달라 하니
이에 빌라도가 내어주라 분부하거늘 요셉이 시체를 가져다가 정한
세마포로 싸서 바위 속에 판 자기 새 무덤에 넣어 두고 큰돌을 굴려
무덤 문에 놓고 가니

사 53 : 10   여호와께서 그로 상함을 받게 하시기를 원하사 질고를 당케
하셨은즉 그 영혼을 속건 제물로 드리기에 이르면 그가 그 씨를
보게 되며 그 날은 길 것이요 또 그의 손으로 여호와의 뜻을
성취하리로다

눅 24 : 46   또 이르시되 이같이 그리스도가 고난을 받고 제 삼일에 죽은 자
가운데서 살아날 것과

2) 그리스도 재림의 예언

신약에는 그리스도의 재림에 대하여 예수님 자신이 여러 번 예언하셨으며(마 24 : 30, 25 : 19, 31, 26 : 64; 요 14 : 1-3) 예수님께서 승천하시던 날에는 천사들이 그분의 재림을 예고하였다(행 1 : 11). 그리고 사도들은 그리스도의 재림이 필연 적이며 머지않아 실현될 것이라고 자주 강조하였다(약 5 : 8; 벧후 3 : 10; 요일 3 : 2-3; 살전 4 : 16-17; 유 1 : 14-15). 부활 승천하신 예수님께서는 사도 요한의 묵시를 통하여 불원간 있을 자신의 귀환을 최종적으로 분명히 약속하셨다(계 22 : 20).

마 24 : 30	그때에 인자의 징조가 하늘에서 보이겠고 그때에 땅의 모든 족속들이 통곡하며 그들이 인자가 구름을 타고 능력과 큰 영광으로 오는 것을 보리라
마 25 : 19	오랜 후에 그 종들이 주인이 돌아와 저희와 회계할 새
마 25 : 31	인자가 자기 영광으로 모든 천사와 함께 올 때에 자기 영광의 보좌에 앉으리니
마 26 : 64	예수께서 가라사대 네가 말하였느니라 그러나 내가 너희에게 이르노니 이 후에 인자가 권능의 우편에 앉은 것과 하늘 구름을 타고 오는 것을 너희가 보리라 하시니
요 14 : 1-3	너희는 마음에 근심하지 말라 하나님을 믿으니 또 나를 믿으라 내 아버지 집에 거할 곳이 많도다 그렇지 않으면 너희에게 일렀으리라 내가 너희를 위하여 처소를 예비하러 가노니 가서 너희를 위하여 처소를 예비하면 내가 다시 와서 너희를 내게로 영접하여 나 있는 곳에 너희도 있게 하리라
행 1 : 11	가로되 갈릴리 사람들아 어찌하여 서서 하늘을 쳐다보느냐 너희 가운데서 하늘로 올리우신 이 예수는 하늘로 가심을 본 그대로 오시리라 하였느니라
약 5 : 8	너희도 길이 참고 마음을 굳게 하라 주의 강림이 가까우니라
벧후 3 : 10	그러나 주의 날이 도적같이 오리니 그날에는 하늘이 큰소리로 떠나가고 체질이 뜨거운 불에 풀어지고 땅과 그 중에 있는 모든 일이 드러나리로다
요일 3 : 2-3	사랑하는 자들아 우리가 지금은 하나님의 자녀라 장래에 어떻게

될 것은 아직 나타나지 아니하였으나 그가 나타내심이 되면 우리가
그와 같을 줄을 아는 것은 그의 계신 그대로 볼 것을 인함이니 주를
향하여 이 소망을 가진 자마다 그의 깨끗하심과 같이 자기를
깨끗하게 하느니라

살전 4 : 16-17 　주께서 호령과 천사장의 소리와 하나님의 나팔로 친히 하늘로
좇아 강림하시리니 그리스도 안에서 죽은 자들이 먼저 일어나고
그 후에 우리 살아남은 자도 저희와 함께 구름 속으로 끌어올려
공중에서 주를 영접하게 하시리니 그리하여 우리가 항상 주와
함께 있으리라

유 1 : 14-15 　아담의 칠세 손 에녹이 사람들에게 대하여도 예언하여 이르되
보라 주께서 그 수만의 거룩한 자와 함께 임하셨나니 이는 뭇 사람을
심판하사 모든 경건치 않은 자의 경건치 않게 행한 모든 경건치
않은 일과 또 경건치 않은 죄인의 주께 거스려 한 모든 강퍅한 말을
인하여 저희를 정죄하려 하심이라 하였느니라

계 22 : 20 　이것들을 증거하신 이가 가라사대 내가 진실로 속히 오리라
하시거늘 아멘 주 예수여 오시옵소서

2. 성도의 대망 성취

예수 그리스도의 재림은 모든 성도들이 고대하는 산 소망이다(살전 4 : 17; 고
전 15 : 52; 빌 3 : 20-21; 딛 2 : 13; 계 6 : 10). 예컨대 정혼한 처녀의 간절한 소
망은 결혼 날인 것처럼(아 3 : 11) 어린양 예수 그리스도의 신부로 피택된 성도들
의 간절한 소망은 신랑되신 예수 그리스도께서 귀환하시어 공중 혼연(婚宴)이 이
루어지는 날인 것이다. 불원간 그리스도의 재림으로 이 소망은 반드시 성취될 것
이다(계 19 : 7-9; 살전 4 : 16-17 참조).

살전 4 : 17 　그 후에 우리 살아남은 자도 저희와 함께 구름 속으로 끌어올려
공중에서 주를 영접하게 하시리니 그리하여 우리가 항상 주와
함께 있으리라

고전 15 : 52 　나팔소리가 나매 죽은 자들은 썩지 아니할 것으로 다시 살고 우리도
변화하리라

빌 3 : 20-21 　오직 우리의 시민권은 하늘에 있은지라 거기로서 구원하는 자

곧 주 예수 그리스도를 기다리노니 그가 만물을 자기에게 복종케
하실 수 있은 자의 역사로 우리의 낮은 몸을 자기 영광의 몸의 형체와
같이 변하게 하시리라

딛 2 : 13   복스러운 소망과 우리의 크신 하나님 구주 예수 그리스도의 영광이
나타나심을 기다리게 하셨으니

계 6 : 10   큰소리로 불러 가로되 거룩하고 참되신 대주재여 땅에 거하는
자들을 심판하여 우리 피를 신원하여 주지 아니하시기를 어느
때까지 하시려나이까 하니

아 3 : 11   시온의 여자들아 나와서 솔로몬 왕을 보라 혼인날 마음이 기쁠
때에 그 모친의 씌운 면류관이 그 머리에 있구나

3. 만물의 대망 성취

만물의 영장인 인간이 타락함에 따라 그들이 사용하는 땅도 저주를 받았고 그
밖의 모든 피조물들까지 다 타락하여(창 3 : 17-18) 저주받은 상태에 놓이게 되었
으니 만물이 이 불행한 처지에서 벗어나는 길은 그리스도의 재림으로 인간의 구
속이 완성될 때에 땅도 새로워지고(계 21 : 1 참조) 만물이 다 새롭게 변화되는
것뿐이다. 그러므로 만물은 그리스도께서 재림하시고 나팔 소리와 함께 잠자는
성도가 무덤에서 일어나는 때를 고대하고 있다(롬 8 : 19-22; 사 11 : 6-9,55 :
13; 행 3 : 21; 골 3 : 4; 고전 15 : 51). 이같은 만물의 소망은 장차 그리스도의
재림으로 성취되는 것이다.

창 3 : 17-18   아담에게 이르시되 네가 네 아내의 말을 듣고 내가 너더러 먹지
말라한 나무 실과를 먹었은즉 땅은 너로 인하여 저주를 받고 너는
종신토록 수고하여야 그 소산을 먹으리라 땅이 네게 가시덤불과
엉겅퀴를 낼 것이라 너의 먹을 것은 밭의 채소인즉

롬 8 : 19-22   피조물의 고대하는 바는 하나님의 아들들의 나타나는 것이니
피조물이 허무한데 굴복하는 것은 자기 뜻이 아니요 오직 굴복케
하시는 이로 말미암음이라 그 바라는 것은 피조물도 썩어짐의
종노릇한 데서 해방되어 하나님의 자녀들의 영광의 자유에 이르는
것이니라 피조물이 다 이제까지 함께 탄식하며 함께 고통하는

것을 우리가 아나니

사 11 : 6-9 그때에 이리가 어린양과 함께 거하며 표범이 어린 염소와 함께 누우며 송아지와 어린 사자와 살찐 짐승이 함께 있어 어린아이에게 끌리며 암소와 곰이 함께 먹으며 그것들의 새끼가 함께 엎드리며 사자가 소처럼 풀을 먹을 것이며 젖먹는 아이가 독사의 구멍에서 장난하며 젖뗀 어린아이가 독사의 굴에 손을 넣을 것이라 나의 거룩한 산 모든 곳에서 해됨도 없고 상함도 없을 것이니 이는 물이 바다를 덮음같이 여호와를 아는 지식이 세상에 충만할 것임이니라

사 55 : 13 잣나무는 가시나무를 대신하여 나며 화석류는 질려를 대신하여 날것이라 이것이 여호와의 명예가 되며 영영한 표징이 되어 끊어지지 아니하리라 하시니라

행 3 : 21 하나님이 영원 전부터 거룩한 선지자의 입을 의탁하여 말씀하신 바 만유를 회복하실 때까지는 하늘이 마땅히 그를 받아 두리라

골 3 : 4 우리 생명이신 그리스도께서 나타나실 그때에 너희도 그와 함께 영광 중에 나타나리라

고전 15 : 51 보라 내가 너희에게 비밀을 말하노니 우리가 다 잠 잘 것이 아니요 마지막 나팔에 순식간에 홀연히 다 변화하리니

4. 시대적 요망의 성취

타락한 인간 사회는 세월이 갈수록 더욱더 패역하고 사악하며 부패하고 배교가 자행되므로 말미암아(딤전 4 : 1) 하나님의 공의의 심판과 악의 정화가 절실히 요청되는 것이다(마 10 : 21, 16 : 3-4, 24 : 37-39; 딤후 4 : 3-4). 말세에 이러한 시대적 요청으로 말미암아 불가불 그리스도께서 재림하시어 세상을 심판, 정화하시게 된다는 것이다(롬 13 : 11; 벧전 4 : 7; 사 2 : 4).

딤전 4 : 1 그러나 성령이 밝히 말씀하시기를 후일에 어떤 사람들이 믿음에서 떠나 미혹케 하는 영과 귀신의 가르침을 좇으리라 하셨으니

마 10 : 21 장차 형제가 형제를 아비가 자식을 죽는 데 내어주며 자식들이 부모를 대적하여 죽게 하리라 또 너희가 내 이름을 인하여 모든 사람에게 미움을 받을 것이나 나중까지 **견디는** 자는 구원을 얻으리라

마 16 : 3-4	아침에 하늘이 붉고 흐리면 오늘은 날이 궂겠다 하나니 너희가 천기는 분별할 줄 알면서 시대의 표적은 분별할 수 없느냐 악하고 음란한 세대가 표적을 구하나 요나의 표적밖에는 보여 줄 표적이 없느니라 하시고 저희를 떠나가시다
마 24 : 37-39	홍수 전에 노아가 방주에 들어가던 날까지 사람들이 먹고 마시고 장가들고 시집가고 있으면서 홍수가 나서 저희를 다 멸하기까지 깨닫지 못하였으니 인자의 임함도 이와 같으리라
딤후 4 : 3-4	때가 이르리니 사람이 바른 교훈을 받지 아니하며 귀가 가려워서 자기의 사욕을 좇을 스승을 많이 두고 또 그 귀를 진리에서 돌이켜 허탄한 이야기를 좇으리라
롬 13 : 11	또한 너희가 이 시기를 알거니와 자다가 깰 때가 벌써 되었으니 이는 이제 우리의 구원이 처음 믿을 때보다 가까왔음이니라
벧전 4 : 7	만물의 마지막이 가까왔으니 그러므로 너희는 정신을 차리고 근신하여 기도하라
사 2 : 4	그가 열방 사이에 판단하시며 많은 백성을 판결하시리니 무리가 그 칼을 쳐서 보습을 만들고 그 창을 쳐서 낫을 만들 것이며 이 나라와 저 나라가 다시는 칼을 들고 서로 치지 아니하며 다시는 전쟁을 연습지 아니하리라

5. 하나님의 경륜 성취

그리스도께서 세상에 오심과 십자가 대속의 죽음, 부활, 승천, 재림, 인류의 종말(히 9 : 28) 등은 모두가 전 우주와 인류 및 만국을 통치하시는 하나님의 경륜(經綸, 총체적인 다스림과 그 방책 및 섭리)에 따라서 진행되어지고 있는 것이다(엡 1 : 9-10; 계 21 : 24; 사 60 : 1-3).

| 히 9 : 28 | 이와 같이 그리스도도 많은 사람의 죄를 담당하시려고 단번에 드리신 바 되셨고 구원에 이르게 하기 위하여 죄와 상관없이 자기를 바라는 자들에게 두 번째 나타나시리라 |
| 엡 1 : 9-10 | 그 뜻의 비밀을 우리에게 알리셨으니 곧 그 기쁘심을 따라 그리스도 안에서 때가 찬 경륜을 위하여 예정하신 것이니 하늘에 있는 것이나 땅에 있는 것이 다 그리스도 안에서 통일되게 하려 하심이라 |

계 21 : 24	만국이 그 빛 가운데로 다니고 땅의 왕들이 자기 영광을 가지고 그리로 들어오리라
사 60 : 1-3	일어나라 빛을 발하라 이는 네 빛이 이르렀고 여호와의 영광이 네 위에 임하였음이니라 보라 어두움이 땅을 덮을 것이며 캄캄함이 만민을 가리우려니와 오직 여호와께서 네 위에 임하실 것이며 그 영광이 네 위에 나타나리니 열방은 네 빛으로 열왕은 비취는 네 광명으로 나아오리라

6. 우주의 모든 문제 해결

그리스도께서 재림하심으로 우주의 모든 문제가 사필귀정(事必歸正)의 원리대로 해결되어 지는 것이다(빌 4 : 5-6). 그러기에 초대 교회의 성도들은 온갖 불의와 부정과 부패 및 시련, 역경 속에서도 "주께서 속히 오신다"(고전 16 : 22) 라는 구호를 부르면서 당당하게 살았고 이 구호 하에 혼연히 순교하였던 것이다.

빌 4 : 5-6	너희 관용을 모든 사람에게 알게 하라 주께서 가까우시니라 아무것도 염려하지 말고 오직 모든 일에 기도와 간구로 너희 구할 것을 감사함으로 하나님께 아뢰라
고전 16 : 22	만일 누구든지 주를 사랑하지 아니하거든 저주를 받을지어다 주께서 임하시느니라

III. 그리스도 재림에 대한 이설(異說)

그리스도의 재림에 대한 성경의 가르침을 오해하여 그릇된 주장을 하는 이들이 많으며, 이를 소개하면 다음과 같다.

1. 기재림설(旣再臨說)

이는 성경에 그리스도의 재림이 도둑과 같이 임한다고 하였으니(계 16 : 15: 살전 5 : 2) 이미 그리스도께서 재림을 하셨으되 사람들이 알지 못하고 있는 것뿐이라는 설이다. 따라서 오늘날 세계 도처에서 벌어지고 있는 분쟁과 전쟁이 바로 성경에 예언된 대환난이라는 것이다. 그러나 성경의 가르침을 살펴보면 예수님께서 이미 재림하셨다는 주장은 옳지 못하다. 성경에 "…주의 날이 이르렀다고 쉬 동심하거나 두려워하지 말고… 누가 아무렇게 하여도 너희가 미혹하지 말라…"(살후 2 : 2-3)고 한 말씀을 명심해야 할 것이다.

계 16 : 15	보라 내가 도적같이 오리니 누구든지 깨어 자기 옷을 지켜 벌거벗고 다니지 아니하며 자기의 부끄러움을 보이지 아니하는 자가 복이 있도다
살전 5 : 2	주의 날이 밤에 도적같이 이를 줄을 너희 자신이 자세히 앎이라

2. 무재림설(無再臨說)

그리스도께서 재림하신다고 함은 낭설이며 성경적 근거가 없다는 주장이다. 베드로후서 3장 3-4절에 "말세에 기롱하는 자들이 와서 자기의 정욕을 좇아 행하며 기롱하여 가로되 주의 강림하신다는 약속이 어디 있느뇨 조상들이 잔 후로부터 만물이 처음 창조할 때와 같이 그냥 있다 하니" 라고 하였으니 사도 베드로는 당시 기롱자(거짓 교사)들의 말을 그대로 인용하여 무재림설을 강력히 경고하면서(벧후 3 : 3-7) 재림을 대망하라고 하였다(벧후 3 : 8-13 참조). 주의 재림을 부인하는 자들은 지금도 있다. 그러나 주의 재림에 대해서는 이미 구약에서도 예언되었고(단 7 : 13), 예수님께서 친히 확인하신 바이며(막 13 : 26, 8 : 38, 9 : 1; 요 14 : 3), 사도들을 통하여 거듭 약속하신 바이다(고전 15 : 51; 약 5 : 17).

벧후 3 : 3-7	먼저 이것을 알지니 말세에 기롱하는 자들이 와서 자기의 정욕을 좇아 행하며 기롱하여 가로되 주의 강림하신다는 약속이 어디 있는뇨 조상들이 잔 후로부터 만물이 처음 창조할 때와 같이 그냥 있다 하니 이는 하늘이 옛적부터 있는 것과 땅이 물에서 나와 물로 성립한 것도 하나님의 말씀으로 된 것을 저희가 부러 잊으려 함이로다 이로 말미암아 그때 세상은 물의 넘침으로 멸망하였으되 이제 하늘과 땅은 그 동일한 말씀으로 불사르기 위하여 간수하신 바 되어 경건치 아니한 사람들의 심판과 멸망의 날까지 보존하여 두신 것이니라
단 7 : 13	내가 또 밤 이상 중에 보았는데 인자 같은 이가 하늘 구름을 타고

	와서 옛적부터 항상 계신 자에게 나아와 그 앞에 인도되매
막 13 : 26	무화과나무의 비유를 배우라 그 가지가 연하여지고 잎사귀를 내면 여름이 가까운 줄을 아나니
막 8 : 38	누구든지 이 음란하고 죄 많은 세대에서 나와 내 말을 부끄러워하면 이 자도 아버지의 영광으로 거룩한 천사들과 함께 올 때에 그 사람을 부끄러워하리라
막 9 : 1	또 저희에게 이르시되 내가 진실로 너희에게 이르노니 여기 섰는 사람 중에 죽기 전에 하나님의 나라가 권능으로 임하는 것을 볼 자도 있느니라 하시니라
요 14 : 3	가서 너희를 위하여 처소를 예비하면 내가 다시 와서 너희를 내게로 영접하여 나 있는 곳에 너희도 있게 하리라
고전 15 : 51	보라 내가 너희에게 비밀을 말하노니 우리가 다 잠 잘 것이 아니요 마지막 나팔에 순식간에 홀연히 다 변화하리니
약 5 : 17	엘리야는 우리와 성정이 같은 사람이로되 저가 비 오지 않기를 간절히 기도한즉 삼년 육개월 동안 땅에 비가 아니오고

3. 항림설(恒臨說)

그리스도께서 부활 승천하신 후에 영(靈)으로 세상에 오셔서(요 14 : 18) 성도들과 항상 같이 계시다는 주장이 항림설이다(마 28 : 20,18 : 20). 그러나 그리스도의 재림은 현세 성도들의 생활에 그리스도께서 영적으로 임재하시는 것과는 전혀 다르다. 재림하시는 그리스도는 신체적, 유형적, 장소적, 가견(可見)적으로 세상에 오시게 되며(슥 14 : 4; 계 1 : 7; 행 1 : 11), 그리스도의 재림은 세계의 종말과 심판을 위한(딤후 4 : 1; 계 20 : 11-15; 행 10 : 42-43; 요 5 : 22-30 참조) 것이다.

요 14 : 18	내가 너희를 고아와 같이 버려두지 아니하고 너희에게로 오리라
마 28 : 20	내가 너희에게 분부한 모든 것을 가르쳐 지키게 하라 볼지어다 내가 세상 끝날까지 너희와 항상 함께 있으리라 하시니라
마 18 : 20	두세 사람이 내 이름으로 모인 곳에는 나도 그들 중에 있느니라
슥 14 : 4	그날에 그의 발이 예루살렘 앞 곧 동편 감람산에 서실 것이요

	감람산은 그 한가운데서 동서로 갈라져 매우 큰 골짜기가 되어서 산 절반은 북으로 절반은 남으로 옮기고
계 1 : 7	볼지어다 구름을 타고 오시리라 각인의 눈이 그를 보겠고 그를 찌른 자들도 볼 터이요 땅에 있는 모든 족속이 그를 인하여 애곡하리니 그러하리라 아멘
행 1 : 11	가로되 갈릴리 사람들아 어찌하여 서서 하늘을 쳐다보느냐 너희 가운데서 하늘로 올리우신 이 예수는 하늘로 가심을 본 그대로 오시리라 하였느니라
딤후 4 : 1	하나님 앞과 산 자와 죽은 자를 심판하실 그리스도 예수 앞에서 그의 나타나실 것과 그의 나라를 두고 엄히 명하노니
계 20 : 11-15	또 내가 크고 흰 보좌와 그 위에 앉으신 자를 보니 땅과 하늘이 그 앞에서 피하여 간데 없더라 또 내가 보니 죽은 자들이 무론대소하고 그 보좌 앞에 섰는데 책들이 펴있고 또 다른 책이 펴졌으니 곧 생명책이라 죽은 자들이 자기 행위를 따라 책들에 기록된 대로 심판을 받으니 바다가 그 가운데서 죽은 자들을 내어 주고 또 사망과 음부도 그 가운데서 죽은 자들을 내어주매 각 사람이 자기의 행위대로 심판을 받고 사망과 음부도 불못에 던지우니 이것은 둘째 사망 곧 불못이라 누구든지 생명책에 기록되지 못한 자는 불못에 던지우더라
행 10 : 42-43	우리를 명하사 백성에게 전도하되 하나님이 산 자와 죽은 자의 재판장으로 정하신 자가 곧 이 사람인 것을 증거하게 하셨고 저에 대하여 모든 선지자도 증거하되 저를 믿는 사람들이 다 그 이름을 힘입어 죄 사함을 받는다 하였느니라

4. 성령 강림설(聖靈降臨設)

오순절 성령 강림으로 예수님의 재림이 성취되었다는 주장이 성령 강림설이다. 그 성경적 근거로는 성령 강림과 예수님의 재림이 아울러 예언되었다는 사실(행 1 : 8,11)과, 예수님께서 승천하시기 전에 "조금 있으면 너희가 나를 보지 못하겠고 또 조금 있으면 나를 보리라"고 하셨으며(요 16 : 16) 또 "여기 섰는 사람 중에 죽기 전에 인자가 그 왕권을 가지고 오는 것을 볼 자들도 있느니라"고 하셨고(마 16 : 28) "…다른 보혜사를 너희에게 주사 영원토록 너희와 함께 있게 하시리니"(요 14 :

16,15 : 26) 라고 한 말씀들을 제시하고 있다. 그러나 보혜사의 강림과 예수님의 재림은 전혀 다른 사건이며(요 16 : 7) 예수님께서 다시 오시면 성도들을 데려가신다고 분명히 말씀하셨다(요 14 : 3). 또 재림하시는 예수님께서는 영광 중에 큰 권세를 가지시고 모든 사람의 눈에 보이도록 오실 것이라고 하였다(마 24 : 30). 그러므로 오순절에 성령 강림으로 예수님의 재림이 성취되었다는 주장은 성경의 가르침에 부합되지 않는다.

행 1 : 8	오직 성령이 너희에게 임하시면 너희가 권능을 받고 예루살렘과 온 유대와 사마리아와 땅 끝까지 이르러 내 증인이 되리라 하시니라
행 1 : 11	가로되 갈릴리 사람들아 어찌하여 서서 하늘을 쳐다보느냐 너희 가운데서 하늘로 올리우신 이 예수는 하늘로 가심을 본 그대로 오시리라 하였느니라
요 16 : 7	그러하나 내가 너희에게 실상을 말하노니 내가 떠나가는 것이 너희에게 유익이라 내가 떠나가지 아니하면 보혜사가 너희에게로 오시지 아니할 것이요 가면 내가 그를 너희에게로 보내리니
요 15 : 26	내가 아버지께로서 너희에게 보낼 보혜사 곧 아버지께로서 나오시는 진리의 성령이 오실 때에 그가 나를 증거하실 것이요
요 14 : 3	가서 너희를 위하여 처소를 예비하면 내가 다시 와서 너희를 내게로 영접하여 나 있는 곳에 너희도 있게 하리라
마 24 : 30	그때에 인자의 징조가 하늘에서 보이겠고 그때에 땅의 모든 족속들이 통곡하며 그들이 인자가 구름을 타고 능력과 큰 영광으로 오는 것을 보리라

5. 임종 재림설(臨終再臨說)

신자들이 죽을 때 그 영혼을 거두시려고 예수님께서 강림하신다고 하는 것이 임종 재림설이다. 이에 대한 성경적 근거로는 신자가 세상을 떠나면 그리스도와 함께 있으며(빌 1 : 23), 스데반이 순교할 때에 예수님께서 하늘 보좌 우편에 서신 것을 바라보고 자기 영혼을 받아 달라고 하였다는 사실을 들고 있다(행 7 : 55,59). 그러나 성경에 그리스도께서 재림하실 때에 죽은 자들은 살아서 일어나고(요 5 : 25; 살전 4 : 16), 살아남은 자는 공중으로 휴거된다고 하였으니(살전

4 : 17), 신자들이 죽을 때에 그 영혼을 거두시려고 예수님께서 강림하신다는 임종 재림설은 비성경적이다.

빌 1 : 23	내가 그 두 사이에 끼였으니 떠나서 그리스도와 함께 있을 욕망을 가진 이것이 더욱 좋으나
행 7 : 55	스데반이 성령이 충만하여 하늘을 우러러 주목하여 하나님의 영광과 및 예수께서 하나님 우편에 서신 것을 보고
행 7 : 59	저희가 돌로 스데반을 치니 스데반이 부르짖어 가로되 주 예수여 내 영혼을 받으시옵소서 하고
요 5 : 25	진실로 진실로 너희에게 이르노니 죽은 자들이 하나님의 아들의 음성을 들을 때가 오나니 곧 이 때라 듣는 자는 살아나리라
살전 4 : 16	주께서 호령과 천사장의 소리와 하나님의 나팔로 친히 하늘로 좇아 강림하시리니 그리스도 안에서 죽은 자들이 먼저 일어나고
살전 4 : 17	그 후에 우리 살아남은 자도 저희와 함께 구름 속으로 끌어올려 공중에서 주를 영접하게 하시리니 그리하여 우리가 항상 주와 함께 있으리라

6. 회개설(悔改說)

사람이 회개할 때에 예수님께서 그 마음속에 임하신다는 주장이 회개설이다. 이에 대한 성경적 근거로는 "…네가 열심을 내라 회개하라 볼지어다 내가 문 밖에 서서 두드리노니 누구든지 내 음성을 듣고 문을 열면 내가 그에게로 들어가 그로 더불어 먹고 그는 나로 더불어 먹으리라"(계 3 : 19-20)고 한 말씀을 내세운다. 그러나 이 성구는 회개하고 예수님을 영접하는 심령이 예수님과의 영교를 즐기게 된다는 것을 가르치는 말씀일 뿐 재림을 가리키는 것은 아니다.

7. 예루살렘 멸망설

예수 재림이 주후 70년에 예루살렘 멸망시에 이루어졌다는 주장이 예루살렘 멸망설이다. 그 성경적 근거로는 예수님과 제자들간의 문답 내용을 들고 있다(마 24 : 15-28). 그러나 이는 예수님께서 하신 강론 중 두 개의 사변(예수 재림과 예루살렘 멸망)을 함께 언급하셨기 때문에 혼동을 하는 것이다. 마태복음 24장의 내용을 자세히 분해하면 다음과 같다.

제자들의 질문 (마 24 : 3)	예수님의 대답 (마 24 : 4-51)
1. 예루살렘 멸망 시기는? (3절)	1. 말세에 관한 예언 (4-14절)
2. 예수 재림 시기는? (3절)	2. 예루살렘 멸망의 광경 (15-20절)
3. 말세의 세상 형편은? (3절)	3. 대환난 예고 (21-22절)
	4. 거짓 그리스도의 출현 (23-28절)
	5. 그리스도 재림의 광경 (29-31절)
	6. 재림의 시기와 징조 (32-41절)
	7. 재림과 성도의 취할 태도 (42-51절)

8. 지상 천국설

자유주의 신학자들의 주장에 의하면 기독교 진리의 감화로 인하여 이 세계는 점점 개선되어 마침내 천국화(지상 천국을 이룸)되는 때에 예수님의 재림이 이루어지리라는 것이 지상 천국설이다. 그러나 이 주장은 비성경적이다. 물론 주의 재림이 신천 신지(新天新地)를 실현할 목적이 있다(계 21 : 1; 벧후 3 : 13; 사 65 : 17-18, 66 : 22). 그러나 지상 천국을 방불하는 이 신천 신지(사 65 : 17-25 참조)는 인류 사회의 점진적인 변화와 개선으로 성취되는 것이 아니라 창조주이신 주님의 권세와 능력으로써 단번에 이루어지게 되는 것이다(마 24 : 29; 벧후 3 : 10; 계 16 : 15; 살전 5 : 23-24).

계 21 : 1　　또 내가 새 하늘과 새 땅을 보니 처음 하늘과 처음 땅이 없어졌고 바다도 다시 있지 않더라

벧후 3 : 13　　우리는 그의 약속대로 의의 거하는바 새 하늘과 새 땅을 바라보도다

사 65 : 17-18　　보라 내가 새 하늘과 새 땅을 창조하나니 이전 것은 기억되거나 마음에 생각나지 아니할 것이라 너희는 나의 창조하는 것을 인하여 영원히 기뻐하며 즐거워할지니라 보라 내가 예루살렘으로 즐거움을 창조하며 그 백성으로 기쁨을 삼고

사 66 : 22　　나 여호와가 말하노라 나의 지을 새 하늘과 새 땅이 내 앞에 항상

	있을 것같이 너희 자손과 너희 이름이 항상 있으리라
마 24 : 29	그 날 환난 후에 즉시 해가 어두워지며 달이 빛을 내지 아니하며 별들이 하늘에서 떨어지며 하늘의 권능들이 흔들리리라
벧후 3 : 10	그러나 주의 날이 도적같이 오리니 그날에는 하늘이 큰소리로 떠나가고 체질이 뜨거운 불에 풀어지고 땅과 그 중에 있는 모든 일이 드러나리로다
계 16 : 15	보라 내가 도적 같이 오리니 누구든지 깨어 자기 옷을 지켜 벌거벗고 다니지 아니하며 자기의 부끄러움을 보이지 아니하는 자가 복이 있도다
살전 5 : 23-24	평강의 하나님이 친히 너희로 온전히 거룩하게 하시고 또 너희 온 영과 혼과 몸이 우리 주 예수 그리스도 강림하실 때에 흠 없게 보전되기를 원하노라 너희를 부르시는 이는 미쁘시니 그가 또한 이루시리라

IV. 그리스도의 재림 징조

예수님의 재림에 앞서 여러 가지 말세적인 징조가 있을 것이라고 성경은 예고하고 있다(마 24장; 딤후 3장; 살후 2장 참조).

1. 복음의 세계적 전파

성경에 "천국 복음이 모든 민족에게 증거되기 위하여 온 세상에 전파되리니 그제야 끝이 오리라"고 하였다(마 24 : 14). 이는 전세계, 즉 사람이 사는 곳이면 어디든 다 복음이 전파된 후에 종말이 온다는 뜻이다(막 13 : 9-10; 마 28 : 19-20).

막 13 : 9-10	너희는 스스로 조심하라 사람들이 너희를 공회에 넘겨 주겠고 너희를 회당에서 매질하겠으며 나를 인하여 너희가 관장들과 임금들 앞에 서리니 이는 저희에게 증거되려 함이라 또 복음이 먼저 만국에 전파되어야 할 것이니라
마 28 : 19-20	그러므로 너희는 가서 모든 족속으로 제자를 삼아 아버지와 아들과 성령의 이름으로 세례를 주고 내가 너희에게 분부한 모든 것을 가르쳐 지키게 하라 볼지어다 내가 세상 끝날까지 너희와 항상

함께 있으리라 하시니라

2. 이방인을 부르심

성경에 "동서로부터 많은 사람이 이르러 아브라함과 이삭과 야곱과 함께 천국에 앉으려니" 라는 말씀이 있다(마 8 : 11). 이는 이사야 45장 6절, 49장 12절의 말씀을 반영한 것인데 누가복음 13장 29절에는 "사람들이 동서남북으로부터 와서 하나님의 나라 잔치에 참석하리니" 라고 하였다. 말세에 천국 복음이 전세계적으로 전파됨에 따라 이방인의 상당수가 구원받아 천국 잔치에 참예하게 될 것이 분명하다(마 8 : 11; 눅 13 : 29-30, 14 : 15-24 참조; 롬 9 : 24-26, 11 : 25; 엡 2 : 11-12). 그리고 말세에 천국 복음이 전세계에 전파되어 누구나 다 복음을 듣고 회개하여 구원얻을 기회를 가지게 하심은 공평과 자비로우신 하나님의 은혜로우신 처사이다.

사 45 : 6	해 뜨는 곳에서든지 지는 곳에서든지 나밖에 다른 이가 없는 줄을 무리로 알게 하리라 나는 여호와라 다른 이가 없느니라
사 49 : 12	혹자는 원방에서 혹자는 북방과 서방에서 혹자는 시님 땅에서 오리라
마 8 : 11	또 너희에게 이르노니 동서로부터 많은 사람이 이르러 아브라함과 이삭과 야곱과 함께 천국에 앉으려니와
눅 13 : 29-30	사람들이 동서남북으로부터 와서 하나님의 나라 잔치에 참석하리니 보라 나중된 자로서 먼저될 자도 있고 먼저된 자로서 나중될 자도 있느니라 하시더라
롬 9 : 24-26	이 그릇은 우리니 곧 유대인 중에서 뿐아니라 이방인 중에서도 부르신 자니라 호세아 글에도 이르기를 내가 내 백성 아닌 자를 내 백성이라 사랑치 아니한 자를 사랑한 자라 부르리라 너희는 내 백성이 아니라 한 그 곳에서 저희가 살아 계신 하나님의 아들이라 부름을 얻으리라 함과 같으니라
롬 11 : 25	형제들아 너희가 스스로 지혜 있다 함을 면키 위하여 이 비밀을 너희가 모르기를 내가 원치 아니하노니 이 비밀은 이방인의 충만한 수가 들어오기까지 이스라엘의 더러는 완악하게 된 것이라

> 엡 2 : 11-12　　그러므로 생각하라 너희는 그 때에 육체로 이방인이요 손으로
> 　　　　　　　육체에 행한 할례당이라 칭하는 자들에게 무할례당이라 칭함을
> 　　　　　　　받는 자들이라 그 때에 너희는 그리스도 밖에 있었고 이스라엘
> 　　　　　　　나라 밖의 사람이라 약속의 언약들에 대하여 외인이요 세상에서
> 　　　　　　　소망이 없고 하나님도 없는 자이더니

3. 이스라엘의 회복

　말세에 이스라엘이 민족적 국가적으로 회복되리라는 것은 구약에 이미 예언되었고(슥 12 : 10-14, 13 : 1-6 참조; 호 3 : 4-5), 신약에서(롬 11 : 25-29 참조; 마 24 : 32; 고후 3 : 15-16) 다시 증거된 것이다. 사도 바울이 "…이 비밀은 이방인의 충만한 수가 들어오기까지 이스라엘의 더러는 완악하게 된 것이라 그리하여 온 이스라엘이 구원을 얻으리라…"(롬 11 : 25-26)고 증거한 대로 말세에 이방인의 구원얻는 자의 수가 차면(롬 11 : 25) 이스라엘의 완악은 해소되고 그들은 전체적으로 회개하여 구원을 얻을 것이다(롬 11 : 26). 그러나 "온 이스라엘이 구원을 얻으리라"(롬 11 : 26)고 한 말씀이 고금(古今)의 이스라엘의 역사 속에 있었던 각 개인이 다 빠짐없이 회심(回心)하여 구원을 받는다는 의미가 있다고 볼 수는 없다. 이 말씀은 그리스도의 재림 때에 생존하는 이스라엘 민족의 실질적 전수(全數)가 회개하고 주님께 돌아옴으로서 구원을 얻게 될 것이라는 뜻으로 보는 것이 많은 성경 학자들의 공통된 견해이다(롬 11 : 26-27 참조). 성경에 나타난 이스라엘 회복의 내용은 다음과 같다.

> 슥 12 : 10-14　　내가 다윗의 집과 예루살렘 거민에게 은총과 간구하는 심령을
> 　　　　　　　부어 주리니 그들이 그 찌른 바 그를 바라보고 그를 위하여
> 　　　　　　　애통하기를 독자를 위하여 애통하듯 하며 그를 위하여 통곡하기를
> 　　　　　　　장자를 위하여 통곡하듯 하리로다 그날에 예루살렘에 큰 애통이
> 　　　　　　　있으리니 므깃도 골짜기에 하다드림몬에 있던 애통과 같을 것이라
> 　　　　　　　온 땅 각 족속이 따로 애통하되 다윗의 족속이 따로 하고 그 아내들이
> 　　　　　　　따로 하며 나단의 족속이 따로 하고 그 아내들이 따로 하며 레위의
> 　　　　　　　족속이 따로 하고 그 아내들이 따로 하며히 시므이의 족속이 따로
> 　　　　　　　하고 그 아내들이 따로 하리라

호 3 : 4-5	이스라엘 자손들이 많은 날 동안 왕도 없고 군도 없고 제사도 없고 주상도 없고 에봇도 없고 드라빔도 없이 지내다가 그 후에 저희가 돌아와서 그 하나님 여호와와 그 왕 다윗을 구하고 말일에는 경외하므로 여호와께로 와 그 은총으로 나아가리라
마 24 : 32	무화과나무의 비유를 배우라 그 가지가 연하여지고 잎사귀를 내면 여름이 가까운 줄을 아나니
고후 3 : 15-16	오늘까지 모세의 글을 읽을 때에 수건이 오히려 그 마음을 덮었도다 그러나 언제든지 주께로 돌아가면 그 수건이 벗어지리라

1) 국가적 민족적 회복

말세에 이스라엘은 하나님의 은혜를 입어 국가적으로, 민족적으로 완전 회복될 것이며, 이로써 선민에 대한 하나님의 약속과 이상을 실현하게 될 것이다(사 11 : 11; 렘 3 : 17, 16 : 14-15; 겔 20 : 40-44; 호 3 : 4-5; 암 9 : 11; 롬 11 : 25-29). 또한 조상들로 말미암아 언약의 자손된 이스라엘은 언약을 받은 조상들 덕분에 하나님의 사랑을 입은 백성으로 마침내 구원에 참예하게 될 것이다. 그러나 이는 그 조상들의 공로나 어떤 가치 때문이 아니라 아브라함, 이삭, 야곱과의 언약 때문인 것이다(롬 11 : 28-29).

사 11 : 11	그날에 주께서 다시 손을 펴사 그 남은 백성을 앗수르와 애굽과 바드로스와 구스와 엘람과 시날과 하맛과 바다 섬들에서 돌아오게 하실 것이라
렘 3 : 17	그때에 예루살렘이 여호와의 보좌라 일컬음이 되며 열방이 그리로 모이리니 곧 여호와의 이름으로 인하여 예루살렘에 모이고 다시는 그들의 악한 마음의 강퍅한 대로 행치 아니할 것이며
렘 16 : 14-15	여호와께서 가라사대 그러나 보라 날이 이르리니 다시는 이스라엘 자손을 애굽 땅에서 인도하여 내신 여호와의 사심으로 맹세하지 아니하고 이스라엘 자손을 북방 땅과 그 모든 쫓겨났던 나라에서 인도하여 내신 여호와의 사심으로 맹세하리라 내가 그들을 그 열조에게 준 그들의 땅으로 인도하여 들이리라
겔 20 : 40-44	나 주 여호와가 말하노라 이스라엘 온 족속이 그 땅에 있어서 내

거룩한 산 곧 이스라엘의 높은 산에서 다 나를 섬기리니 거기서
내가 그들을 기쁘게 받을지라 거기서 너희 예물과 너희 헌신하는
첫 열매와 너희 모든 성물을 요구하리라

호 3 : 4-5　이스라엘 자손들이 많은 날 동안 왕도 없고 군도 없고 제사도 없고
주상도 없고 에봇도 없고 드라빔도 없이 지내다가 그후에 저희가
돌아와서 그 하나님 여호와와 그 왕 다윗을 구하고 말일에는
경외하므로 여호와께로 와 그 은총으로 나아가리라

암 9 : 11　그 날에 내가 다윗의 무너진 천막을 일으키고 그 틈을 막으며 그
퇴락한 것을 일으켜서 옛적과 같이 세우고

롬 11 : 25-29　형제들아 너희가 스스로 지혜 있다 함을 면키 위하여 이 비밀을
너희가 모르기를 내가 원치 아니하노니 이 비밀은 이방인의 충만
한 수가 들어오기까지 이스라엘의 더러는 완악하게 된 것이라
그리하여 온 이스라엘이 구원을 얻으리라 기록된 바 구원자가
시온에서 오사 야곱에게서 경건치 않은 것을 돌이키시겠고 내가
저희 죄를 없이 할 때에 저희에게 이루어질 내 언약이 이것이라
함과 같으니라 복음으로 하면 저희가 너희를 인하여 원수된 자요
택하심으로 하면 조상들을 인하여 사랑을 입은 자라 하나님의
은사와 부르심에는 후회하심이 없느니라

2) 영토의 회복

성경에 보면 하나님께서 이스라엘 민족에게 주시겠다고 약속하신 영토가 있으
니(창 15 : 18-21; 민 34 : 6-12; 겔 47 : 1-23 참조) 주님 재림 전에 이 약속은 성
취될 것이다. 이스라엘은 역사적으로 그들이 하나님께 약속 받은 영토를 한번도
점유해 본 적이 없다. 이스라엘은 1948년 5월 15일 자주 독립(自主獨立)하여
1967년 6일 전쟁에서 잃었던 고토(故土)를 다시 찾았다.

창 15 : 18-21　그 날에 여호와께서 아브람으로 더불어 언약을 세워 가라사대
내가 이 땅을 애굽 강에서부터 그 큰 강 유브라데까지 네 자손에게
주노니 곧 겐 족속과 그니스 족속과 갓몬 족속과 헷 족속과 브리스
족속과 르바 족속과 아모리 족속과 가나안 족속과 기르가스 족속과
여부스 족속의 땅이니라 하셨더라

민 34 : 6-12	서편 경계는 대해가 경계가 되나니 이는 너희의 서편 경계니라
	북편 경계는 이러하니 대해에서부터 호르산까지 긋고 호르산에서
	그어 하맛 어귀에 이르러 스닷에 미치고 그 경계가 또 시브론을
	지나 하살에난에 미치나니 이는 너희 북편 경계니라 너희의 동편
	경계는 하살에난에서 그어 스밤에 이르고 그 경계가 또 스밤에서
	리블라로 내려가서 아인 동편에 이르고 또 내려가서 긴네렛 동편
	해변에 미치고 그 경계가 또 요단으로 내려가서 염해에 미치나니
	너희 땅의 사방 경계가 이러하니라

4. 교회 집회를 폐함

말세에는 교인들이 교회 모임을 등한시하는 풍조가 점증(漸增)하여 마침내 집회를 폐하는 습관이 만연(蔓延)할 것이며, 그러기 때문에 성경은 "서로 돌아보아 사랑과 선행을 격려하며 모이기를 폐하는 어떤 사람들의 습관과 같이 하지 말고 오직 권하여 그 날이 가까움을 볼수록 더욱 그리하자"라고 권면하는 것이다(히 10 : 24-25; 단 12 : 11). 그리스도의 몸인 교회에서 떠나는 자는 마지막 날 교회가 들림을 받게 될 때 재림의 주님을 맞이할 수 없게 될 것이다(살전 4 : 17; 마 24 : 42-43). 말세 교회의 모이기를 폐하는 습관의 주요 요인은 대개 다음의 네 가지를 지적할 수 있다. ① 인본주의자들은 문명의 발달로 인한 자기 지식의 우월감 때문에 ② 신비주의자들은 영적 교만(보다 깊은 영적 은혜 체험을 자부하는)으로 교회 집회를 경멸하고 모이기를 기피하기 때문에 ③ 세속주의자들은 정욕과 세상 향락에 빠지기 때문에 ④ 이단과 사이비 신앙에 미혹된 자들은 전통적인 교회 모임보다 교회 밖에서 자기들끼리의 모임이 더 흥미가 있기 때문이다(딤전 4 : 1; 마 24 : 37-39).

히 10 : 24-25	서로 돌아보아 사랑과 선행을 격려하며 모이기를 폐하는 어떤
	사람들의 습관과 같이 하지 말고 오직 권하여 그 날이 가까움을
	볼수록 더욱 그리하자
단 12 : 11	매일 드리는 제사를 폐하며 멸망케 할 미운 물건을 세울 때부터
	일천 이백 구십 일을 지낼 것이요
살전 4 : 17	그 후에 우리 살아남은 자도 저희와 함께 구름 속으로 끌어올려

	공중에서 주를 영접하게 하시리니 그리하여 우리가 항상 주와 함께 있으리라
마 24 : 42-43	그러므로 깨어 있으라 어느 날에 너희 주가 임할는지 너희가 알지 못함이니라 너희도 아는바니 만일 집 주인이 도적이 어느 경점에 올 줄을 알았더면 깨어 있어 그 집을 뚫지 못하게 하였으리라
딤전 4 : 1	그러나 성령이 밝히 말씀하시기를 후일에 어떤 사람들이 믿음에서 떠나 미혹케 하는 영과 귀신의 가르침을 좇으리라 하셨으니
마 24 : 37-39	노아의 때와 같이 인자의 임함도 그러하리라 홍수 전에 노아가 방주에 들어가던 날까지 사람들이 먹고 마시고 장가 들고 시집 가고 있으면서 홍수가 나서 저희를 다 멸하기까지 깨닫지 못하였으니 인자의 임함도 이와 같으리라

5. 배교와 재난이 일어남

성경에 세상 종말이 임박하면 전무(前無)한 배교(背敎)와 대재난이 일어나 성도들의 "신앙의 인내"를 시험하게 될 것이라고 예언하였다.

1) 배교가 일어남

말세에 교인들이 사단의 미혹으로 인하여 믿음에서 떠나 배도(背道)하는 일이 일어날 것이다(살후 2 : 3; 딤전 4 : 1).

살후 2 : 3	누가 아무렇게 하여도 너희가 미혹하지 말라 먼저 배도하는 일이 있고 저 불법의 사람 곧 멸망의 아들이 나타나기 전에는 이르지 아니하리니
딤전 4 : 1	그러나 성령이 밝히 말씀하시기를 후일에 어떤 사람들이 믿음에서 떠나 미혹케 하는 영과 귀신의 가르침을 좇으리라 하셨으니

2) 전쟁과 난리가 일어남

말세에는 세계 도처에서 전쟁과 난리가 일어나 "민족이 민족을 나라가 나라를 대적하여 일어나리라"고 하였다(마 24 : 7,12; 막 13 : 7-8).

마 24 : 7	민족이 민족을 나라가 나라를 대적하여 일어나겠고 처처에 기근과 지진이 있으리니
마 24 : 12	불법이 성하므로 많은 사람의 사랑이 식어지리라
막 13 : 7-8	난리와 난리 소문을 들을 때에 두려워 말라 이런 일이 있어야 하되 끝은 아직 아니니라 민족이 민족을 나라가 나라를 대적하여 일어나겠고 처처에 지진이 있으며 기근이 있으리니 이는 재난의 시작이니라

3) 기근과 지진이 일어남

말세가 임박하면 세계 도처에서 기근과 지진이 일어나게 되는데 이는 곧 재난의 시작이라 하였다(막 13 : 8; 마 24 : 7).

막 13 : 8	민족이 민족을 나라가 나라를 대적하여 일어나겠고 처처에 지진이 있으며 기근이 있으리니 이는 재난의 시작이니라
마 24 : 7	민족이 민족을 나라가 나라를 대적하여 일어나겠고 처처에 기근과 지진이 있으리니

4) 대환난이 일어남

말세가 되면 천지 개벽이래로 최대의 환난이 일어날 것이며(마 24 : 21), 이 환난으로 인하여 택한 자들도 미혹에 빠질 위험성이 크지만 그러나 하나님께서는 택하신 자들을 위하여 그 환난의 날을 감하실 것이며(마 24 : 22) 택함을 입은 자들은 믿음을 지키기 위해 환난을 끝까지 견딤으로써 마침내 구원을 얻게 될 것이다(마 24 : 13). 주님께서는 신자들이 당하게 될 환난을 두고 격려하시기를 "…세상에서는 너희가 환난을 당하나 담대하라 내가 세상을 이기었노라"(요 16 : 33)고 하셨다. 주후 70년에 로마의 장군 디도에 의해 예루살렘이 함락되었을 때도 무서운 환난을 당했지만 그리스도인은 한 사람도 죽임을 당하지 않았다고 한다.

마 24 : 21	이는 그 때에 큰 환난이 있겠음이라 창세로부터 지금까지 이런 환난이 없었고 후에도 없으리라
마 24 : 22	그 날들을 감하지 아니할 것이면 모든 육체가 구원을 얻지 못할

| | 것이나 그러나 택하신 자들을 위하여 그 날들을 감하시리라 |
마 24 : 13 | 그러나 끝까지 견디는 자는 구원을 얻으리라 |

5) 핍박이 일어남

말세에 무서운 핍박이 일어나리니 사람들이 믿는 자들을 참소하여 공회에 넘기므로 매맞고 갇히게 될 것이며(막 13 : 9), 부모가 자식을 자식이 부모를 형제가 형제를 서로 죽는데 내어주며 대적하게 될 것이다(마 10 : 21-22).

막 13 : 9   너희는 스스로 조심하라 사람들이 너희를 공회에 넘겨주겠고 너희를 회당에서 매질하겠으며 나를 인하여 너희가 관장들과 임금들 앞에 서리니 이는 저희에게 증거되려함이라

마 10 : 21-22   장차 형제가 형제를 아비가 자식을 죽는 데 내어주며 자식들이 부모를 대적하여 죽게 하리라 또 너희가 내 이름을 인하여 모든 사람에게 미움을 받을 것이나 나중까지 견디는 자는 구원을 얻으리라

6. 세태와 인정이 타락함

말세에 극도로 사회가 부패하고 사람들은 불경건하여 거기에 따르는 여러 가지의 악이 극성하므로 마침내 세상은 구제불능의 상태에 이르게 될 것이라고 성경은 경고하고 있다. 세상 끝에 고통하는 때(어렵고 괴로운 때), 곧 결정적 시기가 이르면(딤후 3 : 1) 사람들은 ① 자기를 사랑하고 ② 돈을 사랑하며 ③ 자긍하고 ④ 교만하고 ⑤ 훼방하며 ⑥ 부모를 거역하고 ⑦ 감사치 아니하고 ⑧ 거룩하지 아니하며(딤후 3 : 2) ⑨ 무정하고 ⑩ 원통함을 풀지 아니하고 ⑪ 참소하며 ⑫ 절제하지 못하고 ⑬ 사나우며 ⑭ 선한 것을 좋아하지 아니하고(딤후 3 : 3) ⑮ 배반하여 팔며(가룟 유다처럼) ⑯ 조급하고(입술을 경솔히 열어 생각 없이 조급히 말하고 행동함) ⑰ 자고하고 ⑱ 쾌락을 하나님보다 더 사랑하고(딤후 3 : 4) ⑲ 경건의 모양은 있으나 경건의 능력은 부인하며(믿음은 형식뿐이고 구원하는 능력은 부정하는 바리새적 신자가 되고(딤후 3 : 5) ⑳ 죄를 짓는 어리석은 여자들이 많고 ㉑ 여러 가지 욕심에 끌려 다니고(딤후 3 : 6) ㉒ 항상 배워도 마침내 진리의 지식에 이르지 못하며(딤후 3 : 7) ㉓ 불법이 성하고 ㉔ 많은 사람들의 사랑이 식

어지고(마 24 : 12) ㉕ 식도락이 유행하며 ㉖ 술취하고 ㉗ 장가들고 시집간다(마 24 : 38)고 하였다.

딤후 3 : 1-7	네가 이것을 알라 말세에 고통하는 때가 이르리니 사람들은 자기를 사랑하며 돈을 사랑하며 자긍하며 교만하며 훼방하며 부모를 거역하며 감사치 아니하며 거룩하지 아니하며 무정하며 원통함을 풀지 아니하며 참소하며 절제하지 못하며 사나우며 선한 것을 좋아 아니하며 배반하여 팔며 조급하며 자고하며 쾌락을 사랑하기를 하나님 사랑하는 것보다 더하며 경건의 모양은 있으나 경건의 능력은 부인하는 자니 이같은 자들에게서 네가 돌아서라 저희 중에 남의 집에 가만히 들어가 어리석은 여자를 유인하는 자들이 있으니 그 여자는 죄를 중히 지고 여러 가지 욕심에 끌린 바 되어 항상 배우나 마침내 진리와 지식에 이를 수 없느니라
마 24 : 12	불법이 성하므로 많은 사람의 사랑이 식어지리라
마 24 : 38	홍수 전에 노아가 방주에 들어가던 날까지 사람들이 먹고 마시고 장가들고 시집가고 있으면서

7. 거짓 예언자의 출현

말세에는 거짓 예언자들이 출현하여 많은 기사와 이적을 행하며 허탄한 것과 꿈과 거짓과 점괘를 가지고 사람들을 미혹할 것이라고 하였다(마 24 : 5, 24 : 26; 겔 13 : 6-7; 신 13 : 1-3).

마 24 : 5	많은 사람이 내 이름으로 와서 이르되 나는 그리스도라 하여 많은 사람을 미혹케 하리라
마 24 : 26	그러면 사람들이 너희에게 말하되 보라 그리스도가 광야에 있다 하여도 나가지 말고 보라 골방에 있다 하여도 믿지 말라
겔 13 : 6-7	여호와께서 말씀하셨다고 하는 자들이 허탄한 것과 거짓된 점괘를 보며 사람으로 그 말이 굳게 이루기를 바라게 하거니와 여호와의 말씀이라 하여도 내가 말한 것이 아닌즉 어찌 허탄한 묵시를 보며 거짓된 점괘를 말한 것이 아니냐
신 13 : 1-3	너희 중에 선지자나 꿈꾸는 자가 일어나서 이적과 기사를 네게

보이고 네게 말하기를 네가 본래 알지 못하던 다른 신들을 우리가
좋아 섬기자 하며 이적과 기사가 그 말대로 이룰지라도 너는 그
선지자나 꿈꾸는 자의 말을 청종하지 말라 이는 너희 하나님
여호와께서 너희가 마음을 다하고 성품을 다하여 너희 하나님
여호와를 사랑하는 여부를 알려하사 너희를 시험하심이니라

8. 하늘에 징조가 나타남

세상 종말에는 최종적 사건으로 천체(天體)의 이변(異變)이 일어날 것이며 그
후에 그리스도의 재림이 있을 것이라고 하였다. 즉 하늘의 일월 성신(日月星辰)
에 무서운 이변이 일어난다고 하였다(마 24 : 29-30; 막 13 : 24-25; 눅 21 : 25-
26; 사 13 : 10, 24 : 21-23, 34 : 4; 벧후 3 : 10; 계 6 : 13-14, 8 : 12; 겔 32 : 7-8;
욜 2 : 30-31; 행 2 : 19-20). 그리고 이때에 공중 권세 잡은 마귀의 세력이(엡
1 : 21, 2 : 2) 무너질 것이라 한다.

마 24 : 29-30 그날 환난 후에 즉시 해가 어두워지며 달이 빛을 내지 아니하며
별들이 하늘에서 떨어지며 하늘의 권능들이 흔들리리라 그 때에
인자의 징조가 하늘에서 보이겠고 그 때에 땅의 모든 족속들이
통곡하며 그들이 인자가 구름을 타고 능력과 큰 영광으로 오는
것을 보리라

막 13 : 24-25 그때에 그 환난 후 해가 어두워지며 달이 빛을 내지 아니하며 별들이
하늘에서 떨어지며 하늘에 있는 권능들이 흔들리리라

눅 21 : 25-26 일월 성신에는 징조가 있겠고 땅에서는 민족들이 바다와 파도의
우는 소리를 인하여 혼란한 중에 곤고하리라 사람들이 세상에
임할 일을 생각하고 무서워하므로 기절하리니 이는 하늘의 권능들이
흔들리겠음이라

사 13 : 10 하늘의 별들과 별 떨기가 그 빛을 내지 아니하며 해가 돋아도
어두우며 달이 그 빛을 비취지 아니할 것이로다

사 24 : 21-23 그날에 여호와께서 높은데서 높은 군대를 벌하시며 땅에서 땅의
왕들을 벌하시리니 그들이 죄수가 깊은 옥에 모임 같이 모음을
입고 옥에 갇혔다가 여러 날 후에 형벌을 받을 것이라 그 때에 달이
무색하고 해가 부끄러워하리니 이는 만군의 여호와께서 시온산과

예루살렘에서 왕이 되시고 그 장로들 앞에서 영광을 나타내실
것임이니라

사 34 : 4 하늘의 만상이 사라지고 하늘들이 두루마리같이 말리되 그 만상의
쇠잔함이 포도나무 잎이 마름 같고 무화과나무 잎이 마름 같으리라

벧후 3 : 10 그러나 주의 날이 도적같이 오리니 그날에는 하늘이 큰소리로
떠나가고 체질이 뜨거운 불에 풀어지고 땅과 그 중에 있는 모든
일이 드러나리로다

계 6 : 13-14 하늘의 별들이 무화과나무가 대풍에 흔들려 선 과실이 떨어지는
것같이 땅에 떨어지며 하늘은 종이 축이 말리는 것같이 떠나가고
각 산과 섬이 제 자리에서 옮기우매

계 8 : 12 넷째 천사가 나팔을 부니 해 삼분의 일과 달 삼분의 일과 별들의
삼분의 일이 침을 받아 그 삼분의 일이 어두워지니 낮 삼분의 일은
비침이 없고 밤도 그러하더라

겔 32 : 7-8 내가 너를 불 끄듯 할 때에 하늘을 가리워 별로 어둡게 하며 해를
구름으로 가리우며 달로 빛을 발하지 못하게 할 것임이여 하늘의
모든 밝은 빛을 내가 네 위에서 어둡게 하여 어두움을 네 땅에
베풀리로다 나 주 여호와의 말이로다

욜 2 : 30-31 내가 이적을 하늘과 땅에 베풀리니 곧 피와 불과 연기 기둥이라
여호와의 크고 두려운 날이 이르기 전에 해가 어두워지고 달이
핏빛 같이 변하려니와

행 2 : 19-20 또 내가 위로 하늘에서는 기사와 아래로 땅에서는 징조를 베풀리니
곧 피와 불과 연기로다 주의 크고 영화로운 날이 이르기 전에 해가
변하여 어두워지고 달이 변하여 피가 되리라

엡 1 : 21 모든 정사와 권세와 능력과 주관하는 자와 이 세상뿐 아니라 오는
세상에 일컫는 모든 이름 위에 뛰어나게 하시고

엡 2 : 2 그때에 너희가 그 가운데서 행하여 이 세상 풍속을 좇고 공중의
권세 잡은 자를 따랐으니 곧 지금 불순종의 아들들 가운데서
역사하는 영이라

9. 적그리스도의 출현

말세에 "죄악의 사람"(혹은 불법의 사람), 즉 적그리스도(그리스도를 대적하는

자, 혹은 그리스도의 자리에 서 있는 자)가 출현하여 그리스도의 원수가 되어 그리스도를 대적하며 나설 것이라고 하였다(요일 2 : 18, 4 : 3; 살후 2 : 3-8).

요일 2 : 18	아이들아 이것이 마지막 때라 적그리스도가 이르겠다 함을 너희가 들은 것과 같이 지금도 많은 적그리스도가 일어났으니 이러므로 우리가 마지막 때인줄 아노라
요일 4 : 3	예수를 시인하지 아니하는 영마다 하나님께 속한 것이 아니니 이것이 곧 적그리스도의 영이니라 오리라 한 말을 너희가 들었거니와 이제 벌써 세상에 있느니라
살후 2 : 3-8	누가 아무렇게 하여도 너희가 미혹하지 말라 먼저 배도하는 일이 있고 저 불법의 사람 곧 멸망의 아들이 나타나기 전에는 이르지 아니하리니 저는 대적하는 자라 범사에 일컫는 하나님이나 숭배함을 받는 자 위에 뛰어나 자존하여 하나님 성전에 앉아 자기를 보여 하나님이라 하느니라 내가 너희와 함께 있을 때에 이 일을 너희에게 말한 것을 기억하지 못하느냐 저로 하여금 저의 때에 나타나게 하려 하여 막는 것을 지금도 너희가 아나니

1) 적그리스도의 출생

말세에 적그리스도가 어디서 출생할 것이냐에 대하여 어떤 성경 학자들은 적그리스도는 예수님의 탈을 쓰고 메시야로 가장하기 위하여 유대인 중에서 나오되 단 지파에서 나올 것이라고 한다(창 49 : 16-17). 요한계시록의 14만 4천 명 가운데 단 지파가 들지 않은 것은 그들이 하나님께 버림받은 증거임이 분명하다는 것이다(계 7 : 4-8). 야곱이 그 아들들의 장래에 대하여 예언을 하면서 "단은 길의 뱀이요 첩경의 독사" 라고 하였으니(창 49 : 17) 성령의 감동과 감화로 영안이 열린 야곱이 장차 단 지파가 악독하게 남을 해할 것을 예견하였던 것이라 한다. 교부(敎父)들 중에서 적그리스도가 단 지파에서 나온다고 말한 이도 적지 않다.

창 49 : 16-17	단은 이스라엘의 한 지파같이 그 백성을 심판하리로다 단은 길의 뱀이요 첩경의 독사리로다 말굽을 물어서 그 탄 자로 뒤로 떨어지게 하리로다

계 7 : 4-8	내가 인맞은 자의 수를 들으니 이스라엘 자손의 각 지파 중에서
	인맞은 자들이 십 사만 사천이니 유다 지파 중에 인맞은 자가 일만
	이천이요 르우벤 지파 중에 일만 이천이요 갓 지파 중에 일만
	이천이요 아셀 지파 중에 일만 이천이요 납달리 지파 중에 일만
	이천이요 므낫세 지파 중에 일만 이천이요 시므온 지파 중에 일만
	이천이요 레위 지파 중에 일만 이천이요 잇사갈 지파 중에 일만
	이천이요 스불론 지파 중에 일만 이천이요 요셉 지파 중에 일만
	이천이요 베냐민 지파 중에 인 맞은 자가 일만 이천이라

2) 적그리스도의 명칭

(I) 죄악의 사람

적그리스도를 "죄악의 사람"(불법의 사람)이라 함은 그가 하나님의 진리를 거스리고 신앙에 역행하는 성질을 가진 존재이기 때문이다(살후 2 : 3; 요일 2 : 22; 단 7 : 25,11 : 36-39 참조).

살후 2 : 3	누가 아무렇게 하여도 너희가 미혹하지 말라 먼저 배도하는 일이
	있고 저 불법의 사람 곧 멸망의 아들이 나타나기 전에는 이르지
	아니하리니
요일 2 : 22	거짓말하는 자가 누구뇨 예수께서 그리스도이심을 부인하는 자가
	아니뇨 아버지와 아들을 부인하는 그가 적그리스도니
단 7 : 25	그는 장차 말로 지극히 높으신 자를 대적하며 또 지극히 높으신
	자의 성도를 괴롭게 할 것이며 그가 또 때와 법을 변개코자 할 것이며
	성도는 그의 손에 붙인바 되어 한 때와 두 때와 반 때를 지내리라

(2) 멸망의 자식

적그리스도를 "멸망의 자식"이라 함은 그의 마지막 운명을 표현하는 명칭이다. 즉 전 절에서 그를 죄악의 사람이라 함은 그의 악한 성질을 나타내는 이름이요, 본절에서 멸망의 자식이라 함은 그의 마지막 운명을 나타내는 이름인 것이다(살후 2 : 3,8; 단 9 : 27).

살후 2 : 3	누가 아무렇게 하여도 너희가 미혹하지 말라 먼저 배도하는 일이 있고 저 불법의 사람 곧 멸망의 아들이 나타나기 전에는 이르지 아니하리니
살후 2 : 8	그 때에 불법한 자가 나타나리니 주 예수께서 그 입의 기운으로 저를 죽이시고 강림하여 나타나심으로 폐하시리라
단 9 : 27	그가 장차 많은 사람으로 더불어 한 이레 동안의 언약을 굳게 정하겠고 그가 그 이레의 절반에 제사와 예물을 금지할 것이며 또 잔포하여 미운 물건이 날개를 의지하여 설 것이며 또 이미 정한 종말까지 진노가 황폐케 하는 자에게 쏟아지리라 하였느니라

(3) 불법의 사람

적그리스도를 가리켜 "불법의 사람"이라고 함은 그가 하나님의 말씀인 진리를 무시하고 불법을 행하며 자행자지하는 자임을 표현하는 명칭이다(살후 2 : 3, 2 : 8; 요일 3 : 4, 5 : 19).

살후 2 : 3	누가 아무렇게 하여도 너희가 미혹하지 말라 먼저 배도하는 일이 있고 저 불법의 사람 곧 멸망의 아들이 나타나기 전에는 이르지 아니하리니
요일 3 : 4	죄를 짓는 자마다 불법을 행하나니 죄는 불법이라
요일 5 : 19	또 아는 것은 우리는 하나님께 속하고 온 세상은 악한 자 안에 처한 것이며
살후 2 : 8	그 때에 불법한 자가 나타나리니 주 예수께서 그 입의 기운으로 저를 죽이시고 강림하여 나타나심으로 폐하시리라

(4) 적그리스도(적기독; 敵基督)

적그리스도라 함은 그리스도를 적대하는 자라는 뜻으로 부르는 이름이다. 적그리스도(Antichrist)는 문자 그대로 "그리스도의 적"이라는 뜻이다. 말세에 이 적그리스도가 나타나 그리스도를 부인하고 그리스도를 대적하며 그리스도의 교회를 어지럽히고, 사람들로 하여금 그리스도를 반대하도록 선동하다가 결국 그리스도의 재림 때에 그리스도에게 영원히 정복당할 것이다(요일 2 : 22, 4 : 3; 단 7 : 25).

요일 2 : 22	거짓말하는 자가 누구뇨 예수께서 그리스도이심을 부인하는 자가 아니뇨 아버지와 아들을 부인하는 그가 적그리스도니
요일 4 : 3	예수를 시인하지 아니하는 영마다 하나님께 속한 것이 아니니 이것이 곧 적그리스도의 영이니라 오리라 한 말을 너희가 들었거니와 이제 벌써 세상에 있느니라
단 7 : 25	그가 장차 말로 지극히 높으신 자를 대적하며 또 지극히 높으신 자의 성도를 괴롭게 할 것이며 그가 또 때와 법을 변개코자 할 것이며 성도는 그의 손에 붙인 바 되어 한 때와 두 때와 반 때를 지내리라

(5) 자존자(自尊者)

이는 적그리스도가 모든 신(참신이든 거짓신이든지 간에)의 숭배를 받는 모든 자리에 앉아 자기 자신을 신(神)들의 신(神)이라 하며 모든 사람들로부터 숭배를 받으려 함을 표현하는 이름이다(살후 2 : 4; 단 11 : 36; 마 24 : 15). 또한 이는 그의 불경건성, 자존성, 망령되고 오만불손함과 모독성(冒瀆性)을 가리키는 이름이기도 하다.

살후 2 : 4	저는 대적하는 자라 범사에 일컫는 하나님이나 숭배함을 받는 자 위에 뛰어나 자존하여 하나님 성전에 앉아 자기를 보여 하나님이라 하느니라
단 11 : 36	이 왕이 자기 뜻대로 행하며 스스로 높여 모든 신보다 크다 하며 비상한 말로 신들의 신을 대적하며 형통하기를 분노하심이 쉴 때까지 하리니 이는 그 작정된 일이 반드시 이룰 것임이니라
마 24 : 15	그러므로 너희가 선지자 다니엘의 말한바 멸망의 가증한 것이 거룩한 곳에 선 것을 보거든(읽는 자는 깨달을진저)

(6) 짐승

성경에 적그리스도는 괴물같은 짐승으로 묘사되었다(계 13 : 1-2). 즉 세상 종말에 "바다에서 한 짐승이 나온다"라고 한 것이다(계 13 : 1-2). 여기서 바다는 열방을 총칭하는 것이며(계 13 : 15), 또 한 짐승은 열방의 힘을 배경으로 지상 권력을 휘두르는 인면수심(人面獸心)의 적그리스도를 지칭함이 분명하다.

| 계 13 : 1-2 | 내가 보니 바다에서 한 짐승이 나오는데 뿔이 열이요 머리가 일곱이라 그 뿔에는 열 면류관이 있고 그 머리들에는 참람된 이름들이 있더라 내가 본 짐승은 표범과 비슷하고 그 발은 곰의 발 같고 그 입은 사자의 입 같은데 용이 자기의 능력과 보좌와 큰 권세를 그에게 주었더라 |
| 계 13 : 15 | 저가 권세를 받아 그 짐승의 우상에게 생기를 주어 그 짐승의 우상으로 말하게 하고 또 짐승이 우상에게 경배하지 아니하는 자는 몇이든지 다 죽이게 하더라 |

(7) 육백 육십 육(666)

말세에 적그리스도는 그 정체를 숨기기 위하여 암호를 사용할 것이며, 그 암호는 바로 666(육백 육십 육)이 될 것이다. 6은 마귀의 수로 666은, 곧 마귀·거짓 선지자·적그리스도 삼자일체(三者一體)를 의미하며 이는 성부·성자·성령 삼위일체 하나님을 모방한 천국의 적대 세력이 될 것이다(계 13 : 17-18).

| 계 13 : 17-18 | 누구든지 이 표를 가진 자 외에는 매매를 못하게 하니 이 표는 곧 짐승의 이름이나 그 이름의 수라 지혜가 여기 있으니 총명 있는 자는 그 짐승의 수를 세어 보라 그 수는 사람의 수니 육백 육십 륙이니라 |

3) 적그리스도의 특성

(1) 종교적 특성

적그리스도는 자칭 하나님이라 하고(살후 2 : 4; 계 13 : 2, 15), 그리스도를 대항하며(계 13 : 6; 단 7 : 6) 사단의 조종을 받아(살후 2 : 9; 계 13 : 14; 출 7 : 22) 사단의 능력을 가지고(계 13 : 13-14; 살후 2 : 9-11) 기사와 이적을 행하는 것이 특성이다.

| 살후 2 : 4 | 저는 대적하는 자라 범사에 일컫는 하나님이나 숭배함을 받는 자 위에 뛰어나 자존하여 하나님 성전에 앉아 자기를 보여 하나님이라 하느니라 |

계 13 : 2	내가 본 짐승은 표범과 비슷하고 그 발은 곰의 발 같고 그 입은 사자의 입 같은데 용이 자기의 능력과 보좌와 큰 권세를 그에게 주었더라
계 13 : 15	저가 권세를 받아 그 짐승의 우상에게 생기를 주어 그 짐승의 우상으로 말하게 하고 또 짐승의 우상에게 경배하지 아니하는 자는 몇이든지 다 죽이게 하더라
계 13 : 6	짐승이 입을 벌려 하나님을 향하여 훼방하되 그의 이름과 그의 장막 곧 하늘에 거하는 자들을 훼방하더라
단 7 : 6	그 후에 내가 또 본즉 다른 짐승 곧 표범과 같은 것이 있는데 그 등에는 새의 날개 넷이 있고 그 짐승에게 또 머리 넷이 있으며 또 권세를 받았으며
출 7 : 22	애굽 술객들도 자기 술법으로 그와 같이 행하므로 바로의 마음이 강퍅하여 그들을 듣지 아니하니 여호와의 말씀과 같더라
계 13 : 13-14	큰 이적을 행하되 심지어 사람들 앞에서 불이 하늘로부터 땅에 내려오게 하고 짐승 앞에서 받은 바 이적을 행함으로 땅에 거하는 자들을 미혹하며 땅에 거하는 자들에게 이르기를 칼에 상하였다가 살아난 짐승을 위하여 우상을 만들라 하더라
살후 2 : 9-11	악한 자의 임함은 사단의 역사를 따라 모든 능력과 표적과 거짓 기적과 불의의 모든 속임으로 멸망하는 자들에게 임하리니 이는 저희가 진리의 사랑을 받지 아니하여 구원함을 얻지 못함이니라 이러므로 하나님이 유혹을 저의 가운데 역사하게 하사 거짓 것을 믿게 하심은

(2) 정치적 특성

적그리스도는 사단의 전권을 위임받고 또 그리스도와 그분의 왕국을 대항하는 이 세상의 제국들을 집성(集成)한 큰 능력과 권세를 가지고(계 13 : 2, 17 : 13, 13 : 5, 15) 세계를 지배하게 되는데 참람하여 하나님을 훼방하고 자기 이름을 높이게 될 것이다(계 13 : 1). 그의 정치적 권력은 지상 최고의 것으로서 누구도 감히 그와 대항할 수 없으리만큼 무서운 것이라고 하였다(계 13 : 4, 13 : 7, 13 : 1).

계 13 : 2	내가 본 짐승은 표범과 비슷하고 그 발은 곰의 발 같고 그 입은 사자의 입 같은데 용이 자기의 능력과 보좌와 큰 권세를 그에게 주었더라
계 17 : 13	저희가 한 뜻을 가지고 자기의 능력과 권세를 짐승에게 주더라
계 13 : 5	또 짐승이 큰 말과 참람된 말하는 입을 받고 또 마흔 두달 일할 권세를 받으니라
계 13 : 15	저가 권세를 받아 그 짐승의 우상에게 생기를 주어 그 짐승의 우상으로 말하게 하고 또 짐승의 우상에게 경배하지 아니하는 자는 몇이든지 다 죽이게 하더라
계 13 : 7	또 권세를 받아 성도들과 싸워 이기게 되고 각 족속과 백성과 방언과 나라를 다스리는 권세를 받으니
계 13 : 1	내가 보니 바다에서 한 짐승이 나오는데 뿔이 열이요 머리가 일곱이라 그 뿔에는 열 면류관이 있고 그 머리들에는 참람된 이름들이 있더라
계 13 : 4	용이 짐승에게 권세를 주므로 용에게 경배하며 짐승에게 경배하여 가로되 누가 이 짐승과 같으뇨 누가 능히 이로 더불어 싸우리요 하더라

(3) 호전적 특성

적그리스도는 호전적(好戰的)이고 전쟁에 능한 것이 특성이다. 세상 종말에 무저갱으로부터 올라오는 짐승(적그리스도, 계 11 : 7, 13 : 7)은 대환난기의 중간에 나타나(마 24 : 15) 전쟁을 주동하여(계 16 : 14, 13 : 4; 단 9 : 26), 그 후반기를 가장 무서운 환난의 도가니로 만들 것이다. 이로써 그는 장차 세계를 유도하여 전쟁의 와중에 넣을 것이니 이것이 바로 전무후무한 인류 역사상 최후적인 하나님과 사단의 군세간(軍勢間)의 결전(決戰)이 될 아마겟돈 전쟁이다(계 16 : 16).

계 11 : 7	저희가 그 증거를 마칠 때에 무저갱으로부터 올라오는 짐승이 저희로 더불어 전쟁을 일으켜 저희를 이기고 저희를 죽일 터인즉
계 13 : 7	또 권세를 받아 성도들과 싸워 이기게 되고 각 족속과 백성과 방언과 나라를 다스리는 권세를 받으니
마 24 : 15	그러므로 너희가 선지자 다니엘의 말한 바 멸망의 가증한 것이

	거룩한 곳에 선 것을 보거든(읽는 자는 깨달을진저)
계 16 : 14	저희는 귀신의 영이라 이적을 행하여 온 천하 임금들에게 가서
	하나님 곧 전능하신 이의 큰 날에 전쟁을 위하여 그들을 모으더라
계 13 : 4	용이 짐승에게 권세를 주므로 용에게 경배하며 짐승에게 경배하여
	가로되 누가 이 짐승과 같으뇨 누가 능히 이로 더불어 싸우리요
	하더라
단 9 : 26	육십 이레 후에 기름 부음을 받은 자가 끊어져 없어질 것이며 장차
	한 왕의 백성이 와서 그 성업과 성소를 훼파하려니와 그의 종말은
	홍수에 엄몰됨 같을 것이며 또 끝까지 전쟁이 있으리니 황폐할
	것이 작정되었느니라
계 16 : 16	세 영이 히브리 음으로 아마겟돈이라 하는 곳으로 왕들을 모으더라

4) 적그리스도의 역사(役事)

(1) 성도를 핍박함

적그리스도는 이름 그대로 그리스도를 대적하며(요일 2 : 22, 4 : 3; 단 7 : 25), 하나님을 훼방하고 그리스도를 따르는 성도들을 핍박한다(계 13 : 10; 단 7 : 25).

요일 2 : 22	거짓말하는 자가 누구뇨 예수께서 그리스도이심을 부인하는 자가
	아니뇨 아버지와 아들을 부인하는 그가 적그리스도니
요일 4 : 3	예수를 시인하지 아니하는 영마다 하나님께 속한 것이 아니니
	이것이 곧 적그리스도의 영이니라 오리라 한 말을 너희가
	들었거니와 이제 벌써 세상에 있느니라
계 13 : 10	사로잡는 자는 사로잡힐 것이요 칼로 죽이는 자는 자기도 마땅히
	칼에 죽으리니 성도들의 인내와 믿음이 여기 있느니라
단 7 : 25	그가 장차 말로 지극히 높으신 자를 대적하며 또 지극히 높으신
	자의 성도를 괴롭게 할 것이며 그가 또 때와 법을 변개코자 할 것이며
	성도는 그의 손에 붙인바 되어 한 때와 두 때와 반 때를 지내리라

(2) 사람들을 우상 숭배케 함

적그리스도는 세상 모든 사람들을 우상 숭배케 하며 우상에게 경배하지 않는 자는 모두 다 죽인다(계 13 : 12-15, 9 : 20). 그때에 거짓 선지자는 세상 최고 권력자인 적그리스도를 위하여 우상을 만들어 모든 고을에 세울 것이며(외경 ASCISA. 4 : 1, 적그리스도의 우상을 모든 고을에 세울 것이라는 기록이 있음) 전세계가 우상화될 것이다. 이 때에 우상을 섬기지 않으면 적그리스도에 의해 죽임을 당하게 될 것이며 이로 인해 많은 순교자가 나올 것이다(계 11 : 7-8).

계 13 : 12-15	저가 먼저 나온 짐승의 모든 권세를 그 앞에서 행하고 땅과 땅에 거하는 자들로 처음 짐승에게 경배하게 하니 곧 죽게 되었던 상처가 나은 자니라 큰 이적을 행하되 심지어 사람들 앞에서 불이 하늘로부터 땅에 내려오게 하고 짐승 앞에서 받은 바 이적을 행함으로 땅에 거하는 자들을 미혹하며 땅에 거하는 자들에게 이르기를 칼에 상하였다가 살아난 짐승을 위하여 우상을 만들라 하더라 저가 권세를 받아 그 짐승의 우상에게 생기를 주어 그 짐승의 우상으로 말하게 하고 또 짐승의 우상에게 경배하지 아니하는 자는 몇이든지 다 죽이게 하더라
계 9 : 20	이 재앙에 죽지 않고 남은 사람들은 그 손으로 행하는 일을 회개치 아니하고 오히려 여러 귀신과 또는 보거나 듣거나 다니거나 하지 못하는 금 은 동과 목석의 우상에게 절하고
계 11 : 7-8	저희가 그 증거를 마칠 때에 무저갱으로부터 올라오는 짐승이 저희로 더불어 전쟁을 일으켜 저희를 이기고 저희를 죽일 터인즉 저희 시체가 큰 성 길에 있으리니 그 성은 영적으로 하면 소돔이라고도 하고 애굽이라고도 하니 곧 저희 주께서 십자가에 못박히신 곳이니라

(3) 전쟁을 일으킴

호전적인 침략자 마귀는 싸움(전쟁)을 좋아한다. 그러므로 마귀의 화신(化身)인 적그리스도는 전세계를 휩쓸어 버릴 막강한 군사력을 동원하여 가공할 전쟁을 도발할 것이며 온 세상은 전쟁의 와중(渦中)에 빠지게 될 것이다(계 11 : 7, 13 : 4, 16 : 14, 19 : 19-20, 20 : 8; 단 9 : 26).

계 11 : 7	저희가 그 증거를 마칠 때에 무저갱으로부터 올라오는 짐승이 저희로 더불어 전쟁을 일으켜 저희를 이기고 저희를 죽일 터인즉
계 13 : 4	용이 짐승에게 권세를 주므로 용에게 경배하며 가로되 누가 이 짐승과 같으뇨 누가 능히 이로 더불어 싸우리요 하더라
계 16 : 14	저희는 귀신의 영이라 이적을 행하여 온 천하 임금들에게 가서 하나님 곧 전능하신 이의 큰 날에 전쟁을 위하여 그들을 모으더라
계 19 : 19-20	또 내가 보매 그 짐승과 땅의 임금들과 그 군대들을 모여 그 말 탄 자와 그의 군대로 더불어 전쟁을 일으키다가 짐승이 잡히고 그 앞에서 이적을 행하던 거짓 선지자도 함께 잡혔으니 이는 짐승의 표를 받고 그의 우상에게 경배하던 자들을 이적으로 미혹하던 자라 이 둘이 산채로 유황불 붙는 못에 던지우고
계 20 : 8	나와서 땅의 사방 백성 곧 곡과 마곡을 미혹하고 모아 싸움을 붙이리니 그 수가 바다 모래 같으리라
단 9 : 26	육십 이 이레 후에 기름 부음을 받은 자가 끊어져 없어질 것이며 장차 한 왕의 백성이 와서 그 성읍과 성소를 훼파하려니와 그의 종말은 홍수에 엄몰됨 같을 것이며 또 끝까지 전쟁이 있으리니 황폐할 것이 작정되었느니라

(4) 세상을 미혹함

적그리스도는 온 천하를 꾀는 자라(계 12 : 9), 그는 사람들을 미혹하여 우상을 섬기게 하고(계 13 : 14-15) 또 "진리의 사랑"을 거부하여 지옥에 빠지게 한다(살후 2 : 9-10). 여기 진리의 사랑(살후 2 : 10)이란 말은 신약에서 이 곳에만 보이는 어구이며, 그 사상은 명백하다. 즉 진리란 그리스도요(요 14 : 6; 고후 11 : 10), 복음이다(갈 2 : 5; 골 1 : 5). 그러므로 이 말은 그리스도의 참된 복음의 은혜를 거부한다는 뜻이다. 즉 멸망하는 자들은 진리의 사랑을 받지 않고 거부함으로 악한 자(적그리스도, 마귀)의 유혹에 빠지게 되고 그들과 같이 멸망하게 되는 것이다(계 19 : 20, 21 : 8).

계 12 : 9	큰 용이 내어 쫓기니 옛 뱀 곧 마귀라고도 하고 사단이라고도 하는 온 천하를 꾀는 자라 땅으로 내어쫓기니 그의 사자들도 저와 함께

	내어쫓기니라
계 13 : 14-15	짐승 앞에서 받은 바 이적을 행함으로 땅에 거하는 자들을 미혹하며 땅에 거하는 자들에게 이르기를 칼에 상하였다가 살아난 짐승을 위하여 우상을 만들라 하더라 저가 권세를 받아 그 짐승의 우상에게 생기를 주어 그 짐승의 우상으로 말하게 하고 또 짐승의 우상에게 경배하지 아니하는 자는 몇이든지 다 죽이게 하더라
살후 2 : 9-10	악한 자의 임함은 사단의 역사를 따라 모든 능력과 표적과 거짓 기적과 불의의 모든 속임으로 멸망하는 자들에게 임하리니 이는 저희가 진리의 사랑을 받지 아니하여 구원함을 얻지 못함이니라
요 14 : 6	예수께서 가라사대 내가 곧 길이요 진리요 생명이니 나로 말미암지 않고는 아버지께로 올 자가 없느니라
고후 11 : 10	그리스도의 진리가 내 속에 있으니 아가야 지방에서 나의 이 자랑이 막히지 아니하리라
갈 2 : 5	우리가 일시라도 복종치 아니하였으니 이는 복음의 진리로 너희 가운데 항상 있게 하려 함이라
골 1 : 5	너희를 위하여 하늘에 쌓아 둔 소망을 인함이니 곧 너희가 전에 복음 진리의 말씀을 들은 것이라
계 19 : 20	짐승이 잡히고 그 앞에서 이적을 행하던 거짓 선지자도 함께 잡혔으니 이는 짐승의 표를 받고 그의 우상에게 경배하던 자들을 이적으로 미혹하던 자라 이 둘이 산 채로 유황불 붙는 못에 던지우고
계 21 : 8	그러나 두려워하는 자들과 믿지 아니하는 자들과 흉악한 자들과 살인자들과 행음자들과 술객들과 우상 숭배자들과 모든 거짓말하는 자들은 불과 유황으로 타는 못에 참예하리니 이것이 둘째 사망이라

5) 적그리스도의 운명

(1) 주의 입기운에 살해됨

사람들을 미혹하여 복음 진리를 믿지 못하게 하고(살후 2 : 9-10 참조) 우상을 숭배케 하며(계 13 : 14-15) 예수님의 재림을 반대하고 대적하던 적그리스도는 마침내 지상에 강림하시는 예수님의 입기운에 의해 여지없이 죽임을 당하게 된다(살후 2 : 3-10 참조; 계 19 : 15, 21; 사 11 : 4).

계 13 : 14-15	짐승 앞에서 받은 바 이적을 행함으로 땅에 거하는 자들을 미혹하며 땅에 거하는 자들에게 이르기를 칼에 상하였다가 살아난 짐승을 위하여 우상을 만들라 하더라 저가 권세를 받아 그 짐승의 우상에게 생기를 주어 그 짐승의 우상으로 말하게 하고 또 짐승의 우상에게 경배하지 아니하는 자는 몇이든지 다 죽이게 하더라
계 19 : 15	그의 입에서 이한 검이 나오니 그것으로 만국을 치겠고 친히 저희를 철장으로 다스리며 또 친히 하나님 곧 전능하신 이의 맹렬한 진노의 포도주 틀을 밟겠고
계 19 : 21	그 나머지는 말 탄 자의 입으로 나오는 검에 죽으매 모든 새가 그 고기로 배불리우더라
사 11 : 4	공의로 빈핍한 자를 심판하며 정직으로 세상의 겸손한 자를 판단할 것이며 그 입의 막대기로 세상을 치며 입술의 기운으로 악인을 죽일 것이며

(2) 체포되어 불못에 던지움

세상 종말에 적그리스도는 최후적으로 최고의 발악을 하며 지상의 모든 군대를 동원, 예수님의 재림을 방해하게 된다. 그러나 결국에는 예수님께서 적그리스도와 그를 추종하는 거짓 선지자들을 모두 다 체포하여 유황 불못에 던지실 것이니 이것이 천하를 교란하던 적그리스도와 그 일당의 최후의 운명이다(계 19 : 19-20).

계 19 : 19-20	또 내가 보매 그 짐승과 땅의 임금들과 그 군대들이 모여 그 말 탄 자와 그의 군대로 더불어 전쟁을 일으키다가 짐승이 잡히고 그 앞에서 이적을 행하던 거짓 선지자도 함께 잡혔으니 이는 짐승의 표를 받고 그의 우상에게 경배하던 자들을 이적으로 미혹하던 자라 이 둘이 산 채로 유황불 붙는 못에 던지우고

V. 그리스도 재림의 성질과 시기

1. 그리스도 재림의 성질

성경은 그리스도의 재림에 대하여 분명히 예고하고 있지만, 그 시기에 대하여는 자세히 언급하고 있지 않다. 더구나 구약은 그리스도의 초림과 재림을 분명히 구별하지 않고 함께 연결하여 언급하였기 때문에 그 시기를 알 길이 없다. 그리고 신약에는 그리스도의 재림에 관하여 예수님 자신과 천사들과 사도들이 상세히 증거하고 있다. 그러나 신약에도 재림의 시기에 대하여 확실한 언급이 없다. 신약에 나타난 예수 재림의 성질을 살펴보면 다음과 같다.

1) 예수님의 증거

그리스도의 재림에 대하여 예수님 자신이 선언하시기를 당신이 승천하시면 필경 다시 오실 터이며(요 14 : 3) 그때에 인격적으로 다시 오시는데(요 14 : 3, 21 : 20-23) 예기치 못한 때에(마 24 : 32-51, 25 : 1-13 참조; 막 13 : 33-36) 갑자기 오실 것이라 하였다(마 24 : 25-28). 그리고 당신의 천사들과 함께 성부 아버지의 영광으로 오실 것이며(마 16 : 27, 19 : 28, 25 : 31-46 참조), 만왕의 왕으로 오실 것이라고 하였다(눅 19 : 11-27 참조).

요 14 : 3 　가서 너희를 위하여 처소를 예비하면 내가 다시 와서 너희를 내게로 영접하여 나 있는 곳에 너희도 있게 하리라

요 21 : 20-23 　베드로가 돌이켜 예수의 사랑하시는 그 제자가 따르는 것을 보니 그는 만찬석에서 예수의 품에 의지하여 주여 주를 파는 자가 누구오니이까 묻던 자러라 이에 베드로가 그를 보고 예수께 여짜오되 주여 이 사람은 어떻게 되겠삽나이까 예수께서 가라사대 내가 올 때까지 그를 머물게 하고자 할지라도 네게 무슨 상관이냐 너는 나를 따르라 하시더라 이 말씀이 형제들에게 나가서 그 제자는 죽지 아니하겠다 하였으나 예수의 말씀은 그가 죽지 않겠다 하신 것이 아니라 내가 올 때까지 그를 머물게 하고자 할지라도 네게 무슨 상관이냐 하신 것이러라

막 13 : 33-36 　주의하라 깨어 있으라 그 때가 언제인지 알지 못함이니라 가령 사람이 집을 떠나 타국으로 갈 때에 그 종들에게 권한을 주어 각각 사무를 맡기며 문지기에게 깨어 있으라 명함과 같으니 그러므로 깨어 있으라 집 주인이 언제 올는지 혹 저물 때엘는지 밤중엘는지 닭 울 때엘는지 새벽엘는지 너희가 알지 못함이라 그가 홀연히

<table>
<tr><td></td><td>와서 너희의 자는 것을 보지 않도록 하라</td></tr>
<tr><td>마 24 : 25-28</td><td>보라 내가 너희에게 미리 말하였노라 그러면 사람들이 너희에게
말하되 보라 그리스도가 광야에 있다 하여도 나가지 말고 보라
골방에 있다 하여도 믿지 말라 번개가 동편에서 나서 서편까지
번쩍임같이 인자의 임함도 그러하리라 주검이 있는 곳에는
독수리들이 모일지니라</td></tr>
<tr><td>마 16 : 27</td><td>인자가 아버지의 영광으로 그 천사들과 함께 오리니 그 때에 각
사람의 행한 대로 갚으리라</td></tr>
<tr><td>마 19 : 28</td><td>예수께서 가라사대 내가 진실로 너희에게 이르노니 세상이 새롭게
되어 인자가 자기 영광의 보좌에 앉을 때에 나를 좇는 너희도 열두
보좌에 앉아 이스라엘 열두 지파를 심판하리라</td></tr>
</table>

2) 천사들의 증거

예수님께서 승천하실 때 아련하게 서서 예수님께서 사라지신 하늘의 허공간만 쳐다보고 있는 제자들에게 천사들(흰 옷입은 두 사람, 행 1 : 10-11)이 '갈릴리 사람들아 어찌하여 서서 하늘을 쳐다보느냐 너희 가운데서 하늘로 올리우신 이 예수는 하늘로 가심을 본 그대로 오시리라"(행 1 : 11)고 하였다. 여기서 "흰 옷 입은 두 사람"은 천사인 것이 분명하다(천사는 언제나 사람의 모양으로 나타났음. 마 28 : 3; 눅 24 : 4; 행 10 : 30; 창 18 : 2,19 : 1; 계 21 : 17). 그리고 또 "예수는 하늘로 가심을 본 그대로 오시리라"고 한 것은 예수님께서 인격적으로 몸을 가지시고 눈에 보이도록 홀연(忽然)히 오실 것을 암시한 것이다.

<table>
<tr><td>행 1 : 10-11</td><td>올라가실 때에 제자들이 자세히 하늘을 쳐다보고 있는데 흰옷
입은 두 사람이 저희 곁에 서서 가로되 갈릴리 사람들아 어찌하여
서서 하늘을 쳐다보느냐 너희 가운데서 하늘로 올리우신 이 예수는
하늘로 가심을 본 그대로 오시리라 하였느니라</td></tr>
<tr><td>마 28 : 3</td><td>그 형상이 번개 같고 그 옷은 눈같이 희거늘</td></tr>
<tr><td>눅 24 : 4</td><td>이를 인하여 근심할 때에 문득 찬란한 옷을 입은 두 사람이 곁에
섰는지라</td></tr>
<tr><td>행 10 : 30</td><td>고넬료가 가로되 나흘 전 이맘때까지 내 집에서 제 구시 기도를</td></tr>
</table>

	하는데 홀연히 한 사람이 빛난 옷을 입고 내 앞에 서서
창 18 : 2	눈을 들어 본즉 사람 셋이 맞은편에 섰는지라 그가 그들을 보자 곧 장막 문에서 달려나가 영접하며 몸을 땅에 굽혀
창 19 : 1	날이 저물 때에 그 두 천사가 소돔에 이르니 마침 롯이 소돔 성문에 앉았다가 그들을 보고 일어나 영접하고 땅에 엎드리어 절하여
계 21 : 17	그 성곽을 척량하매 일백사십사 규빗이니 사람의 척량 곧 천사의 척량이라

3) 사도들의 증거

그리스도의 재림에 대하여 사도들이 증거한 것을 보면 여기서도 재림의 특성을 발견하게 된다(벧후 3 : 10; 살전 5 : 2; 계 3 : 3, 16 : 15).

벧후 3 : 10	그러나 주의 날이 도적같이 오리니 그 날에는 하늘이 큰소리로 떠나가고 체질이 뜨거운 불에 풀어지고 땅과 그 중에 있는 모든 일이 드러나리로다
살전 5 : 2	주의 날이 밤에 도적같이 이를 줄을 너희 자신이 자세히 앎이라
계 3 : 3	그러므로 네가 어떻게 받았으며 어떻게 들었는지 생각하고 지키어 회개하라 만일 일깨지 아니하면 내가 도적같이 이르리니 어느 시에 네게 임할는지 네가 알지 못하리라
계 16 : 15	보라 내가 도적같이 오리니 누구든지 깨어 자기 옷을 지켜 벌거벗고 다니지 아니하며 자기의 부끄러움을 보이지 아니하는 자가 복이 있도다

(1) 베드로는 당시 믿음이 연약한 신자들이 예수님의 재림이 더디다 생각하고 낙심할까하여 신실하신 하나님께서는 반드시 약속을 이루실 것이며(히 10 : 37) 빨리 이루실 것이라 하였고(계 22 : 20) 기롱하는 자들이 무엇이라 하든지(벧후 3 : 3-4) 예수님께서는 친히 말씀하신 대로(마 24 : 43; 눅 12 : 39) 반드시 속히 오실 것이며 인격적으로(행 3 : 19-21) 예기치 못한 때에 도적같이 갑자기 오신다고 하였다(벧후 3 : 8-10).

히 10 : 37	잠시 잠간 후면 오실 이가 오시리니 지체하지 아니하시리라
계 22 : 20	이것들을 증거하신 이가 가라사대 내가 진실로 속히 오리라 하시거늘 아멘 주 예수여 오시옵소서
벧후 3 : 3-4	먼저 이것을 알지니 말세에 기롱하는 자들이 와서 자기의 정욕을 좇아 행하며 기롱하여 가로되 주의 강림하신다는 약속이 어디 있느뇨 조상들이 잔 후로부터 만물이 처음 창조할 때와 같이 그냥 있다 하니
마 24 : 43	너희가 알지 못함이니라 너희도 아는 바니 만일 집 주인이 도적이 어느 경점에 올 줄을 알았더면 깨어 있어 그 집을 뚫지 못하게 하였으리라
눅 12 : 39	너희도 아는 바니 집 주인이 만일 도적이 어느 때에 이른 줄 알았더면 그 집을 뚫지 못하게 하였으리라
행 3 : 19-21	그러므로 너희가 회개하고 돌이켜 너희 죄 없이함을 받으라 이같이 하면 유쾌하게 되는 날이 주 앞으로부터 이를 것이요 또 주께서 너희를 위하여 예정하신 그리스도 곧 예수를 보내시리니 하나님이 영원 전부터 거룩한 선지자의 입을 의탁하여 말씀하신 바 만유를 회복하실 때까지는 하늘이 마땅히 그를 받아 두리라
벧후 3 : 8-10	사랑하는 자들아 주께는 하루가 천 년 같고 천 년이 하루 같은 이 한 가지를 잊지 말라 주의 약속은 어떤 이의 더디다고 생각하는 것같이 더딘 것이 아니라 오직 너희를 대하여 오래 참으사 아무도 멸망치 않고 다 회개하기에 이르기를 원하시느니라 그러나 주의 날이 도적같이 오리니 그날에는 하늘이 큰소리로 떠나가고 체질이 뜨거운 불에 풀어지고 땅과 그 중에 있는 모든 일이 드러나리로다

　(2) 사도 바울도 그리스도께서 인격적으로 오시며(살전 4 : 16-17; 빌 3 : 20-21) 천사들을 대동하시고 영광 중에 다시 오시는데(딛 2 : 13; 히 9 : 28; 살후 1 : 7-10), 나팔 소리와 함께 갑자기 오신다고 하였다(고전 15 : 51-52).

살전 4 : 16-17	주께서 호령과 천사장의 소리와 하나님의 나팔로 친히 하늘로 좇아 강림하시리니 그리스도 안에서 죽은 자들이 먼저 일어나고 그 후에 우리 살아남은 자도 저희와 함께 구름 속으로 끌어올려

	공중에서 주를 영접하게 하시리니 그리하여 우리가 항상 주와 함께 있으리라
빌 3 : 20-21	오직 우리의 시민권은 하늘에 있는지라 거기로서 구원하는 자 곧 주 예수 그리스도를 기다리노니 그가 만물을 자기에게 복종케 하실 수 있는 자의 역사로 우리의 낮은 몸을 자기 영광의 몸의 형체와 같이 변케 하시리라
딛 2 : 13	복스러운 소망과 우리의 크신 하나님 구주 예수 그리스도의 영광이 나타나심을 기다리게 하셨으니
히 9 : 28	이와 같이 그리스도도 많은 사람의 죄를 담당하시려고 단번에 드리신 바 되셨고 구원에 이르게 하기 위하여 죄와 상관 없이 자기를 바라는 자들에게 두 번째 나타나시리라
살후 1 : 7-10	환난받는 너희에게는 우리와 함께 안식으로 갚으시는 것이 하나님의 공의시니 주 예수께서 저의 능력의 천사들과 함께 하늘로부터 불꽃 중에 나타나실 때에 하나님을 모르는 자들과 우리 주 예수의 복음을 복종치 않는 자들에게 형벌을 주시리니 이런 자들이 주의 얼굴과 그의 힘의 영광을 떠나 영원한 멸망의 형벌을 받으리로다 그 날에 강림하사 그의 성도들에게서 영광을 얻으시고 모든 믿는 자에게서 기이히 여김을 얻으시리라(우리의 증거가 너희에게 믿어졌음이라)
고전 15 : 51-52	보라 내가 너희에게 비밀을 말하노니 우리가 다 잠잘 것이 아니요 마지막 나팔에 순식간에 홀연히 다 변화하리니 나팔 소리가 나매 죽은 자들이 썩지 아니할 것으로 다시 살고 우리도 변화하리라

(3) 히브리서 기자도 그리스도께서 인격적으로 오시며(히 9 : 28), 지체하지 않으시고 잠시 잠깐 후면 "오실 이가 오시리라"고 하였다(히 10 : 37).

히 9 : 28	이와 같이 그리스도도 많은 사람의 죄를 담당하시려고 단번에 드리신 바 되셨고 구원에 이르게 하기 위하여 죄와 상관 없이 자기를 바라는 자들에게 두 번째 나타나시리라
히 10 : 37	잠시 잠깐 후면 오실 이가 오시리니 지체하지 아니하시리라

⑷ 사도 요한도 그리스도께서 인격적으로 오시며(요일 2 : 28, 3 : 2-3) 구름을 타고 위엄과 영광스런 모습으로 많은 사람들 앞에(계 1 : 17) 속히 오신다고 하였다(계 22 : 12).

요일 2 : 28　　자녀들아 이제 그 안에 거하라 이는 주께서 나타내신 바 되면 그의 강림하실 때에 우리로 담대함을 얻어 그 앞에서 부끄럽지 않게 하려 함이라

요일 3 : 2-3　　사랑하는 자들아 우리가 지금은 하나님의 자녀라 장래에 어떻게 될 것은 아직 나타나지 아니하였으나 그가 나타내심이 되면 우리가 그와 같을 줄을 아는 것은 그의 계신 그대로 볼 것을 인함이니

계 1 : 17　　내가 볼 때에 그 발 앞에 엎드러져 죽은 자같이 되매 그가 오른손을 내게 얹고 가라사대 두려워 말라 나는 처음이요 나중이니

계 22 : 12　　보라 내가 속히 오리니 내가 줄 상이 내게 있어 각 사람에게 그의 일한 대로 갚아 주리라

⑸ 야고보는 핍박을 당하는 성도들에게 그리스도의 재림의 날을 기다리며 인내함으로 참으라고 권면하였다(약 5 : 7-8). 다시 오시는 그리스도께서는 인격적으로 심판주의 자격으로 오실 것이며 그리스도의 재림 때는 핍박을 받은 성도들의 신원(伸寃)의 때가 될 것이다. 그때에 모든 불의한 압제자들은 무서운 심판을 당하게 될 것이다(계 6 : 16-17).

약 5 : 7-8　　그러므로 형제들아 주의 강림하시기까지 길이 참으라 보라 농부가 땅에서 나는 귀한 열매를 바라고 길이 참아 이른 비와 늦은 비를 기다리나니 너희도 길이 참고 마음을 굳게 하라 주의 강림이 가까우니라

계 6 : 16-17　　산과 바위에게 이르되 우리 위에 떨어져 보좌에 앉으신 이의 낯에서와 어린양의 진노에서 우리를 가리우라 그들의 진노의 큰 날이 이르렀으니 누가 능히 서리요 하더라

⑹ 유다는 외경 에녹서의 예언을 인용하여 그리스도께서 심판주로서 공중(公

衆) 앞에 오시리라고 하였다(유 1 : 14-15; 에녹서 1 : 9 참조). 에녹서의 내용을 보면 "볼지어다 그는 10만의 그의 성도와 더불어 그들을 심판하고 악한 자들을 멸망시키시고 모든 육체적인 자들이 그를 대항하여 행한 죄악과 불경건한 모든 일에 대하여 싸우시기 위하여 오시리라"고 하였다. 그리스도의 재림의 필연과 형태에 대하여는 성경이 밝히 증거하고 있다. 그러나 그 시일에 대해서는 명확한 언급은 없다.

> 유 1 : 14-15 아담의 칠세 손 에녹이 사람들에게 대하여도 예언하여 이르되 보라 주께서 그 수만이 거룩한 자와 함께 임하셨나니 이는 뭇사람을 심판하사 모든 경건치 않은 자의 경건치 않게 행한 모든 경건치 않은 일과 또 경건치 않은 죄인이 주께 거스려 한 모든 강퍅한 말을 인하여 저희를 정죄하려 하심이라 하였느니라

2. 그리스도 재림의 시기

1) 그리스도 재림의 시기는 비밀임

(1) 재림의 시일을 비밀에 붙이심

그리스도의 재림의 시대적 징조는 밝히 예고하였으나, 그 시일(時日)만은 하나님께서 비밀에 붙혀 놓으신 사항이다. 예수님께서 "그날과 그때는 아무도 모르나니 하늘의 천사들도 아들도 모르고 다만 아버지만 아시느니라"(마 24 : 36; 막 13 : 32)고 하셨다. 그리고 또 "때와 기한은 아버지께서 자기의 권한에 두셨으니 너희의 알 바 아니요"(행 1 : 7) 라고 하셨고 "그런즉 깨어 있으라 너희는 그날과 그 시를 알지 못하느니라"(마 25 : 13)고 하셨다. 그리스도께서 재림하시어 그분의 왕국이 건설되는 것은 오직 성부의 비밀한 계획에 들어있으며(마 24 : 36), 이는 성자도 알지 못한다 하였으니 제자들은 더욱 알 수 없는 것이다.

(2) 재림의 시기를 짐작케 하심

성경을 보아도 재림의 시일은 알 수 없다. 그리고 그것을 구태여 알아야 할 필요도 없다. 그러나 예수님께서 바리새인과 사두개인들이 천기(天氣)의 변화는 식별할 줄 알면서 시대의 징조는 식별할 줄 모른다고 책망을 하시면서(마 16 : 3) "무화과나무의 잎이 나오면 여름이 가까이 온 것을 말하는 사실"을 들어 무화과

나무를 통하여 임박한 말세의 징조를 알도록 하라고 하셨다(마 24 : 32-33). 그런즉 그리스도의 재림 시일은 우리가 알 바 아니라 하나님께서 그것을 비밀에 붙이셨지만 말세에 나타나는 징조들을 통하여 예수님 재림의 시기를 대략 짐작(斟酌)할 수 있도록 하신 사실을 알 수 있다. 성경 말씀을 깊이 상고하면 그리스도의 재림이 임박하다는 것과 그분이 언제 오실는지 모르지만 불원간 속히 오실 것이라고 믿게 된다(마 24 : 34,36,25 : 13; 막 13 : 32; 딛 2 : 13).

마 16 : 3	아침에 하늘이 붉고 흐리면 오늘은 날이 궂겠다 하나니 너희가 천기는 분별할 줄 알면서 시대의 표적은 분별할 수 없느냐
마 24 : 32-33	무화과나무의 비유를 배우라 그 가지가 연하여지고 잎사귀를 내면 여름이 가까운 줄을 아나니 이와 같이 너희도 이 모든 일을 보거든 인자가 가까이 곧 문 앞에 이른 줄 알라
마 24 : 34	내가 진실로 너희에게 말하노니 이 세대가 지나가기 전에 이 일이 다 이루리라
마 24 : 36	그러나 그 날과 그 때는 아무도 모르나니 하늘의 천사들도 아들도 모르고 오직 아버지만 아시느니라
마 25 : 13	그런즉 깨어 있으라 너희는 그 날과 그 시를 알지 못하느니라
막 13 : 32	그러나 그 날과 그 때는 아무도 모르나니 하늘에 있는 천사들도 아들도 모르고 아버지만 아시느니라
딛 2 : 13	복스러운 소망과 우리의 크신 하나님 구주 예수 그리스도의 영광이 나타나심을 기다리게 하셨으니

(3) 재림 시일을 비밀로 한 이유

하나님께서 그리스도의 재림 시일을 비밀로 하신 이유는 매우 잘하신 일이다. 만일 하나님께서 그리스도의 재림의 날짜와 시간을 비밀에 붙이지 않으시고 아예 처음부터 명백하게 선포해 두었더라면 교회가 깨어 근신하는 일이 없었을 것이다. 그러나 재림의 시일의 불확실성으로 인하여 교회가 항상 근신하여 깨어 있게 된 것이다. 성경 학자들에 의하면 그리스도의 재림의 시일을 비밀에 붙인 이유는 다음과 같다고 한다.

① 참신자와 거짓 신자를 구별하고,
② 인간들의 경거망동을 피하며,
③ 인간들의 죄를 정당하게 심판하시려 함이다.

우리가 우리의 앞일을 모르는 것도 실은 하나님의 은혜이다. 만일 우리가 앞일을 모두 다 안다고 하면 믿음을 통한 삶의 희망과 용기와 삶의 맛을 잃어버릴 것이다.

2) 천년기 전에 재림하심(전천년설)

이는 요한계시록 20장 1-6절에 나오는 천년왕국의 천년기를 문자적으로 취하여 예수 그리스도께서 먼저 재림하시고 그 후에 천년왕국이 건설된다는 설이다. 다시 말하면 천년기 전에 예수님께서 재림하시어 천년왕국을 건설하시고 천년 동안 통치하신다는 주장을 "전천년설", 또는 "천년기 전 재림론"이라고 한다. 성경에는 그리스도께서 천년왕국(千年王國) 이전에 재림하시리라고 언급되어 있다(계 20 : 2,4). 초대 교회는 특히 천년기 전 재림론이 정설이었다. 순교자 저스틴(A.D. 100년경 출생)은 이를 정통 교리라고 하였다. 실버(Silver)는 "죽은 자의 부활 후에 천년왕국이 있을 것인데 그때 그리스도의 인격적 통치가 이 지상에서 이루어질 것이라"고 하였다. 이러한 신앙은 이레니우스, 터툴리안에게서도 찾아볼 수 있다. 살몬(Salmon)은 말하기를 이레니우스 시대에 "우리 주님께서 1천년 동안 지상에서 인격적인 통치를 하실 것이라는 기대가 일반적으로 편만했다"라고 하였다.

한국 교회는 초기 선교사들을 통해 이 학설이 처음부터 긍정적으로 소개되고 현재도 장로교나 성결교 등 보수 교단에서 신앙의 주류적 입장이 되어 있는 것은 다행한 일로 본다(이상근 저 「신약주해 요한계시록」 p. 227, 김응조 저 「성서 대강해 계시록 주해 및 예수재림론」 참조).

계 20 : 2　　　　용을 잡으니 곧 옛 뱀이요 마귀요 사단이라 잡아 일천년 동안
　　　　　　　　결박하여

계 20 : 4 또 내가 보좌들을 보니 거기 앉은 자들이 있어 심판하는 권세를
받았더라 또 내가 보니 예수의 증거와 하나님의 말씀을 인하여
목 베임을 받은 자의 영혼들과 또 짐승과 그의 우상에게 경배하지도
아니하고 이마와 손에 그의 표를 받지도 아니한 자들이 살아서
그리스도로 더불어 천년 동안 왕 노릇 하니

3) 천년기 후에 재림하심(후천년설)

이는 그리스도의 재림이 천년왕국 이후에 있다는 설이다. 다시 말하면 천년기 후에 예수님께서 재림하신다는 주장을 "후천년설", 또는 "천년기 후 재림론"이라고 하는 것이다. 이 설에 의하면 현세대의 종국에 가서 예수님의 재림이 있기 전 천년 간 복음이 크게 전파되고 교회가 왕성한 후에 재림이 실현된다고 한다.

4) 천년기 없이 재림하심(무천년설)

이는 "무천년기 재림론(無千年期 再臨論)", 또는 "무천년설(無千年說)"이라고 하는데, 즉 천년기 없이 예수님께서 재림하신다는 주장이다. 그 핵심 내용은 그리스도의 재림의 시기를 천년기가 없이 세상 끝에 일반 부활과 대심판 직전일 것이라고 보는 견해로서, 세상 종말에 관련된 모든 사건들이 천년기가 없이 연속적으로 일어난다고 믿는 것이다.

이 설은 요한계시록 20장 1-6절에 언급된 천년왕국의 천년기를 문자적으로 취하지 않고 천년 동안의 통치를 우화적으로 또는 영적으로 해석하여 현 시대의 교회가 전세계적으로 지극히 번영하는 상태라고 보는 학설이다. 그러나 현시대에서 교회(그리스도의 나라)의 진정한 통치가 영적인 의미인들 가능할 것인가? 중세기 카톨릭의 전제 시대에는 그리스도의 뜻을 어겼으므로 주님과 같이 통치했다고 볼 수 없다. 그리고 현 시대의 교회는 타락하고 속화하여 벌써 그 영적 주권을 잃고 있다.

계시록에 나타난 천년기 통치를 문자적으로 취하지 않는 우화적 해석파의 조상인 오리겐은 천년왕국설을 경책하면서 무천년설을 강조하였다. 그러나 오리겐보다 이 학설을 결정 지은 신학자는 어거스틴이었다. 그는 유명한 저서 「하나님의 도성」에서 천년왕국이란 그리스도의 초림에서 세상의 종국까지의 현세라고 지적

하고 그리스도의 통치란 교회를 통한 영적 지배라고 하였으며(Augustine, City of God ; 계 20 : 7), 유대적 관념을 따라 현세를 6천년으로 보았으나 제7천년은 무궁 세계로 규정했다. 그의 견해와 사상 체계를 따르면 사단의 결박(계 20 : 2)이란 그리스도의 십자가에서 사단의 권세가 제한된 것을 의미한다는 것이다. 어거스틴을 이어 정통 신학을 확립한 칼빈도 역시 어거스틴의 주장대로 무천년설을 취했다. 그가 방대한 성서주해 시리즈에서 요한계시록을 제한 것은 천년왕국설에 대한 난점 때문으로 보인다. 카톨릭의 정설도 어거스틴이 현세를 천년왕국으로 보는 무천년설이다(이상근 저 「신약주해 계시록」 p.226 참조).

Ⅵ. 재림의 장소

성경에는 그리스도의 재림이 공중 재림에서 지상 재림으로, 즉 2단계로 실현될 것으로 시사하고 있다. 따라서 그리스도의 재림 장소가 제1단계에서는 공중이며, 제2단계에서는 지상이 될 것이다.

1. 제1단계 재림 장소는 공중

성경은 그리스도의 제1단계 재림의 장소가 공중이라고 가르치고 있다. 사도 바울은 그리스도께서 하늘로부터 강림하신다는 것과 신자가 공중에서 그리스도를 맞이하기 위해 들림을 받는다고 하였다(살전 4 : 16-17). 그리스도의 제1단계 재림 장소는 공중인 것이 분명하다.

> 살전 4 : 16-17　주께서 호령과 천사장의 소리와 하나님의 나팔로 친히 하늘로 좇아 강림하시리니 그리스도 안에서 죽은 자들이 먼저 일어나고 그 후에 우리 살아남은 자도 저희와 함께 구름 속으로 끌어올려 공중에서 주를 영접하게 하시리니 그리하여 우리가 항상 주와 함께 있으리라

2. 제2단계 재림 장소는 지상

성경은 "그날에 그의 발이 예루살렘 앞 곧 동편 감람산에 서실 것"이라고 하였다(슥 14 : 4). 예수님께서는 이 감람산에서 기도하시고(눅 22 : 39-46 참조), 이 산

에서 잡히시고(눅 22 : 47-52 참조), 이 산에서 승천하시고(행 1 : 11-12), 이 산에 다시 오신다(슥 14 : 4). 세상 모든 사람들이 다 볼 수 있도록 예수님께서는 세상의 중심지인 예루살렘으로 재림하시는 것이다(계 1 : 7). 예수님께서 제1단계 공중 재림을 하셨다가 지상으로 내려오시는 이유는 ① 그때에 지상에서 극심한 환난이 벌어지고 있기 때문이며 ② 지상에 내려오시기 전 우선 공중 권세를 잡고 주인 노릇하고 있는 마귀를 지상으로 축출하여 공중을 성결케(혼례식을 위해)하고 ③ 성도들과 공중 혼연을 베풀기 위함이다.

슥 14 : 4	그날에 그의 발이 예루살렘 앞 곧 동편 감람산에 서실 것이요 감람산은 그 한가운데가 동서로 갈라져 매우 큰 골짜기가 되어서 산 절반은 북으로 절반은 남으로 옮기고
행 1 : 11-12	가로되 갈릴리 사람들아 어찌하여 서서 하늘을 쳐다보느냐 너희 가운데서 하늘로 올리우신 이 예수는 하늘로 가심을 본 그대로 오시리라 하였느니라 제자들이 감람원이라 하는 산으로부터 예루살렘에 돌아오니 이 산은 예루살렘에서 가까와 안식일에 가기 알맞은 길이라
계 1 : 7	볼지어다 구름을 타고 오시리라 각인의 눈이 그를 보겠고 그를 찌른 자들도 볼 터이요 땅에 있는 모든 족속이 그를 인하여 애곡하리니 그러하리라 아멘

VII. 재림 예수의 자격과 모양
1. 재림 예수의 자격

재림 예수의 자격은 초림 예수와 다르다. 즉 세상과 마귀를 심판하기 위하여 심판주로 재림하시는 예수님께서는 대인 속죄(代人贖罪)의 사명을 지시고, 십자가에 달려 죽으시려고 오신 초림 때와는 달리 큰 위엄과 권세와 존귀와 영광된 자격으로 오시는 것이다(계 1 : 6-7; 마 16 : 27).

계 1 : 6-7	그 아버지 하나님을 위하여 우리를 나라와 제사장으로 삼으신 그에게 영광과 능력이 세세토록 있기를 원하노라 아멘
마 16 : 27	인자가 아버지의 영광으로 그 천사들과 함께 오리니 그때에 각

사람의 행한 대로 갚으리라

1) 심판주의 자격으로

초림의 예수님께서는 인류의 죄를 대속하기 위하여 하나님의 아들이시면서도 도성 인신(道成人身)하심으로 인간의 육을 입으시고 초라한 모습과 섬기는 자의 자세로 오셨다(사 53 : 1-3; 마 20 : 28; 막 10 : 45). 그러나 재림하시는 예수님께서는 세상을 심판하는 심판장의 자격으로 오시기 때문에 지극한 위엄과 권위와 존귀와 영광의 모양으로 오시는 것이다(마 25 : 31-33; 계 20 : 11-12; 딤후 4 : 1; 고후 5 : 9-10; 롬 14 : 10-12; 행 17 : 31).

사 53 : 1-3	우리의 전한 것을 누가 믿었느뇨 여호와의 팔이 뉘게 나타났느뇨 그는 주 앞에서 자라나기를 연한 순 같고 마른 땅에서 나온 줄기 같아서 고운 모양도 없고 풍채도 없은즉 우리의 보기에 흠모할 만한 아름다운 것이 없도다 그는 멸시를 받아서 사람에게 싫어 버린 바 되었으며 간고를 많이 겪었으며 질고를 아는 자라 마치 사람들에게 얼굴을 가리우고 보지 않음을 받는 자 같아서 멸시를 당하였고 우리도 그를 귀히 여기지 아니하였도다
마 20 : 28	인자가 온 것은 섬김을 받으려 함이 아니라 도리어 섬기려 하고 자기 목숨을 많은 사람의 대속물로 주려 함이니라
막 10 : 45	인자의 온 것은 섬김을 받으려 함이 아니라 도리어 섬기려 하고 자기 목숨을 많은 사람의 대속물로 주려 함이니라
마 25 : 31-33	인자가 자기 영광으로 모든 천사와 함께 올 때에 자기 영광의 보좌에 앉으리니 모든 민족을 그 앞에 모으고 각각 분별하기를 목자가 양과 염소를 분별하는 것같이 하여 양은 그 오른편에 염소는 왼편에 두리라
계 20 : 11-12	또 내가 크고 흰 보좌와 그 위에 앉으신 자를 보니 땅과 하늘이 그 앞에서 피하여 간데 없더라 또 내가 보니 죽은 자들이 무론 대소하고 그 보좌 앞에 섰는데 책들이 펴 있고 또 다른 책이 펴졌으니 곧 생명책이라 죽은 자들이 자기 행위를 따라 책들에 기록된 대로 심판을 받으니
딤후 4 : 1	하나님 앞과 산 자와 죽은 자를 심판하실 그리스도 예수 앞에서

	그의 나타나실 것과 그의 나라를 두고 엄히 명하노니
고후 5 : 9-10	그런즉 우리는 거하든지 떠나든지 주를 기쁘시게 하는 자되기를 힘쓰노라 이는 우리가 다 반드시 그리스도의 심판대 앞에 드러나 각각 선악간에 그 몸으로 행한 것을 따라 받으려 함이라
롬 14 : 10-12	네가 어찌하여 네 형제를 판단하느뇨 어찌하여 네 형제를 업신여기느뇨 우리가 다 하나님의 심판대 앞에 서리라 기록되었으되 주께서 가라사대 내가 살았노니 모든 무릎이 내게 꿇을 것이요 모든 혀가 하나님께 자백하리라 하였느니라 이러므로 우리 각인이 자기 일을 하나님께 직고하리라
행 17 : 31	이는 정하신 사람으로 하여금 천하를 공의로 심판할 날을 작정하시고 이에 저를 죽은 자 가운데서 다시 살리신 것으로 모든 사람에게 믿을 만한 증거를 주셨음이니라 하니라

2) 만왕의 왕의 자격으로

재림하시는 예수님께서는 만왕의 왕된 자격으로 오시며 모든 사단의 군세(軍勢)를 철장으로 질그릇을 깨부수듯 분쇄하시고(계 19 : 11-16, 17 : 14; 단 7 : 27-28), 천년왕국을 건설하시어 그 통치자가 되신다(계 20 : 4-6).

계 19 : 11-16	또 내가 하늘이 열린 것을 보니 보라 백마와 탄 자가 있으니 그 이름은 충신과 진실이라 그가 공의로 심판하며 싸우더라 그 눈이 불꽃 같고 그 머리에 많은 면류관이 있고 또 이름 쓴 것이 하나가 있으니 자기밖에 아는 자가 없고 또 그가 피 뿌린 옷을 입었는데 그 이름은 하나님의 말씀이라 칭하더라 하늘에 있는 군대들이 희고 깨끗한 세마포를 입고 백마를 타고 그를 따르더라 그의 입에서 이 한 검이 나오니 그것으로 만국을 치겠고 친히 저희를 철장으로 다스리며 또 친히 하나님 곧 전능하신 이의 맹렬한 진노의 포도주 틀을 밟겠고 그 옷과 그 다리에 이름 쓴 것이 있으니 만왕의 왕이요 만주의 주라 하였더라
계 17 : 14	저희가 어린양으로 더불어 싸우려니와 어린양은 만주의 주시요 만왕의 왕이시므로 저희를 이기실 터이요 또 그와 함께 있는 자들 곧 부르심을 입고 빼내심을 얻고 진실한 자들은 이기리로다

단 7 : 27-28	나라와 권세와 온 천하 열국의 위세가 지극히 높으신 자의 성민에게 붙인 바 되리니 그의 나라는 영원한 나라이라 모든 권세 있는 자가 다 그를 섬겨 복종하리라 하여 그 말이 이에 그친지라 나 다니엘은 중심이 번민하였으며 내 낯빛이 변하였으나 내가 이 일을 마음에 감추었느니라
계 20 : 4-6	또 내가 보좌들을 보니 거기 앉은 자들이 있어 심판하는 권세를 받았더라 또 내가 보니 예수의 증거와 하나님의 말씀을 인하여 목 베임을 받은 자의 영혼들과 또 짐승과 그의 우상에게 경배하지도 아니하고 이마와 손에 그의 표를 받지도 아니한 자들이 살아서 그리스도로 더불어 천 년 동안 왕 노릇하니 (그 나머지 죽은 자들은 그 천 년이 차기까지 살지 못하더라) 이는 첫째 부활이라 이 첫째 부활에 참예하는 자들은 복이 있고 거룩하도다 둘째 사망이 그들을 다스리는 권세가 없고 도리어 그들이 하나님과 그리스도의 제사장이 되어 천 년 동안 그리스도로 더불어 왕 노릇하리라

3) 교회의 신랑 자격으로

재림하시는 예수님께서는 영적 신부인 교회(성도)를 영접하기 위해 신랑의 자격으로 오신다(마 25 : 1-6; 사 54 : 5, 61 : 10; 계 21 : 9). 그러므로 신랑되신 그리스도를 영접할 신부된 교회(성도)는 신앙의 정절을 지키면서 언제 오실지 모르는 그리스도를 영접하기 위해 항상 준비하며 기다리고 있어야 한다(마 24 : 31).

마 25 : 1-6	그때에 천국은 마치 등을 들고 신랑을 맞으러 나간 열 처녀와 같다 하리니 그 중에 다섯은 미련하고 다섯은 슬기 있는지라 미련한 자들은 등을 가지되 기름을 가지지 아니하고 슬기 있는 자들은 그릇에 기름을 담아 등과 함께 가져갔더니 신랑이 더디 오므로 다 졸며 잘 새 밤중에 소리가 나되 보라 신랑이로다 맞으러 나오라 하매
사 54 : 5	이는 너를 지으신 자는 네 남편이시라 그 이름은 만군의 여호와시며 네 구속자는 이스라엘의 거룩한 자시라 온 세상의 하나님이라 칭함을 받으실 것이며
사 61 : 10	내가 여호와로 인하여 크게 기뻐하며 내 영혼이 나의 하나님으로

> 인하여 즐거워하리니 이는 그가 구원의 옷으로 내게 입히시며
> 의의 겉옷으로 내게 더하심이 신랑이 사모를 쓰며 신부가 자기
> 보물로 단장함 같게 하셨음이라

계 21 : 9　일곱 대접을 가지고 마지막 일곱 재앙을 담은 일곱 천사 중 하나가
　　　　　나아와서 내게 말하여 가로되 이리오라 내가 신부 곧 어린양의
　　　　　아내를 네게 보이리라 하고

마 24 : 31　저가 큰 나팔 소리와 함께 천사들을 보내리니 저희가 그 택하신
　　　　　자들을 하늘 이 끝에서 저 끝까지 사방에서 모으리라

2. 재림의 모양

1) 인격적인 모양으로

재림하시는 예수님께서는 승천시의 인격적인 모양을 그대로 가지고 오신다(행 1 : 11, 3 : 20-21; 마 24 : 44; 고전 15 : 23; 빌 3 : 20; 골 3 : 4; 살전 2 : 19, 3 : 13, 4 : 15-17; 딤후 4 : 8; 딛 2 : 13).

행 1 : 11　　가로되 갈릴리 사람들아 어찌하여 서서 하늘을 쳐다보느냐 너희
　　　　　　가운데서 하늘로 올리우신 이 예수는 하늘로 가심을 본 그대로
　　　　　　오시리라 하였느니라

행 3 : 20-21　또 주께서 너희를 위하여 예정하신 그리스도 곧 예수를 보내시리니
　　　　　　하나님이 영원 전부터 거룩한 선지자의 입을 의탁하여 말씀하신
　　　　　　바 만유를 회복하실 때까지는 하늘이 마땅히 그를 받아 두리라

마 24 : 44　이러므로 너희도 예비하고 있으라 생각지 않은 때에 인자가 오리라

고전 15 : 23　그러나 각각 자기 차례대로 되리니 먼저는 첫 열매인 그리스도요
　　　　　　다음에는 그리스도 강림하실 때에 그에게 붙은 자요

빌 3 : 20　오직 우리의 시민권은 하늘에 있는지라 거기로서 구원하는 자
　　　　　곧 주 예수 그리스도를 기다리노니

골 3 : 4　우리 생명이신 그리스도께서 나타나실 그때에 너희도 그와 함께
　　　　　영광 중에 나타나리라

살전 2 : 19　우리의 소망이나 기쁨이나 자랑의 면류관이 무엇이냐 그의 강림하실
　　　　　때 우리 주 예수 앞에 너희가 아니냐

살전 3 : 13　너희 마음을 굳게 하시고 우리 주 예수께서 그의 모든 성도와 함께

강림하실 때에 하나님 우리 아버지 앞에서 거룩함에 흠이 없게
하시기를 원하노라

살전 4 : 15-17　우리가 주의 말씀으로 너희에게 이것을 말하노니 주 강림하실
때까지 우리 살아남아 있는 자도 자는 자보다 결단코 앞서지
못하리라 주께서 호령과 천사장의 소리와 하나님의 나팔로 친히
하늘로 좇아 강림하시리니 그리스도 안에서 죽은 자들이 먼저
일어나고 그 후에 우리 살아남은 자도 저희와 함께 구름 속으로
끌어올려 공중에서 주를 영접하게 하시리니 그리하여 우리가 항상
주와 함께 있으리라

딤후 4 : 8　이제 후로는 나를 위하여 의의 면류관이 예비되었으므로 주 곧
의로우신 재판장이 그날에 내게 주실 것이니 내게만 아니라 주의
나타나심을 사모하는 모든 자에게니라

딛 2 : 13　복스러운 소망과 우리의 크신 하나님 구주 예수 그리스도의 영광이
나타나심을 기다리게 하셨으니

2) 신체적 모양으로

재림하시는 예수님께서는 승천 때의 몸 그대로 오시되 피 뿌린 옷을 입으시고
오신다(히 9 : 28; 계 19 : 13). 이 피 뿌린 옷은 곧 영원한 대제사장의 옷이다(레
8 : 30). 예수님께서는 제사장도 되시고(승천 후 하늘나라 지성소에서 제사장으로
서 우리를 위하여 도고하심), 선지자도 되시고(세상에 33년 간 계실 때에 천국
복음과 하나님의 말씀을 선포하심), 만왕의 왕도 되신다(재림 때는 왕 중의 왕으
로 군림하시어 만국을 통일하시고 천년왕국을 다스리심).

히 9 : 28　이와 같이 그리스도도 많은 사람의 죄를 담당하시려고 단번에
드리신 바 되셨고 구원에 이르게 하기 위하여 죄와 상관없이 자기를
바라는 자들에게 두 번째 나타나시리라

계 19 : 13　또 그가 피 뿌린 옷을 입었는데 그 이름은 하나님의 말씀이라
칭하더라

레 8 : 30　모세가 관유와 단 위의 피를 취하여 아론과 그 옷과 그 아들들과
그 아들들의 옷에 뿌려서 아론과 그 옷과 그 아들들과 그 아들들의
옷을 거룩하게 하고

3) 만민이 볼 수 있는 모양으로

재림하시는 예수님께서는 모든 사람이 눈으로 볼 수 있는 가견적(可見的)인 모양으로 오신다(계 1 : 7; 마 24 : 27; 눅 24 : 30-31; 막 13 : 26; 히 9 : 28; 눅 21 : 27; 행 1 : 11; 골 3 : 4; 딛 2 : 13).

계 1 : 7	볼지어다 구름을 타고 오시리라 각인의 눈이 그를 보겠고 그를 찌른 자들도 볼 터이요 땅에 있는 모든 족속이 그를 인하여 애곡하리니 그러하리라 아멘
마 24 : 27	번개가 동편에서 나서 서편까지 번쩍임같이 인자의 임함도 그러하리라
눅 24 : 30-31	저희와 함께 음식 잡수실 때에 떡을 가지사 축사하시고 떼어 저희에게 주시매 저희 눈이 밝아져 그인줄 알아보더니 예수는 저희에게 보이지 아니하시는지라
막 13 : 26	그때에 인자가 구름을 타고 큰 권능과 영광으로 오는 것을 사람들이 보리라
히 9 : 28	이와 같이 그리스도도 많은 사람의 죄를 담당하시려고 단번에 드리신 바 되셨고 구원에 이르게 하기 위하여 죄와 상관 없이 자기를 바라는 자들에게 두 번째 나타나시리라
눅 21 : 27	그때에 사람들이 인자가 구름을 타고 능력과 큰 영광으로 오는 것을 보리라
행 1 : 11	가로되 갈릴리 사람들아 어찌하여 서서 하늘을 쳐다보느냐 너희 가운데서 하늘로 올리우신 이 예수는 하늘로 가심을 본 그대로 오시리라 하였느니라
골 3 : 4	우리 생명이신 그리스도께서 나타나실 그때에 너희도 그와 함께 영광 중에 나타나리라
딛 2 : 13	복스러운 소망과 우리의 크신 하나님 구주 예수 그리스도의 영광이 나타나심을 기다리게 하셨으니

4) 영광된 모양으로

초림 때의 예수님께서는 가난하고 연약한 모양으로 오셨으나 재림 때의 예수님께서는 승리와 영광의 모양으로 오신다(마 24 : 30). 재림하시는 예수님께서는 사망과 음부의 열쇠를 가지시고(계 1 : 18) 구름을 타시고(계 1 : 7; 마 24 : 30) 천군 천사의 호위를 받으시며 권세와 위엄 있게 오신다(살후 1 : 10; 계 19 : 14). 그리고 그분은 흰 말을 타시고(계 19 : 11) 영화로우신 모양으로(마 16 : 27; 계 1 : 13-16) 모든 성도들을 함께 데리고 오신다(살전 3 : 13). 이때에 그분이 함께 데리고 오시는 성도들은 예수님의 공중 재림시에 죽음에서 부활한 성도들과 지상의 생존자들 중에 변화 휴거되었던 성도들로서 7년 간(지상 환난 중) 공중에서 예수님과 같이 있다가 그분을 따라 재림하는 성도들이다. 초림의 예수님(그리스도)은 인자(人子, 사람)로 오신 고로 삼위일체 하나님으로서 지니신 그 영광과 영화를 벗으시고 오셨으나(빌 2 : 6-7), 그분이 다시 오실 때에는 하나님으로, 만 왕의 왕으로, 우주의 통치자로 오시기 때문에 아버지의 영광에다 자기의 영광을 더하여 영광이 충만한 중에 영화스러운 모양으로 오시는 것이다(계 1 : 13-16).

마 24 : 30	그때에 인자의 징조가 하늘에서 보이겠고 그때에 땅의 모든 족속들이 통곡하여 그들이 인자가 구름을 타고 능력과 큰 영광으로 오는 것을 보리라
계 1 : 18	곧 산 자라 내가 전에 죽었었노라 볼지어다 이제 세세토록 살아 있어 사망과 음부의 열쇠를 가졌노니
계 1 : 7	볼지어다 구름을 타고 오시리라 각인의 눈이 그를 보겠고 그를 찌른 자들도 볼터이요 땅에 있는 모든 족속이 그를 인하여 애곡하리니 그러하리라 아멘
살후 1 : 10	그날에 강림하사 그의 성도들에게서 영광을 얻으시고 모든 믿는 자에게서 기이히 여김을 얻으시리라(우리의 증거가 너희에게 믿어졌음이라)
계 19 : 14	하늘에 있는 군대들이 희고 깨끗한 세마포를 입고 백마를 타고 그를 따르더라
계 19 : 11	또 내가 하늘이 열린 것을 보니 보라 백마와 탄 자가 있으니 그 이름은 충신과 진실이라 그가 공의로 심판하며 싸우더라
마 16 : 27	인자가 아버지의 영광으로 그 천사들과 함께 오리니 그때에 각 사람의 행한 대로 갚으리라
살전 3 : 13	너희 마음을 굳게 하시고 우리 주 예수께서 그의 모든 성도와 함께

	강림하실 때에 하나님 우리 아버지 앞에서 거룩함에 흠이 없게 하시기를 원하노라
계 1 : 13-16	촛대 사이에 인자 같은 이가 발에 끌리는 옷을 입고 가슴에 금띠를 띠고 그 머리와 털의 희기가 흰 양털 같고 눈 같으며 그의 눈은 불꽃 같고 그의 발은 풀무에 단련한 빛난 주석 같고 그의 음성은 많은 물소리와 같으며 그 오른손에 일곱 별이 있고 그 입에서 좌우에 날선 검이 나오고 그 얼굴은 해가 힘있게 비취는 것 같더라
빌 2 : 6-7	그는 근본 하나님의 본체시나 하나님과 동등됨을 취할 것으로 여기지 아니하시고 오히려 자기를 비어 종의 형체를 가져 사람들과 같이 되었고

Ⅷ. 재림의 목적

예수 그리스도께서 재림하시는 목적은 성도들에게 영원한 내세를 열어 주시려 함인데 이 목적은 사단과 악한 세력들을 멸하고 죽은 자의 부활과 천년왕국 건설, 최종 심판 등의 대업을 완수하심으로써 달성케 될 것이다. 예수님의 공중 재림과 지상 재림의 목적은 다음과 같다.

1. 공중 재림의 목적

예수님께서는 지상(地上)에서 천년왕국 전에 있을, 7년 대환난이 시작되기 직전에 우선 공중에 재림하시는데(살전 4 : 17) 그 목적은 다음과 같다.

| 살전 4 : 17 | 그 후에 우리 살아남은 자도 저희와 함께 구름 속으로 끌어올려 공중에서 주를 영접하게 하시리니 그리하여 우리가 항상 주와 함께 있으리라 |

1) 성도의 휴거

주님의 공중 재림의 목적은 앞서간 성도들과 지상에 생존 성도들, 즉 그분의 피로 사서 세우신 교회를 공중으로 데려가시기 위함이다(살전 4 : 16-17). 이때 휴거되는 성도는 썩지 아니할 영광스런 몸으로 변화되어 생존한 채로 공중으로 들려 올라가 주님의 영광에 동참하게 된다(고전 15 : 51-53; 살전 4 : 17). 그러나 성경은 교인들 중에도 마지막 날에 휴거될 자와 휴거되지 못할 자가 있을 것을 암시하고 있다(마 24 : 40, 44, 25 : 8).

살전 4 : 16-17	주께서 호령과 천사장의 소리와 하나님의 나팔로 친히 하늘로 좇아 강림하시리니 그리스도 안에서 죽은 자들이 먼저 일어나고 그 후에 우리 살아남은 자도 저희와 함께 구름 속으로 끌어올려 공중에서 주를 영접하게 하시리니 그리하여 우리가 항상 주와 함께 있으리라
고전 15 : 51-53	보라 내가 너희에게 비밀을 말하노니 우리가 다 잠잘 것이 아니요 마지막 나팔에 순식간에 홀연히 다 변화하리니 나팔 소리가 나매 죽은 자들이 썩지 아니할 것으로 다시 살고 우리도 변화하리라 이 썩을 것이 불가불 썩지 아니할 것을 입겠고 이 죽을 것이 죽지 아니함을 입으리로다
마 24 : 40	그때에 두 사람이 밭에 있으매 하나는 데려감을 당하고 하나는 버려둠을 당할 것이요
마 24 : 44	이러므로 너희도 예비하고 있으라 생각지 않은 때에 인자가 오리라
마 25 : 8	미련한 자들이 슬기 있는 자들에게 이르되 우리 등불이 꺼져 가니 너희 기름을 좀 나눠 달라 하거늘

2) 어린양의 혼인 잔치

주님의 공중 재림의 또 다른 목적은 휴거된 성도들과 더불어 어린양 혼인 잔치를 베풀기 위함이다(마 22 : 1-3, 25 : 1-3; 눅 14 : 16-17). 일찌기 예수님께서는 친히 자신을 신랑으로 나타내셨고(막 2 : 19), 사도 바울은 신자를 그리스도에게 약혼시킨다고 한 말대로(고후 11 : 2) 지상의 교회가 들리움을 받는 날 공중에서 주님을 맞이하여 엄숙한 공중 혼연을 가지게 되는 것이다. 이는 그리스도와 교회(성도)가 영원히 결합하는 거룩하고 영광스런 성대한 혼례식이 될 것이다(계 19 : 7). 공중에서의 어린양의 혼인 잔치는 교회와 주님과의 상봉 및 고금 성도(古今聖徒)의 재회(再會)로 인하여 만국 성도가 넘치는 기쁨과 희락 안에서 자리를 같이하고 진정한 성도의 교제를 나누는 기회가 될 것이다(살전 4 : 13-14, 17-18).

마 22 : 1-3	예수께서 다시 비유로 대답하여 가라사대 천국은 마치 자기 아들을 위하여 혼인 잔치를 베푼 어떤 임금과 같으니 그 종들을 보내어 그 청한 사람들을 혼인 잔치에 오라 하였더니 오기를 싫어하거늘
마 25 : 1-3	그때에 천국은 마치 등을 들고 신랑을 맞으러 나간 열 처녀와 같다 하리니 그 중에 다섯은 미련하고 다섯은 슬기 있는지라 미련한 자들은 등을 가지되 기름을 가지지 아니하고
눅 14 : 16-17	이르시되 어떤 사람이 큰 잔치를 배설하고 많은 사람을 청하였더니 잔치할 시간에 그 청하였던 자들에게 종을 보내어 가로되 오소서 모든 것이 준비되었나이다 하매
막 2 : 19	예수께서 저희에게 이르시되 혼인집 손님들이 신랑과 함께 있을 때에 금식할 수 있느냐 신랑과 함께 있을 동안에는 금식할 수 없나니
고후 11 : 2	내가 하나님의 열심으로 너희를 위하여 열심 내노니 내가 너희를 정결한 처녀로 한 남편인 그리스도께 드리려고 중매함이로다
계 19 : 7	우리가 즐거워하고 크게 기뻐하여 그에게 영광을 돌리세 어린양의 혼인 기약이 이르렀고 그 아내가 예비하였으니
살전 4 : 13-14	형제들아 자는 자들에 관하여는 너희가 알지 못함을 우리가 원치 아니하노니 이는 소망 없는 다른 이와 같이 슬퍼하지 않게 하려 함이라 우리가 예수의 죽었다가 다시 사심을 믿을진대 이와 같이 예수 안에서 자는 자들도 하나님이 저와 함께 데리고 오시리라
살전 4 : 17-18	그 후에 우리 살아남은 자도 저희와 함께 구름 속으로 끌어올려 공중에서 주를 영접하게 하시리니 그리하여 우리가 항상 주와 함께 있으리라 그러므로 이 여러 말로 서로 위로하라

3) 성도의 부활

성경은 주님께서 공중에 재림하심으로 "그리스도 안에서 죽은 자들이 먼저 일어나게 된다"라고 하였다(살전 4 : 16). 이는 천년왕국 이전에 있을 성도의 부활로서 첫째 부활이라고 불리운다(계 20 : 6; 고전 15 : 52).

성도의 부활은 악인의 부활보다 천 년의 시간차로 앞서 있게 된다(계 20 : 4-6). 그러나 성도의 부활은 영광과 생명과 축복의 부활이지만(계 20 : 5-6; 고전 15 : 20-23; 살전 4 : 16; 요 5 : 29) 악인의 부활은 심판과 형벌의 부활이다(계 20 : 12-15, 20 : 5-6; 요 5 : 29). 그러기에 의인의 부활과 천년의 시간차를 두고 두 번째 있는 악인(불신자)의 부활을 결코 둘째 부활이라 부르지 않고 둘째 사망이라 하였다(계 20 : 6). 그 이유는 부활은 생명을 뜻하고 생명은 하나님과의 연결에서만 있을 수 있기 때문이다. 하나님을 떠난 생은 곧 살았으나 죽은 것이다.

첫째 부활에 참여하는 자의 복은 ① 둘째 사망에서 면제되는 것(계 20 : 6)과 ② 하나님과 그리스도를 위하여 제사장이 되는 것이며(계 1 : 6, 5 : 10) ③ 그리스도와 더불어 왕 노릇하는 것이다(계 20 : 6).

살전 4 : 16   주께서 호령과 천사장의 소리와 하나님의 나팔로 친히 하늘로 좇아 강림하시리니 그리스도 안에서 죽은 자들이 먼저 일어나고

고전 15 : 52   나팔 소리가 나매 죽은 자들이 썩지 아니할 것으로 다시 살고 우리도 변화하리라

계 20 : 4-6   또 내가 보좌들을 보니 거기 앉은 자들이 있어 심판하는 권세를 받았더라 또 내가 보니 예수의 증거와 하나님의 말씀을 인하여 목 베임을 받은 자의 영혼들과 또 짐승과 그의 우상에게 경배하지도 아니하고 이마와 손에 그의 표를 받지도 아니한 자들이 살아서 그리스도로 더불어 천 년 동안 왕 노릇하니 (그 나머지 죽은 자들은 그 천 년이 차기까지 살지 못하더라) 이는 첫째 부활이라 이 첫째 부활에 참예하는 자들은 복이 있고 거룩하도다 둘째 사망이 그들을 다스리는 권세가 없고 도리어 그들이 하나님과 그리스도의 제사장이 되어 천 년 동안 그리스도로 더불어 왕 노릇하리라

고전 15 : 20-23   그러나 이제 그리스도께서 죽은 자 가운데서 다시 살아 잠자는 자들의 첫 열매가 되셨도다 사망이 사람으로 말미암았으니 죽은 자의 부활도 사람으로 말미암는 도다 아담 안에서 모든 사람이 죽은 것같이 그리스도 안에서 모든 사람이 삶을 얻으리라 그러나 각각 자기 차례대로 되리니 먼저는 첫 열매인 그리스도요 다음은 그리스도 강림하실 때에 그에게 붙은 자요

요 5 : 29   선한 일을 행한 자는 생명의 부활로 악한 일을 행한 자는 심판의 부활로 나오리라

계 20 : 12-15   또 내가 보니 죽은 자들이 무론대소하고 그 보좌 앞에 섰는데 책들이 펴 있고 또 다른 책이 펴졌으니 곧 생명책이라 죽은 자들이 자기 행위를 따라 책들에 기록된 대로 심판을 받으니 바다가 그 가운데서

죽은 자들을 내어주고 또 사망과 음부도 그 가운데서 죽은 자들을
내어주매 각 사람이 자기의 행위대로 심판을 받고 사망과 음부도
불못에 던지우니 이것은 둘째 사망 곧 불못이라 누구든지 생명책에
기록되지 못한 자는 불못에 던지우더라

계 1 : 6 　　그 아버지 하나님을 위하여 우리를 나라와 제사장으로 삼으신
　　　　　　그에게 영광과 능력이 세세토록 있기를 원하노라 아멘

계 5 : 10 　 저희로 우리 하나님 앞에서 나라와 제사장을 삼으셨으니 저희가
　　　　　　땅에서 왕 노릇하리로다

2. 지상 재림의 목적

예수님 지상 재림의 목적은 공중 재림의 목적과는 상이하다. 이를 설명하면 다음과 같다.

1) 주님 자신과 그 백성을 나타내 보여 주기 위함

예수 그리스도께서는 부활 승천하신 후 지금까지 거의 2000년 동안이나 사람들의 눈에서 보이지 않게 계신다. 그것은 과거에는 예수 그리스도께서 인간들 가운데 계셨으며 그분에게 속한 사람들이 그분을 직접 보기도 했지만(요 1 : 14; 요일 1 : 1-4) 그러나 지금은 천상의 성막에 계시며 성부 하나님의 지성소(至聖所)에서 대제사장으로 역사하시고 계시기 때문이다.

그러나 예수 그리스도께서는 다시 오신다(히 9 : 24-28). 그분은 천사의 무리와 구속함을 받은 무리와 함께 오시는데 그때에 각인(各人)의 눈이 그분을 보게 된다(계 1 : 7 참조). 이스라엘만이 그분을 보는 것은 아니다(슥 12 : 10,14 : 4-5). 그리고 그분의 백성 또한 그날에 예수 그리스도와 함께 나타날 것이니(골 3 : 4) 그것은 곧 그분의 백성과 함께 한 그리스도의 영광스런 현현(顯現)이며 그분을 따르는 성도들 역시 영광스럽게 될 것이다. 왜냐하면 성도들은 그리스도께서 오실 때에 그분과 같이 될 것이기 때문이다(요일 3 : 2).

요 1 : 14 　　말씀이 육신이 되어 우리 가운데 거하시매 우리가 그 영광을 보니
　　　　　　아버지의 독생자의 영광이요 은혜와 진리가 충만하더라

요일 1 : 1-4　　태초부터 있는 생명의 말씀에 관하여는 우리가 들은 바요 눈으로
　　　　　　　본 바요 주목하고 우리 손으로 만진 바라 이 생명이 나타내신 바
　　　　　　　된지라 이 영원한 생명을 우리가 보았고 증거하여 너희에게
　　　　　　　전하노니 아버지와 함께 계시다가 우리에게 나타내신 바 된 자니라
　　　　　　　우리가 보고 들은 바를 너희에게도 전함은 너희로 우리와 사귐이
　　　　　　　있게 하려 함이니 우리의 사귐은 아버지와 그 아들 예수 그리스도와
　　　　　　　함께 함이라 이것을 씀은 우리의 기쁨이 충만케 하려 함이로라

히 9 : 24-28　　그리스도께서는 참것의 그림자인 손으로 만든 성소에 들어가지
　　　　　　　아니하시고 오직 참하늘에 들어가사 이제 우리를 위하여 하나님
　　　　　　　앞에 나타나시고 대제사장이 해마다 다른 것의 피로써 성소에
　　　　　　　들어가는 것같이 자주 자기를 드리려고 아니하실지니 그리하면
　　　　　　　그가 세상을 창조할 때부터 자주 고난을 받았어야 할 것이로되
　　　　　　　이제 자기를 단번에 제사로 드려 죄를 없게 하시려고 세상 끝에
　　　　　　　나타나셨느니라 한번 죽는 것은 사람에게 정하신 것이요 그 후에는
　　　　　　　심판이 있으리니 이와 같이 그리스도도 많은 사람의 죄를
　　　　　　　담당하시려고 단번에 드리신 바 되셨고 구원에 이르게 하기 위하여
　　　　　　　죄와 상관없이 자기를 바라는 자들에게 두 번째 나타나시리라

슥 12 : 10　　내가 다윗의 집과 예루살렘 거민에게 은총과 간구하는 심령을
　　　　　　　부어 주리니 그들이 그 찌른 바 그를 바라보고 그를 위하여
　　　　　　　애통하기를 독자를 위하여 애통하듯 하며 그를 위하여 통곡하기를
　　　　　　　장자를 위하여 통곡하듯 하리로다

슥 14 : 4-5　　그날에 그의 발이 예루살렘 앞 곧 동편 감람산에서 서실 것이요
　　　　　　　감람산은 그 한가운데가 동서로 갈라져 매우 큰 골짜기가 되어서
　　　　　　　산 절반은 북으로 절반은 남으로 옮기고 그 산골짜기는 아셀까지
　　　　　　　미칠지라 너희가 그의 산골짜기로 도망하되 유다 왕 웃시야 때에
　　　　　　　지진을 피하여 도망하던 것같이 하리라 나의 하나님 여호와께서
　　　　　　　임하실 것이요 모든 거룩한 자가 주와 함께 하리라

골 3 : 4　　우리 생명이신 그리스도께서 나타나실 그때에 너희도 그와 함께
　　　　　　　영광 중에 나타나리라

요일 3 : 2　　사랑하는 자들아 우리가 지금은 하나님의 자녀라 장래에 어떻게
　　　　　　　될 것은 아직 나타나지 아니하였으나 그가 나타내심이 되면 우리가
　　　　　　　그와 같을 줄을 아는 것은 그의 계신 그대로 볼 것을 인함이니

2) 악한 세력을 박멸하기 위함

주님께서 지상에 재림하시는 목적은 짐승과 땅의 임금들과 거짓 선지자 및 그들의 군사(軍士)를 박멸하기 위함이다.

세상 종말에는 그리스도의 지상 재림 전, 창세 이래 전무한 대환난이 있으며 (단 12 : 1; 마 24 : 21,29; 눅 21 : 34-36; 사 26 : 20-21,24 : 16-21 참조; 렘 30 : 4-7; 겔 20 : 33-38), 그 환난이 막바지에 이르게 되면 용과 짐승과 거짓 선지자에게서 나온 영들이 전쟁을 벌리기 위하여 땅의 모든 임금들을 아마겟돈으로 모으게 되는데(계 16 : 12-16) 그들의 승리가 곧 눈앞에 떨어지는 것 같은 결정적 순간에 그리스도께서 군대를 이끄시고 하늘로부터 강림하신다(계 19 : 11-16). 그때 원수의 군대들이 일제히 일어나 하나님의 아들 그리스도의 군대를 향해 싸우게 되지만 전투 기간은 삽시간이며 결과는 그리스도의 승리로 끝나고 만다. 마침내 전쟁을 주동하던 짐승과 거짓 선지자들은 붙잡혀 불못에 던지움을 당하고(시 2 : 3-6; 살후 2 : 8; 계 19 : 19-20) 그들의 군사들은 그리스도의 입에서부터 나오는 칼에 죽임을 당한다(계 19 : 21; 살후 1 : 7-10).

이리하여 그리스도와 그분의 왕국에 저항하던 정치적 반항 세력은 분쇄되고 그리스도의 왕국이 세워지며, 새로운 통치가 시작되는 대관식을 위한 길이 마련된다.

단 12 : 1 　그때에 네 민족을 호위하는 대군 미가엘이 일어날 것이요 또 환난이 있으리니 이는 개국 이래로 그때까지 없던 환난일 것이며 그때에 네 백성 중 무릇 책에 기록된 모든 자가 구원을 얻을 것이라

마 24 : 21 　이는 그때에 큰 환난이 있겠음이라 창세로부터 지금까지 이런 환난이 없었고 후에도 없으리라

마 24 : 29 　그날 환난 후에 즉시 해가 어두워지며 달이 빛을 내지 아니하며 별들이 하늘에서 떨어지며 하늘의 권능들이 흔들리리라

눅 21 : 34-36 　너희는 스스로 조심하라 그렇지 않으면 방탕함과 술 취함과 생활의 염려로 마음이 둔하여지고 뜻밖에 그날이 덫과 같이 너희에게 임하리라 이날은 온 지구상에 거하는 모든 사람에게 임하리라 이러므로 너희는 장차 올 이 모든 일을 능히 피하고 인자 앞에 서도록 항상 기도하며 깨어 있으라 하시니라

사 26 : 20-21 　내 백성아 갈지어다 네 밀실에 들어가서 네 문을 닫고 분노가

지나기까지 잠간 숨을지어다 보라 여호와께서 그 처소에서 나오사 땅의 거민의 죄악을 벌하실 것이라 땅이 그 위에 잦았던 피를 드러내고 그 살해당한 자를 다시는 가리우지 아니하리라

렘 30 : 4-7　여호와께서 이스라엘과 유다에 대하여 하신 말씀이 이러하니라 여호와께서 이같이 말씀하시되 우리가 떨리는 소리를 들으니 두려움이요 평안함이 아니로다 너희는 자식을 해산하는 남자가 있는가 물어 보라 남자마다 해산하는 여인같이 손으로 각기 허리를 짚고 그 얼굴빛이 창백하여 보임은 어찜이뇨 슬프다 그날이여 비할 데 없이 크니 이는 야곱의 환난의 때가 됨이로다마는 그가 이에서 구하여 냄을 얻으리로다

겔 20 : 33-38　나 주 여호와가 말하노라 내가 나의 삶을 두고 맹세하노니 내가 능한 손과 편 팔로 분노를 쏟아 너희를 단정코 다스릴지라 능한 손과 편 팔로 분노를 쏟아 너희를 열국 중에서 나오게 하며 너희의 흩어진 열방 중에서 모아 내고 너희를 인도하여 열국 광야에 이르러 거기서 너희를 대면하여 국문하되 내가 애굽 땅 광야에서 너희 열조를 국문한 것같이 너희를 국문하리라 나 주 여호와의 말이니라 내가 너희를 막대기 아래로 지나게 하며 언약의 줄로 매려니와 너희 가운데서 패역한 자와 내게 범죄한 자를 모두 제하여 버릴지라 그들을 그 우거하던 땅에서는 나오게 하여도 이스라엘 땅에는 들어가지 못하게 하리니 너희가 나를 여호와인줄 알리라

계 16 : 12-16　또 여섯째가 그 대접을 큰 강 유브라데에 쏟으매 강물이 말라서 동방에서 오는 왕들의 길이 예비되더라 또 내가 보매 개구리 같은 세 더러운 영이 용의 입과 짐승의 입과 거짓 선지자의 입에서 나오니 저희는 귀신의 영이라 이적을 행하여 온 천하 임금들에게 가서 하나님 곧 전능하신 이의 큰 날에 전쟁을 위하여 그들을 모으더라 보라 내가 도적같이 오리니 누구든지 깨어 자기 옷을 지켜 벌거벗고 다니지 아니하며 자기의 부끄러움을 보이지 아니하는 자가 복이 있도다 세 영이 히브리 음으로 아마겟돈이라 하는 곳으로 왕들을 모으더라

계 19 : 11-16　또 내가 하늘이 열린 것을 보니 보라 백마와 탄 자가 있으니 그 이름은 충신과 진실이라 그가 공의로 심판하며 싸우더라 그 눈이 불꽃 같고 그 머리에 많은 면류관이 있고 또 이름 쓴 것이 하나가

있으니 자기밖에 아는 자가 없고 또 그가 피 뿌린 옷을 입었는데
그 이름은 하나님의 말씀이라 칭하더라 하늘에 있는 군대들이
희고 깨끗한 세마포를 입고 백마를 타고 그를 따르더라 그의 입에서
이한 검이 나오니 그것으로 만국을 치겠고 친히 저희를 철장으로
다스리며 또 친히 하나님 곧 전능하신 이의 맹렬한 진노의 포도주
틀을 밟겠고 그 옷과 그 다리에 이름 쓴 것이 있으니 만왕의 왕이요
만주의 주라 하였더라

시 2 : 3-6　우리가 그 맨 것을 끊고 그 결박을 벗어 버리자 하도다 하늘에 계신
자가 웃으심이여 주께서 저희를 비웃으시리로다 그때에 분을 발하며
진노하사 저희를 놀래어 이르시기를 내가 나의 왕을 내 거룩한
산 시온에 세웠다 하시리로다

살후 2 : 8　그때에 불법한 자가 나타나리니 주 예수께서 그 입의 기운으로
저를 죽이시고 강림하여 나타나심으로 폐하시리라

계 19 : 19-20　또 내가 보매 그 짐승과 땅의 임금들과 그 군대들이 모여 그 말
탄 자와 그의 군대로 더불어 전쟁을 일으키다가 짐승이 잡히고
그 앞에서 이적을 행하던 거짓 선지자도 함께 잡혔으니 이는 짐승의
표를 받고 그의 우상에게 경배하던 자들을 이적으로 미혹하던
자라 이 둘이 산 채로 유황불 붙는 못에 던지우고

계 19 : 21　그 나머지는 말 탄 자의 입으로 나오는 검에 죽으매 모든 새가
그 고기로 배불리우더라

살후 1 : 7-10　환난받는 너희에게는 우리와 함께 안식으로 갚으시는 것이 하나님의
공의시니 주 예수께서 저의 능력의 천사들과 함께 하늘로부터
불꽃 중에 나타나실 때에 하나님을 모르는 자들과 우리 주 예수의
복음을 복종치 않는 자들에게 형벌을 주시리니 이런 자들이 주의
얼굴과 그의 힘의 영광을 떠나 영원한 멸망의 형벌을 받으리로다
그날에 강림하사 그의 성도들에게서 영광을 얻으시고 모든 믿는
자에게서 기이히 여김을 얻으시리라(우리의 증거가 너희에게 믿어
졌음이라)

3) 사단을 결박하기 위함

마귀의 삼자일체(三者一體) 중 짐승과 거짓 선지자는 이미 영원한 멸망으로 들

어갔으나(계 19 : 20), 그 우두머리인 사단은 쉽사리 망하지 않는다. 그는 먼저 그리스도에게 결박되어 천 년 간 임시로 무저갱에 갇히고(계 20 : 1-3), 그 후에 잠시 놓여 최후의 반항을 한 후(계 20 : 7-8), 영원한 그의 감옥인 유황 불못에 들어가 세세토록 밤낮없이 무서운 고통을 당하게 된다(계 20 : 10).

계 19 : 20	짐승이 잡히고 그 앞에서 이적을 행하던 거짓 선지자도 함께 잡혔으니 이는 짐승의 표를 받고 그의 우상에게 경배하던 자들을 이적으로 미혹하던 자라 이 둘이 산 채로 유황불 붙는 못에 던지우고
계 20 : 1-3	또 내가 보매 천사가 무저갱 열쇠와 큰 쇠사슬을 그 손에 가지고 하늘로서 내려와서 용을 잡으니 곧 옛 뱀이요 마귀요 사단이라 잡아 일천 년 동안 결박하여 무저갱에 던져 잠그고 그 위에 인봉하여 천년이 차도록 다시는 만국을 미혹하지 못하게 하였다가 그 후에는 반드시 잠간 놓이리라
계 20 : 7-8	천 년이 차매 사단이 그 옥에서 놓여 나와서 땅의 사방 백성 곧 곡과 마곡을 미혹하고 모아 싸움을 붙이리니 그 수가 바다 모래 같으리라
계 20 : 10	또 저희를 미혹하는 마귀가 불과 유황못에 던지우니 거기는 그 짐승과 거짓 선지자도 있어 세세토록 밤낮 괴로움을 받으리라

4) 이스라엘을 구원하기 위함

성경은 이스라엘 백성이 재림하시는 예수님을 바라보게 될 때 자기들의 불신앙과 죄악을 뉘우치고 애통하며 회개함으로써 구원을 얻게 될 것이라고 예언하고 있다(슥 12 : 10; 이하참조 계 1 : 7).

사도 바울도 선언하기를 하나님께서는 "지금까지 자기 백성(이스라엘, 택한 백성, 삼상 12 : 22; 시 94 : 14; 신 31 : 6; 왕상 6 : 13 참조)을 버리지 아니하셨다"라는 것과(롬 11 : 1) "이제도(영원한 이제) 은혜로 택하심을 따라(하나님의 은혜로 택하심을 입은) 남은 자가 있다"라고(롬 11 : 5) 하였다. 그리고 "이방인의 충만한 수가 돌아온 후에 모든 이스라엘이 구원을 얻을 것이라"고 하였다(롬 11 : 25-26 참조). 구약에 예언된 바에 의하면 그리스도께서 오실 때에 그분은 먼저 이스라엘을 지상의 원수들로부터 구해내실 것이라 하였으며(슥 14 : 1-4; 렘 30 : 7), 재림하시는 그리스도께서는 모든 이스라엘을 재 소집해서 이스라엘의 집과 유다의 집을 재건케 하신다고 하였다(렘 33 : 14-22 참조; 사 11 : 11-14; 겔 37 : 18-25 참조).

그리고 그리스도께서는 이스라엘을 구원하시고 그들과 새 언약을 맺을 것이라고 하셨다(사 66 : 8-9; 렘 31 : 31-34, 31 : 35-37; 히 8 : 8-12; 슥 12 : 10). 그러나 이 구원은 이스라엘 중에서 반역자들을 일소하고 난 후에 그 살아남아 있는 이스라엘에게 단지 적용될 뿐이다(겔 20 : 37-38; 사 6 : 11-13).

슥 12 : 10   내가 다윗의 집과 예루살렘 거민에게 은총과 간구하는 심령을 부어 주리니 그들이 그 찌른 바 그를 바라보고 그를 위하여 애통하기를 독자를 위하여 애통하듯 하며 그를 위하여 통곡하기를 장자를 위하여 통곡하듯 하리로다

계 1 : 7   볼지어다 구름을 타고 오시리라 각인의 눈이 그를 보겠고 그를 찌른 자들도 볼 터이요 땅에 있는 모든 족속이 그를 인하여 애곡하리니 그리하리라 아멘

슥 14 : 1-4   여호와의 날이 이르리라 그날에 네 재물이 약탈되어 너의 중에서 나누이리라 내가 열국을 모아 예루살렘과 싸우게 하리니 성읍이 함락되며 가옥이 약탈되며 부녀가 욕을 보며 성읍 백성이 절반이나 사로잡혀 가려니와 남은 백성은 성읍에서 끊쳐지지 아니하리라 그때에 여호와께서 나가서 그 열국을 치시되 이왕 전쟁 날에 싸운 것같이 하시리라 그날에 그의 발이 예루살렘 앞 곧 동편 감람산에 서실 것이요 감람산은 그 한가운데가 동서로 갈라져 매우 큰 골짜기가 되어서 산 절반은 북으로 절반은 남으로 옮기고

렘 30 : 7   슬프다 그날이여 비할 데 없이 크니 이는 야곱의 환난의 때가 됨이로다마는 그가 이에서 구하여 냄을 얻으리로다

사 11 : 11-14   그날에 주께서 다시 손을 펴사 그 남은 백성을 앗수르와 애굽과 바드로스와 구스와 엘람과 시날과 하맛과 바다 섬들에서 돌아오게 하실 것이라 여호와께서 열방을 향하여 기호를 세우시고 이스라엘의 쫓긴 자를 모으시며 땅 사방에서 유다의 이산한 자를 모으시리니 에브라임의 투기는 없어지고 유다를 괴롭게 하던 자는 끊어지며 에브라임은 유다를 투기하지 아니하며 유다는 에브라임을 괴롭게 하지 아니할 것이요 그들이 서으로 블레셋 사람의 어깨에 날아

앉고 함께 동방 백성을 노략하며 에돔과 모압에 손을 대며 암몬
자손을 자기에게 복종시키리라

사 66 : 8-9 이러한 일을 들은 자가 누구이며 이러한 일을 본 자가 누구이뇨
나라가 어찌 하루에 생기겠으며 민족이 어찌 순식간에 나겠느냐
그러나 시온은 구로하는 즉시에 그 자민을 순산하였도다 여호와께서
가라사대 내가 임산케 하였은즉 해산케 아니하겠느냐 네 하나님이
가라사대 나는 해산케 하는 자인즉 어찌 태를 닫겠느냐 하시니라

렘 31 : 31-34 나 여호와가 말하노라 보라 날이 이르리니 내가 이스라엘 집과
유다 집에 새 언약을 세우리라 나 여호와가 말하노라 이 언약은
내가 그들의 열조의 손을 잡고 애굽 땅에서 인도하여 내던 날에
세운 것과 같지 아니할 것은 내가 그들의 남편이 되었어도 그들이
내 언약을 파하였음이니라 나 여호와가 말하노라 그러나 그날
후에 내가 이스라엘 집에 세울 언약은 이러하니 곧 내가 나의 법을
그들의 속에 두며 그 마음에 기록하여 나는 그들의 하나님이 되고
그들은 내 백성이 될 것이라 그들이 다시는 각기 이웃과 형제를
가리켜 이르기를 너는 여호와를 알라 하지 아니하리니 이는 작은
자로부터 큰 자까지 다 나를 앎이니라 내가 그들의 죄악을 사하고
다시는 그 죄를 기억지 아니하리라 여호와의 말이니라

렘 31 : 35-37 나 여호와는 해를 낮의 빛으로 주었고 달과 별들을 밤의 빛으로
규정하였고 바다를 격동시켜 그 파도로 소리치게 하나니 내 이름은
만군의 여호와니라 내가 말하노라 이 규정이 내 앞에서 폐할진대
이스라엘 자손도 내 앞에서 폐함을 입어 영영히 나라가 되지
못하리라 나 여호와가 이같이 말하노라 위로 하늘을 측량할 수
있으며 아래로 땅의 기초를 탐지할 수 있다면 내가 이스라엘 자손의
행한 모든 일을 인하여 그들을 다 버리리라 여호와의 말이니라

히 8 : 8-12 저희를 허물하여 일렀으되 주께서 가라사대 볼지어다 날이 이르리니
내가 이스라엘 집과 유다 집으로 새 언약을 세우리라 또 주께서
가라사대 내가 저희 열조들의 손을 잡고 애굽 땅에서 인도하여
내던 날에 저희와 세운 언약과 같지 아니하도다 저희는 내 언약
안에 머물러 있지 아니하므로 내가 저희를 돌아보지 아니하였노라
또 주께서 가라사대 그날 후에 내가 이스라엘 집으로 세울 언약이
이것이니 내 법을 저희 생각에 두고 저희 마음에 이것을 기록하리라

> 나는 저희에게 하나님이 되고 저희는 내게 백성이 되리라 또 각각
> 자기 나라 사람과 각각 자기 형제를 가르쳐 이르기를 주를 알라
> 하지 아니할 것은 저희가 작은 자로부터 큰 자까지 다 나를 앎이니라
> 내가 저희 불의를 긍휼히 여기고 저희 죄를 다시 기억하지
> 아니하리라 하셨느니라

겔 20 : 37-38　내가 너희를 막대기 아래로 지나게 하며 언약의 줄로 매려니와
너희 가운데서 패역한 자와 내게 범죄한 자를 모두 제하여 버릴지라
그들을 그 우거하던 땅에서는 나오게 하여도 이스라엘 땅에는
들어가지 못하게 하리니 너희가 나를 여호와인줄 알리라

사 6 : 11-13　내가 가로되 주여 어느 때까지니이까 대답하시되 성읍들은 황폐하여
거민이 없으며 가옥들에는 사람이 없고 이 토지가 전폐하게 되며
사람들이 여호와께 멀리 옮기워서 이 땅 가운데 폐한 곳이 많을
때까지니라 그 중에 십분의 일이 오히려 남아 있을지라도 이것도
삼키운 바 될 것이나 밤나무 상수리나무가 베임을 당하여도 그
그루터기는 남아 있는 것같이 거룩한 씨가 이 땅의 그루터기니라

5) 열방을 심판하기 위함

　재림하시는 예수 그리스도께서는 아마겟돈 전쟁에서 짐승과 거짓 선지자와 그들의 군사들을 박멸하신 후에(계 19 : 19-21) 모든 열방을 심판하시기 위하여 자기 앞에 모이도록 하실 것이며 이 심판에서 악인은 형벌을, 의인은 상을 받게 될 것이다(마 25 : 31-46 참조; 살후 1 : 7-10; 욜 3 : 11-17 참조; 행 17 : 31).

　하나의 일반적 심판만을 믿는 사람들은 이 심판을 백보좌 심판(계 20 : 11-15)과 동일시한다. 그러나 열방 심판과 백보좌 심판은 동일한 것이 아니다. 그 증거는 열방 심판 때에는 심판주이신 그리스도께서 그분의 영광의 보좌에 앉아 계신 분으로 계시(啓示)되어 있는데 백보좌 심판 때에는 심판주께서 크고 흰 보좌에 앉아 계신 분으로 표현되어 있다. 그리고 열방 심판 때의 심판주의 보좌는 땅 위에 위치하는데 백보좌 심판 때의 심판주의 보좌는 공중에 위치하게(이때는 이미 천지가 날아가고 없기 때문임)되는 것이다(계 20 : 11).

　열방 심판은 천년왕국 이전에 있으나 그리스도가 땅에 내려오시자 곧 벌어지는 심판이다. 그러나 백보좌 심판은 천년왕국 이후에 벌어지는 심판이다. 그러므로

전자의 보좌 앞에는 생존한 모든 열방이 집결되고 후자의 보좌 앞에는 모든 죽었던 자들만이 집결되는 것이다. 그러기 때문에 전자와 관련해서는 부활의 언급이 없지만 후자와 관련해서는 부활의 언급이 있다(계 20 : 13-14).

그리고 전자에서는 책에 대한 언급이 없으나 후자에서는 책들이 펼쳐져 있다고 했다(계 20 : 12). 전자의 심판 결과는 이중적이니 즉 양에게는 영생과 나라가 주어지고(마 25 : 34, 46 참조) 염소에게는 영원한 지옥 형벌이 내려진다(마 25 : 41, 46 참조). 이와 같이 전자의 심판에 비하여 후자의 심판 결과는 단지 불못에 던지우는 형벌뿐이다(계 20 : 15). 전자에 있어서 심판의 중요한 문제는 주님의 형제들에 대하여 선대를 했느냐 아니했느냐인데 비해(마 25 : 40, 45 참조) 후자에 있어서 심판의 중요한 문제는 그들 자신의 일반적 행위이다(계 20 : 12-13). 이상과 같이 상고해 볼 때 두 개의 심판은 같지 않고 서로 다르다는 것이 분명하다.

계 19 : 19-21	또 내가 보매 그 짐승과 땅의 임금들과 그 군대들이 모여 그 말 탄 자와 그의 군대로 더불어 전쟁을 일으키다가 짐승이 잡히고 그 앞에서 이적을 행하던 거짓 선지자도 함께 잡혔으니 이는 짐승의 표를 받고 그의 우상에게 경배하던 자들을 이적으로 미혹하던 자라 이 둘이 산 채로 유황불 붙는 못에 던지우고 그 나머지는 말 탄 자의 입으로 나오는 검에 죽으매 모든 새가 그 고기로 배불리우더라
살후 1 : 7-10	환난받는 너희에게는 우리와 함께 안식으로 갚으시는 것이 하나님의 공의시니 주 예수께서 저의 능력의 천사들과 함께 하늘로부터 불꽃 중에 나타나실 때에 하나님을 모르는 자들과 우리 주 예수의 복음을 복종치 않는 자들에게 형벌을 주시리니 이런 자들이 주의 얼굴과 그의 힘의 영광을 떠나 영원한 멸망의 형벌을 받으리로다 그날에 강림하사 그의 성도들에게서 영광을 얻으시고 모든 믿는 자에게서 기이히 여김을 얻으시리라(우리의 증거가 너희에게 믿어졌음이라)
행 17 : 31	이는 정하신 사람으로 하여금 천하를 공의로 심판할 날을 작정하시고 이에 저를 죽은 자 가운데서 다시 살리신 것으로 모든 사람에게 믿을 만한 증거를 주셨음이니라

계 20 : 11-15　　또 내가 크고 흰 보좌와 그 위에 앉으신 자를 보니 땅과 하늘이
그 앞에서 피하여 간데 없더라 또 내가 보니 죽은 자들이
무론대소하고 그 보좌 앞에 섰는데 책들이 펴 있고 또 다른 책이
펴졌으니 곧 생명책이라 죽은 자들이 자기 행위를 따라 책들에
기록된 대로 심판을 받으니 바다가 그 가운데서 죽은 자들을 내어
주고 또 사망과 음부도 그 가운데서 죽은 자들을 내어주매 각 사람이
자기의 행위대로 심판을 받고 사망과 음부도 불못에 던지우니
이것은 둘째 사망 곧 불못이라 누구든지 생명책에 기록되지 못한
자는 불못에 던지우더라

6) 피조물의 회복과 축복을 위함

그리스도의 재림의 목적 중에 하나는 피조물(인류를 제외한 모든 피조물)을 회복하고 축복하기 위함이다.

성경에 "예수께서 재림하실 때 만물이 새롭게 되고 사도들은 이스라엘 열두 지파를 심판하리라"고 하였다(마 19 : 28). 이는 그리스도께서 재림하시어 신천 신지(新天新地)가 이룩되어질 때(사 11 : 6-9, 65 : 20-22) 열두 사도들(교회)은 이스라엘 열두 지파를 심판하게 될 것을 가리킨다(고전 6 : 2). 유대인들은 메시야를 십자가에 못박아 죽이고 교회를 박해했기 때문에 훗날에 교회의 심판을 받게 되는 것이다.

이사야는 하나님께서 성령의 은혜를 부어 주사 만물이 새롭게 되는(사 32 : 15) 때의 정경을 "이리가 어린양과 함께 거하며 표범이 어린 염소와 함께 눕는다"라고 하였으며(사 11 : 6-9) 또 "사막이 백합화같이 피어나고 광야에서 물이 솟으며 메마른 사막에 못이 생긴다"라고 하였고(사 35 : 1-10 참조 32 : 15) 그때에 "소경의 눈이 밝을 것이며 귀머거리의 귀가 열릴 것이며 그때에 저는 자는 사슴같이 뛸 것이며 벙어리의 혀는 노래하리라…"(사 35 : 5-6)고 하였다. 바울은 천년 시대에 만물이 새롭게 되는 것을 가리켜 "조물의 탄식과 속박에서 해방되는 것이라"고 표현하였다(롬 8 : 19-22). 그때에 지상에는 많은 물리적 변화가 생길 것이며(슥 14 : 4-8) 땅의 토질이 회복되어 생산물을 많이 내게 될 것이다(겔 34 : 25-27). 그런데 이렇게 새롭게 됨은 인자가 그분의 영광의 보좌에 앉을 때에 일어난다는 것이다(마

19 : 28). 땅은 본래 사람으로 인해 저주를 받은 바 되었고 인간의 죄의 결과로 토질이 악화되어 가시와 엉겅퀴를 내게 된 것이다(창 3 : 17-19).

그러나 그리스도께서 다시 오시면 그분은 만물에 임한 저주를 제거하시고 원상 회복하게 하실 것이니 비록 말 못하는 피조물일지라도 이전의 완전과 영광에로 (창 1 : 31) 복귀될 것이며, 따라서 아담의 범죄로 인하여 실현되지 못했던 하나님의 천지 창조의 이상이 완전히 실현되어질 것이다(사 55 : 13, 11 : 6-9).

마 19 : 28	예수께서 가라사대 내가 진실로 너희에게 이르노니 세상이 새롭게 되어 인자가 자기 영광의 보좌에 앉을 때에 나를 좇는 너희도 열두 보좌에 앉아 이스라엘 열두 지파를 심판하리라
사 65 : 20-22	거기는 날수가 많지 못하여 죽는 유아와 수한이 차지 못한 노인이 다시는 없을 것이라 곧 백 세에 죽는 자가 아이겠고 백 세 못되어 죽는 자는 저주받은 것이리라 그들이 가옥을 건축하고 그것에 거하겠고 포도원을 재배하고 열매를 먹을 것이며 그들의 건축한 데 타인이 거하지 아니할 것이며 그들의 재배한 것을 타인이 먹지 아니하리니 이는 내 백성의 수한이 나무의 수한과 같겠고 나의 택한 자가 그 손으로 일한 것을 길이 누릴 것임이며
고전 6 : 2	성도가 세상을 판단할 것을 너희가 알지 못하느냐 세상도 너희에게 판단을 받겠거든 지극히 작은 일 판단하기를 감당치 못하겠느냐
슥 14 : 4-8	그날에 그의 발이 예루살렘 앞 곧 동편 감람산에 서실 것이요 감람산은 그 한가운데가 동서로 갈라져 매우 큰 골짜기가 되어서 산 절반은 북으로 절반은 남으로 옮기고 그 산 골짜기는 아셀까지 미칠지라 너희가 그의 산골짜기로 도망하되 유다 왕 웃시야 때에 지진을 피하여 도망하던 것같이 하리라 나의 하나님 여호와께서 임하실 것이요 모든 거룩한 자가 주와 함께 하리라 그날에는 빛이 없겠고 광명한 자들이 떠날 것이라 여호와의 아시는 한 날이 있으리니 낮도 아니요 밤도 아니라 어두워 갈 때에 빛이 있으리로다 그날에 생수가 예루살렘에서 솟아나서 절반은 동해로 절반은 서해로 흐를 것이라 여름에도 겨울에도 그러하리라
사 32 : 15	필경은 위에서부터 성신을 우리에게 부어 주시리니 광야가 아름다운 밭이 되며 아름다운 밭을 삼림으로 여기게 되리라

롬 8 : 19-22   피조물의 고대하는 바는 하나님의 아들들의 나타나는 것이니
피조물이 허무한데 굴복하는 것은 자기 뜻이 아니요 오직 굴복케
하시는 이로 말미암음이라 그 바라는 것은 피조물도 썩어짐의
종노릇 한데서 해방되어 하나님의 자녀들의 영광의 자유에 이르는
것이니라 피조물이 다 이제까지 함께 탄식하며 함께 고통하는
것을 우리가 아나니

겔 34 : 25-27   내가 또 그들과 화평의 언약을 세우고 악한 짐승을 그 땅에서 그치게
하리니 그들이 빈 들에 평안히 거하며 수풀 가운데서 잘지라 내가
그들에게 복을 내리며 내 산 사면 모든 곳도 복되게 하여 때를 따라
비를 내리되 복된 장마비를 내리리라 그리한즉 밭에 나무가 열매를
맺으며 땅이 그 소산을 내리니 그들이 그 땅에서 평안할지라 내가
그들의 멍엣목을 꺾고 그들로 종을 삼은 자의 손에서 그들을 건져
낸 후에 그들이 나를 여호와인줄 알겠고

창 3 : 17-19   아담에게 이르시되 네가 네 아내의 말을 듣고 내가 너더러 먹지
말라 한 나무 실과를 먹었은즉 땅은 너로 인하여 저주를 받고 너는
종신토록 수고하여야 그 소산을 먹으리라 땅이 네게 가시덤불과
엉겅퀴를 낼 것이라 너의 먹을 것은 밭의 채소인즉 네가 얼굴에
땀이 흘러야 식물을 먹고 필경은 흙으로 돌아가리니 그 속에서
네가 취함을 입었음이라 너는 흙이니 흙으로 돌아갈 것이니라
하시니라

창 1 : 31   하나님이 그 지으신 모든 것을 보시니 보시기에 심히 좋았더라
저녁이 되며 아침이 되니 이는 여섯째 날이니라

사 55 : 13   잣나무는 가시나무를 대신하여 나며 화석류는 질려를 대신하여
날 것이라 이것이 여호와의 명예가 되며 영영한 표징이 되어 끊어
지지 아니하리라 하시니라

사 11 : 6-9   그때에 이리가 어린 양과 함께 거하며 표범이 어린 염소와 함께
누우며 송아지와 어린 사자와 살찐 짐승이 함께 있어 어린아이에게
끌리며 암소와 곰이 함께 먹으며 그것들의 새끼가 함께 엎드리며
사자가 소처럼 풀을 먹을 것이며 젖 먹는 아이가 독사의 구멍에서
장난하며 젖 뗀 어린아이가 독사의 굴에 손을 넣을 것이라 나의
거룩한 산 모든 곳에서 해됨도 없고 상함도 없을 것이니 이는 물이
바다를 덮음같이 여호와를 아는 지식이 세상에 충만할 것임이니라

7) 그분의 나라를 건설하기 위함

예수 그리스도께서 그분의 나라 평화의 왕국(천년왕국)을 세우기 위하여 다시 오신다(계 20 : 5-6; 사 3 : 4 참조).

예수님께서 비유로 말씀하시기를 "어떤 귀인이 왕위를 받아 가지고 오려고 먼 나라로 갔다가 그 귀인이 왕위를 받아 가지고 돌아왔다"라고 하셨는데 이는 곧 그리스도께서 승천하셨다가 만왕의 왕된 자격으로 재림하셔서 자기의 나라(Kingdom ; 왕국)를 세우실 것을 암시하신 것이다(눅 19 : 12-19).

그리고 하나님께서는 다윗에게 약속하시기를 영원히 그의 나라를 세우실 것이라고(삼하 7 : 13, 16-17) 맹세하셨다(시 89 : 3-4). 그런데 천사 가브리엘은 예수님께서 바로 그 나라의 왕위의 상속자라고 선언한 것이다(눅 1 : 31-33). 하나님께서 다윗에게 하신 언약(삼하 7 : 13, 16)에 근거하여 메시야께서 다윗 왕가를 계승한다는 것은 유대인의 전통적 사상이다(시 132 : 11; 사 9 : 7; 단 2 : 44-45; 시 45 : 6; 단 7 : 13-14; 요 12 : 34; 계 11 : 15).

눅 19 : 12-19   가라사대 어떤 귀인이 왕위를 받아 가지고 오려고 먼 나라로 갈 때에 그 종 열을 불러 은 열 므나를 주며 이르되 내가 돌아오기까지 장사하라 하니라 그런데 그 백성이 저를 미워하여 사자를 뒤로 보내어 가로되 우리는 이 사람이 우리의 왕됨을 원치 아니하노이다 하였더라 귀인이 왕위를 받아 가지고 돌아와서 은 준 종들의 각각 어떻게 장사한 것을 알고자 하여 저희를 부르니 그 첫째가 나아와 가로되 주여 주의 한 므나로 열 므나를 남겼나이다 주인이 이르되 잘하였다 착한 종이여 네가 지극히 작은 것에 충성하였으니 열 고을 권세를 차지하라 하고 그 둘째가 와서 가로되 주여 주의 한 므나로 다섯 므나를 만들었나이다 주인이 그에게도 이르되 너도 다섯 고을을 차지하라 하고

삼하 7 : 13   저는 내 이름을 위하여 집을 건축할 것이요 나는 그 나라 위가 영원히 견고케 하리라

삼하 7 : 16-17   네 집과 네 나라가 네 앞에서 영원히 보전되고 네 위에 영원히 견고하리라 하셨다 하라 나단이 이 모든 말씀과 이 모든 묵시대로 다윗에게 고하니라

시 89 : 3-4	주께서 이르시되 내가 나의 택한 자와 언약을 맺으며 내 종 다윗에게 맹세하기를 내가 네 자손을 영원히 견고히 하며 네 위를 대대에 세우리라 하였다 하셨나이다(셀라)
눅 1 : 31-33	보라 네가 수태하여 아들을 낳으리니 그 이름을 예수라 하라 저가 큰 자가 되고 지극히 높으신 이의 아들이라 일컬을 것이요 주 하나님께서 그 조상 다윗의 위를 저에게 주시리니 영원히 야곱의 집에 왕 노릇하실 것이며 그 나라가 무궁하리라
시 132 : 11	여호와께서 다윗에게 성실히 맹세하셨으니 변치 아니하실지라 이르시기를 네 몸의 소생을 네 위에 둘지라
사 9 : 7	그 정사와 평강의 더함이 무궁하며 또 다윗의 위에 앉아서 그 나라를 굳게 세우고 자금 이후 영원토록 공평과 정의로 그것을 보존하실 것이라 만군의 여호와의 열심이 이를 이루시리라
단 2 : 44-45	이 열왕의 때에 하늘의 하나님이 한 나라를 세우시리니 이것은 영원히 망하지도 아니할 것이요 그 국권이 다른 백성에게로 돌아가지도 아니할 것이요 도리어 이 모든 나라를 쳐서 멸하고 영원히 설 것이라 왕이 사람의 손으로 아니하고 산에서 뜨인 돌이 철과 놋과 진흙과 은과 금을 부숴뜨린 것을 보신 것은 크신 하나님이 장래 일을 왕께 알게 하신 것이라 이 꿈이 참되고 이 해석이 확실하나이다
시 45 : 6	하나님이여 주의 보좌가 영영하며 주의 나라의 홀은 공평한 홀이니이다
단 7 : 13-14	내가 또 밤 이상 중에 보았는데 인자 같은 이가 하늘 구름을 타고 와서 옛적부터 항상 계신 자에게 나아와 그 앞에 인도되매 그에게 권세와 영광과 나라를 주고 모든 백성과 나라들과 각 방언하는 자로 그를 섬기게 하였으니 그 권세는 영원한 권세라 옮기지 아니할 것이요 그 나라는 폐하지 아니할 것이니라
요 12 : 34	이에 무리가 대답하되 우리는 율법에서 그리스도가 영원히 계신다 함을 들었거늘 너는 어찌하여 인자가 들려야 하리라 하느냐 이 인자는 누구냐
계 11 : 15	일곱째 천사가 나팔을 불매 하늘에 큰 음성들이 나서 가로되 세상 나라가 우리 주와 그 그리스도의 나라가 되어 그가 세세토록 왕 노릇하시리로다

8) 영광을 받으시기 위함

예수 그리스도께서 초림하셨을 때에는 냉대와 배척을 받으셨지만(요 1 : 11) 재림하실 때는 환대와 영광을 받으시게 될 것이다. 그리스도께서 재림하시는 날에 성도들은 완전 구원에 참예하게 될 것이며 따라서 주님께서는 성도들로부터 영광을 받으시고 기이히 여김과 찬송을 받으실 것이다(살후 1 : 10).

요 1 : 11   자기 땅에 오매 자기 백성이 영접치 아니하였으나

살후 1 : 10   그날에 강림하사 그의 성도들에게서 영광을 얻으시고 모든 믿는 자에게서 기이히 여김을 얻으시리라(우리의 증거가 너희에게 믿어졌음이라)

천년왕국

Ⅰ. 천년왕국의 개념

천년왕국(千年王國 ; Millennium)이란 용어는 라틴어 "Mille"와 "Annus"에서 온 말인데 이는 1천 년이란 의미가 있다. 물론 천년왕국이란 말이 성경에 나타나 있지는 않다. 그러나 1천 년이란 말이 요한계시록 20장 2-7절에서 6회나 나온다. 천년왕국(혹은 천년 시대라고도 함)이라 함은 그리스도께서 재림하시어 지상 왕국을 세우시고 1천 년 동안 통치하실 것이라는 교리를 표현하는 말이다. 예수 그리스도께서 재림하심으로 인간들이 통치하던 세상 나라들은 모두 다 멸망해 버림으로 끝장이 나고 만왕의 왕이신 그리스도께서 성도들을 중심으로 하여 이 세상에 자신의 왕국을 세우시고 1천 년 동안 통치하시게 되는데 이 나라를 가리켜 천년왕국이라 하고 그 통치 기간을 천년 시대라 한다(계 20 : 4-6; 단 2 : 44-45).

계 20 : 4-6	또 내가 보좌들을 보니 거기 앉은 자들이 있어 심판하는 권세를 받았더라 또 내가 보니 예수의 증거와 하나님의 말씀을 인하여 목 베임을 받은 자의 영혼들과 또 짐승과 그의 우상에게 경배하지도 아니하고 이마와 손에 그의 표를 받지도 아니한 자들이 살아서 그리스도로 더불어 천 년 동안 왕 노릇하니(그 나머지 죽은 자들은 그 천년이 차기까지 살지 못하더라)이는 첫째 부활이라 이 첫째 부활에 참예하는 자들은 복이 있고 거룩하도다 둘째 사망이 그들을 다스리는 권세가 없고 도리어 그들이 하나님과 그리스도의 제사장이 되어 천 년 동안 그리스도로 더불어 왕 노릇하리라
단 2 : 44-45	이 열 왕의 때에 하늘의 하나님이 한 나라를 세우시리니 이것은 영원히 망하지도 아니할 것이요 그 국권이 다른 백성에게로

돌아가지도 아니할 것이요 도리어 이 모든 나라를 쳐서 멸하고
영원히 설 것이라 왕이 사람의 손으로 아니하고 산에서 뜨인 돌이
철과 놋과 진흙과 은과 금을 부숴뜨린 것을 보신 것은 크신 하나님이
장래 일을 왕께 알게 하신 것이라 이 꿈이 참되고 이 해석이
확실하니이다

II. 천년 시대의 의미

1. 에덴동산의 회복 시대(回復時代)

천년 시대는 인간의 시조 아담의 범죄로 인하여 상실되었던 에덴을 마지막 아
담 되시는 예수 그리스도에 의하여 다시 회복하게 되는 시대이다. 즉 천년 시대는
첫 아담이 상실한 낙원을 마지막 아담이신 예수님께서 회복하시는 시대이다. 본래
의 에덴동산은 참으로 여호와 하나님께서 그 땅을 보시기에도 아름다울 정도였으
며 한없이 평화하고 풍요로운 행복한 낙원이었다(창 2 : 8-14). 그럼에도 불구하고
아담이 하나님과의 언약(창 2 : 17)을 어기고 범죄함으로 인류는 이 아름다운 동산
을 상실하고 말았다(창 3 : 22-24). 그러나 예수 그리스도의 재림으로 이 땅에 에
덴동산이 다시 회복되어지는 것이다(계 21 : 5; 사 35 : 1-2, 55 : 12-13).

창 2 : 8-14	여호와 하나님이 동방의 에덴에 동산을 창설하시고 그 지으신 사람을 거기 두시고 여호와 하나님이 그 땅에서 보기에 아름답고 먹기에 좋은 나무가 나게 하시니 동산 가운데에는 생명나무와 선악을 알게 하는 나무도 있더라 강이 에덴에서 발원하여 동산을 적시고 거기서부터 갈라져 네 근원이 되었으니 첫째의 이름은 비손이라 금이 있는 하윌라 온 땅에 둘렸으며 그 땅의 금은 정금이요 그곳에는 베델리엄과 호마노도 있으며 둘째 강의 이름은 기혼이라 구스 온 땅에 둘렸고 세째 강의 이름은 힛데겔이라 앗수르 동편으로 흐르며 네째 강은 유브라데더라
창 2 : 17	선악을 알게 하는 나무의 실과는 먹지 말라 네가 먹는 날에는 정녕 죽으리라 하시니라
창 3 : 22-24	여호와 하나님이 가라사대 보라 이 사람이 선악을 아는 일에 우리 중 하나같이 되었으니 그가 그 손을 들어 생명나무 실과도

	따먹고 영생할까 하노라 하시고 여호와 하나님이 에덴동산에서

따먹고 영생할까 하노라 하시고 여호와 하나님이 에덴동산에서
그 사람을 내어 보내어 그의 근본된 토지를 갈게 하시니라 이같이
하나님이 그 사람을 쫓아내시고 에덴동산 동편에 그룹들과 두루
도는 화염검을 두어 생명나무의 길을 지키게 하시니라

계 21 : 5 　보좌에 앉으신 이가 가라사대 보라 내가 만물을 새롭게 하노라
하시고 또 가라사대 이 말은 신실하고 참되니 기록하라 하시고

사 35 : 1-2 　광야와 메마른 땅이 기뻐하며 사막이 백합화 같이 피어 즐거워하며
무성하게 피어 기쁜 노래로 즐거워하며 레바논의 영광과 갈멜과
사론의 아름다움을 얻을 것이라 그것들이 여호와의 영광 곧 우리
하나님의 아름다움을 보리로다

사 55 : 12-13 　너희는 기쁨으로 나아가며 평안히 인도함을 받을 것이요 산들과
작은 산들이 너희 앞에서 노래를 발하고 들의 모든 나무가 손바닥을
칠 것이며 잣나무는 가시나무를 대신하여 나며 화석류는 질려를
대신하여 날 것이라 이것이 여호와의 명예가 되며 영영한 표징이
되어 끊어지지 아니하리라 하시니라

2. 인류의 안식 시대(安息時代)

만왕의 왕되시는 예수 그리스도께서 재림하심으로 마음이 상한 자를 고치시며
포로된 자에게 자유를, 갇힌 자에게 놓임을, 슬픈 자에게 위로의 은혜가 임하게
되리니 이때야말로 우주에 참된 자유와 평화와 안식(安息)이 실현되는 때이다(사
61 : 1-3). 장차 성도들은 이 안식의 시대에 들어가게 되는 것이다(히 4 : 8-11).

사 61 : 1-3 　주 여호와의 신이 내게 임하셨으니 이는 여호와께서 내게 기름을
부으사 가난한 자에게 아름다운 소식을 전하게 하려 하심이라
나를 보내사 마음이 상한 자를 고치며 포로 된 자에게 자유를 갇힌
자에게 놓임을 전파하며 여호와의 은혜의 해와 우리 하나님의
신원의 날을 전파하여 모든 슬픈 자를 위로하되 무릇 시온에서
슬퍼하는 자에게 화관을 주어 그 재를 대신하며 희락의 기름으로
그 슬픔을 대신하며 찬송의 옷으로 그 근심을 대신하시고 그들로
의의 나무 곧 여호와의 심으신 바 그 영광을 나타낼 자라 일컬음을
얻게 하려 하심이니라

히 4 : 8-11　　만일 여호수아가 저희에게 안식을 주었더면 그 후에 다른 날을 말씀하지 아니하셨으리라 그런즉 안식할 때가 하나님의 백성에게 남아 있도다 이미 그의 안식에 들어간 자는 하나님이 자기 일을 쉬심과 같이 자기 일을 쉬느니라 그러므로 우리가 저 안식에 들어가기를 힘쓸지니 이는 누구든지 저 순종치 아니하는 본에 빠지지 않게 하려 함이라

3. 인간고가 끝난 축복 시대(祝福時代)

천년 시대는 인류가 천 년간 무한한 행복을 누리는 "천복년 시대(千福年時代)"이다. 이는 곧 인간의 모든 고통과 불행이 끝나고 행복만이 넘치는 축복의 시대이다. 그러므로 성도들의 최후의 소망은 천년 시대이다. 이 시대는 그리스도의 왕국이 통치하는 시대이며, 실낙원(失樂園)에서 복락원(復樂園)으로 에덴이 회복되고, 저주가 없고, 죽음이 없으며, 마귀와 죄악이 없고, 슬픔과 탄식과 눈물이 없는 시대이다.

평화와 즐거움과 하나님의 영광이 충만한 시대이며, 땅도 축복을 받아 토질(土質)이 회복되어 마른 땅이 기뻐하고, 사막이 백합화같이 피어 즐거워하며, 식물이 변하여 더욱 아름다우니 하나님의 영광이 온 땅에 충만하게 될 것이다. 그리고 또 약한 자가 강하게, 겁내는 자가 굳세게 되며, 소경이 보고, 귀머거리가 들을 것이며, 저는 자가 사슴같이 뛰고, 벙어리의 혀가 노래할 것이다. 이때에 성도들은 그리스도의 성국(聖國)에서 성민(聖民)이 되어 성로(聖路)를 거닐면서 "황무지가 장미꽃같이 피는 것을 볼 때에 구속함의 노래 부르며 거룩한 길 다니리…"라고 구원의 기쁨을 노래하게 될 것이다(사 35 : 1-7). 만왕의 왕되신 예수 그리스도께서 통치하시는 천복년(千福年) 시대야말로 만민이 동경해야 할 시대요, 만유가 기대해야 할 태평 성대(太平聖代)이다.

4. 전쟁이 끝난 평화 시대(平和時代)

재림 예수는 평화의 왕으로 군림하시게 된다. 그러므로 그리스도께서 재림하시면 전쟁과 살인이 종식되고 태평 세계(太平世界)가 실현되는 것이다. 이때에 무기는 일소되고 산업 기구만 남겨 두리니, 즉 "칼을 쳐서 보습을 만들고 창을 쳐서

낫을 만들고 다시는 전쟁을 연습하지 않을 것"이다. 태평왕 그리스도의 영도 하에 세계는 한 집안처럼 평화와 사랑 가운데서 행복을 누리게 될 것이다. 천년 시대에는 진정 전세계에 참된 평화가 실현될 것이다(사 2 : 2-4).

사 2 : 2-4	말일에 여호와의 전의 산이 모든 산꼭대기에 굳게 설 것이요 모든 작은 산 위에 뛰어나리니 만방이 그리로 모여 들 것이라 많은 백성이 가며 이르기를 오라 우리가 여호와의 산에 오르며 야곱의 하나님의 전에 이르자 그가 그 도로 우리에게 가르치실 것이라 우리가 그 길로 행하리라 하리니 이는 율법이 시온에서부터 나올 것이요 여호와의 말씀이 예루살렘에서부터 나올 것임이니라 그가 열방 사이에 판단하시며 많은 백성을 판결하시리니 무리가 그 칼을 쳐서 보습을 만들고 그 창을 쳐서 낫을 만들 것이며 이 나라와 저 나라가 다시는 칼을 들고 서로 치지 아니하며 다시는 전쟁을 연습지 아니하리라

5. 해방과 환희의 희년 시대(禧年時代)

구약에 예언하기를 "주 여호와의 신이 내게 임하셨으니 이는 여호와께서 내게 기름을 부으사 가난한 자에게 아름다운 소식을 전하게 하려 하심이라 나를 보내사 마음이 상한 자를 고치며 포로된 자에게 자유를 갇힌 자에게 놓임을 전파하며 여호와의 은혜의 해와 우리 하나님의 신원의 날을 전파하여 모든 슬픈 자를 위로하되 무릇 시온에서 슬퍼하는 자에게 화관을 주어 그 재를 대신하며 희락의 기름으로 그 슬픔을 대신하며 찬송의 옷으로 그 근심을 대신하시고 그들로 의의 나무 곧 여호와의 심으신 바 그 영광을 나타낼 자라 일컬음을 얻게 하려 하심이니라"(사 61 : 1-3)고 하였다.

이 말씀은 메시야가 수행해야 할 사명에 대한 예언으로서 주님께서도 이 말씀은 자신을 가리킨 말씀이라고 인용하셨다(눅 4 : 17-21). 이 예언의 말씀이 메시야(그리스도)에 의하여 실현될 것이 분명하지만, 메시야(그리스도)의 재세시(在世時)에는 완성되지 않고 천년 시대의 메시야 왕국에서 성취될 것이다. 성경에 제7일은 안식일, 제7년은 안식년, 제50년은 희년이라 하였다. 이 희년은 해방의 해로서, 곧 구속의 자유를 얻는 해이다. 이 희년에는 무조건 해방으로 노예, 토지, 가옥 등 모두를 본 임자에게 되돌려주고 빚도 탕감하여 줌으로써 해방과 자유와 평화와 환희가 넘치는 거룩한 축복의 해가 되는 것이다. 이때에는 토지까지 경작을 금한다. 이는 진실로 천복년 시대의 모형이다(레 25장 참조).

눅 4 : 17-21   선지자 이사야의 글을 드리거늘 책을 펴서 이렇게 기록한 데를
              찾으시니 곧 주의 성령이 내게 임하셨으니 이는 가난한 자에게
              복음을 전하게 하시려고 내게 기름을 부으시고 나를 보내사
              포로된 자에게 자유를 눈먼 자에게 다시 보게 함을 전파하며 눌린
              자를 자유케 하고 주의 은혜의 해를 전파하게 하려 하심이라
              하였더라 책을 덮어 그 맡은 자에게 주시고 앉으시니 회당에 있는
              자들이 다 주목하여 보더라 이에 예수께서 저희에게 말씀하시되
              이 글이 오늘날 너희 귀에 응하였느니라 하시니

6. 공의가 실현되는 정의 시대(正義時代)

예수 그리스도께서 재림하시어 천년왕국을 건설하시게 되면 불의와 불평이 가득한 이 땅 위에 공의롭고 진실한 통치가 온전히 실현될 것이니, 이는 그가 "공의로 그 허리띠를 삼으며 성실로 몸의 띠를 삼으리라"(사 11 : 5)고 하신 말씀대로 공평과 정의의 정치를 펴시기 때문이다. 이 시대에는 정의가 강물같이 흐르고 무궁한 자유와 평화가 보장될 것이다(사 11 : 1-9 참조).

III. 천년왕국의 시작
1. 지상 환난이 끝나고 사단이 투옥된 후

천년 시대의 도래(到來)는 지상에 환난이 끝나고(계 19 : 16-20) 사단을 결박하여 무저갱에 가두고 난 뒤에(계 20 : 1-3; 벧후 2 : 4; 유 1 : 6) 이루어질 것이다. 천년왕국의 행복이 실현되는 시기를 사단이 투옥된 후라고 보는 이유는 사단의 세력과 유혹이 없어짐으로써 세상에는 죄악이 사라지고 따라서 죄의 결과인 모든 불행도 자연히 없어지게 되기 때문이다.

계 19 : 16-20   그 옷과 그 다리에 이름 쓴 것이 있으니 만왕의 왕이요 만주의 주라

하였더라 또 내가 보니 한 천사가 해에 서서 공중에 나는 모든 새를
향하여 큰 음성으로 외쳐 가로되 와서 하나님의 큰 잔치에 모여
왕들의 고기와 장군들의 고기와 장사들의 고기와 말들과 그 탄
자들의 고기와 자유한 자들이나 종들이나 무론대소하고 모든 자의
고기를 먹으라 하더라 또 내가 보매 그 짐승과 땅의 임금들과 그
군대들이 모여 그 말 탄 자와 그의 군대로 더불어 전쟁을 일으키다가
짐승이 잡히고 그 앞에서 이적을 행하던 거짓 선지자도 함께
잡혔으니 이는 짐승의 표를 받고 그의 우상에게 경배하던 자들을
이적으로 미혹하던 자라 이 둘이 산 채로 유황불 붙는 못에 던지우고

계 20 : 1-3   또 내가 보매 천사가 무저갱 열쇠와 큰 쇠사슬을 그 손에 가지고
하늘로서 내려와서 용을 잡으니 곧 옛 뱀이요 마귀요 사단이라
잡아 일천 년 동안 결박하여 무저갱에 던져 잠그고 그 위에 인봉하여
천년이 차도록 다시는 만국을 미혹하지 못하게 하였다가 그 후에는
반드시 잠간 놓이리라

벧후 2 : 4   하나님이 범죄한 천사들을 용서치 아니하시고 지옥에 던져 어두운
구덩이에 두어 심판 때까지 지키게 하셨으며

유 1 : 6   또 자기 지위를 지키지 아니하고 자기 처소를 떠난 천사들을 큰
날의 심판까지 영원한 결박으로 흑암에 가두셨으며

2. 성도의 부활과 공중 혼연이 끝난 후

천년왕국은 첫째 부활(성도의 부활, 계 20 : 4-5; 고전 15 : 52)과 공중 혼연(渾然; 살전 4 : 16-17)이 끝난 뒤에 실현될 것이 분명하다. 사도 요한이 본 묵시에 의하면 "내가 보좌들을 보니 거기 앉은 자들이 있어 심판하는 권세를 받았더라 또 내가 보니 예수의 증거와 하나님의 말씀을 인하여 목 베임을 받은 자의 영혼들과… 그의 표를 받지도 아니한 자들이 살아서 그리스도로 더불어 천 년 동안 왕 노릇하니 그 나머지 죽은 자들은 그 천년이 차기까지 살지 못하더라"(계 20 : 4-5)고 하였으니 첫째 부활 때에 부활한 순교자들이 천 년 동안 그리스도와 더불어 왕 노릇할 것이 분명하다. 그리고 첫째 부활 때 부활한 자들은 그리스도와 더불어 왕 노릇할 뿐만 아니라 세상과 천사까지도 심판하는 특권을 가지게 되는데(고전 6 : 2-3; 마 19 : 28; 계 20 : 4-6) 저들은 "예수의 증거와 하나님의 말씀을 인하여 목 베임을 받은 자들"로

서 주님과 더불어 이러한 특권을 누리게 됨이 당연한 일이다(딤후 2 : 11-12).

계 20 : 4-5	또 내가 보좌들을 보니 거기 앉은 자들이 있어 심판하는 권세를 받았더라 또 내가 보니 예수의 증거와 하나님의 말씀을 인하여 목 베임을 받은 자의 영혼들과 또 짐승과 그의 우상에게 경배하지도 아니하고 이마와 손에 그의 표를 받지도 아니한 자들이 살아서 그리스도로 더불어 천 년 동안 왕 노릇하니(그 나머지 죽은 자들은 그 천년이 차기까지 살지 못하더라)이는 첫째 부활이라
고전 15 : 52	나팔 소리가 나매 죽은 자들이 썩지 아니할 것으로 다시 살고 우리도 변화하리라
살전 4 : 16-17	주께서 호령과 천사장의 소리와 하나님의 나팔로 친히 하늘로 좇아 강림하시리니 그리스도 안에서 죽은 자들이 먼저 일어나고 그 후에 우리 살아남은 자도 저희와 함께 구름 속으로 끌어올려 공중에서 주를 영접하게 하시리니 그리하여 우리가 항상 주와 함께 있으리라
고전 6 : 2-3	성도가 세상을 판단할 것을 너희가 알지 못하느냐 세상도 너희에게 판단을 받겠거든 지극히 작은 일 판단하기를 감당치 못하겠느냐 우리가 천사를 판단할 것을 너희가 알지 못하느냐 그러하거든 하물며 세상 일이랴
마 19 : 28	예수께서 가라사대 내가 진실로 너희에게 이르노니 세상이 새롭게 되어 인자가 자기 영광의 보좌에 앉을 때에 나를 좇는 너희도 열두 보좌에 앉아 이스라엘 열두 지파를 심판하리라
딤후 2 : 11-12	미쁘다 이 말이여 우리가 주와 함께 죽었으면 또한 함께 살 것이요 참으면 또한 함께 왕 노릇할 것이요 우리가 주를 부인하면 주도 우리를 부인하실 것이라

3. 그리스도께서 지상 강림하신 후

천년 시대는 그리스도께서 지상 대환난의 주동자들을 박멸(撲滅)하신 뒤에 환난 전 공중으로 들리운 그분의 성도들과 더불어 지상에 완전히 내림하시고(계 19 : 11-21) 휴거되지 못하고 지상에서 환난을 통과한 성도들과 합류하여 그리스도의 왕국을 세움으로써 시작되는 것이다(계 20 : 4).

계 19 : 11-21	또 내가 하늘이 열린 것을 보니 보라 백마와 탄 자가 있으니 그 이름은 충신과 진실이라 그가 공의로 심판하며 싸우더라…또 내가 보매 그 짐승과 땅의 임금들과 그 군대들이 모여 그 말탄 자와 그의 군대로 더불어 전쟁을 일으키다가 짐승이 잡히고 그 앞에서 이적을 행하던 거짓 선지자도 함께 잡혔으니 이는 짐승의 표를 받고 그의 우상에게 경배하던 자들을 이적으로 미혹하던 자라 이 둘이 산 채로 유황불 붙은 못에 던지우고 그 나머지는 말 탄 자의 입으로 나오는 검에 죽으매 모든 새가 그 고기로 배불리우더라
계 20 : 4	또 내가 보좌들을 보니 저기 앉은 자들이 있어 심판하는 권세를 받았더라 또 내가 보니 예수의 증거와 하나님의 말씀을 인하여 목 베임을 받은 자의 영혼들과 또 짐승과 그의 우상에게 경배하지도 아니하고 이마와 손에 그의 표를 받지도 아니한 자들이 살아서 그리스도로 더불어 천 년 동안 왕 노릇하니

IV. 천년왕국의 조직과 제도

1. 천년왕국의 조직 구조

1) 만왕의 왕은 예수 그리스도

재림하신 예수 그리스도께서 천년 시대에 만주의 주(萬主의 主, 계 17 : 14), 만왕의 왕(萬王의 王, 계 19 : 16; 딤전 6 : 15)으로 군림하게 되실 것이다(계 20 : 4,6,7).

계 17 : 14	저희가 어린양으로 더불어 싸우려니와 어린양은 만주의 주시오 만왕의 왕이시므로 저희를 이기실 터이요 또 그와 함께 있는 자들 곧 부르심을 입고 빼내심을 얻고 진실한 자들은 이기리로다
계 19 : 16	그 옷과 그 다리에 이름 쓴 것이 있으니 만왕의 왕이요 만주의 주라 하였더라
딤전 6 : 15	기약이 이르면 하나님이 그의 나타나심을 보이시리니 하나님은 복되시고 홀로 한 분이신 능하신 자이며 만왕의 왕이시며 만주의 주시오
계 20 : 6	이 첫째 부활에 참예하는 자들은 복이 있고 거룩하도다 둘째 사망이 그들을 다스리는 권세가 없고 도리어 그들이 하나님과 그리스도의

	제사장이 되어 천 년 동안 그리스도로 더불어 왕 노릇하리라
계 20 : 4	또 내가 보좌들을 보니 거기 앉은 자들이 있어 심판하는 권세를
	받았더라 또 내가 보니 예수의 증거와 하나님의 말씀을 인하여
	목 베임을 받은 자의 영혼들과 또 짐승과 그의 우상에게 경배하지도
	아니하고 이마와 손에 그의 표를 받지도 아니한 자들이 살아서
	그리스도로 더불어 천년동안 왕 노릇하니
계 20 : 7	천년이 차매 사단이 그 옥에서 놓여

2) 분봉왕은 순교한 성도들

순교한 성도들이 "주와 더불어 왕 노릇하게 됨"(계 20 : 4)과 그분의 심판권에 참예하게 되는 것(마 19 : 28)은 요한계시록 5장 10절의 약속에 의한 것이다. 무천년설 지지자들은 이 천 년 동안의 통치를 우화적으로 취급하여 현시대의 교회가 전세계적으로 번영하는 상태로 본다. 그러나 현시대에서 교회의 진정한 세계적 번영과 통치가 영적인 의미에서인들 가능할 것인가 또, 중세기 카톨릭의 전제시대에는 그리스도의 뜻을 어겼으므로 주님과 같이 통치했다고 볼 수 없으며 현세대의 교회는 타락하여 벌써 그 영적 위상과 주권을 상실하고 있다(이상근 저 「신약주해 계시록」 P.232 참조).

마 19 : 28	예수께서 가라사대 내가 진실로 너희에게 이르노니 세상이 새롭게
	되어 인자가 자기 영광의 보좌에 앉을 때에 나를 좇는 너희도 열두
	보좌에 앉아 이스라엘 열두 지파를 심판하리라
계 5 : 10	저희로 우리 하나님 앞에서 나라와 제사장을 삼으셨으니 저희가
	땅에서 왕 노릇하리로다 하더라

3) 백성들은 대환난 통과자들

천년왕국의 백성은 대환난 통과자들로서 즉 이들은 천년왕국 직전의 열방 심판을 통과한 자들이다(계 19 : 19-21; 마 25 : 31-46 참조; 슥 2 : 11,8 : 20-23; 살후 1 : 7-10; 욜 3 : 11-17; 행 17 : 31). 그러나 무저갱에 가두었던 사단이 잠시 다시 석방되고 그가 백성들을 미혹하게 될 것이니 이는 사단이 무저갱에 갇혀 있어 그의 유혹이나 방해가 전혀 없는 가운데서 그리스도를 믿고 천년기에 참여했던 자들의 신앙과 충성에 대한 진위(眞僞)를 다시 알아보기 위한 재심의 기회로 삼기 위함이다. 이때에 일시 석방된 사단은 지상 권력자의 대표인 곡과 마곡을 미혹하여 전쟁을 일으키며 그 수는 바다의 모래와 같을 것이다. 그러나 하늘에서 불이 내려와 그들을 소멸함으로써 즉결 심판하리니 이것이 생존 인류에 대한 최후 심판이다(계 20 : 7-10).

슥 2 : 11	그날에 많은 나라가 여호와께 속하여 내 백성이 될 것이요 나는 네 가운데 거하리라 네가 만군의 여호와께서 나를 네게 보내신 줄 알리라
슥 8 : 20-23	만군의 여호와가 말하노라 그 후에 여러 백성과 많은 성읍의 거민이 올 것이라 이 성읍 거민이 저 성읍에 가서 이르기를 우리가 속히 가서 만군의 여호와를 찾고 여호와께 은혜를 구하자 할 것이면 나도 가겠노라 하겠으며 많은 백성과 강대한 나라들이 예루살렘으로 와서 만군의 여호와를 찾고 여호와께 은혜를 구하리라 만군의 여호와가 말하노라 그날에는 방언이 다른 열국 백성 열명이 유다 사람 하나의 옷자락을 잡을 것이라 곧 잡고 말하기를 하나님이 너희와 함께 하심을 들었나니 우리가 너희와 함께 가려 하노라 하리라 하시니라
계 19 : 19-21	또 내가 보매 그 짐승과 땅의 임금들과 그 군대들이 모여 그 말 탄 자와 그의 군대로 더불어 전쟁을 일으키다가 짐승이 잡히고 그 앞에서 이적을 행하던 거짓 선지자도 함께 잡혔으니 이는 짐승의 표를 받고 그의 우상에게 경배하던 자들을 이적으로 미혹하던 자라 이 둘이 산 채로 유황불 붙은 못에 던지우고 그 나머지는 말 탄 자의 입으로 나오는 검에 죽으매 모든 새가 그 고기로 배불리우더라
살후 1 : 7-10	환난 받는 너희에게는 우리와 함께 안식으로 갚으시는 것이 하나님의 공의시니 주 예수께서 저의 능력의 천사들과 함께 하늘로부터 불꽃 중에 나타나실 때에 하나님을 모르는 자들과 우리 주 예수의 복음을 복종치 않는 자들에게 형벌을 주시리니 이런 자들이 주의 얼굴과 그의 힘의 영광을 떠나 영원한 멸망의

	형벌을 받으리로다 그날에 강림하사 그의 성도들에게서 영광을 얻으시고 모든 믿는 자에게서 기이히 여김을 얻으시리라(우리의 증거가 너희에게 믿어졌음이라)
욜 3 : 11-17	사면의 열국아 너희는 속히 와서 모일지어다 여호와여 주의 용사들로 그리로 내려오게 하옵소서 열국은 동하여 여호사밧 골짜기로 올라올지어다 내가 거기 앉아서 사면의 열국을 다 심판하리로다 너희는 낫을 쓰라 곡식이 익었도다 와서 밟을지어다 포도주 틀이 가득히 차고 포도주 독이 넘치니 그들의 악이 큼이로다 사람이 많음이여 판결 골짜기에 사람이 많음이여 판결 골짜기에 여호와의 날이 가까움이로다 해와 달이 캄캄하며 별들이 그 빛을 거두도다 나 여호와가 시온에서 부르짖고 예루살렘에서 목소리를 발하리니 하늘과 땅이 진동되리로다 그러나 나 여호와는 내 백성의 피난처 이스라엘 자손의 산성이 되리로다 그런즉 너희가 나는 내 성산 시온에 거하는 너희 하나님 여호와인줄 알 것이라 예루살렘이 거룩하리니 다시는 이방 사람이 그 가운데로 통행하지 못하리로다
행 17 : 31	이는 정하신 사람으로 하여금 천하를 공의로 심판할 날을 작정하시고 이에 저를 죽은 자 가운데서 다시 살리신 것으로 모든 사람에게 믿을만한 증거를 주셨음이니라 하니라
계 20 : 7-10	천년이 차매 사단이 그 옥에서 놓여 나와서 땅의 사방 백성 곧 곡과 마곡을 미혹하고 모아 싸움을 붙이리니 그 수가 바다 모래 같으리라 저희가 지면에 널리 퍼져 성도들의 진과 사랑하시는 성을 두르매 하늘에서 불이 내려와 저희를 소멸하고 또 저희를 미혹하는 마귀가 불과 유황못에 던지우니 거기는 그 짐승과 거짓 선지자도 있어 세세토록 밤낮 괴로움을 받으리라

2. 천년왕국의 정치 제도

1) 헌법은 하나님의 말씀임

천년왕국이 건설되면 예루살렘에 중앙 정부가 설립되고 그리스도가 왕의 왕으로 군림하시고 만민은 그분의 백성으로서 귀순(歸順)하게 될 것이다(슥 2 : 11,8 : 20-23). 그리고 그들은 예루살렘으로부터 나오는 하나님의 말씀에 절대 복종하게 되리니 하나님의 말씀은, 천년왕국의 헌법이 될 것이다(사 2 : 3).

슥 2 : 11	그날에 많은 나라가 여호와께 속하여 내 백성이 될 것이요 나는 네 가운데 거하리라 네가 만군의 여호와께서 나를 네게 보내신 줄 알리라
슥 8 : 20-23	만군의 여호와가 말하노라 그 후에 여러 백성과 많은 성읍의 거민이 올 것이라 이 성읍 거민이 저 성읍에 가서 이르기를 우리가 속히 가서 만군의 여호와를 찾고 여호와께 은혜를 구하자 할 것이면 나도 가겠노라 하겠으며 많은 백성과 강대한 나라들이 예루살렘으로 와서 만군의 여호와를 찾고 여호와께 은혜를 구하리라 만군의 여호와가 말하노라 그날에는 방언이 다른 열국 백성 열명이 유다 사람 하나의 옷자락을 잡을 것이라 곧 잡고 말하기를 하나님이 너희와 함께하심을 들었나니 우리가 너희와 함께 가려 하노라 하리라 하시니라
사 2 : 3	많은 백성이 가며 이르기를 오라 우리가 여호와의 산에 오르며 야곱의 하나님의 전에 이르자 그가 그 도로 우리에게 가르치실 것이라 우리가 그 길로 행하리라 하리니 이는 율법이 시온에서부터 나올 것이요 여호와의 말씀이 예루살렘에서부터 나올 것임이니라

2) 행정은 공의와 사랑으로 함

성경에 "공의로 빈핍한 자를 심판하며 정직으로 세상의 겸손한 자를 판단할 것이며 그 입의 막대기로 세상을 치며 입술의 기운으로 악인을 죽일 것이며 공의로 그 허리띠를 삼으며 성실로 몸의 띠를 삼으리라"(사 11 : 4-5)고 하였으니 이는 천년왕국의 정치와 행정을 묘사한 말씀이다. 천년 시대에는 부약 제강(扶弱制强)의 공평한 통치로 공의와 사랑의 원리가 적용되는 행정을 펴게 될 것이다. 따라서 사회는 안정되고 참된 평화가 이루어져서 만백성이 진정한 평안과 행복을 향유하게 될 것이다(사 11 : 6-9).

사 11 : 6-9	그때에 이리가 어린양과 함께 거하며 표범이 어린 염소와 함께 누우며 송아지와 어린 사자와 살진 짐승이 함께 있어 어린 아이에게

끌리며 암소와 곰이 함께 먹으며 그것들의 새끼가 함께 엎드리며
사자가 소처럼 풀을 먹을 것이며 젖 먹는 아이가 독사의 구멍에서
장난하며 젖뗀 어린 아이가 독사의 굴에 손을 넣을 것이라 나의
거룩한 산 모든 곳에서 해됨도 없고 상함도 없을 것이니 이는 물이
바다를 덮음같이 여호와를 아는 지식이 세상에 충만할 것임이니라

3) 만국이 다 정치에 순복함

성경에 "예루살렘을 치러 왔던 열국 중에 남은 자가 해마다 올라와서 그 왕 만군의 여호와께 숭배하며 초막절을 지킬 것이다"(슥 14 : 16) 라고 하였으니 이는 천년 시대에 그리스도께서 만왕의 왕이 되시고 예루살렘에 세계의 중앙 정부가 서게 될 때에 적그리스도의 충동을 받아 성성(聖城)을 치려고 올라왔던 적군이 섬멸을 당하고 그 남은 자들은 회개함으로써 그리스도의 왕국에 귀순(歸順)하여 그분의 백성이 되며 매년 예루살렘에 상경(上京)하여 하나님께 경배하고 이스라엘과 같이 절기를 지키게 될 것을 의미하는 것이다.

V. 천년 시대의 형편

그리스도께서 만왕의 왕으로 군림하시어 천년왕국이 조직되고 그 정치가 시행되면 온 세상은 천 년 동안 다음과 같은 형편을 이루게 될 것이다.

1. 도덕적 형편
1) 참 성결한 세상

성경에 예언하기를 "거기 대로가 있어 그 길을 거룩한 길이라 일컫는 바 되리니 깨끗지 못한 자는 지나지 못하겠고 오직 구속함을 입은 자들을 위하여 있게 된 것이라 우매한 행인은 그 길을 범치 못할 것이며" 라고 하였으니(사 35 : 8) 이는 천년 시대에 구속함을 입은 자들이 속화(俗化)되지 않고 성결한 성민(聖民)으로서 거룩한 생활을 하며, 성도(聖都) 즉 예루살렘의 성로(聖路)를 왕래하게 될 것을 예고한 것이다. 그리고 또 "그날에는 말방울에까지 여호와께 성결이라 기록될 것이라 여호와의 전에 모든 솥이 제단 앞 주발과 다름이 없을 것이라"고 하였으니(슥 14 : 20) 천년 시대에는 모든 것이 성결화(聖潔化)하여 심지어는 속된 것의 대표라고

할 수 있는 "말방울"도 거룩할 것이며 "하나님의 전의 모든 솥도 제단 앞 주발만큼 거룩하여 그 구분이 폐지될 것이니" 그때에는 만물이 모두 다 거룩하게 되어 온전히 성결한 세상을 이루게 될 것이다.

2) 악의 세력이 없는 세상

천년 시대에는 악의 세력의 근본인 사단을 잡아 무저갱에 가두었으므로 그가 전혀 활동을 못하므로 악(惡)의 기운은 조금도 없고 따라서 선(善)만이 충만한 세상이 될 것이다(계 20 : 2-3).

계 20 : 2-3   용을 잡으니 곧 옛 뱀이요 마귀요 사단이라 잡아 일천 년 동안 결박하여 무저갱에 던져 잠그고 그 위에 인봉하여 천년이 차도록 다시는 만국을 미혹하지 못하게 하였다가 그 후에는 반드시 잠깐 놓이리라

3) 죄악이 용납되지 않는 세상

천년 시대의 그리스도의 왕국은 성국(聖國)으로서 거룩함만이 통하는 세계이며 그곳에는 그리스도의 피로 구속함을 받아 성결한 성도(聖徒)들 외에는 용납되지 않는다. 그러므로 거기에는 죄악의 주동자인 사단은 물론, 죄악에 취하여 짐승같이 악한 죄인들도 없고(사 35 : 8-10), 악의 세력에 의하여 유린당하는 일도 전혀 없을 것이라고 성경은 예언하고 있다(사 52 : 1).

사 35 : 8-10   거기 대로가 있어 그 길을 거룩한 길이라 일컫는 바 되리니 깨끗지 못한 자는 지나지 못하겠고 오직 구속함을 입은 자들을 위하여 있게 된 것이라 우매한 행인은 그 길을 범치 못할 것이며 거기는 사자가 없고 사나운 짐승이 그리로 올라가지 아니하므로 그것을 만나지 못하겠고 오직 구속함을 얻은 자만 그리로 행할 것이며 여호와의 속량함을 얻은 자들이 돌아오되 노래하며 시온에 이르러 그 머리 위에 영영한 희락을 띠고 기쁨과 즐거움을 얻으리니 슬픔과 탄식이 달아나리로다

사 52 : 1   시온이여 깰지어다 깰지어다 네 힘을 입을지어다 거룩한 성

예루살렘이여 네 아름다운 옷을 입을지어다 이제부터 할례받지
않은 자와 부정한 자가 다시는 네게로 들어옴이 없을 것임이니라

4) 하나님의 교훈대로 사는 세상

천년 시대에는 만민이 다 만군의 여호와 하나님의 은혜를 구하며(슥 8 : 20-22)
그분의 말씀을 청종하고 그 교훈대로 순종하며 살기 때문에 천륜과 인류 도덕이
구현되고 성결과 정의 사회가 온전히 서게 될 것이다(사 2 : 3).

슥 8 : 20-22	만군의 여호와가 말하노라 그 후에 여러 백성과 많은 성읍의 거민이 올 것이라 이 성읍 거민이 저 성읍에 가서 이르기를 우리가 속히 가서 만군의 여호와를 찾고 여호와께 은혜를 구하자 할 것이면 나도 가겠노라 하겠으며 많은 백성과 강대한 나라들이 예루살렘으로 와서 만군의 여호와를 찾고 여호와께 은혜를 구하리라
사 2 : 3	많은 백성이 가며 이르기를 오라 우리가 여호와의 산에 오르며 야곱의 하나님의 전에 이르자 그가 그 도로 우리에게 가르치실 것이라 우리가 그 길로 행하리라 하리니 이는 율법이 시온에서부터 나올 것이요 여호와의 말씀이 예루살렘에서부터 나올 것임이니라

2. 사회적 형편
1) 참 평화로운 세상

천년 시대는 평화의 왕이신 예수 그리스도께서 내림하시어 평화의 세계를 건설
하시고 만국민을 공평과 사랑으로 다스리시게 되므로 국제간의 분쟁이나 전쟁이
없고 세계 만민이 다 평화와 행복이 넘치는 생활을 하게 될 것이다(사 2 : 4; 슥
9 : 10).

사 2 : 4	그가 열방 사이에 판단하시며 많은 백성을 판결하시리니 무리가 그 칼을 쳐서 보습을 만들고 그 창을 쳐서 낫을 만들 것이며 이 나라와 저 나라가 다시는 칼을 들고 서로 치지 아니하며 다시는 전쟁을 연습지 아니하리라
슥 9 : 10	내가 에브라임의 병거와 예루살렘의 말을 끊겠고 전쟁하는 활도

끊으리니 그가 이방 사람에게 화평을 전할 것이요 그의 정권은
바다에서 바다까지 이르고 유브라데 강에서 땅 끝까지 이르리라

2) 욕심과 시기와 질투가 없는 세상

지금은 세상에 온갖 욕심과 파쟁과 방탕, 음란과 시기와 질투와 정욕을 도모하는 일이 많으나(롬 13 : 13-14; 약 3 : 14-16, 4 : 1-2) 그리스도께서 재림하시어 의의 빛이 충만한 광명한 세상이 이루어지면 모든 사람이 어두움의 일(방탕, 술 취함, 음란, 호색, 쟁투, 시기)을 벗어버리고 오직 의와 화평과 선을 도모하게 될 것이다(약 3 : 17-18).

롬 13 : 13-14	낮에와 같이 단정히 행하고 방탕과 술 취하지 말며 음란과 호색하지 말며 쟁투와 시기하지 말고 오직 주 예수 그리스도로 옷 입고 정욕을 위하여 육신의 일을 도모하지 말라
약 3 : 14-16	그러나 너희 마음속에 독한 시기와 다툼이 있으면 자랑하지 말라 진리를 거스려 거짓하지 말라 이러한 지혜는 위로부터 내려온 것이 아니요 세상적이요 정욕적이요 마귀적이니 시기와 다툼이 있는 곳에는 요란과 모든 악한 일이 있음이니라
약 4 : 1-2	너희 중에 싸움이 어디로 다툼이 어디로 좋아 나느뇨 너희 지체 중에서 싸우는 정욕으로 좇아 난 것이 아니냐 너희가 욕심을 내어도 얻지 못하고 살인하며 시기하여도 능히 취하지 못하나니 너희가 다투고 싸우는도다 너희가 얻지 못함은 구하지 아니함이요
약 3 : 17-18	오직 위로부터 난 지혜는 첫째 성결하고 다음에 화평하고 관용하고 양순하며 긍휼과 선한 열매가 가득하고 편벽과 거짓이 없나니 화평케 하는 자들은 화평으로 심어 의의 열매를 거두느니라

3) 증오와 억울함이 없는 세상

천년 시대에는 그리스도께서 부약 제강(扶弱制强)의 공평한 정치를 하시기 때문에 약육 강식(弱肉强食)의 억울함이나 증오함이 전혀 없다(사 61 : 1-3; 시 12 : 5; 사 45 : 13).

사 61 : 1-3   주 여호와의 신이 내게 임하셨으니 이는 여호와께서 내게 기름을
부으사 가난한 자에게 아름다운 소식을 전하게 하려 하심이라
나를 보내사 마음이 상한 자를 고치며 포로된 자에게 자유를 갇힌
자에게 놓임을 전파하며 여호와의 은혜의 해와 우리 하나님의
신원의 날을 전파하여 모든 슬픈 자를 위로하되 무릇 시온에서
슬퍼하는 자에게 화관을 주어 그 재를 대신하며 희락의 기름으로
그 슬픔을 대신하며 찬송의 옷으로 그 근심을 대신하시고 그들로
의의 나무 곧 여호와의 심으신 바 그 영광을 나타낼 자라 일컬음을
얻게 하려 하심이니라

시 12 : 5   여호와의 말씀에 가련한 자의 눌림과 궁핍한 자의 탄식을 인하여
내가 이제 일어나 저를 그 원하는 안전 지대에 두리라 하시도다

사 45 : 13   내가 의로 그를 일으킨지라 그의 모든 길을 곧게 하리니 그가 나의
성읍을 건축할 것이며 나의 사로잡힌 자들을 값이나 갚음 없이
놓으리라 만군의 여호와의 말이니라 하셨느니라

3. 정치적 형편

1) 우주 만물의 통일 시대

성경에 "하늘에 있는 것이나 땅에 있는 것이 다 그리스도 안에서 통일되게 하려 하심이라"고 하였으니 이는 사도 바울이 광대한 우주의 통일 시대가 온다는 것을 예언한 것이다(엡 1 : 10). 본래 하나님께서 창조 당시에 천지(天池)는 하나님의 선하신 뜻 아래 하나로 통일되어 이상적 조화를 이루고 있었다. 그러나 인류의 타락 이후 인류를 위시해서 만물은 부조화의 상태에 빠지고 말았다. 천년 시대에는 그리스도의 구속으로 인류는 구원받고 만물은 또 다시 더 아름답고 완전한 조화를 이루며 하나님의 뜻 아래서 통일을 회복하게 될 것이다.

2) 천하 통일 정부의 시대

성경에 "내가 에브라임의 병거와 예루살렘의 말을 끊겠고 전쟁하는 활도 끊으리니 그가 이방 사람에게 화평을 전할 것이요 그의 정권은 바다에서 바다까지 이르고 유브라데 강에서 땅 끝까지 이르리라"(슥 9 : 10)고 하였으니, 이는 그리스도 예수께서 평화의 왕으로 군림하시어 전쟁을 종식하시고 천하를 통일하여 그분의 왕국을 건

설하심으로 평화의 세계가 실현될 것을 표현한 것이다. 이때에는 천하에 왕이 한 분이요(딤전 6 : 15), 정부도 하나이요(슥9 : 10), 사상도 하나일 것이다(사 2 : 3).

딤전 6 : 15　　기약이 이르면 하나님이 그의 나타나심을 보이시리니 하나님은 복되시고 홀로 한 분이신 능하신 자이며 만왕의 왕이시며 만주의 주시오

슥 9 : 10　　내가 에브라임의 병거와 예루살렘의 말을 끊겠고 전쟁하는 활도 끊으리니 그가 이방 사람에게 화평을 전할 것이요 그의 정권은 바다에서 바다까지 이르고 유브라데 강에서 땅 끝까지 이르리라

사 2 : 3　　많은 백성이 가며 이르기를 오라 우리가 여호와의 산에 오르며 야곱의 하나님의 전에 이르자 그가 그 도로 우리에게 가르치실 것이라 우리가 그 길로 행하리라 하리니 이는 율법이 시온에서부터 나올 것이요 여호와의 말씀이 예루살렘에서부터 나올 것임이니라

4. 물질 세계의 형편
1) 토질의 회복 시대

성경에 "광야와 메마른 땅이 기뻐하며 사막이 백합화 같이 피어 즐거워하며… 레바논의 영광과 갈멜과 사론의 아름다움을 얻을 것이라…"(사 35 : 1-2)고 하였고 "그 때에… 광야에서 물이 솟겠고 사막에서 시내가 흐를 것임이라 뜨거운 사막이 변하여 못이 될 것이며 메마른 땅이 변하여 원천이 될 것이며 시랑의 눕던 곳에 풀과 갈대와 부들이 날 것이라"(사 35 : 6-7)고 하였으니 천년 시대에 아담의 범죄로 인하여 저주받은 땅의 토질(土質)이 양질(良質)로 변화될 것이니(창 3 : 17-19), 이때에는 성령의 역사를 통하여 땅과 산천(山川)이 중생(重生)하고 성화(聖化)될 것이다(사 32 : 15).

창 3 : 17-19　　아담에게 이르시되 네가 네 아내의 말을 듣고 내가 너더러 먹지 말라 한 나무 실과를 먹었은즉 땅은 너로 인하여 저주를 받고 너는 종신토록 수고하여야 그 소산을 먹으리라 땅이 네게 가시덤불과 엉겅퀴를 낼 것이라 너의 먹을 것은 밭의 채소인즉 네가 얼굴에 땀이 흘러야 식물을 먹고 필경은 흙으로 돌아가리니 그 속에서

> 네가 취함을 입었음이라 너는 흙이니 흙으로 돌아갈 것이니라
> 하시니라
>
> 사 32 : 15 필경은 위에서부터 성신을 우리에게 부어 주시리니 광야가 아름다운
> 밭이 되며 아름다운 밭을 삼림으로 여기게 되리라

2) 식물의 회복 시대

성경에 "잣나무는 가시나무를 대신하여 나며 화석류는 질려를 대신하여 날 것이라"고 하였다(사 55 : 13). 그리스도의 왕국이 통치하는 천년 시대에는 하나님의 은혜가 식물에까지 풍성히 임하여 미화(美華)되고 성화(聖化)될 것이다. 그러기 때문에 산천초목을 위시하여 만물이 다 그리스도의 재림으로 이루어질 천복년(千福年)의 회복 시대가 오기를 고대하고 있는 것이다(롬 8 : 19-21).

> 롬 8 : 19-21 피조물의 고대하는 바는 하나님의 아들들의 나타나는 것이니
> 피조물이 허무한데 굴복하는 것은 자기 뜻이 아니요 오직 굴복케
> 하시는 이로 말미암음이라 그 바라는 것은 피조물도 썩어짐의
> 종노릇한 데서 해방되어 하나님의 자녀들의 영광의 자유에 이르는
> 것이니라

3) 동물의 회복 시대

이사야 선지자는 천년 시대에 동물들이 회복된 상태에 대하여 예언하기를 "그 때에 이리가 어린 양과 함께 거하며 표범이 어린 염소와 함께 누우며 송아지와 어린 사자와 살찐 짐승이 함께 있어 어린아이에게 끌리며 암소와 곰이 함께 먹으며 그것들의 새끼가 함께 엎드리며 사자가 소처럼 풀을 먹을 것이며 젖 먹는 아이가 독사의 구멍에서 장난하며 젖 뗀 어린아이가 독사의 굴에 손을 넣을 것이라 나의 거룩한 산 모든 곳에서 해됨도 없고 상함도 없을 것이니…" 라고 하였다(사 11 : 6-9). 이는 천년 시대에 하나님의 특별한 은총이 동물계에도 충만히 임하여 맹수와 독사가 저주 이전의 에덴동산에서의 원상태로 회복하게 될 것을 예언한 것이다. 이로써 약육강식(弱肉强食)의 살상(殺傷) 시대가 끝나고 모든 동물이 생존의 자유와 평화를 향유하는 축복의 시대가 열리게 될 것이다.

5. 인간의 형편

1) 육체의 회복 시대

천복년 시대에 인간의 형편은 타락으로 부패하여 불완전하던 육체가 완전히 회복되어 처음 창조 당시의 상태가 되어진다. 성경에 "약한 손을 강하게 하여 주며 떨리는 무릎을 굳게 하여 주며 겁내는 자에게 이르기를 너는 굳세게 하라 두려워 말라 보라⋯ 그때에 소경의 눈이 밝을 것이며 귀머거리의 귀가 열릴 것이며 그때에 저는 자는 사슴같이 뛸 것이며 벙어리의 혀는 노래하리니⋯"라고 하였다. 이는 천년 시대에 인간의 불완전한 육체가 완전하게 회복될 것을 묘사한 것이다(사 35 : 3-6).

2) 수명의 회복 시대

인간의 타락으로 수명(壽命)이 단축되었던 것이 천복년 시대에 다시 회복되는 것이다. 성경에 예언하기를 "거기는 날 수가 많지 못하여 죽는 유아와 수한(壽限)이 차지 못한 노인이 다시는 없을 것이라 곧 백 세에 죽는 자가 아이겠고 백 세 못되어 죽는 자는 저주받은 것이리라"(사 65 : 20)고 하였고 "⋯내 백성의 수한이 나무의 수한과 같겠고 나의 택한 자가 그 손으로 일한 것을 길이 누릴 것임이라"(사 65 : 22)고 하였다. 이는 천복년 시대에 인간의 수명이 회복될 것을 암시한 것이다. 질병과 죄악과 공해가 없는 천년 시대가 오면 인간은 천 년간 사망과 질고가 없이 건강한 삶을 살다가 영원한 생명을 누리게 될 것이다.

3) 생활의 회복 시대

천복년 시대가 오면 산업이 부흥되고 가옥이나 토지 생산에 대한 외침을 받지 않고 재난이나 우환이 없으므로 윤택하고 풍요로운 생활을 누리게 될 것이다(사 65 : 21-25).

> 사 65 : 21-25　그들이 가옥을 건축하고 그것에 거하겠고 포도원을 재배하고 열매를 먹을 것이며 그들의 건축한데 타인이 거하지 아니할 것이며 그들의 재배한 것을 타인이 먹지 아니하리니 이는 내 백성의 수한이 나무의 수한과 같겠고 나의 택한 자가 그 손으로 일한 것을 길이 누릴 것임이며 그들의 수고가 헛되지 않겠고 그들의 생산한 것이 재난에

> 걸리지 아니하리니 그들은 여호와의 복된 자의 자손이요 그 소생도
> 그들과 함께 될 것임이라 그들이 부르기 전에 내가 응답하겠고
> 그들이 말을 마치기 전에 내가 들을 것이며 이리와 어린양이 함께
> 먹을 것이며 사자가 소처럼 짚을 먹을 것이며 뱀은 흙으로 식물을
> 삼을 것이니 나의 성산에서는 해함도 없겠고 상함도 없으리라
> 여호와의 말이니라

4) 지식의 회복 시대

천복년 시대에는 작은 자로부터 큰 자에 이르기까지 모두 다 여호와를 알게 되리니(렘 31 : 34) 이는 인간의 참된 지식(잠 1 : 7)이 회복되고 성령의 역사로 말미암아 하나님을 아는 지혜와 지식이 풍성하기 때문이다. 인간은 본래 지식과 지혜가 풍성했었으나(창 2 : 19) 타락으로 인하여 그 지식과 지혜가 빈약해졌다. 그러나 천년 시대에는 그 지식을 다시 회복하게 될 것이다(사 11 : 9, 32 : 3-4).

렘 31 : 34　그들이 다시는 각기 이웃과 형제를 가리켜 이르기를 너는 여호와를
　　　　　　알라 하지 아니하리니 이는 작은 자로부터 큰 자까지 다 나를
　　　　　　앎이니라 내가 그들의 죄악을 사하고 다시는 그 죄를 기억지
　　　　　　아니하리라 여호와의 말이니라

잠 1 : 7　　여호와를 경외하는 것이 지식의 근본이어늘 미련한 자는 지혜와
　　　　　　훈계를 멸시하느니라

창 2 : 19　　여호와 하나님이 흙으로 각종 들짐승과 공중의 각종 새를 지으시고
　　　　　　아담이 어떻게 이름을 짓나 보시려고 그것들을 그에게로 이끌어
　　　　　　이르시니 아담이 각 생물을 일컫는 바가 곧 그 이름이라

사 11 : 9　　나의 거룩한 산 모든 곳에서 해됨도 없고 상함도 없을 것이니 이는
　　　　　　물이 바다를 덮음같이 여호와를 아는 지식이 세상에 충만할
　　　　　　것임이니라

사 32 : 3-4　보는 자의 눈이 감기지 아니할 것이요 듣는 자의 귀가 기울어질
　　　　　　것이며 조급한 자의 마음이 지식을 깨닫고 어눌한 자의 혀가
　　　　　　민첩하여 말을 분명히 할 것이라

Ⅵ. 천년 시대 설정의 이유
1. 하나님의 창조의 이상 실현

성경에 "하나님이 그 지으신 모든 것을 보시니 보시기에 심히 좋았더라…"(창 1 : 31)고 하였다. 천지 창조에 대한 하나님의 이상은 "보시기에 좋음의 세계", 즉 "하나님의 마음에 드시는 아름다운 세계"이다.

그러나 이 하나님의 창조의 이상은 인류의 시조 아담의 범죄와 타락으로 인하여 온전히 실현되지 못하였다. 즉 하나님께서 보시기에 심히 좋은 세계는 만물의 영장인 인간의 타락으로 잠간 있다가 저주받고 추하게 된 것이다. 그러나 천년 시대에는 만물이 회복됨으로써 하나님의 창조의 이상이 완전히 실현될 것이다(사 55 : 12-13, 11 : 6-8).

사 55 : 12-13   너희는 기쁨으로 나아가며 평안히 인도함을 받을 것이요 산들과 작은 산들이 너희 앞에서 노래를 발하고 들의 모든 나무가 손바닥을 칠 것이며 잣나무는 가시나무를 대신하여 나며 화석류는 질려를 대신하여 날 것이라 이것이 여호와의 명예가 되며 영영한 표징이 되어 끊어지지 아니하리라 하시니라

사 11 : 6-8   그때에 이리가 어린양과 함께 거하며 표범이 어린 염소와 함께 누우며 송아지와 어린 사자와 살진 짐승이 함께 있어 어린아이에게 끌리며 암소와 곰이 함께 먹으며 그것들의 새끼가 함께 엎드리며 사자가 소처럼 풀을 먹을 것이며 젖먹는 아이가 독사의 구멍에서 장난하며 젖뗀 어린아이가 독사의 굴에 손을 넣을 것이라

2. 성경 예언의 성취

성경에 "보라 장차 한 왕이 의로 통치할 것이요 방백들이 공평으로 정사할 것이며"라고 하였다(사 32 : 1). 이는 장래에 이루어질 메시야의 이상 왕국(理想王國)으로 평화와 공평과 정의의 선정이 베풀어지고 백성들이 태평 성대(太平聖代)의 행복을 누리게 되는 이상 세계(理想 世界 ; Paradise)에 대한 예언이다. 이 예언을 성취하기 위하여 천년 시대를 설정하시는 것이다.

3. 성도들에게 기업을 주려 함

천년 시대를 설정하는 목적은 성도들에게 축복된 삶을 살며 행복의 극치를 누리게 하기 위하여 영원한 기업을 나누어 주기 위함임을 성경은 암시하고 있다(시 37 : 18; 눅 19 : 17; 계 20 : 6).

시 37 : 18   여호와께서 완전한 자의 날을 아시니 저희 기업은 영원하리로다

눅 19 : 17   주인이 이르되 잘하였다 착한 종이여 네가 지극히 작은 것에 충성하였으니 열 고을 권세를 차지하라 하고

계 20 : 6   이 첫째 부활에 참예하는 자들은 복이 있고 거룩하도다 둘째 사망이 그들을 다스리는 권세가 없고 도리어 그들이 하나님과 그리스도의 제사장이 되어 천 년 동안 그리스도로 더불어 왕 노릇하리라

4. 성도들을 영화롭게 하려 함

천년 시대를 설정하는 또 하나의 이유는 성도들로 하여금 그리스도와 함께 영광을 누리게 하려 함이다. 장차 그리스도께서 재림하시고 주님의 나라가 이루어질 때에 성도들은 주님과 함께 만민을 다스리는 왕 노릇을 하게 될 것이며(딤후 2 : 12; 계 20 : 4-6 참조; 눅 22 : 28-30; 마 25 : 21,23) 그때 그 영광은 현재의 고난과 족히 비교할 수 없다(롬 8 : 17-18).

딤후 2 : 12   참으면 또한 함께 왕 노릇 할 것이요 우리가 주를 부인하면 주도 우리를 부인하실 것이라

눅 22 : 28-30   너희는 나의 모든 시험 중에 항상 나와 함께 한 자들인즉 내 아버지께서 나라를 내게 맡기신 것같이 나도 너희에게 맡겨 너희로 내 나라에 있어 내 상에서 먹고 마시며 또는 보좌에 앉아 이스라엘 열두 지파를 다스리게 하려 하노라

마 25 : 21   그 주인이 이르되 잘 하였도다 착하고 충성된 종아 네가 작은 일에 충성하였으매 내가 많은 것으로 네게 맡기리니 네 주인의 즐거움에 참예할지어다 하고

마 25 : 23   그 주인이 이르되 잘하였도다 착하고 충성된 종아 네가 작은 일에 충성하였으매 내가 많은 것으로 네게 맡기리니 네 주인의 즐거움에

참예할지어다 하고

롬 8 : 17-18 　자녀이면 또한 후사 곧 하나님의 후사요 그리스도와 함께 한 후사니
우리가 그와 함께 영광을 받기 위하여 고난도 함께 받아야 될
것이니라 생각건대 현재의 고난은 장차 우리에게 나타날 영광과
족히 비교할 수 없도다

죽은 자의 부활

　종말론의 순서상으로는 천년왕국 전에 의인의 부활을 논하고 여기서는 악인의 부활만을 논하여야 하지만 성경에 나타난 부활 교리를 일목요연하게 체계적으로 정리해 보고자 "죽은 자의 부활"이란 주제로 의인과 악인의 부활을 함께 논술하기로 한다.

Ⅰ. 부활의 정의

1. 부활의 어의(語意)

　부활(復活)이란 헬라어로 "아나스타시스(Anastasis)"라고 하는데 이는 "일어난다(Raising up)"는 뜻이 있다. 즉 부활이라 함은 죽었던 사람이 하나님의 능력에 의하여(고후 13 : 4; 엡 1 : 20; 히 11 : 19) 죽음의 잠든 상태에서 깨어 일어나는 것을 의미한다(살전 4 : 13-17). 다시 말하면 부활(復活)이란 무덤에 묻힌 죽은 인간의 몸과 영혼이 다시 회복되어 소생하는 것을 의미하는 것이다(마 27 : 52-53; 고전 15 : 12-24 참조).

고후 13 : 4	그리스도께서 약하심으로 십자가에 못박히셨으나 오직 하나님의 능력으로 살으셨으니 우리도 저의 안에서 약하나 너희를 향하여 하나님의 능력으로 저와 함께 살리라
엡 1 : 20	그 능력이 그리스도 안에서 역사하사 죽은 자들 가운데서 다시 살리시고 하늘에서 자기의 오른편에 앉히사
히 11 : 19	저가 하나님이 능히 죽은 자 가운데서 다시 살리실 줄로 생각한지라 비유컨대 죽은 자 가운데서 도로 받은 것이니라
살전 4 : 13-17	형제들아 자는 자들에 관하여는 너희가 알지 못함을 우리가 원치

아니하노니 이는 소망 없는 다른 이와 같이 슬퍼하지 않게 하려
함이라 우리가 예수의 죽었다가 다시 사심을 믿을진대 이와 같이
예수 안에서 자는 자들도 하나님이 저와 함께 데리고 오시리라
우리가 주의 말씀으로 너희에게 이것을 말하노니 주 강림하실
때까지 우리 살아남아 있는 자도 자는 자보다 결단코 앞서지
못하리라 주께서 호령과 천사장의 소리와 하나님의 나팔로 친히
하늘로 좇아 강림하시리니 그리스도 안에서 죽은 자들이 먼저
일어나고 그 후에 우리 살아남은 자도 저희와 함께 구름 속으로
끌어올려 공중에서 주를 영접하게 하시리니 그리하여 우리가 항상
주와 함께 있으리라

마 27 : 52-53　무덤들이 열리며 자던 성도의 몸이 많이 일어나되 예수의 부활
후에 저희가 무덤에서 나와서 거룩한 성에 들어가 많은 사람에게
보이니라

2. 부활의 범위

　모든 사람은 사후(死後)에 때가 되면 부활한다. 죽은 자는 일단 의인이나 악인
이나 할 것 없이 모두 다 부활하게 된다(고전 15 : 12-24 참조; 요 5 : 29; 단12 :
2). 인간은 본래 영혼(靈魂)과 육(肉)의 유기적 통일체(有機的 統一體)이나 죽음
에 의하여 영과 육이 분리(分離)된 후에 부활에 의하여 다시 결합하여 비로소 완
전한 인간을 이루게 되는 것이다. 그리고 죽은 사람이 부활하게 될 때에는 그 몸
이 썩지 않고 죽지 아니하는 완전한 몸으로 변화하여(고전 15 : 52-54) 영혼과 재
결합(再結合)함으로써 완전한 인간이 되어 신자는 영생에, 불신자는 영벌에 들어
가게 되는 것이다.

요 5 : 29　　　선한 일을 행한 자는 생명의 부활로, 악한 일을 행한 자는 심판의
부활로 나오리라
단 12 : 2　　　땅의 티끌 가운데서 자는 자중에 많이 깨어 영생을 얻는 자도 있겠고
수욕을 받아서 무궁히 부끄러움을 입을 자도 있을 것이며
고전 15 : 52-54　나팔 소리가 나매 죽은 자들이 썩지 아니할 것으로 다시 살고 우리도
변화하리라 이 썩을 것이 불가불 썩지 아니할 것을 입겠고 이 죽을

것이 죽지 아니함을 입으리로다 이 썩을 것이 썩지 아니함을 입고
이 죽을 것이 죽지 아니함을 입을 때에는 사망이 이김의 삼킨 바
되리라고 기록된 말씀이 응하리라

3. 부활의 의미

성도의 부활은 궁극적으로 그리스도께서 우리의 구원을 위하여 십자가상에서
행하신 속죄 사역의 완결이라는데 의미가 있다(행 2 : 23-26; 롬 4 : 25). 예수 그
리스도 안에 있는 신자는 신천 신지(新天新地)에 들어가 영생 복락(永生福樂)을
누리기 위하여(계 21 : 1) 부활하는 것이다(요 5 : 29; 계 20 : 5-6,21장). 그러나
예수 그리스도를 믿지 않은 자들은 심판을 받고 지옥에 들어가 영원한 저주와 고
통을 당하기 위하여 부활한다(요 5 : 29; 계 20 : 11-15). 그러므로 의인은 영원한
생명(영생)에로의 부활인 반면, 악인은 영원한 죽음(형벌)에로의 부활인 것이다
(요 5 : 28-29).

행 2 : 23-26	그가 하나님의 정하신 뜻과 미리 아신대로 내어준 바 되었거늘 너희가 법 없는 자들의 손을 빌어 못박아 죽였으나 하나님께서 사망의 고통을 풀어 살리셨으니 이는 그가 사망에게 매여 있을 수 없었음이라 다윗이 저를 가리켜 가로되 내가 항상 내 앞에 계신 주를 뵈웠음이여 나로 요동치 않게 하기 위하여 그가 내 우편에 계시도다 이러므로 내 마음이 기뻐하였고 내 입술도 즐거워하였으며 육체는 희망에 거하리니
롬 4 : 25	예수는 우리 범죄함을 위하여 내어줌이 되고 또한 우리를 의롭다 하심을 위하여 살아나셨느니라
계 21 : 1	또 내가 새 하늘과 새 땅을 보니 처음 하늘과 처음 땅이 없어졌고 바다도 다시 있지 않더라
요 5 : 28-29	이를 기이히 여기지 말라 무덤 속에 있는 자가 다 그의 음성을 들을 때가 오나니 선한 일을 행한 자는 생명의 부활로, 악한 일을 행한 자는 심판의 부활로 나오리라
계 20 : 5-6	(그 나머지 죽은 자들은 그 천년이 차기까지 살지 못하더라)이는 첫째 부활이라 이 첫째 부활에 참예하는 자들은 복이 있고

거룩하도다 둘째 사망이 그들을 다스리는 권세가 없고 도리어
그들이 하나님과 그리스도의 제사장이 되어 천 년 동안 그리스도로
더불어 왕 노릇하리라

계 20 : 11-15 또 내가 크고 흰 보좌와 그 위에 앉으신 자를 보니 땅과 하늘이
그 앞에서 피하여 간데 없더라 또 내가 보니 죽은 자들이 무론대소
하고 그 보좌 앞에 섰는데 책들이 펴 있고 또 다른 책이 펴졌으니
곧 생명책이라 죽은 자들이 자기 행위를 따라 책들에 기록된 대로
심판을 받으니 바다가 그 가운데서 죽은 자들을 내어주고 또 사망과
음부도 그 가운데서 죽은 자들을 내어주매 각 사람이 자기의 행위
대로 심판을 받고 사망과 음부도 불못에 던지우니 이것은 둘째
사망 곧 불못이라 누구든지 생명책에 기록되지 못한 자는 불못에
던지우더라

II. 부활 교리의 성경적 근거
1. 구약의 근거

구약은 신약처럼 분명치는 않아도 죽은 자의 부활에 대한 계시가 여러 곳에 나타나 있다(욥 14 : 13-15, 19 : 25-29; 시 16 : 10, 17 : 15, 49 : 15, 13 : 2-4; 사 26 : 19; 단 12 : 2-3; 호 6 : 2). 그리고 구약의 부활 사상은 신약 시대로 계승되었다. 신약 시대에 바리새파의 사람들은 가장 열심있는 부활 신앙의 신봉자였으며 사두개파의 사람들은 부활 교리를 전적으로 부정하고 있었다(행 23 : 8). 구약에 나타난 부활 교리의 근거는 다음과 같다.

욥 14 : 13-15 주는 나를 음부에 감추시며 주의 진노가 쉴 때까지 나를 숨기시고
나를 위하여 기한을 정하시고 나를 기억하옵소서 사람이 죽으면
어찌 다시 살리이까 나는 나의 싸우는 모든 날 동안을 참고 놓이기를
기다렸겠나이다 주께서는 나를 부르셨겠고 나는 대답하였겠나이다
주께서는 주의 손으로 지으신 것을 아껴 보셨겠나이다

욥 19 : 25-29 내가 알기에는 나의 구속자가 살아 계시니 후일에 그가 땅위에
서실 것이라 나의 이 가죽 이것이 썩은 후에 내가 육체 밖에서
하나님을 보리라 내가 친히 그를 보리니 내 눈으로 그를 보기를

외인처럼 하지 않을 것이라 내 마음이 초급하구나 너희가 만일
이르기를 우리가 그를 어떻게 칠꼬 하며 또 이르기를 일의 뿌리가
그에게 있다 할진대 너희는 칼을 두려워할지니라 분노는 칼의
형벌을 부르나니 너희가 심판이 있는 줄을 알게 되리라

시 16 : 10　이는 내 영혼을 음부에 버리지 아니하시며 주의 거룩한 자로 썩지
않게 하실 것임이니이다

시 17 : 15　나는 의로운 중에 주의 얼굴을 보리니 깰 때에 주의 형상으로
만족하리이다

시 49 : 15　하나님은 나를 영접하시리니 이러므로 내 영혼을 음부의 권세에서
구속하시리로다(셀라)

시 13 : 2-4　내가 나의 영혼에 경영하고 종일토록 마음에 근심하기를 어느
때까지 하오며 내 원수가 나를 쳐서 자긍하기를 어느 때까지
하리이까 여호와 내 하나님이여 나를 생각하사 응답하시고 나의
눈을 밝히소서 두렵건대 내가 사망의 잠을 잘까 하오며 두렵건대
나의 원수가 이르기를 내가 저를 이기었다 할까 하오며 내가
요동될 때에 나의 대적들이 기뻐할까 하나이다

사 26 : 19　주의 죽은 자들은 살아나고 우리의 시체들은 일어나리이다 티끌에
거하는 자들아 너희는 깨어 노래하라 주의 이슬은 빛난 이슬이니
땅이 죽은 자를 내어놓으리로다

단 12 : 2-3　땅의 티끌 가운데서 자는 자 중에 많이 깨어 영생을 얻는 자도 있겠고
수욕을 받아서 무궁히 부끄러움을 입을 자도 있을 것이며 지혜
있는 자는 궁창의 빛과 같이 빛날 것이요 많은 사람을 옳은 데로
돌아오게 한 자는 별과 같이 영원토록 비취리라

호 6 : 2　여호와께서 이틀 후에 우리를 살리시며 제 삼일에 우리를
일으키시리니 우리가 그 앞에서 살리라

행 23 : 8　이는 사두개인은 부활도 없고 천사도 없고 영도 없다 하고
바리새인은 다 있다 함이라

1) 열조와 함께 잔다는 표현

　구약에서 죽는 것을 열조와 함께 누워 자는 것으로 표현한 것은 부활을 암시한
것이다(신 31 : 16; 왕상 19 : 4).

신 31 : 16   여호와께서 모세에게 이르시되 너는 너의 열조와 함께 자려니와
이 백성은 들어가 거할 그 땅에서 일어나서 이방 신들을 음란히
좇아 나를 버리며 내가 그들과 세운 언약을 어길 것이라

왕상 19 : 4   스스로 광야로 들어가 하룻길쯤 행하고 한 로뎀나무 아래 앉아서
죽기를 구하여 가로되 여호와여 넉넉하오니 지금 내 생명을
취하옵소서 나는 내 열조보다 낫지 못하니이다 하고

2) 스올에서 구출을 바람

죽은 자가 음부(스올)에서 구출(구속)되기를 바란 것(시 49 : 15)은 하나님께서 인간의 사후에 그 영혼을 취하여 가심과 또 그 몸을 무덤(음부 : 창 37 : 35)에서 깨어 일어나게 하심을 믿는 부활 신앙의 표현인 것이다(잠 23 : 14).

시 49 : 15   하나님은 나를 영접하시리니 이러므로 내 영혼을 음부의 권세에서
구속하시리로다(셀라)

창 37 : 35   그 모든 자녀가 위로하되 그가 그 위로를 받지 아니하여 가로되
내가 슬퍼하며 음부에 내려 아들에게로 가리라 하고 그 아비가
그를 위하여 울었더라

잠 23 : 14   그를 채쩍으로 때리면 그 영혼을 음부에서 구원하리라

3) 욥의 예언

욥은 "내가 알기에는 나의 구속자가 살아 계시니 후일에 그가 땅 위에 서실 것이라 나의 이 가죽 이것이 썩은 후에 내가 육체 밖에서 하나님을 보리라 내가 친히 그를 보리니 내 눈으로 그를 보기를 외인처럼 하지 않을 것이라 내 마음이 초급하구나"(욥 19 : 25-27) 라고 하였다. 이는 그가 하나님의 영감(靈感)을 통하여 그리스도의 재림과 부활을 예언한 것이다. 내세관이 희박한 구약의 입장에서 이는 신기한 예언이라 할 수 있다.

4) 선지자들의 예언

이사야는 "주의 죽은 자들은 살아나고 우리의 시체들은 일어나리이다 티끌에 거하

는 자들아 너희는 깨어 노래하라 주의 이슬은 빛난 이슬이니 땅이 죽은 자를 내어 놓으리로다"(사 26 : 19) 라고 하였고(겔 37 : 11-13), 에스겔은 산골짜기의 마른 뼈와 해골들이 하나님의 능력으로 다시 살아나서 큰 군대를 이루는 환상의 계시를 통하여 이스라엘 민족이 바벨론에서 해방될 것과 함께 장차 예수 그리스도로 말미암아 구원 얻은 성도들이 부활하여 천국 영생에 참여하게 됨을 예언하였다(겔 37 : 11-13, 겔 37 : 1-11 참조).

> **겔 37 : 11-13** 또 내게 이르시되 인자야 이 뼈들은 이스라엘 온 족속이라 그들이 이르기를 우리의 뼈들이 말랐고 우리의 소망이 없어졌으니 우리는 다 멸절되었다 하느니라 그러므로 너는 대언하여 그들에게 이르기를 주 여호와의 말씀에 내 백성들아 내가 너희 무덤을 열고 너희로 거기서 나오게 하고 이스라엘 땅으로 들어가게 하리라 내 백성들아 내가 너희 무덤을 열고 너희로 거기서 나오게 한즉 너희가 나를 여호와인줄 알리라

5) 다니엘의 예언

다니엘은 "땅의 티끌 가운데서 자는 자 중에 많이 깨어 영생을 얻는 자도 있겠고 수욕을 받아서 무궁히 부끄러움을 입을 자도 있을 것이라"고 예언하였다(단 12 : 2). 이는 의인의 영광의 부활과 악인의 심판의 부활을 예언한 것이 분명하다. 예수님께서 의인의 부활은 생명의 부활이요 악인의 부활은 심판의 부활이라고 하였다(요 5 : 29).

> **요 5 : 29** 선한 일을 행한 자는 생명의 부활로 악한 일을 행한 자는 심판의 부활로 나오리라

6) 모세의 예언

출애굽기 3장 6절에 보면 "또 이르시되 나는 네 조상의 하나님이니 아브라함의 하나님 이삭의 하나님 야곱의 하나님이니라…"고 하였다. 이 말씀은 이스라엘의 선조(先祖)들은 죽었으나 그 영혼이 하나님과 같이 천국에 살아 있으므로 훗날에

부활하게 될 것을 암시하고 있다. 예수님께서는 부활을 부인하는 사두개파 사람들이 부활 문제를 가지고 시험할 때에 이 말씀을 인용하여 답하심으로써 부활 교리를 천명(闡明)하셨다(마 22 : 29-33).

> 마 22 : 29-33　예수께서 대답하여 가라사대 너희가 성경도 하나님의 능력도 알지 못하는 고로 오해하였도다 부활 때에는 장가도 아니가고 시집도 아니가고 하늘에 있는 천사들과 같으니라 죽은 자의 부활을 의논할진대 하나님이 너희에게 말씀하신 바 나는 아브라함의 하나님이요 이삭의 하나님이요 야곱의 하나님이로라 하신 것을 읽어 보지 못하였느냐 하나님은 죽은 자의 하나님이 아니요 산 자의 하나님이시니라 하시니 무리가 듣고 그의 가르침에 놀라더라

2. 신약의 근거

1) 그리스도께서 부활하신 사실

신약에 있어서 부활 교리의 확실한 근거는 그리스도께서 부활하신 사실이다. 그리고 사도 바울은 "만일 죽은 자의 부활이 없으면 그리스도도 다시 살지 못하셨으리라"(고전 15 : 13)고 하였다. 아담과 그리스도는 사망과 생명에서 전 인류의 대표(머리)이다. 아담으로 인해 죄가 세상에 들어와 모든 사람이 죽게 되고 둘째 아담이신 예수 그리스도로 인해 속죄의 길이 열리고 모든 사람이 구원을 받게 되었다.

아담 한 사람 안에서 전 인류가 죽게 된 것같이 그리스도 한 사람 안에서 전 인류가 살게 된 것이다(고전 15 : 21-22; 롬 5 : 12-21 참조). 그러므로 그리스도의 죽음과 부활은 그대로 전 인류의 죽음과 부활이며, 그리스도의 부활에서 인류는 이미 부활의 길을 찾게 된 것이다.

사도 바울은 "그리스도께서 죽은 자 가운데서 다시 살아 잠자는 자들의 첫 열매가 되셨다"(고전 15 : 20) 라고 함으로써 그리스도의 부활이 신자의 부활의 시작이며, 견본(見本)인 것을 밝혔다. 구약에서 첫 열매를 하나님께 드리면 곧이어 큰 추수가 오고 모든 곡식이 거두어진 것같이 그리스도의 부활에 이어 모든 성도들도 부활하게 되는 것이다(출 23 : 19; 레 2 : 12; 고전 15 : 20). 그러므로 그리스도가 부활하셨다면 전 인류도 부활하는 것이요, 인류에게 부활이 없는 것이라면

그리스도의 부활도 있을 수 없는 것이다(고전 15 : 20-21).

출 23 : 19	너의 토지에서 처음 익은 열매의 첫것을 가져다가 너희 하나님 여호와의 전에 드릴지니라 너는 염소 새끼를 그 어미의 젖으로 삶지 말지니라
레 2 : 12	처음 익은 것으로는 그것을 여호와께 드릴지나 향기로운 냄새를 위하여는 단에 올리지 말지며
고전 15 : 20-21	그러나 이제 그리스도께서 죽은 자 가운데서 다시 살아 잠자는 자들의 첫 열매가 되셨도다 사망이 사람으로 말미암았으니 죽은 자의 부활도 사람으로 말미암는도다

2) 부활의 차례를 밝힘

신약에 그리스도의 부활하신 결과로 이루어질 죽은 자의 부활은 정해진 그 차례대로 이루어질 것이라고 하였다. 즉 "아담 안에서 모든 사람이 죽은 것같이 그리스도 안에서 모든 사람이 삶을 얻으리라 그러나 각각 자기 차례대로 되리니 먼저는 첫 열매인 그리스도요 다음에는 그리스도 강림하실 때에 그에게 붙은 자요 그 후에는 나중이니 저가 모든 정사와 모든 권세와 능력을 멸하시고 나라를 아버지 하나님께 바칠 때라"(고전 15 : 22-24)고 한 것이다. 이 말씀대로 하면 첫째는 그리스도께서 부활하사 부활의 첫 열매(고전 15 : 20)가 되시고 둘째는 그리스도께서 공중에 오실 때 모든 죽은 성도들이 먼저 부활하고, 살아 있는 성도들은 변화하여 주님을 맞이하게 되며(살전 4 : 13-14, 16-17), 맨 마지막에는 악인(불신자)들이 심판을 받아 불못에 던지움을 받기 위해 부활하게 된다(계 20 : 13-14; 요 5 : 29).

고전 15 : 20	그러나 이제 그리스도께서 죽은 자 가운데서 다시 살아 잠자는 자들의 첫 열매가 되셨도다
살전 4 : 13-14	형제들아 자는 자들에 관하여는 너희가 알지 못함을 우리가 원치 아니하노니 이는 소망 없는 다른 이와 같이 슬퍼하지 않게 하려 함이라 우리가 예수의 죽었다가 다시 사심을 믿을진대 이와 같이 예수 안에서 자는 자들도 하나님이 저와 함께 데리고 오시리라
살전 4 : 16-17	주께서 호령과 천사장의 소리와 하나님의 나팔로 친히 하늘로

좇아 강림하시리니 그리스도 안에서 죽은 자들이 먼저 일어나고
그 후에 우리 살아남은 자도 저희와 함께 구름 속으로 끌어올려
공중에서 주를 영접하게 하시리니 그리하여 우리가 항상 주와
함께 있으리라

계 20 : 13-14 바다가 그 가운데서 죽은 자들을 내어주고 또 사망과 음부도 그
가운데서 죽은 자들을 내어주매 각 사람이 자기의 행위대로 심판을
받고 사망과 음부도 불못에 던지우니 이것은 둘째 사망 곧 불못이라

요 5 : 29 선한 일을 행한 자는 생명의 부활로 악한 일을 행한 자는 심판의
부활로 나오리라

3) 그리스도의 가르치심

예수 그리스도께서 세상 종말에 죽은 자의 부활이 있을 것이며, 그것은 선인
(善人)의 생명의 부활과 악인(惡人)의 심판의 부활로 구분된다고 하셨다. 그리고
죽은 성도의 부활 때에 지상에 살아 있는 성도들은 죽음을 맛보지 않고 하나님의
능력으로 순식간에 육체의 변화를 받아 죽었다 부활한 성도들과 같은 몸이 되어
공중으로 들림을 받아 예수 그리스도를 영접하고 영생하게 될 것이라고 하였다
(요 11 : 25-26; 고전 15 : 51-52; 살전 4 : 16-17; 요 5 : 29, 6 : 39-40, 54; 마
22 : 23-33 참조).

요 11 : 25-26 예수께서 가라사대 나는 부활이요 생명이니 나를 믿는 자는 죽어도
살겠고 무릇 살아서 나를 믿는 자는 영원히 죽지 아니하리니 이것을
네가 믿느냐

요 6 : 39-40 나를 보내신 이의 뜻을 행하려 함이니라 나를 보내신 이의 뜻은
내게 주신 자 중에 내가 하나도 잃어버리지 아니하고 마지막 날에
다시 살리는 이것이니라 내 아버지의 뜻은 아들을 보고 믿는 자마다
영생을 얻는 이것이니 마지막 날에 내가 이를 다시 살리리라
하시니라

요 6 : 54 내 살을 먹고 내 피를 마시는 자는 영생을 가졌고 마지막 날에 내가
그를 다시 살리리니

요 5 : 29 선한 일을 행한 자는 생명의 부활로 악한 일을 행한 자는 심판의

<blockquote>
부활로 나오리라
고전 15 : 51-52 보라 내가 너희에게 비밀을 말하노니 우리가 다 잠잘 것이 아니요
마지막 나팔에 순식간에 홀연히 다 변화하리니 나팔 소리가 나매
죽은 자들이 썩지 아니할 것으로 다시 살고 우리도 변화하리라
살전 4 : 16-17 주께서 호령과 천사장의 소리와 하나님의 나팔로 친히 하늘로
좇아 강림하시리니 그리스도안에서 죽은 자들이 먼저 일어나고
그 후에 우리 살아남은 자도 저희와 함께 구름 속으로 끌어올려
공중에서 주를 영접하게 하시리니 그리하여 우리가 항상 주와
함께 있으리라
</blockquote>

4) 사도들이 증거함

(1) 사도 바울의 증거

사도 바울은 "만일 죽은 자의 부활이 없으면 그리스도도 다시 살지 못하였으리라" (고전 15 : 13)고 하였고 또 "예수를 죽은 자 가운데서 살리신 이의 영이 너희 안에 거하시면 그리스도 예수를 죽은 자 가운데서 살리신 이가 너희 안에 거하시는 그의 영으로 말미암아 너희 죽을 몸도 살리시리라"(롬 8 : 11)고 하였다.

(2) 사도 요한의 증거

사도 요한도 세상 종말에 부활이 있을 것을 그 차례대로 증거하였다. 즉 "그 나머지 죽은 자들은 그 천 년이 차기까지 살지 못하더라 이는 첫째 부활이라 이 첫째 부활에 참예하는 자들은 복이 있고 거룩하도다 둘째 사망이 그들을 다스리는 권세가 없고 도리어 그들이 하나님과 그리스도의 제사장이 되어 천 년 동안 그리스도로 더불어 왕 노릇하리라"(계20 : 5-6)고 하였다.

이는 마지막 심판 전에 인류의 일반적 부활이 있을 것을 예언한 것이다(고전 15 : 24). 그러나 사도 요한이 여기서 말하는 첫째 부활은 천년왕국 이전에 있는 의로운 자들의 부활이며 천년 후에 있을 악인의 부활(계 20 : 13-14)과 대조된다 (요 5 : 28-29; 행 24 : 15). 그러므로 천년 시대를 가운데 두고 두 가지 부활(의인의 부활과 악인의 부활)이 있게 된다. 그러나 사도 요한은 결코 후자를 둘째 부활이라 부르지 않고 둘째 사망이라고 했다. 그 이유는 부활은 생명을 뜻하고 생명은 하나님과의 연결에서만 있을 수 있기 때문이다. 사실 하나님을 떠난 생은 살았으나 곧 죽은 것이다(막 9 : 43,48-49; 눅 16 : 24; 살후 1 : 8-9).

고전 15 : 24 　그 후에는 나중이니 저가 모든 정사와 모든 권세와 능력을 멸하시고 나라를 아버지 하나님께 바칠 때라

계 20 : 13-14 　바다가 그 가운데서 죽은 자들을 내어주고 또 사망과 음부도 그 가운데서 죽은 자들을 내어주매 각 사람이 자기의 행위대로 심판을 받고 사망과 음부도 불못에 던지우니 이것은 둘째 사망 곧 불못이라

요 5 : 28-29 　이를 기이히 여기지 말라 무덤 속에 있는 자가 다 그의 음성을 들을 때가 오나니 선한 일을 행한 자는 생명의 부활로 악한 일을 행한 자는 심판의 부활로 나오리라

행 24 : 15 　저희의 기다리는 바 하나님께 향한 소망을 나도 가졌으니 곧 의인과 악인의 부활이 있으리라 함이라

막 9 : 43 　만일 네 손이 너를 범죄케 하거든 찍어 버리라 불구자로 영생에 들어가는 것이 두 손을 가지고 지옥 꺼지지 않는 불에 들어가는 것보다 나으리라

막 9 : 48-49 　거기는 구더기도 죽지 않고 불도 꺼지지 아니하느니라 사람마다 불로서 소금 치듯함을 받으리라

눅 16 : 24 　불러 가로되 아버지 아브라함이여 나를 긍휼히 여기사 나사로를 보내어 그 손가락 끝에 물을 찍어 내 혀를 서늘하게 하소서 내가 이 불꽃 가운데서 고민하나이다

살후 1 : 8-9 　하나님을 모르는 자들과 우리 주 예수의 복음을 복종치 않는 자들에게 형벌을 주시리니 이런 자들이 주의 얼굴과 그의 힘의 영광을 떠나 영원한 멸망의 형벌을 받으리로다

III. 부활의 성질
1. 부활은 신체적 부활임
장차 있을 부활은 신체적 부활이다. 그러나 신체적 부활을 부정하고 영적 부활만 믿는 자들은 부활을 단순히 현세에서의 신자의 중생(重生)으로 한정하고(롬 6 : 4; 갈 2 : 20; 골 2 : 12,3 : 1) 미래의 신체적 부활을 인정하지 않는다(딤후

2 : 18). 바울은 이에 대하여 "부활이 이미 지나갔다" 라고 하는 것은 진리가 아니며 "사람들의 믿음을 무너뜨리는 것이라"고 하였다(딤후 2 : 18). 부활을 현세의 중생으로 한정한다면 미래의 부활은 자연히 부정되고, 신자들의 미래의 부활이 없다면 신자의 소망은 현세에 국한되고, 믿음은 무너지고 만다(고전 15 : 17-19). 그러나 성경은 죽은 자가 장차 신체적으로 부활할 것을 확실히 증거하고 있으니, 부활의 첫 열매(견본) 되시는 예수님께서 신체적으로 부활하신 것과(고전 15 : 20,23; 골 1 : 18; 계 1 : 5), 그리스도의 구속은 영혼만이 아니라 육체까지 포함하는 영육(靈처)의 구속이라고 하는 점이다(롬 8 : 23; 고전 6 : 13-20 참조; 롬 8 : 11). 그리고 부활의 몸과 현세의 지상의 몸이 동일한 신체적 모습이라는 점이다. 부활하신 예수님께서 세상에 나타나셨을 때 제자들과 다른 사람들이 모두 다 주님을 알아보았던 것이다(고전 15 : 3-8). 부활의 몸이 지상의 몸과 동일한 모습이라 함은 단순히 신체적인 면에서 동일함을 의미한다(욥 19 : 25-26; 시 16 : 9-10; 요 5 : 28-29; 고전 15 : 44).

롬 6 : 4	그러므로 우리가 그의 죽으심과 합하여 세례를 받음으로 그와 함께 장사되었나니 이는 아버지의 영광으로 말미암아 그리스도를 죽은 자 가운데서 살리심과 같이 우리로 또한 새 생명 가운데서 행하게 하려 함이니라
갈 2 : 20	내가 그리스도와 함께 십자가에 못박혔나니 그런즉 이제는 내가 산 것이 아니요 오직 내 안에 그리스도께서 사신 것이라 이제 내가 육체 가운데 사는 것은 나를 사랑하사 나를 위하여 자기 몸을 버리신 하나님의 아들을 믿는 믿음 안에서 사는 것이라
골 2 : 12	너희가 세례로 그리스도와 함께 장사한 바 되고 또 죽은 자들 가운데서 그를 일으키신 하나님의 역사를 믿음으로 말미암아 그 안에서 함께 일으키심을 받았느니라
골 3 : 1	그러므로 너희가 그리스도와 함께 다시 살리심을 받았으면 위엣 것을 찾으라 거기는 그리스도께서 하나님 우편에 앉아 계시느니라
딤후 2 : 18	진리에 관하여는 저희가 그릇되었도다 부활이 이미 지나갔다 하므로 어떤 사람들의 믿음을 무너뜨리느니라
고전 15 : 17-20	그리스도께서 다시 사신 것이 없으면 너희의 믿음도 헛되고 너희가

여전히 죄 가운데 있을 것이요 또한 그리스도 안에서 잠자는 자도
망하였으리니 만일 그리스도 안에서 우리의 바라는 것이 다만
이생뿐이면 모든 사람 가운데 우리가 더욱 불쌍한 자리라 그러나
이제 그리스도께서 죽은 자 가운데서 다시 살아 잠자는 자들의
첫 열매가 되셨도다

고전 15 : 23   그러나 각각 자기 차례대로 되리니 먼저는 첫 열매인 그리스도요
다음에는 그리스도 강림하실 때에 그에게 붙은 자요

골 1 : 18   그는 몸인 교회의 머리라 그가 근본이요 죽은 자들 가운데서 먼저
나신 자니 이는 친히 만물의 으뜸이 되려 하심이요

계 1 : 5   또 충성된 증인으로 죽은 자들 가운데서 먼저 나시고 땅의 임금들의
머리가 되신 예수 그리스도로 말미암아 은혜와 평강이 너희에게
있기를 원하노라 우리를 사랑하사 그의 피로 우리 죄에서 우리를
해방하시고

롬 8 : 23   이뿐 아니라 또한 우리 곧 성령의 처음 익은 열매를 받은 우리까지도
속으로 탄식하여 양자될 것 곧 우리 몸의 구속을 기다리느니라

롬 8 : 11   예수를 죽은 자 가운데서 살리신 이의 영이 너희 안에 거하시면
그리스도 예수를 죽은 자 가운데서 살리신 이가 너희 안에 거하시는
그의 영으로 말미암아 너희 죽을 몸도 살리시리라

고전 15 : 3-8   내가 받은 것을 먼저 너희에게 전하였노니 이는 성경대로
그리스도께서 우리 죄를 위하여 죽으시고 장사 지낸 바 되었다가
성경대로 사흘만에 다시 살아나사 게바에게 보이시고 후에 열두
제자에게와 그 후에 오백여 형제에게 일시에 보이셨나니 그 중에
지금까지 태반이나 살아 있고 어떤 이는 잠들었으며 그 후에
야고보에게 보이셨으며 그 후에 모든 사도에게와 맨 나중에
만삭되지 못하여 난 자 같은 내게도 보이셨느니라

욥 19 : 25-26   내가 알기에는 나의 구속자가 살아 계시니 후일에 그가 땅 위에
서실 것이라 나의 이 가죽 이것이 썩은 후에 내가 육체 밖에서
하나님을 보리라

시 16 : 9-10   이러므로 내 마음이 기쁘고 내 영광도 즐거워하며 내 육체도 안전히
거하리니 이는 내 영혼을 음부에 버리지 아니하시며 주의 거룩한
자로 썩지 않게 하실 것임이니이다

요 5 : 28-29   이를 기이히 여기지 말라 무덤 속에 있는 자가 다 그의 음성을 들을

때가 오나니 선한 일을 행한 자는 생명의 부활로 악한 일을 행한 자는 심판의 부활로 나오리라

고전 15 : 44 육의 몸으로 심고 신령한 몸으로 다시 사나니 육의 몸이 있은 즉 또 신령한 몸이 있느니라

2. 부활체는 변화된 몸임

의인(신자)의 부활체는 천국에서 영생에 적합하도록 변화된 신령한 몸이다(고전 15 : 44). 부활의 몸은 성령이 내재하셔서 영생에 이르게 역사하시는 몸이다. 이 몸은 하나님의 내재와 역사에 적합하게 변화된 신령한 몸이다. 부활체는 변화된 신령한 몸으로서 이 몸은 현세적(現世的), 육적(肉的) 몸과 구별되고 노쇠함이나 부패함이 없는(고전 15 : 42-44) 능력있는 강한 몸이다(고전 15 : 43,54). 그 몸은 피곤치 아니하며 그리스도를 봉사함에 있어서 어떤 강한 일도 수행해 낼 수 있는 몸이다(계 22 : 3-5). 부활의 첫 열매(견본)이신 예수님의 부활체를 보면 지상에서 승천 사이의 과도 기간(過渡期間)에 아직 충분히 영화되지 아니한 상태였으되 이미 놀라운 변화가 있었던 것으로 미루어보아 장래에 있을 의인의 부활체에도 놀라운 신령한 변화가 있을 것이 분명하다(고전 15 : 42-44,50).

고전 15 : 42-44 죽은 자의 부활도 이와 같으니 썩을 것으로 심고 썩지 아니할 것으로 다시 살며 욕된 것으로 심고 영광스러운 것으로 다시 살며 약한 것으로 심고 강한 것으로 다시 살며 육의 몸으로 심고 신령한 몸으로 다시 사나니 육의 몸이 있은 즉 또 신령한 몸이 있느니라

고전 15 : 54 이 썩을 것이 썩지 아니함을 입고 이 죽을 것이 죽지 아니함을 입을 때에는 사망이 이김의 삼킨바 되리라고 기록된 말씀이 응하리라

계 22 : 3-5 다시 저주가 없으며 하나님과 그 어린양의 보좌가 그 가운데 있으리니 그의 종들이 그를 섬기며 그의 얼굴을 볼 터이요 그의 이름도 저희 이마에 있으리라 다시 밤이 없겠고 등불과 햇빛이 쓸데없으니 이는 주 하나님이 저희에게 비취심이라 저희가 세세토록 왕 노릇하리로다

고전 15 : 50 형제들아 내가 이것을 말하노니 혈과 육은 하나님 나라를 유업으로 받을 수 없고 또한 썩은 것은 썩지 아니한 것을 유업으로 받지

못하느니라

3. 악인의 부활은 영육의 결합뿐임

악인의 부활은 심판의 부활이므로 신체와 영혼의 재결합으로 죽음의 극형을 받을 몸일 뿐 영광스런 변화는 없다(요 5 : 29; 계 20 : 13-14). 그러므로 의인과 악인의 부활의 공통점은 다만 신체와 영혼이 재결합한다는 것뿐이다. 혹자는 첫째 부활(의인의 부활)과 둘째 부활(악인의 부활)이 모두 다 영적인 것으로 동일한 것이라고 주장하나 이는 히브리서 11장 35절에 악형을 받되 구차히 면하기를 거절한 사람들은 "더 좋은 부활을 얻기 위해서"라는 말씀이 용납되지 않는다. 사도 요한은 둘째 부활을 가리켜 둘째 사망이라고 하였으니 그 이유는 둘째 부활이 영원한 저주와 죽음에로 들어가기 위한 부활이기 때문이다(계 20 : 11-15 참조).

요 5 : 29	선한 일을 행한 자는 생명의 부활로 악한 일을 행한 자는 심판의 부활로 나오리라
계 20 : 13-14	바다가 그 가운데서 죽은 자들을 내어 주고 또 사망과 음부도 그 가운데서 죽은 자들을 내어주매 각 사람이 자기의 행위대로 심판을 받고 사망과 음부도 불못에 던지우니 이것은 둘째 사망 곧 불못이라
히 11 : 35	여자들은 자기의 죽은 자를 부활로 받기도 하며 또 어떤 이들은 더 좋은 부활을 얻고자 하여 악형을 받되 구차히 면하지 아니하였으며

4. 부활체의 특성

의인의 부활에 있어서의 그 부활체는 생리적으로 특성을 지니게됨을 성경은 가르치고 있다.

1) 죽지 아니함

장차 있을 의인의 부활체는 질병이나 고통이 용납되지 않으며 부패나 죽음에 예속되지 아니하는(고전 15 : 50-51) 영구히 생명과 건강을 존속하는 무한히 강하고, 활력 있고, 영광스러운 몸이다(고전 15 : 42-44, 53-54; 계 21 : 4).

고전 15 : 50-51　형제들아 내가 이것을 말하노니 혈과 육은 하나님 나라를 유업으로
　　　　　　　　받을 수 없고 또한 썩은 것은 썩지 아니한 것을 유업으로 받지
　　　　　　　　못하느니라 보라 내가 너희에게 비밀을 말하노니 우리가 다 잠잘
　　　　　　　　것이 아니요 마지막 나팔에 순식간에 홀연히 다 변화하리니

고전 15 : 42-44　죽은 자의 부활도 이와 같으니 썩을 것으로 심고 썩지 아니할 것으로
　　　　　　　　다시 살며 욕된 것으로 심고 영광스러운 것으로 다시 살며 약한
　　　　　　　　것으로 심고 강한 것으로 다시 살며 육의 몸으로 심고 신령한 몸으로
　　　　　　　　다시 사나니 육의 몸이 있은 즉 또 신령한 몸이 있느니라

계 21 : 4　　　 모든 눈물을 그 눈에서 씻기시매 다시 사망이 없고 애통하는 것이나
　　　　　　　　곡하는 것이나 아픈 것이 다시 있지 아니하리니 처음 것들이 다
　　　　　　　　지나갔음이러라

2) 영광의 몸

신자의 부활한 몸은 하나님의 능력으로 변화된 몸이라서 마치(고전15 : 42-49)
변화산상에서 베드로와 야고보와 요한이 본대로 변형되사 얼굴이 해같이 빛나며
옷이 빛과 같이 흰 주님의 영광의 몸(마 17 : 2)과 방불하며, 부활하신 후 여러 제
자들에게 보이신 주님의 부활의 몸과 같은 몸이다(빌 3 : 21; 살전 4 : 16-17; 요
일 3 : 2).

고전 15 : 42-49　죽은 자의 부활도 이와 같으니 썩을 것으로 심고 썩지 아니할 것으로
　　　　　　　　다시 살며 욕된 것으로 심고 영광스러운 것으로 다시 살며 약한
　　　　　　　　것으로 심고 강한 것으로 다시 살며 육의 몸으로 심고 신령한 몸으로
　　　　　　　　다시 사나니 육의 몸이 있은 즉 또 신령한 몸이 있느니라 기록된 바
　　　　　　　　첫 사람 아담은 산 영이 되었다 함과 같이 마지막 아담은 살려 주는
　　　　　　　　영이 되었나니 그러나 먼저는 신령한 자가 아니요 육 있는 자요
　　　　　　　　그 다음에 신령한 자니라 첫 사람은 땅에서 났으니 흙에 속한
　　　　　　　　자이거니와 둘째 사람은 하늘에서 나셨느니라 무릇 흙에 속한
　　　　　　　　자는 저 흙에 속한 자들과 같고 무릇 하늘에 속한 자는 저 하늘에
　　　　　　　　속한 자들과 같으니 우리가 흙에 속한 자의 형상을 입은 것같이
　　　　　　　　또한 하늘에 속한 자의 형상을 입으리라

마 17 : 2　　　 저희 앞에서 변형되사 그 얼굴이 해 같이 빛나며 옷이 빛과 같이

	희어졌더라
빌 3 : 21	그가 만물을 자기에게 복종케 하실 수 있는 자의 역사로 우리의 낮은 몸을 자기 영광의 몸의 형체와 같이 변케 하시리라
살전 4 : 16-17	주께서 호령과 천사장의 소리와 하나님의 나팔로 친히 하늘로 좇아 강림하시리니 그리스도 안에서 죽은 자들이 먼저 일어나고 그 후에 우리 살아남은 자도 저희와 함께 구름 속으로 끌어올려 공중에서 주를 영접하게 하시리니 그리하여 우리가 항상 주와 함께 있으리라
요일 3 : 2	사랑하는 자들아 우리가 지금은 하나님의 자녀라 장래에 어떻게 될 것은 아직 나타나지 아니하였으나 그가 나타내심이 되면 우리가 그와 같을 줄을 아는 것은 그의 계신 그대로 볼 것을 인함이니

3) 천사와 같은 몸

성도의 부활한 몸은 하나님의 능력으로 변화하여 천사와 같이 된다. 주님께서는 부활 문제를 가지고 시험하는 사두개인들에게 "부활 때에는 장가도 아니 가고 시집도 아니 가고 하늘에 있는 천사들과 같으니라"고 하셨다(마 22 : 30). 장차 신자의 부활체는 천사와 같이 결혼 생활이 필요 없는 변화된 신령한 몸이다. 그 이유는 부활의 세계는 성(性)에서 초월한 신령한 세계이기 때문이다.

4) 특이한 인상과 개성 있는 몸

장차 부활할 몸도 지상에서와 마찬가지로 각 사람이 특이한 인상과 개성을 가지게 된다. 만일 천상에서 각 사람이 구별되는 특이한 인상과 개성이 없으면 서로가 알아 볼 수 없을 것이다. 그러나 변화산상에서 모세와 엘리야 선지자를 제자들(베드로, 야고보, 요한)이 알아보았던 사실(마 17 : 4; 막 9 : 5)과 또 부활하신 예수님을 당시 사람들이 알아보았던 사실들을 미루어볼 때 장차 있을 부활체가 각기 특이한 인상과 개성을 지니게 될 것이 분명하다(살전 4 : 13-14).

마 17 : 4	베드로가 예수께 여짜와 가로되 주여 우리가 여기 있는 것이 좋사오니 주께서 만일 원하시면 내가 여기서 초막 셋을 짓되 하나는 주를 위하여 하나는 모세를 위하여 하나는 엘리야를 위하여 하리이다

| 막 9 : 5 | 베드로가 예수께 고하되 랍비여 우리가 여기 있는 것이 좋사오니 우리가 초막 셋을 짓되 하나는 주를 위하여 하나는 모세를 위하여 하나는 엘리야를 위하여 하사이다 하니 |
| 살전 4 : 13-14 | 형제들아 자는 자들에 관하여는 너희가 알지 못함을 우리가 원치 아니하노니 이는 소망 없는 다른 이와 같이 슬퍼하지 않게 하려 함이라 우리가 예수의 죽었다가 다시 사심을 믿을진대 이와 같이 예수 안에서 자는 자들도 하나님이 저와 함께 데리고 오시리라 |

5) 초월적인 몸

부활체는 무덤에 장사된 몸과 성질상 동일한 것이 아니다. 부활체는 하나님의 주권하에 하나님께서 주시는 몸으로서 이전 몸과는 달리 놀랍게 개선(改善)된 체질의 초월적인 몸이다. 부활체가 현세의 몸에 비하여 초월적인 점은 다음과 같다.

(1) 시간과 공간에서 초월된 몸

제자들이 유대인이 두려워 문을 닫고 있을 때 부활하신 예수님께서 그곳에 돌연히 나타나셨다(요 20 : 19). 이는 부활한 몸이 시간과 공간의 제약을 받지 않는 초월적인 몸이라는 것을 보여 준다.

| 요 20 : 19 | 이날 곧 안식 후 첫날 저녁때에 제자들이 유대인들을 두려워하여 모인 곳에 문들을 닫았더니 예수께서 오사 가운데 서서 가라사대 너희에게 평강이 있을지어다 |

(2) 식물에서 초월된 몸

장차 부활하는 성도들의 몸은 먹어도 되고 안 먹어도 되는 몸이다. 성경에 제자들이 부활하신 예수님께 구운 생선 한 토막을 드리매 잡수셨다고 기록되어 있다(눅 24 : 43).

| 눅 24 : 43 | 받으사 그 앞에서 잡수시더라 |

(3) 결혼 생활(성적 생활)에서 초월된 몸

예수님께서 말씀하시기를 "부활 때에는 장가도 아니 가고 시집도 아니 가고 하늘에 있는 천사들과 같으니라"고 하셨다(마 22 : 30).

(4) 노소의 차이에서 초월된 몸

부활의 사람이 노소(老少)의 차이가 있느냐 없느냐 하는 문제에 관하여는 성경에 명문의 해답이 없다. 그러나 그리스도께서 "잠자는 자들의 처음 익은 열매(부활체의 견본)" 라고(고전 15 : 20) 한 말씀을 음미하여 볼 때 예수님께서 33세(이는 진 · 선 · 미의 최고 발휘 기간임)에 부활하셨으니 "잠자는 자들의 다음 익은 열매"가 될 성도들의 부활체도 예수님과 같은 정도의 장년의 몸일 것으로 추측된다. 그리고 노소의 차이는 생로병사(生老病死)의 육체적 세계에서만 있는 일이며, 부활의 세계(천상의 신령 세계)에서는 지상에서 적용되는 생로병사의 생리적 순서를 따를 필요가 없는 것이다. 타락 이전의 아담과 하와도 어린아이에서 장년으로 성장되어지는 과정이 없었다.

> 고전 15 : 20   그러나 이제 그리스도께서 죽은 자 가운데서 다시 살아 잠자는
> 자들의 첫 열매가 되셨도다

(5) 신체의 불구에서 초월된 몸

장차 부활 때에 성도들이 가질 몸은 신체의 불구에서 초월된 완전 무결한 몸이다(사 35 : 5-6).

> 사 35 : 5-6   그때에 소경의 눈이 밝을 것이며 귀머거리의 귀가 열릴 것이며
> 그때에 저는 자는 사슴같이 뛸 것이며 벙어리의 혀는 노래하리니
> 이는 광야에서 물이 솟겠고 사막에서 시내가 흐를 것임이라

Ⅳ. 부활의 시기
1. 부활의 시기에 대한 여러 견해

부활의 시기에 대하여 무천년설 또는 후천년설 지지자들은 예수님의 재림과 동

시에 선인(善人)과 악인(惡人)이 동시에 부활한다고 주장하고 전천년설 지지자들은 천 년 전 예수님의 재림 시에 의인이 부활한다고 주장한다. 또 어떤 이들은 7년 대환난 중 전 3년 반 후, 즉 후 3년 반 초에 부활한다고 주장하기도 한다.

2. 의인과 악인의 부활 시기

성경의 가르침을 종합해 보면 모든 사람이 동시에 부활하지 않음이 분명하다. 데살로니가전서 4장 16절에 보면 예수님께서 공중 재림하실 때에 그리스도 안에서 죽은 자들이 먼저 일어날 것이라고 했다. 여기서 "그리스도 안(In Christ)"이란 말은 그리스도에게 속해 있는 것, 즉 죽은 자와 그리스도와의 기본적이고도 신비스러운 연합을 가리키는 의미가 있다.

고린도전서 15장 23절에도 부활의 차례를 설명하기를 "…다음에는 그리스도 강림하실 때에 그에게 붙은 자요" 라고 한 것을 보면 구원받은 자(그리스도에게 연합된 자)와 구원받지 못한 자(그리스도 밖에 있는 자)의 부활이 동시에 되지 않음이 분명하다. 물론 의인의 부활과 악인의 부활이 일시에 이루어질 사건이라는 견해를 불러일으키게 할만한 성경 구절도 없지는 않다.

그 예를 들면 요한복음 5장 28-29절의 "…무덤 속에 있는 자가 다 그의 음성을 들을 때가 오나니 선한 일을 행한 자는 생명의 부활로 악한 일을 행한 자는 심판의 부활로 나오리라"고 함과 다니엘서 12장 2절에 "땅의 티끌 가운데서 자는 자 중에 많이 깨어 영생을 얻는 자도 있겠고 수욕을 받아서 무궁히 부끄러움을 입을 자도 있을 것이며" 라고 함과 사도행전 24장 15절에 "저희의 기다리는 바 하나님께 향한 소망을 나도 가졌으니 곧 의인과 악인의 부활이 있으리라 함이라"고 함과 고린도전서 15장 22절에 "아담 안에서 모든 사람이 죽은 것같이 그리스도 안에서 모든 사람이 삶을 얻으리라"고 함 등이 바로 그것이다.

이상의 말씀들이 언뜻 보면 의인의 부활과 악인의 부활이 동시에 이루어지는 사건으로 묘사한 것같이 보여지는 점이 없지 않다. 그러나 요한복음 5장 28-29절의 말씀은 생명의 부활과 심판의 부활을 결부하여 두 부활을 함께 언급하고 있는 것이며 다니엘서 12장 2절의 말씀도 역시 두개의 부활을 결부하여 함께 언급하고 있는 것이지 선인과 악인의 부활이 동시에 되어짐을 의미하는 것이 아니다. 그리고 또 고린도전서 15장 22절의 "아담 안에서 모든 사람이 죽은 것같이 그리스도 안에서 모든 사람이 삶을 얻으리라"고 한 말씀도 단순히 아담 안에 있었던 모든 사람과 그리스도 안에 있는 모든 사람을 가리키는 것일 뿐이지 선악간에 모든 사람의 부활이 동시에 이루어지는 것을 의미함이 아니다.

사도행전 24장 15절에 "저희의 기다리는 바 하나님께 향한 소망을 나도 가졌으니 곧 의인과 악인의 부활이 있으리라 함이라"고 한 말씀은 사도 바울이 하나님의 말씀에 근거하여 이스라엘이 바라는 부활의 소망을 자기도 가지고 있다는 사실을 밝히는 동시에 의인과 악인의 부활을 명백히 구분한 것일 뿐, 의인과 악인이 동시에 부활한다는 뜻은 아니다.

살전 4 : 16	주께서 호령과 천사장의 소리와 하나님의 나팔로 친히 하늘로 좇아 강림하시리니 그리스도 안에서 죽은 자들이 먼저 일어나고
요 5 : 28-29	이를 기이히 여기지 말라 무덤 속에 있는 자가 다 그의 음성을 들을 때가 오나니 선한 일을 행한 자는 생명의 부활로 악한 일을 행한 자는 심판의 부활로 나오리라
단 12 : 2	땅의 티끌 가운데서 자는 자 중에 많이 깨어 영생을 얻는 자도 있겠고 수욕을 받아서 무궁히 부끄러움을 입을 자도 있을 것이며

1) 의인의 부활(첫째 부활)

의인의 부활(생명의 부활, 첫째 부활) 시기는 그리스도의 공중 재림과 동시에 있을 것이다(살전 4 : 13-18 참조; 고전 15 : 22-24,52). 예수님께서 공중에 재림하시게 되면 그때까지 무덤에서 잠자던 신·구약 시대의 모든 구원받은 자들이 다 부활하고 대환난 기간에 죽임을 당한 자들은 그리스도께서 지상에 재림하시는 순간에 부활할 것이며(계 20 : 4-6), 이로써 첫째 부활은 완수되는 것이다. 그러므로 첫째 부활은 예수님의 공중 재림시의 의인의 부활과 천년왕국 전의 의인의 부활이 포함되는 것이다.

고전15 : 22-24	아담 안에서 모든 사람이 죽은 것같이 그리스도 안에서 모든 사람이 삶을 얻으리라 그러나 각각 자기 차례대로 되리니 먼저는 첫 열매인

	그리스도요 다음에는 그리스도 강림하실 때에 그에게 붙은 자요 그 후에는 나중이니 저가 모든 정사와 모든 권세와 능력을 멸하시고 나라를 아버지 하나님께 바칠 때라
고전 15 : 52	나팔 소리가 나매 죽은 자들이 썩지 아니할 것으로 다시 살고 우리도 변화하리라
계 20 : 4-6	또 내가 보좌들을 보니 거기 앉은 자들이 있어 심판하는 권세를 받았더라 또 내가 보니 예수의 증거와 하나님의 말씀을 인하여 목 베임을 받은 자의 영혼들과 또 짐승과 그의 우상에게 경배하지도 아니하고 이마와 손에 그의 표를 받지도 아니한 자들이 살아서 그리스도로 더불어 천 년 동안 왕 노릇하니(그 나머지 죽은 자들은 그 천년이 차기까지 살지 못하더라)이는 첫째 부활이라 이 첫째 부활에 참예하는 자들은 복이 있고 거룩하도다 둘째 사망이 그들을 다스리는 권세가 없고 도리어 그들이 하나님과 그리스도의 제사장이 되어 천 년 동안 그리스도로 더불어 왕 노릇하리라

2) 악인의 부활(둘째 부활)

악인의 부활(심판의 부활)시기는 천년 시대가 끝난 뒤에 있을 것이다(계 20 : 5, 11-15 참조; 고전 15 : 23-25). 구원받지 못하고 죽은 자들은 천 년 후 대심판 때에 부활하여 심판을 받고 지옥불에 들어가게 될 것이며(계 20 : 12-15 참조), 그들은 차라리 몸과 영이 분리되어 중간 상태에 그대로 머물러 있기를 원할지도 모른다(비록 괴로움에 처해있을지라도). 그러나 천년왕국 후에는 악인의 부활을 위시하여 최종적 심판과 무서운 형벌이 정녕 오고야 말 것이다.

계 20 : 5	(그 나머지 죽은 자들은 그 천년이 차기까지 살지 못하더라)이는 첫째 부활이라
고전 15 : 23-25	그러나 각각 자기 차례대로 되리니 먼저는 첫 열매인 그리스도요 다음에는 그리스도 강림하실 때에 그에게 붙은 자요 그 후에는 나중이니 저가 모든 정사와 모든 권세와 능력을 멸하시고 나라를 아버지 하나님께 바칠 때라 저가 모든 원수를 그 발아래 둘 때까지 불가불 왕 노릇하시리니

이상과 같이 부활의 시기에 대하여 상고해 볼 때 첫째 부활은 천년왕국 이전에 있을 의로운 자들의 부활이며(살전 4 : 13-18 참조), 둘째 부활은 천년 후에 있을 악인의 부활(계 20 : 13-14)로 이것은 첫째 부활과 대조된다. 그러므로 천년 시대를 가운데 두고 두 가지 부활, 즉 생명의 부활과 심판의 부활이 있는 셈이 된다 (요 5 : 28-29; 행 24 : 15).

요 5 : 28-29	이를 기이히 여기지 말라 무덤 속에 있는 자가 다 그의 음성을 들을 때가 오나니 선한 일을 행한 자는 생명의 부활로 악한 일을 행한 자는 심판의 부활로 나오리라
행 24 : 15	저희의 기다리는 바 하나님께 향한 소망을 나도 가졌으니 곧 의인과 악인의 부활이 있으리라 함이라
계 20 : 13-14	바다가 그 가운데서 죽은 자들을 내어주고 또 사망과 음부도 그 가운데서 죽은 자들을 내어주매 각 사람이 자기의 행위대로 심판을 받고 사망과 음부도 불못에 던지우니 이것은 둘째 사망 곧 불못이라

최후의 심판

예수 그리스도의 재림과 천년 시대가 지나면 최후 심판이 있게 된다. 이것이 곧 선악(善惡)에 대한 마지막 심판이다(계 20 : 12-15).

> 계 20 : 12-15 또 내가 보니 죽은 자들이 무론대소하고 그 보좌 앞에 섰는데 책들이 펴 있고 또 다른 책이 펴졌으니 곧 생명책이라 죽은 자들이 자기 행위를 따라 책들에 기록된 대로 심판을 받으니 바다가 그 가운데서 죽은자들을 내어주고 또 사망과 음부도 그 가운데서 죽은 자들을 내어주매 각 사람이 자기의 행위대로 심판을 받고 사망과 음부도 불못에 던지우니 이것은 둘째 사망 곧 불못이라 누구든지 생명책에 기록되지 못한 자는 불못에 던지우더라

I. 최후 심판의 성경적 근거
1.구약이 예고(豫告)함

1) 솔로몬은 청년에게 격려하여 말하기를 '마음의 소원대로 살라'고 하면서도 경고의 형식으로 덧붙혀 말하기를 "…하나님이 이 모든 일로 인하여 너를 심판하리라"고 하였다(전11 : 9). 또 그는 말하기를 하나님은 모든 일을 선악간에 심판하시리라고 하였다(전12 : 14).

> 전 12 : 14 하나님은 모든 행위와 모든 은밀한 일을 선악간에 심판하시리라

2) 아브라함은 하나님을 온 땅의 심판주로 인식하였으며(창 18 : 25), 한나는 "…여호와께서 땅 끝까지 심판을 베푸시리라…"고 하였다(삼상 2 : 10). 그리고 다

윗은 여호와께서 "땅을 심판하러 오신다"라고 하였으며(대상 16 : 33; 시 96 : 13, 98 : 9 참조) "여호와께서 … 심판을 위하여 보좌를 예비하셨으며 공의로 세계를 심판하신다…"라고 하였다(시 9 : 7-8).

> 창 18 : 25   주께서 이같이 하사 의인을 악인과 함께 죽이심은 불가하오며
> 의인과 악인을 균등히 하심도 불가하나이다 세상을 심판하시는
> 이가 공의를 행하실 것이 아니니이까

3) 요엘 선지자는 "열국은 동하여 여호사밧 골짜기로 올라올지어다 내가 거기 앉아서 사면의 열국을 다 심판하리로다"라고 예언하였다(욜 3 : 12). 그리고 이사야는 "그가 열방 사이에 판단하시며 많은 백성을 판결하시리라…"고 하였다(사 2 : 4).

2. 신약이 예고함

1) 예수님께서 말씀하시기를 "인자가 아버지의 영광으로 그 천사들과 함께 오리니 그때에 각 사람의 행한 대로 갚으리라"고 하셨다(마 16 : 27).

2) 바울은 아덴에서 선포하기를 "이는 정하신 사람으로 하여금 천하를 공의로 심판할 날을 작정하시고 이에 저를 죽은 자 가운데서 다시 살리신 것으로 모든 사람에게 믿을 만한 증거를 주셨음이니라"고 하였으며(행 17 : 31), 벨릭스 앞에서도 의와 절제와 장차 오는 심판을 강조했다(행 24 : 25). 바울은 또 선포하기를 "하나님이 예수 그리스도로 말미암아 사람들의 은밀한 것을 심판하시는 그날"이라고 하였다(롬 2 : 16).

3) 바울은 또 "우리가 다 반드시 그리스도의 심판대 앞에 드러나리라…"고 하였고(고후 5 : 10; 롬 14 : 10) "…주 예수께서 저의 능력의 천사들과 함께 하늘로부터 불꽃 중에 나타나실 때에 하나님을 모르는 자들과 우리 주 예수의 복음을 복종치 않는 자들에게 형벌을 주시리니 이런 자들이 주의 얼굴과 그의 힘의 영광을 떠나 영원한 멸망의 형벌을 받으리로다"라고 하였다(살후 1 : 7-9).

4) 히브리 기자는 "한번 죽는 것은 사람에게 정하신 것이요, 그 후에는 심판이 있으리니…" 라고 하였고(히 9 : 27-28), 사도 요한은 "죽은 자들이 무론대소하고 그 보좌 앞에 섰는데… 자기 행위를 따라 책들에 기록된 대로 심판을 받으리라"고 하였다(계 20 : 12).

II. 심판자와 심판받을 자

1. 심판장(審判長)

성경은 최후의 심판에서 심판장은 예수 그리스도라고 하였다. 물론 하나님께서 만유의 심판자이시지만 성부 하나님께서는 성자 예수 그리스도를 통해서 그 일을 행하시는 것이다(요 5 : 22-23,27). 초림의 예수님께서는 하나님의 영광을 벗어버리고 인간의 천한 몸으로 오셨으나 재림의 예수님께서는 하나님의 영광을 입으시고 만왕의 왕으로, 심판주로 오셔서 영광의 보좌에 앉아 천년 시대 초에 열방의 생존 국민(生存國民)을 심판하시고(마 25 : 31-32) 또 천년 시대 말 신천 신지(新天新地) 초에는 백보좌에 앉아 죽은 자들을 심판하시게 된다(계 20 : 12). 그러므로 천년기 초에는 생존자의 심판이요, 천년기 후에는 죽은 자의 심판이니, 이로써 예수님께서는 산 자와 죽은 자의 심판장이 되시는 것이다(딤후 4 : 1; 요 5 : 27; 행 10 : 42,17 : 31; 빌 2 : 10; 계 19 : 1-2).

요 5 : 22-23	아버지께서 아무도 심판하지 아니하시고 심판을 다 아들에게 맡기셨으니 이는 모든 사람으로 아버지를 공경하는 것같이 아들을 공경하게 하려 하심이라 아들을 공경치 아니하는 자는 그를 보내신 아버지를 공경치 아니하느니라
요 5 : 27	또 인자됨을 인하여 심판하는 권세를 주셨느니라
마 25 : 31-32	인자가 자기 영광으로 모든 천사와 함께 올 때에 자기 영광의 보좌에 앉으리니 모든 민족을 그 앞에 모으고 각각 분별하기를 목자가 양과 염소를 분별하는 것같이 하여
계 20 : 12	또 내가 보니 죽은 자들이 무론대소하고 그 보좌 앞에 섰는데 책들이 펴 있고 또 다른 책이 펴졌으니 곧 생명책이라 죽은 자들이 자기 행위를 따라 책들에 기록된 대로 심판을 받으니

딤후 4 : 1   하나님 앞과 산 자와 죽은 자를 심판하실 그리스도 예수 앞에서
그의 나타나실 것과 그의 나라를 두고 엄히 명하노니

행 10 : 42   우리를 명하사 백성에게 전도하되 하나님이 산 자와 죽은 자의
재판장으로 정하신 자가 곧 이 사람인 것을 증거하게 하셨고

행 17 : 31   이는 정하신 사람으로 하여금 천하를 공의로 심판할 날을
작정하시고 이에 저를 죽은 자 가운데서 다시 살리신 것으로 모든
사람에게 믿을 만한 증거를 주셨음이니라 하니라

빌 2 : 10   하늘에 있는 자들과 땅에 있는 자들과 땅 아래 있는 자들로 모든
무릎을 예수의 이름에 꿇게 하시고

계 19 : 1-2   이 일 후에 내가 들으니 하늘에 허다한 무리의 큰 음성 같은 것이
있어 가로되 할렐루야 구원과 영광과 능력이 우리 하나님께 있도다
그의 심판은 참되고 의로운지라 음행으로 땅을 더럽게 한 큰 음녀를
심판하사 자기 종들의 피를 그의 손에 갚으셨도다 하고

2. 심판 보조자

1) 천사들

마지막 심판에서 심판장이신 그리스도를 보조할 자들은 천사들이다. 예수님께서 "인자가 그 천사들을 보내리니 저희가 그 나라에서 모든 넘어지게 하는 것과 또 불법을 행하는 자들을 거두어 내어 풀무 불에 던져 넣으리니 거기서 울며 이를 갊이 있으리라"고 하셨고(마 13 : 41-42) 또 "세상 끝에도… 천사들이 와서 의인 중에 악인을 갈라내어 풀무 불에 던져 넣으리니 거기서 울며 이를 갊이 있으리라"고 하셨다(마 13 : 49-50).

2) 성도들

성경은 성도들에게도 세상을 판단할 특권이 부여됨으로 그들도 어떤 의미에서 심판장이신 그리스도의 심판 사역에 참여하게 될 것이라고 암시하고 있다(계 20 : 4). 사도 바울은 "성도가 세상(세계 만민)을 판단할 것을 너희가 알지 못하느냐…"라고 하였고(고전 6 : 2), 시편 기자는 성도들이 심판하는 권세와 영광을 누리게 될 것이라고 예언하였다(시 149 : 5-9).

계 20 : 4	또 내가 보좌들을 보니 거기 앉은 자들이 있어 심판하는 권세를 받았더라 또 내가 보니 예수의 증거와 하나님의 말씀을 인하여 목 베임을 받은 자의 영혼들과 또 짐승과 그의 우상에게 경배하지도 아니하고 이마와 손에 그의 표를 받지도 아니한 자들이 살아서 그리스도로 더불어 천 년 동안 왕 노릇하니
시 149 : 5-9	성도들은 영광 중에 즐거워하며 저희 침상에서 기쁨으로 노래할지어다 그 입에는 하나님의 존영이요 그 수중에는 두 날 가진 칼이로다 이것으로 열방에 보수하며 민족들을 벌하며 저희 왕들은 사슬로 저희 귀인은 철고랑으로 결박하고 기록한 판단대로 저희에게 시행할지로다 이런 영광은 그 모든 성도에게 있도다 할렐루야

3. 심판받을 자

1) 신자들

어떤 이들은 신자는 이미 사죄를 받고 사망에서 생명으로 옮겨졌기 때문에 심판을 받지 않는다고 주장한다(요 5 : 24). 물론 구원 얻은 신자는 영벌을 받기 위해 지옥에 들어가는 죽은 자의 심판, 즉 최후 백보좌 심판을 받지는 아니한다. 그러나 구원 얻은 신자라도 그리스도께서 재림하실 때에 그 행적에 대해서 심판을 받게 된다(롬 14 : 10; 고후 5 : 10; 고전 3 : 14-15). 그날에는 과연 신자들이 신령한 건물을 짓되, 금이나 은이나 보석이나 나무나 풀이나 짚으로 지었는지의 여부, 즉 그 공력에 대해 심판을 받게 될 것이다(고전 3 : 14-15). 그때에 금이나 은이나 보석으로써 집을 지은 자는 상을 받지만 나무나, 풀이나, 짚으로 집을 지은 자는 그 공력이 모두 다 불타 버리고 말 것이니 그렇게 되면 구원은 얻되 그것은 불 가운데서 얻은 것같이 부끄러운 구원이 될 것이다.

요 5 : 24	내가 진실로 진실로 너희에게 이르노니 내 말을 듣고 또 나 보내신 이를 믿는 자는 영생을 얻었고 심판에 이르지 아니하나니 사망에서 생명으로 옮겼느니라
롬 14 : 10	네가 어찌하여 네 형제를 판단하느뇨 어찌하여 네 형제를 업신여기느뇨 우리가 다 하나님의 심판대 앞에 서리라

고후 5 : 10   이는 우리가 다 반드시 그리스도의 심판대 앞에 드러나 각각
　　　　　　　　선악간에 그 몸으로 행한 것을 따라 받으려 함이라
고전 3 : 14-15   만일 누구든지 그 위에 세운 공력이 그대로 있으면 상을 받고
　　　　　　　　누구든지 공력이 불타면 해를 받으리니 그러나 자기는 구원을
　　　　　　　　얻되 불 가운데서 얻은 것 같으리라

2) 짐승, 거짓 선지자, 그의 군대들

대환난 기간의 막바지에 이르면 용(龍), 짐승, 그리고 거짓 선지자에게서 나온 더러운 영들이 전능하신 하나님의 큰 날의 전쟁을 위하여 천하의 열방을 모으게 된다(계 16 : 12-16). 그러나 그들의 승리가 확정되는 것 같은 순간에 그리스도께서 하늘로부터 군대를 이끌고 강림하시어(계 19 : 11-16 참조) 이스라엘을 위하여 관여하시니 적의 군대들은 하나님의 아들과 싸우기 위하여 돌아설 것이다. 그러나 전투는 잠깐이요 결정적이라 짐승과 거짓 선지자들은 모두 다 잡혀 산 채로 불못에 들어가고(계 19 : 19-20), 그들의 군대들은 그리스도의 입에서 나오는 칼에 죽임을 당한다(살후 1 : 7-10,2 : 8; 계 19 : 21). 이리하여 천년왕국 건설에 대한 정치적 반대 세력은 완전히 괴멸(壞滅)되고 예수 그리스도의 통치 시대가 열리는 것이다.

계 16 : 12-16 또 여섯째가 그 대접을 큰 강 유브라데에 쏟으매 강물이 말라서
　　　　　　　　동방에서 오는 왕들의 길이 예비되더라 또 내가 보매 개구리 같은
　　　　　　　　세 더러운 영이 용의 입과 짐승의 입과 거짓 선지자의 입에서 나오니
　　　　　　　　저희는 귀신의 영이라 이적을 행하여 온 천하 임금들에게 가서
　　　　　　　　하나님 곧 전능하신 이의 큰 날에 전쟁을 위하여 그들을 모으더라
　　　　　　　　보라 내가 도적같이 오리니 누구든지 깨어 자기 옷을 지켜 벌거벗고
　　　　　　　　다니지 아니하며 자기의 부끄러움을 보이지 아니하는 자가 복이
　　　　　　　　있도다
계 19 : 19-20 또 내가 보매 그 짐승과 땅의 임금들과 그 군대들이 모여 그 말
　　　　　　　　탄 자와 그의 군대로 더불어 전쟁을 일으키다가 짐승이 잡히고
　　　　　　　　그 앞에서 이적을 행하던 거짓 선지자도 함께 잡혔으니 이는 짐승의
　　　　　　　　표를 받고 그의 우상에게 경배하던 자들을 이적으로 미혹하던

	자라 이 둘이 산 채로 유황불 붙은 못에 던지우고
살후 1 : 7-10	환난받는 너희에게는 우리와 함께 안식으로 갚으시는 것이 하나님의 공의시니 주 예수께서 저의 능력의 천사들과 함께 하늘로부터 불꽃 중에 나타나실 때에 하나님을 모르는 자들과 우리 주 예수의 복음을 복종치 않는 자들에게 형벌을 주시리니 이런 자들이 주의 얼굴과 그의 힘의 영광을 떠나 영원한 멸망의 형벌을 받으리로다
살후 2 : 8	그때에 불법한 자가 나타나리니 주 예수께서 그 입의 기운으로 저를 죽이시고 강림하여 나타나심으로 폐하시리라
계 19 : 21그	나머지는 말 탄 자의 입으로 나오는 검에 죽으매 모든 새가 그 고기로 배불리우더라

3) 열방(列邦 ; 여러 나라)들

그리스도께서 지상 재림하시는 때인 대환난 말, 즉 천년기 초에 열방들이 심판을 받게 될 것으로 성경은 암시하고 있다(살후 1 : 7-10; 마 25 : 31-46 참조; 욜 3 : 11-17 참조; 행 17 : 31). 그러나 이 심판은 백보좌 심판과는 구별되며 또 짐승, 거짓 선지자, 그리고 그들의 군대의 심판과도 구별된다.

살후 1 : 7-10	환난받는 너희에게는 우리와 함께 안식으로 갚으시는 것이 하나님의 공의시니 주 예수께서 저의 능력의 천사들과 함께 하늘로부터 불꽃 중에 나타나실 때에 하나님을 모르는 자들과 우리 주 예수의 복음을 복종치 않는 자들에게 형벌을 주시리니 이런 자들이 주의 얼굴과 그의 힘의 영광을 떠나 영원한 멸망의 형벌을 받으리로다 그날에 강림하사 그의 성도들에게서 영광을 얻으시고 모든 믿는 자에게서 기이히 여김을 얻으시리라(우리의 증거가 너희에게 믿어졌음이라)
행 17 : 31	이는 정하신 사람으로 하여금 천하를 공의로 심판할 날을 작정하시고 이에 저를 죽은 자 가운데서 다시 살리신 것으로 모든 사람에게 믿을 만한 증거를 주셨음이니라 하니라

4) 사단과 그의 사자들

대환난 기간에 사단은 지상으로 내어쫓김을 당하고(계 12 : 7-9, 12 : 17), 그리스도께서 지상에 내려오실 때에 사단은 결박당하여 천 년 동안 무저갱에 수감된다(계 20 : 1-3). 그리고 천 년 후에 잠시 석방되는데 그는 다시 세상의 열방들을 미혹하여 "성도들의 진(陳)과 사랑하시는 성"을 대항해서 싸우기 위해 큰 무리를 모으는데 성공을 거둘 것이다(계 20 : 7-9). 그러나 불이 하늘에서 내려와 그들 전부를 소멸한다(즉, 그들의 몸에 내리는 불의 심판이다). 그 후 사단 자신도 심판을 받아 불못에 던짐을 당한다(계 20 : 9-10). 이때에 타락한 천사들도 심판을 받게 될 것이다(유 6; 벧후 2 : 4).

계 12 : 7-9	하늘에 전쟁이 있으니 미가엘과 그의 사자들이 용으로 더불어 싸울 새 용과 그의 사자들도 싸우나 이기지 못하여 다시 하늘에서 저희의 있을 곳을 얻지 못한지라 큰 용이 내어쫓기니 옛 뱀 마귀라고도 하고 사단이라고도 하는 온 천하를 꾀는 자라 땅으로 내어쫓기니 그의 사자들도 저와 함께 내어쫓기니라
계 12 : 17	용이 여자에게 분노하여 돌아가서 그 여자의 남은 자손 곧 하나님의 계명을 지키며 예수의 증거를 가진 자들로 더불어 싸우려고 바다 모래 위에 섰더라
계 20 : 1-3	또 내가 보매 천사가 무저갱 열쇠와 큰 쇠사슬을 그 손에 가지고 하늘로서 내려와서 용을 잡으니 곧 옛 뱀이요 마귀요 사단이라 잡아 일천 년 동안 결박하여 무저갱에 던져 잠그고 그 위에 인봉하여 천 년이 차도록 다시는 만국을 미혹하지 못하게 하였다가 그 후에는 반드시 잠간 놓이리라
계 20 : 7-9	천 년이 차매 사단이 그 옥에서 놓여 나와서 땅의 사방 백성 곧 곡과 마곡을 미혹하고 모아 싸움을 붙이리니 그 수가 바다 모래 같으리라 저희가 지면에 넓리 퍼져 성도들의 진과 사랑하시는 성을 두르매 하늘에서 불이 내려와 저희를 소멸하고
계 20 : 10	또 저희를 미혹하는 마귀가 불과 유황못에 던지우니 거기는 그 짐승과 거짓 선지자도 있어 세세토록 밤낮 괴로움을 받으리라
유 1 : 6	또 자기 지위를 지키지 아니하고 자기 처소를 떠난 천사들을 큰

벧후 2 : 4	날의 심판까지 영원한 결박으로 흑암에 가두셨으며 하나님이 범죄한 천사들을 용서치 아니하시고 지옥에 던져 어두운 구덩이에 두어 심판 때까지 지키게 하셨으며

5) 구원받지 못하고 죽은 자들

천년왕국 이후에 구원받지 못하고 죽은 자(불신자)들, 즉 둘째 부활에 참여한 자들의 심판이 있으니 이것이 백보좌 심판이다(계 20 : 11-15 참조 계 21 : 8; 고전 15 : 24).

계 21 : 8	그러나 두려워하는 자들과 믿지 아니하는 자들과 흉악한 자들과 살인자들과 행음자들과 술객들과 우상 숭배자들과 모든 거짓말하는 자들은 불과 유황으로 타는 못에 참예하리니 이것이 둘째 사망이라
고전 15 : 24	그 후에는 나중이니 저가 모든 정사와 모든 권세와 능력을 멸하시고 나라를 아버지 하나님께 바칠 때라

III. 심판의 방법과 시기

1. 심판의 방법

1) 행한 일에 대하여 보응함

심판의 첫째 방법은 행한 일에 대한 보응이다(고후 5 : 10; 계 20 : 12; 마 16 : 27,13 : 36-37). 최후의 심판은 하나님께서 인간의 양심과 말과 행동에 대하여 보응하는 심판인 것이다(렘 17 : 9-10).

고후 5 : 10	이는 우리가 다 반드시 그리스도의 심판대 앞에 드러나 각각 선악간에 그 몸으로 행한 것을 따라 받으려 함이라
계 20 : 12	또 내가 보니 죽은 자들이 무론대소하고 그 보좌 앞에 섰는데 책들이 펴 있고 또 다른 책이 펴졌으니 곧 생명책이라 죽은 자들이 자기 행위를 따라 책들에 기록된 대로 심판을 받으니
마 16 : 27	인자가 아버지의 영광으로 그 천사들과 함께 오리니 그때에 각 사람의 행한 대로 갚으리라
마 13 : 36-37	이에 예수께서 무리를 떠나사 집에 들어가시니 제자들이 나아와

가로되 밭의 가라지의 비유를 우리에게 설명하여 주소서 대답하여
가라사대 좋은 씨를 뿌리는 이는 인자요
렘 17 : 9-10   만물보다 거짓되고 심히 부패한 것은 마음이라 누가 능히 이를
알리요마는 나 여호와는 심장을 살피며 폐부를 시험하고 각각
그 행위와 그 행실대로 보응하나니

2) 선인과 악인을 분리함

그리스도께서 심판하실 때에 선인과 악인을 엄격히 분리하심으로써 의인은 상을 받고 악인은 벌을 받는 공정한 심판이 이루어질 것이다(마 25 : 31-32, 13 : 24, 39).

마 25 : 31-32   인자가 자기 영광으로 모든 천사와 함께 올 때에 자기 영광의 보좌에
앉으리니 모든 민족을 그 앞에 모으고 각각 분별하기를 목자가
양과 염소를 분별하는 것같이 하여
마 13 : 24   예수께서 그들 앞에 또 비유를 베풀어 가라사대 천국은 좋은 씨를
제 밭에 뿌린 사람과 같으니
마 13 : 39   가라지를 심은 원수는 마귀요 추수 때는 세상 끝이요 추숫군은
천사들이니

3) 상선 벌악(賞善罰惡)하심

심판장이신 공의(公義)의 주님께서 상선 벌악하시는 마지막 심판이 있을 것이다(행 17 : 31). 그리고 이 심판은 인간들이 자기가 심은 대로 거두게 하여(갈 6 : 7; 마 16 : 27) 의인은 영생에 들어가고(마 25 : 27), 악인은 영벌에 들어가게 될 것이다(마 13 : 41-43, 25 : 46).

행 17 : 31   이는 정하신 사람으로 하여금 천하를 공의로 심판할 날을
작정하시고 이에 저를 죽은 자 가운데서 다시 살리신 것으로 모든
사람에게 믿을 만한 증거를 주셨음이니라 하니라
갈 6 : 7   스스로 속이지 말라 하나님은 만홀히 여김을 받지 아니하시나니
사람이 무엇으로 심든지 그대로 거두리라

마 16 : 27	인자가 아버지의 영광으로 그 천사들과 함께 오리니 그때에 각 사람의 행한 대로 갚으리라
마 25 : 27	그러면 네가 마땅히 내 돈을 취리하는 자들에게나 두었다가 나로 돌아와서 내 본전과 변리를 받게 할 것이니라 하고
마 13 : 41-43	인자가 그 천사들을 보내리니 저희가 그 나라에서 모든 넘어지게 하는 것과 또 불법을 행하는 자들을 거두어 내어 풀무불에 던져 넣으리니 거기서 울며 이를 갊이 있으리라 그때에 의인들은 자기 아버지 나라에서 해와 같이 빛나리라 귀 있는 자는 들으라
마 25 : 46	저희는 영벌에 의인들은 영생에 들어가리라 하시니라

2. 심판의 기준

1) 양심(良心)

그리스도를 모르고 율법도 받지 못한 이방인들은 그 마음의 율법(선한 양심)의 실천 여부가 심판의 기준이 될 것이다(렘 17 : 9-10; 롬 2 : 14-15; 계 2 : 23).

렘 17 : 9-10	만물보다 거짓되고 심히 부패한 것은 마음이라 누가 능히 이를 알리요마는 나 여호와는 심장을 살피며 폐부를 시험하고 각각 그 행위와 그 행실대로 보응하나니
롬 2 : 14-15	율법 없는 이방인이 본성으로 율법의 일을 행할 때는 이 사람은 율법이 없어도 자기가 자기에게 율법이 되나니 이런 이들은 그 양심이 증거가 되어 그 생각들이 서로 혹은 송사하며 혹은 변명하여 그 마음에 새긴 율법의 행위를 나타내느니라
계 2 : 23	또 내가 사망으로 그의 자녀를 죽이리니 모든 교회가 나는 사람의 뜻과 마음을 살피는 자인 줄 알지라 내가 너희 각 사람의 행위대로 갚아 주리라

2) 율법(律法)

유대인들은 구약에 계시된 율법(기록된 율법)의 실천 여부가 심판의 기준이 될 것이다(롬 2 : 12-15).

롬 2 : 12-15　　무릇 율법 없이 범죄한 자는 또한 율법 없이 망하고 무릇 율법이
　　　　　　　　있고 범죄한 자는 율법으로 말미암아 심판을 받으리라 하나님
　　　　　　　　앞에서는 율법을 듣는 자가 의인이 아니요 오직 율법을 행하는
　　　　　　　　자라야 의롭다 하심을 얻으리니 (율법 없는 이방인이 본성으로
　　　　　　　　율법의 일을 행할 때는 이 사람은 율법이 없어도 자기가 자기에게
　　　　　　　　율법이 되나니 이런 이들은 그 양심이 증거가 되어 그 생각들이
　　　　　　　　서로 혹은 송사하며 혹은 변명하여 그 마음에 새긴 율법의 행위를
　　　　　　　　나타내느니라)

3) 복음(福音)

신약 시대의 사람들은 그리스도의 복음(오직 믿음으로 구원 얻는)을 믿었는가
의 여부가 심판의 기준이 될 것이다(요 3 : 16; 롬 2 : 16,4 : 2,12; 요 5 : 24).

요 3 : 16　　하나님이 세상을 이처럼 사랑하사 독생자를 주셨으니 이는 저를
　　　　　　믿는 자마다 멸망치 않고 영생을 얻게 하려 하심이니라
롬 2 : 16　　곧 내 복음에 이른 바와 같이 하나님이 예수 그리스도로 말미암아
　　　　　　사람들의 은밀한 것을 심판하시는 그날이라
롬 4 : 2　　만일 아브라함이 행위로써 의롭다 하심을 얻었으면 자랑할 것이
　　　　　　있으려니와 하나님 앞에서는 없느니라
롬 4 : 12　　또한 할례자의 조상이 되었나니 곧 할례받을 자에게 뿐 아니라
　　　　　　우리 조상 아브라함의 무할례시에 가졌던 믿음의 자취를 좇는
　　　　　　자들에게도니라
요 5 : 24　　내가 진실로 진실로 너희에게 이르노니 내 말을 듣고 또 나 보내신
　　　　　　이를 믿는 자는 영생을 얻었고 심판에 이르지 아니하나니 사망에서
　　　　　　생명으로 옮겼느니라

최후 상태(영원한 내세)

Ⅰ. 악인의 처소와 최후 상태

1. 악인의 처소인 지옥(地獄)

　　내세에서의 악인의 영원한 처소는 형벌(刑罰)의 장소인 지옥이다. 어떤 이들은 지옥이 한 장소라는 것을 부정한다. 그러나 성경은 지옥에 대하여 확실히 장소적 명사를 계속 사용하고 있다. 즉 풀무 불(마 13 : 42), 영원한 불(마 18 : 8-9), 꺼지지 않는 불(마 3 : 12; 막 9 : 43), 불못(계 20 : 14-15), 옥(獄, 벧전 3 : 19), 무저갱(無底坑, 눅 8 : 31), 구덩이(벧후 2 : 4), 바깥 어두운 곳(마 8 : 12,22 : 13,25 : 30) 등이 바로 그것이다.

마 13 : 42	풀무불에 던져 넣으리니 거기서 울며 이를 갊이 있으리라
마 18 : 8-9	만일 네 손이나 네 발이 너를 범죄케 하거든 찍어 내버리라 불구자나 절뚝발이로 영생에 들어가는 것이 두 손과 두 발을 가지고 영원한 불에 던지우는 것보다 나으니라 만일 네 눈이 너를 범죄케 하거든 빼어 내버리라 한 눈으로 영생에 들어가는 것이 두 눈을 가지고 지옥 불에 던지우는 것보다 나으니라
마 3 : 12	기뻐하고 즐거워하라 하늘에서 너희의 상이 큼이라 너희 전에 있던 선지자들을 이같이 핍박하였느니라
막 9 : 43	만일 네 손이 너를 범죄케 하거든 찍어 버리라 불구자로 영생에 들어가는 것이 두 손을 가지고 지옥 꺼지지 않는 불에 들어가는 것보다 나으니라
계 20 : 14-15	사망과 음부도 불못에 던지우니 이것은 둘째 사망 곧 불못이라 누구든지 생명책에 기록되지 못한 자는 불못에 던지우더라
벧전 3 : 19	저가 또한 영으로 옥에 있는 영들에게 전파하시니라

눅 8 : 31	무저갱으로 들어가라 하지 마시기를 간구하더니
벧후 2 : 4	하나님이 범죄한 천사들을 용서치 아니하시고 지옥에 던져 어두운 구덩이에 두어 심판 때까지 지키게 하셨으며
마 8 : 12	나라의 본 자손들은 바깥 어두운 데 쫓겨나 거기서 울며 이를 갊이 있으리라
마 22 : 13	임금이 사환들에게 말하되 그 수족을 결박하여 바깥 어두움에 내어 던지라 거기서 슬피 울며 이를 갊이 있으리라 하니라
마 25 : 30	이 무익한 종을 바깥 어두운 데로 내어쫓으라 거기서 슬피 울며 이를 갊이 있으리라 하니라

1) 지옥의 개념

지옥(地獄 : Hell)은 히브리어로 스올(Sheol), 헬라어로는 게엔나(Geenna), 또는 하데스(Hades)라고도 하는데 이는 악인들이 죽어서 갈 곳으로 되어 있다. 구약에는 죽은 사람들이 모이는 곳을 단지 음부(Sheol)라고만 하였으나 신약에서는 음부, 무저갱, 불못 등으로 구분, 지옥의 개념을 더 무섭게 설명하였다.

2) 지옥이 있는 증거

지옥을 부정하는 사람들은 대개 무신론자(無神論者), 현실주의자(現實主義者) 및 이단자(異端者)들이다. 성경은 구약과 신약이 다같이 지옥이 있다고 한다(잠 15 : 24; 시 30 : 3; 욥 7 : 9; 삼상 2 : 26; 사 38 : 10; 겔 35 : 15; 호 13 : 14). 예수님께서 친히 지옥이 있다고 말씀하셨으며(마 5 : 22,29,30,10 : 28; 눅 12 : 5; 막 9 : 47; 마 23 : 15), 사도들도 지옥이 있음을 시인하였다(약 3 : 6; 계 20 : 10,14-15,21 : 8).

잠 15 : 24	지혜로운 자는 위로 향한 생명길로 말미암음으로 그 아래 있는 음부를 떠나게 되느니라
시 30 : 3	여호와여 주께서 내 영혼을 음부에서 끌어내어 나를 살리사 무덤으로 내려가지 않게 하셨나이다
욥 7 : 9	구름이 사라져 없어짐같이 음부로 내려가는 자는 다시 올라오지 못할 것이오나

삼상 2 : 26	아이 사무엘이 점점 자라매 여호와와 사람들에게 은총을 더욱 받더라
사 38 : 10	내가 말하기를 내가 중년에 음부의 문에 들어가고 여년을 빼앗기게 되리라 하였도다
겔 35 : 15	이스라엘 족속의 기업이 황무함을 인하여 네가 즐거워한 것같이 내가 너로 황무케 하리라 세일산아 너와 에돔 온 땅이 황무하리니 무리가 나를 여호와인줄 알리라 하셨다 하라
호 13 : 14	내가 저희를 음부의 권세에서 속량하며 사망에서 구속하리니 사망아 네 재앙이 어디 있느냐 음부야 네 멸망이 어디 있느냐 뉘우침이 내 목전에 숨으리라
마 5 : 22	나는 너희에게 이르노니 형제에게 노하는 자마다 심판을 받게 되고 형제를 대하여 라가라 하는 자는 공회에 잡히게 되고 미련한 놈이라 하는 자는 지옥 불에 들어가게 되리라
마 5 : 29	만일 네 오른눈이 너로 실족케 하거든 빼어 내버리라 네 백체 중 하나가 없어지고 온몸이 지옥에 던지우지 않는 것이 유익하며
마 5 : 30	또한 만일 네 오른손이 너로 실족케 하거든 찍어 내버리라 네 백체 중 하나가 없어지고 온몸이 지옥에 던지우지 않는 것이 유익하니라
마 10 : 28	몸은 죽여도 영혼은 능히 죽이지 못하는 자들을 두려워하지 말고 오직 몸과 영혼을 능히 지옥에 멸하시는 자를 두려워하라
눅 12 : 5	마땅히 두려워할 자를 내가 너희에게 보이리니 곧 죽인 후에 또한 지옥에 던져 넣는 권세 있는 그를 두려워하라 내가 참으로 너희에게 이르노니 그를 두려워하라
막 9 : 47	만일 네 눈이 너를 범죄케 하거든 빼어 버리라 한 눈으로 하나님의 나라에 들어가는 것이 두 눈을 가지고 지옥에 던지우는 것보다 나으니라
마 23 : 15	화 있을진저 외식하는 서기관들과 바리새인들이여 너희는 교인 하나를 얻기 위하여 바다와 육지를 두루 다니다가 생기면 너희보다 배나 더 지옥 자식이 되게 하는도다
약 3 : 6	혀는 곧 불이요 불의의 세계라 혀는 우리 지체 중에서 온몸을 더럽히고 생의 바퀴를 불사르나니 그 사르는 것이 지옥불에서 나느니라
계 20 : 10	또 저희를 미혹하는 마귀가 불과 유황못에 던지우니 거기는 그

	짐승과 거짓 선지자도 있어 세세토록 밤낮 괴로움을 받으리라
계 20 : 14-15	사망과 음부도 불못에 던지우니 이것은 둘째 사망 곧 불못이라
	누구든지 생명책에 기록되지 못한 자는 불못에 던지우더라
계 21 : 8	그러나 두려워하는 자들과 믿지 아니하는 자들과 흉악한 자들과
	살인자들과 행음자들과 술객들과 우상 숭배자들과 모든 거짓말하는
	자들은 불과 유황으로 타는 못에 참예하리니 이것이 둘째 사망이라

3) 지옥의 형편

(1) 유황불의 고통이 영원한 곳

성경은 지옥의 형편을 "…거룩한 천사들 앞과 어린양 앞에서 불과 유황으로 고난을 받으리니 그 고난의 연기가 세세토록 올라가리로다…"라고 표현하였다(계 14 : 10-11).

(2) 죽으려 해도 죽을 수 없는 곳

예수님께서는 "…한 눈으로 하나님 나라에 들어가는 것이 두 눈을 가지고 지옥에 던지우는 것보다 나으니라"고 하셨고 "거기(지옥)는 구더기도 죽지 않고 불도 꺼지지 아니하느니라"고 하셨다(막 9 : 47-48). 사도 요한은 "그날에는 사람들이 죽기를 구하여도 얻지 못하고 죽고 싶으나 죽음이 저희를 피하리로다"(계 9 : 6) 라고 하였다. 지옥에서는 죽고 싶어도 죽음이 죄인들을 피하기 때문에 죽을 수 없다. 그것은 하나님께서 그들에게 고통을 가중케 하기 위하여 자살을 허용치 않으시기 때문이다. 현세의 악인들은 할 수 있는 대로 죽지 않으려고 애쓰나 내세의 지옥에서는 반대로 죽으려고 애를 써도 죽음이 저들을 피하게 되는 것이다.

(3) 애통하며 이를 가는 곳

성경에 "…의인 중에서 악인을 갈라내어 풀무불에 던져 넣으리니 거기서 울며 이를 갊이 있으리라"(마 13 : 49-50)고 하였고 부자는 "음부에서 고통 중에 눈을 들어 멀리 아브라함과 그의 품에 있는 나사로를 보고… 나를 긍휼히 여기사… 내가 이 불꽃 가운데서 고민하나이다"(눅 16 : 23-24) 하며 울부짖었다고 했다.

(4) 한번 들어가면 못 나오는 곳

부자가 음부에서 아브라함을 향하여 구원해 달라고 애원하며 울부짖을 때 아브라함은 그에게 대답하기를 "너희와 우리 사이에 큰 구렁이 끼어 있어 여기서 너희에게 건너가고자 하되 할 수 없고 거기서 우리에게 건너올 수도 없게 하였느니라"고 하였다(눅 16 : 26).

(5) 불로서 형벌하는 곳

지옥은 모든 악인에 대하여 불로써 형벌하는 곳이다. 성경은 "두려워하는 자들과 믿지 아니하는 자들과 흉악한 자들과 살인자들과 행음자들과 술객들과 우상 숭배자들과 모든 거짓말하는 자들은 불과 유황으로 타는 못에 참예하리니…"라고 하였고(계 21 : 8) "여호와께서 불에 옹위되어 강림하시리니… 그가 혁혁한 위세로 노를 베푸시며 맹렬한 화염으로 견책하실 것이라"고 하였다(사 66 : 15).

4) 지옥에 갈 자

지옥에 들어갈 자들은 모든 악한 자, 즉 적그리스도, 짐승, 거짓선지자(계19 : 19-20; 마 7 : 22-23 참조 마 25 : 12), 그리고 사단(마귀, 계 20 : 9-10), 불신자들(두려워하는 자, 믿지 아니하는 자, 흉악한 자, 살인자, 행음자, 술객, 우상 숭배자, 거짓말하는 자 등)이다(계 21 : 8; 시 14 : 1). 생명책에 이름이 기록되지 않은 자들은 모두 다 불못에 던지우게 된다(계 20 : 15).

계 19 : 19-20	또 내가 보매 그 짐승과 땅의 임금들과 그 군대들이 모여 그 말 탄 자와 그의 군대로 더불어 전쟁을 일으키다가 짐승이 잡히고 그 앞에서 이적을 행하던 거짓 선지자도 함께 잡혔으니 이는 짐승의 표를 받고 그의 우상에게 경배하던 자들을 이적으로 미혹하던 자라 이 둘이 산 채로 유황불 붙은 못에 던지우고
마 25 : 12	대답하여 가로되 진실로 너희에게 이르노니 내가 너희를 알지 못하노라 하였느니라
계 20 : 9-10	저희가 지면에 널리 펴져 성도들의 집과 사랑하시는 성을 두르매 하늘에서 불이 내려와 저희를 소멸하고 또 저희를 미혹하는 마귀가

	불과 유황못에 던지우니 거기는 그 짐승과 거짓 선지자도 있어 세세토록 밤낮 괴로움을 받으리라
계 21 : 8	그러나 두려워하는 자들과 믿지 아니하는 자들과 흉악한 자들과 살인자들과 행음자들과 술객들과 우상 숭배자들과 모든 거짓말하는 자들은 불과 유황으로 타는 못에 참예하리니 이것이 둘째 사망이라
시 14 : 1	어리석은 자는 그 마음에 이르기를 하나님이 없다 하도다 저희는 부패하고 소행이 가증하여 선을 행하는 자가 없도다
계 20 : 15	누구든지 생명책에 기록되지 못한 자는 불못에 던지우더라

5) 지옥에 안 가는 길

영원한 저주와 형벌의 장소인 지옥에 들어가지 않으려면 현세에서 예수님을 믿고 회개하여(요 3 : 16; 행 16 : 31; 요 5 : 24), 화평과 거룩함을 좇아(히 12 : 14) 하나님의 뜻대로 사는 길뿐이다(마 7 : 21-22).

행 16 : 31	가로되 주 예수를 믿으라 그리하면 너와 네 집이 구원을 얻으리라 하고
요 3 : 16	하나님이 세상을 이처럼 사랑하사 독생자를 주셨으니 이는 저를 믿는 자마다 멸망치 않고 영생을 얻게 하려 하심이니라
요 5 : 24	내가 진실로 진실로 너희에게 이르노니 내 말을 듣고 또 나 보내신 이를 믿는 자는 영생을 얻었고 심판에 이르지 아니하나니 사망에서 생명으로 옮겼느니라
히 12 : 14	모든 사람으로 더불어 화평함과 거룩함을 좇으라 이것이 없이는 아무도 주를 보지 못하리라
마 7 : 21-22	나더러 주여 주여 하는 자마다 천국에 다 들어갈 것이 아니요 다만 하늘에 계신 내 아버지의 뜻대로 행하는 자라야 들어가리라 그날에 많은 사람이 나더러 이르되 주여 주여 우리가 주의 이름으로 선지자 노릇하며 주의 이름으로 귀신을 쫓아내며 주의 이름으로 많은 권능을 행치 아니하였나이까 하리니

2. 악인의 최후 상태

영원한 내세에서 악인의 최후 상태는 하나님과의 교통이 단절된 채 지옥의 불꽃 속에서 계속 고통받는 영벌의 상태이다. 그러므로 악인들은 영원한 내세에서 하나님의 은총을 완전히 빼앗기고 꺼지지 않는 불 속에서 끝없는 불안과 고통(신체와 영혼과 양심의)과 번뇌 속에서 울며 이를 갈게 된다(마 8 : 12, 13 : 50; 막 9 : 47-48; 눅 16 : 23,28; 계 14 : 10,21 : 8). 그러나 악인의 형벌에도 등급이 있을 것이라고 성경은 암시하고 있다(마 11 : 22,24; 눅 12 : 47-48,20 : 47).

마 8 : 12	나라의 본 자손들은 바깥 어두운데 쫓겨나 거기서 울며 이를 갊이 있으리라
마 13 : 50	풀무불에 던져 넣으리니 거기서 울며 이를 갊이 있으리라
막 9 : 47-48	만일 네 눈이 너를 범죄케 하거든 빼어 버리라 한 눈으로 하나님의 나라에 들어가는 것이 두 눈을 가지고 지옥에 던지우는 것보다 나으니라
눅 16 : 23	저가 음부에서 고통 중에 눈을 들어 멀리 아브라함과 그의 품에 있는 나사로를 보고
눅 16 : 28	내 형제 다섯이 있으니 저희에게 증거하게 하여 저희로 이 고통받는 곳에 오지 않게 하소서
계 14 : 10	그도 하나님의 진노의 포도주를 마시리니 그 진노의 잔에 섞인 것이 없이 부은 포도라 거룩한 천사들 앞과 어린양 앞에서 불과 유황으로 고난을 받으리니
계 21 : 8	그러나 두려워하는 자들과 믿지 아니하는 자들과 흉악한 자들과 살인자들과 행음자들과 술객들과 우상 숭배자들과 모든 거짓말하는 자들은 불과 유황으로 타는 못에 참예하리니 이것이 둘째 사망이라
마 11 : 22	내가 너희에게 이르노니 심판 날에 두로와 시돈이 너희보다 견디기 쉬우리라
마 11 : 24	내가 너희에게 이르노니 심판 날에 소돔 땅이 너보다 견디기 쉬우리라 하시니라
눅 12 : 47-48	주인의 뜻을 알고도 예비치 아니하고 그 뜻대로 행치 아니한 종은 많이 맞을 것이요 알지 못하고 맞을 일을 행한 종은 적게 맞으리라 무릇 많이 받은 자에게는 많이 찾을 것이요 많이 맡은 자에게는 많이 달라 할 것이라
눅 20 : 47	저희는 과부의 가산을 삼키며 외식으로 길게 기도하니 그 받는

판결이 더욱 중하리라 하시니라

3. 악인의 형벌 기간

영원한 내세의 악인의 형벌 기간은 영원하다(마 25 : 46). 내세의 형벌이 영원하지 않고 제한된 장기간일 것이라고 주장하는 이도 있으나, 이는 성경적이 아니다. 내세의 성도의 행복과 악인의 형벌 기간은 영원한 것이며(마 25 : 46), 지옥의 불은 꺼지지 않는 불이라고 했다(막 9 : 43). 성경에 "거기는 구더기도 죽지 않고 불도 꺼지지 아니한다" 라고 하였고(막 9 : 48) 성도들과 악인들을 구별짓는 구렁은 영원히 고정되어 통과할 수 없다고 하였다(눅 16 : 26). 내세에서 악인의 형벌 기간은 끝이 없이 지속될 것이지만 그들은 결코 죽지 않을 것이 분명하다.

마 25 : 46	저희는 영벌에 의인들은 영생에 들어가리라 하시니라
막 9 : 43	만일 네 손이 너를 범죄케 하거든 쩍어 버리라 불구자로 영생에 들어가는 것이 두 손을 가지고 지옥 꺼지지 않는 불에 들어가는 것보다 나으니라
눅 16 : 26	이뿐 아니라 너희와 우리 사이에 큰 구렁이 끼어 있어 여기서 너희에게 건너가고자 하되 할 수 없고 거기서 우리에게 건너올 수도 없게 하였느니라

II. 의인의 처소와 최후 상태

1. 의인의 처소

1) 신천 신지(新天新地 ; 새 하늘과 새 땅)

신자들의 최후 상태(영원 내세의 행복)가 시작되기 전에 먼저 있을 것은 현세계가 떠나가고(히12 : 26-28; 벧후3 : 10-13 참조) 새 하늘과 새 땅, 우주가 최종적으로 완전히 새로워진 세계(의인의 거처)가 펼쳐질 것이다(계21 : 1-2; 사65 : 17,66 : 22). 복음서는 "세상이 새롭게 되어"를 말하고(마19 : 28) 사도행전은 '만유를 회복하실 때'를 말하고 있다(행2 : 21). 그러나 미래의 새 하늘과 새 땅의 전개는 절대적인 의미에서 새 것, 즉 새 창조가 아니라 오히려 그것은 현우주(現宇宙)의 갱신(更新)일 것이 분명하다(시102 : 26-27; 히12 : 26-28). 왜냐하면 성경에 "땅은 영원히 있도다" 라는 귀절이 있기 때문이다(전 1 : 4; 시 104 : 5, 119 : 90). 성경에 "땅과 하늘이 지나간다"(passing away ; 혹은 없어진다)고 말한 귀절들이 있다(마 5 : 18, 24, 34-35; 막 13 : 30-31; 눅 16 : 17, 21; 벧후 3 : 10 참조 계 21 : 1). 그런데 이 귀절들 가운데서 원어의 뜻은 존재의 소멸, 즉 하늘과 땅의 멸절(滅絶)을 의미하는 것은 결코 아니다. 그러므로 새 하늘과 새 땅이란 우주의 구재료(舊材料)들을 버리고 아무것도 없는 데서 만물을 새로 창조하셨다는 의미라고 생각할 수 없다. 그레다너스(Greidanus)는 말하기를 "이 신천 신지(새 하늘과 새 땅)의 출현은 구천지(舊天地)의 형질(形質)과 및 조직이 변화하여 영화롭게 된 것을 가리킨다" 라고 하였다. 사도 베드로는 "체질이 뜨거운 불에 풀어지고"(벧후 3 : 10-12) 라고 표현했는데, 이는 천지의 물질이 근본적으로 변화됨을 가리킨다. 그러므로 이 세계는 옛 세계의 연속이면서도 아주 딴 종류의 것이라고 말할 수 있다. 어쨌든 옛 하늘과 옛 땅, 즉 시공(時空)의 제한 내에 있는 현질서의 천지는 없어지고(계 20 : 11) 아주 딴 종류인 영원 무궁한 질서의 신천 신지가 생겨났다고 할 만큼 그것들(옛 천지)은 완전한 변화를 받게 될 것이다.

히 12 : 26-28	그때에는 그 소리가 땅을 진동하였거니와 이제는 약속하여 가라사대 내가 또 한번 땅만 아니라 하늘도 진동하리라 하셨느니라 이 또 한번이라 하심은 진동치 아니하는 것을 영존케 하기 위하여 진동할 것들 곧 만든 것들의 변동될 것을 나타내심이니라 그러므로 우리가 진동치 못할 나라를 받았은즉 은혜를 받자 이로 말미암아 경건함과 두려움으로 하나님을 기쁘시게 섬길지니
계 21 : 1-2	또 내가 새 하늘과 새 땅을 보니 처음 하늘과 처음 땅이 없어졌고 바다도 다시 있지 않더라 또 내가 보매 거룩한 성 새 예루살렘이 하나님께로부터 하늘에서 내려오니 그 예비한 것이 신부가 남편을 위하여 단장한 것 같더라
사 65 : 17	보라 내가 새 하늘과 새 땅을 창조하나니 이전 것은 기억되거나 마음에 생각나지 아니할 것이라
사 66 : 22	나 여호와가 말하노라 나의 지을 새 하늘과 새 땅이 내 앞에 항상 있을 것같이 너희 자손과 너희 이름이 항상 있으리라
마 19 : 28	예수께서 가라사대 내가 진실로 너희에게 이르노니 세상이 새롭게

	되어 인자가 자기 영광의 보좌에 앉을 때에 나를 좇는 너희도 열두 보좌에 앉아 이스라엘 열두 지파를 심판하리라
행 2 : 21	누구든지 주의 이름을 부르는 자는 구원을 얻으리라 하였느니라
시 102 : 26-27	천지는 없어지려니와 주는 영존하시겠고 그것들은 다 옷같이 낡으리니 의복같이 바꾸시면 바뀌려니와 주는 여상하시고 주의 년대는 무궁하리이다
전 1 : 4	한 세대는 가고 한 세대는 오되 땅은 영원히 있도다
시 104 : 5	땅의 기초를 두사 영원히 요동치 않게 하셨나이다
시 119 : 90	주의 성실하심은 대대에 이르나이다 주께서 땅을 세우셨으므로 땅이 항상 있사오니
마 5 : 18	진실로 너희에게 이르노니 천지가 없어지기 전에는 율법의 일점 일획이라도 반드시 없어지지 아니하고 다 이루리라
마 5 : 24	예물을 제단 앞에 두고 먼저 가서 형제와 화목하고 그 후에 와서 예물을 드리라
마 5 : 34-35	나는 너희에게 이르노니 도무지 맹세하지 말지니 하늘로도 말라 이는 하나님의 보좌임이요 땅으로도 말라 이는 하나님의 발등상임이요 예루살렘으로도 말라 이는 큰 임금의 성임이요
막 13 : 30-31	내가 진실로 너희에게 말하노니 이 세대가 지나가기 전에 이 일이 다 이루리라 천지는 없어지겠으나 내 말은 없어지지 아니하리라
눅 16 : 17	그러나 율법의 한 획이 떨어짐보다 천지의 없어짐이 쉬우리라
눅 16 : 21	부자의 상에서 떨어지는 것으로 배불리려 하매 심지어 개들이 와서 그 헌데를 핥더라
계 20 : 11	또 내가 크고 흰 보좌와 그 위에 앉으신 자를 보니 땅과 하늘이 그 앞에서 피하여 간데 없더라

2) 새 예루살렘 성

성경은 무궁 시대(無窮時代) 성도의 처소로서 "새 하늘과 새 땅" 외에 "거룩한 성 새 예루살렘 성"(계 21 : 2, 22 : 5 참조)도 언급하고 있다. 새 예루살렘 성은 새 하늘 및 새 땅과는 구별된다. 새 하늘과 새 땅은 새로운 세계를 의미하고 새 예루살렘 성은 거기에 있는 승리한 교회, 즉 신앙 생활에서 승리한 성도들이 들어가는 도성(都城)을 의미한다. 구약에도 주님의 교회를 도시로 비유한 바 있다(사

26 : 1, 40 : 9). 새 세계(새 하늘과 새 땅)는 새로워진 만물도 포함하는 신세계(新世界)이지만(마 19 : 28; 롬 9 : 19-20; 골 1 : 20) 거룩한 새 예루살렘성은 승리한 성도들만 들어오도록 허용되는 곳이다(계 21 : 26-27). 그리고 "거룩한 성 새 예루살렘이 하나님께로부터 하늘에서 내려오니"(계 21 : 2) 라고 한 것은 이성을 하나님께서 직접 지으셨다는 뜻이 있다(히 11 : 10).

사 26 : 1	그날에 유다 땅에서 이 노래를 부르리라 우리에게 **견고한** 성읍이 있음이여 여호와께서 구원으로 성과 곽을 삼으시리로다
사 40 : 9	아름다운 소식을 시온에 전하는 자여 너는 높은 산에 오르라 아름다운 소식을 예루살렘에 전하는 자여 너는 힘써 소리를 높이라 두려워 말고 소리를 높여 유다의 성읍들에 이르기를 너희 하나님을 보라 하라
마 19 : 28	예수께서 가라사대 내가 진실로 너희에게 이르노니 세상이 새롭게 되어 인자가 자기 영광의 보좌에 앉을 때에 나를 좇는 너희도 열두 보좌에 앉아 이스라엘 열두 지파를 심판하리라
롬 9 : 19-20	혹 네가 내게 말하기를 그러면 하나님이 어찌하여 허물하시느뇨 누가 그 뜻을 대적하느뇨 하리니 이 사람아 네가 뉘기에 감히 하나님을 힐문하느뇨 지음을 받은 물건이 지은 자에게 어찌 나를 이같이 만들었느냐 말하겠느뇨
골 1 : 20	그의 십자가의 피로 화평을 이루사 만물 곧 땅에 있는 것들이나 하늘에 있는 것들을 그로 말미암아 자기와 화목케 되기를 기뻐하심이라
계 21 : 26-27	사람들이 만국의 영광과 존귀를 가지고 그리로 들어오겠고 무엇이든지 속된 것이나 가증한 일 또는 거짓말하는 자는 결코 그리로 들어오지 못하되 오직 어린양의 생명책에 기록된 자들뿐이라
히 11 : 10	이는 하나님의 경영하시고 지으실 터가 있는 성을 바랐음이니라

(1) 이 성(城)의 특성

❖ 이 성은 어떤 이들의 말대로 상징적인 것이 아니라 문자 그대로 하나의 성이다. 이 성은 기초와 문과 성곽과 길거리(가로 ; 街路)가 형성되어 있으며, 그것

은 입방형(立方形)이다(계 21 : 14-16). 그 성이 정입방형인 것은 균형·정의·평화의 모형이며 유대인에게는 완전을 상징한다. 하늘나라는 안정과 평화와 행복이 완전 보장되는 곳이다.

계 21 : 14-16　　그 성에 성곽은 열두 기초석이 있고 그 위에 어린양의 십이 사도의
　　　　　　　　열두 이름이 있더라 내게 말하는 자가 그 성과 그 문들과 성곽을
　　　　　　　　척량하려고 금 갈대를 가졌더라 그 성은 네모가 반듯하여 장광이
　　　　　　　　같은지라 그 갈대로 그 성을 척량하니 일만 이천 스다디온이요
　　　　　　　　장과 광과 고가 같더라

❖ 이 성에는 열두 기초석이 있으며(계 21 : 14), 그 기초석은 각색 보석으로 꾸며져 있다(계 21 : 19). 이 보석의 열두 이름이 나타나 있다(계 21 : 19-20).

계 21 : 14　　그 성에 성곽은 열두 기초석이 있고 그 위에 어린양의 십이 사도의
　　　　　　　열두 이름이 있더라
계 21 : 19　　그 성의 성곽의 기초석은 각색 보석으로 꾸몄는데 첫째 기초석은
　　　　　　　벽옥이요 둘째는 남보석이요 세째는 옥수요 네째는 녹보석이요
계 21 : 20　　다섯째는 홍마노요 여섯째는 홍보석이요 일곱째는 황옥이요
　　　　　　　여덟째는 녹옥이요 아홉째는 담황옥이요 열째는 비취옥이요
　　　　　　　열한째는 청옥이요 열둘째는 자정이라

❖ 이 성은 크고 높은 성곽에 열두 개의 문이 있는데(계 21 : 12), 이스라엘 열두 지파의 이름이 그 문들 위에 써 있으며(계 21 : 12-13), 열두 개의 기초석 위에는 십이 사도의 이름이 있다(계 21 : 14).

계 21 : 12-13　　크고 높은 성곽이 있고 열두 문이 있는데 문에 열두 천사가 있고
　　　　　　　　그 문들 위에 이름을 썼으니 이스라엘 자손 열두 지파의 이름들이라
　　　　　　　　동편에 세 문 북편에 세 문 남편에 세 문 서편에 세 문이니
계 21 : 14　　그 성에 성곽은 열두 기초석이 있고 그 위에 어린양의 십 이 사도의
　　　　　　　열두 이름이 있더라

❖ 이 성의 성곽은 벽옥으로 쌓였고 성은 정금인데 맑은 유리 같다(계 21 : 18).

계 21 : 18 　　　그 성곽은 벽옥으로 쌓였고 그 성은 정금인데 맑은 유리 같더라

❖ 이 성의 열두 문은 열두 진주이며(계 21 : 21), 문은 결코 닫혀 있지 않으나 (계 21 : 25), 열두 천사가 그 문 앞에 있으며(계 21 : 12), 속된 것이나 가증한 일 및 거짓말하는 자는 결코 그리로 들어가지 못한다(계 21 : 27).

계 21 : 21 　　　그 열두 문은 열두 진주니 문마다 한 진주요 성의 길은 맑은 유리
　　　　　　　　 같은 정금이더라
계 21 : 25 　　　성문들을 낮에 도무지 닫지 아니하리니 거기는 밤이 없음이라
계 21 : 12 　　　크고 높은 성곽이 있고 열두 문이 있는데 문에 열두 천사가 있고
　　　　　　　　 그 문들 위에 이름을 썼으니 이스라엘 자손 열두 지파의 이름들이라
계 21 : 27 　　　무엇이든지 속된 것이나 가증한 일 또는 거짓말하는 자는 결코
　　　　　　　　 그리로 들어오지 못하되 오직 어린양의 생명책에 기록된 자들뿐이라

❖ 이 성의 길거리는 맑은 유리 같은 정금이다(계 21 : 21). 이 황금성(黃金城)은 1,400마일 정방체이며 12,000스다디온은 1,400마일이다(계 21 : 16-17). 1스다디온은 약 180m, 그러므로 12,000스다디온은 약 2,200km나 된다. 2,200km의 정방형이란 실로 웅대한 모습이다.

계 21 : 21 　　　그 열두 문은 열두 진주니 문마다 한 진주요 성의 길은 맑은 유리
　　　　　　　　 같은 정금이더라
계 21 : 16-17 　그 성은 네모가 반듯하여 장광이 같은지라 그 갈대로 그 성을
　　　　　　　　 척량하니 일만 이천 스다디온이요 장과 광과 고가 같더라

❖ 이 성은 하나님과 어린양의 보좌로부터 생명수 강이 흘러내리고 생명나무가 있어 12가지 과실을 달마다 맺는다(계 22 : 2). 창세기의 에덴은 생명나무가 화염검으로 지켜 접근이 불가능하나 천국에서는 길 가운데로 흐르는 생명수 강의 좌

우편에 즐비해 있고 누구든지 그 열매를 따먹을 수 있다. 이는 회복된 낙원의 평화롭고 완전한 모습이다.

계 22 : 2　　　　　길 가운데로 흐르더라 강 좌우에 생명나무가 있어 열두 가지 실과를 맺히되 달마다 그 실과를 맺히고 그 나무 잎사귀들은 만국을 소성하기 위하여 있더라

(2) 이 성의 주민

성경에 새 예루살렘은 어린양의 신부로 언급되어 있다(계 21 : 9-10; 요14 : 2). 그러나 이것은 비유임이 틀림없다. 그것은 사람들이 그 안에 살고 있기 때문이다(계 21 : 27, 22 : 3-5). 이 성은 전에 아브라함이 바라던 성이며(히 11 : 10) 또한 오늘날 성도들이 추구하는 성이다(히 13 : 14). 그러므로 이 성의 주민은 이 성을 사모하고 바라던 성도들일 것이 분명하다. 이 성은 성전이 필요 없다. "⋯이는 주 하나님 곧 전능하신 이와 및 어린양이 그 성전이심"이라고 하였기 때문이다(계 21 : 22).

계 21 : 9-10　　　일곱 대접을 가지고 마지막 일곱 재앙을 담은 일곱 천사 중 하나가 나아와서 내게 말하여 가로되 이리 오라 내가 신부 곧 어린양의 아내를 네게 보이리니 하고 성령으로 나를 데리고 크고 높은 산으로 올라가 하나님께로부터 하늘에서 내려오는 거룩한 성 예루살렘을 보이니

요 14 : 2　　　　　내 아버지 집에 거할 곳이 많도다 그렇지 않으면 너희에게 일렀으리라 내가 너희를 위하여 처소를 예비하러 가노니

계 21 : 27　　　　무엇이든지 속된 것이나 가증한 일 또는 거짓말하는 자는 결코 그리로 들어오지 못하되 오직 어린양의 생명책에 기록된 자들 뿐이라

계 22 : 3-5　　　　다시 저주가 없으며 하나님과 그 어린양의 보좌가 그 가운데 있으리니 그의 종들이 그를 섬기며 그의 얼굴을 볼 터이요 그의 이름도 저희 이마에 있으리라 다시 밤이 없겠고 등불과 햇빛이 쓸데없으니 이는 주 하나님이 저희에게 비취심이라 저희가 세세토록

	왕 노릇하리로다
히 11 : 10	이는 하나님의 경영하시고 지으실 터가 있는 성을 바랐음이니라
히 13 : 14	우리가 여기는 영구한 도성이 없고 오직 장차 올 것을 찾나니

(3) 이 성의 축복

이 성에는 구원받은 열방들이 성의 빛 안에서 행하거나 또는 그 빛 가운데로 들어올 것이다(계 21 : 24). 이 성(城)에는 밤이 없다(계 21 : 25). 그것은 하나님의 영광이 그 성을 비추고 어린양이 그 성의 등(燈)이 되시기 때문이다(계 21 : 23). 세상의 임금들이 자기들의 영광을 가지고 이 성으로 들어오며(계 21 : 24), 사람들은 만국의 영광과 존귀를 가지고 그리로 들어올 것이다(계 21 : 26). 이것은 분명히 그들이 하나님과 어린양에게 경배와 찬양을 드린다는 것을 의미한다(계 22 : 3). 그들이 이 성 안에 살지는 않으나 이따금씩 방문하는 듯하다. 여기에는 다시 저주가 없으며, 하나님과 어린양의 보좌가 거기 있다(계 22 : 3; 고전 15 : 24).

그리고 여기서는 이마에 하나님의 이름을 가진 자들, 즉 하나님의 종들이 하나님을 섬길 것이며, 그들은 세세토록 주 하나님과 더불어 통치하게 될 것이다(계 22 : 3-5).

이상과 같이 상고해 볼 때 우리는 미천한 인간에 대한 하나님의 은혜로운 계획과 준비하심에 대하여 그저 바울처럼 "깊도다 하나님의 지혜와 지식의 부요함이여 그의 판단은 측량하지 못할 것이며 그 길은 찾지 못할 것이로다" 라고 찬양할 수밖에 없다(롬 11 : 33).

계 21 : 23	그 성은 해나 달의 비침이 쓸데없으니 이는 하나님의 영광이 비취고 어린양이 그 등이 되심이라
계 21 : 24	만국이 그 빛 가운데로 다니고 땅의 왕들이 자기 영광을 가지고 그리로 들어오리라
계 21 : 25	성문들을 낮에 도무지 닫지 아니하리니 거기는 밤이 없음이라
계 21 : 26	사람들이 만국의 영광과 존귀를 가지고 그리로 들어오겠고
고전 15 : 24	그 후에는 나중이니 저가 모든 정사와 모든 권세와 능력을 멸하시고

	나라를 아버지 하나님께 바칠 때라
계 22 : 3-5	다시 저주가 없으며 하나님과 그 어린양의 보좌가 그 가운데
	있으리니 그의 종들이 그를 섬기며 그의 얼굴을 볼 터이요 그의
	이름도 저희 이마에 있으리라 다시 밤이 없겠고 등불과 햇빛이
	쓸데없으니 이는 주 하나님이 저희에게 비취심이라 저희가 세세토록
	왕 노릇하리로다

3) 천국(天國)

성경은 영원한 내세에서의 의인의 거처로 천국(Kingdom of Heaven)을 소개하고 있다(마 3 : 2, 4 : 17, 5 : 3, 10). 천국이란 용어는 하나님의 통치가 완전히 미치는 영역을 의미하는 말이다. 즉 천국(天國 ; 하나님의 나라)이란 예수 그리스도를 통하여 나타난 하나님의 선하신 뜻이 완전히 실현되는 주님의 백성들의 영역을 가리키는 개념이다. 천국이란 용어는 마태복음에만 기록되어 있고 다른 복음서와 사도행전 및 서간서에는 하나님의 나라로 표시되어 있으나 모두 다 같은 뜻이다.

마 3 : 2	회개하라 천국이 가까왔느니라 하였으니
마 4 : 17	이때부터 예수께서 비로소 전파하여 가라사대 회개하라 천국이
	가까왔느니라 하시더라
마 5 : 3	심령이 가난한 자는 복이 있나니 천국이 저희 것임이요
마 5 : 10	의를 위하여 핍박을 받은 자는 복이 있나니 천국이 저희 것임이라

(I) 천국의 정의

❖ 성도의 본향

천국은 성도들이 돌아가야 할 본향이다. 그러기에 신앙의 선진들은 "땅에서는 외국인과 나그네로라" 고 증거하였고 "믿음을 따라 죽었으며…그것을 멀리서 바라보고 환영"하였던 것이다(히 11 : 13-16). 사도 바울은 우리의 국적(國籍 ; 시민권)은 하늘나라에 있다고 강조했다(빌 3 : 20).

히 11 : 13-16	이 사람들은 다 믿음을 따라 죽었으며 약속을 받지 못하였으되
	그것들을 멀리서 보고 환영하며 또 땅에서는 외국인과 나그네로라
	증거하였으니 이같이 말하는 자들은 본향 찾는 것을 나타냄이라
	저희가 나온 바 본향을 생각하였더면 돌아갈 기회가 있었으려니와
	저희가 이제는 더 나은 본향을 사모하니 곧 하늘에 있는 것이라
	그러므로 하나님이 저희 하나님이라 일컬음 받으심을 부끄러워
	아니하시고 저희를 위하여 한 성을 예비하셨느니라
빌 3 : 20	오직 우리의 시민권은 하늘에 있는지라 거기로서 구원하는 자
	곧 주 예수 그리스도를 기다리노니

❖ 성도의 사모하는 집

천국에는 성도들을 위하여 많은 처소가 준비되어 있다(요 14 : 2-3). 이곳이 바로 하나님의 집, 곧 그의 자녀들이 거할 영원한 집이다. 예수님께서는 승천하시기 전에 "내가 너희를 위하여 처소를 예비하러 가노니 … 다시 와서 너희를 내게로 영접하여 나 있는 곳에 너희도 있게 하리라"고 하셨다(요 14 : 2-3).

요 14 : 2-3	내 아버지 집에 거할 곳이 많도다 그렇지 않으면 너희에게
	일렀으리라 내가 너희를 위하여 처소를 예비하러 가노니 가서
	너희를 위하여 처소를 예비하면 내가 다시 와서 너희를 내게로
	영접하여 나 있는 곳에 너희도 있게 하리라

❖ 주님께서 준비하신 신천 신지

천국은 주님께서 성도들을 위하여 예비하신 신천 신지(新天新地)이다(계 21 : 1; 요 14 : 3; 사 65 : 17; 히 11 : 16; 벧후 3 : 13; 히 12 : 26-28; 시 102 : 26-27).

계 21 : 1	또 내가 새 하늘과 새 땅을 보니 처음 하늘과 처음 땅이 없어졌고
	바다도 다시 있지 않더라
요 14 : 3	가서 너희를 위하여 처소를 예비하면 내가 다시 와서 너희를 내게로
	영접하여 나 있는 곳에 너희도 있게 하리라

사 65 : 17	보라 내가 새 하늘과 새 땅을 창조하나니 이전 것은 기억되거나 마음에 생각나지 아니할 것이라
히 11 : 16	저희가 이제는 더 나은 본향을 사모하니 곧 하늘에 있는 것이라 그러므로 하나님이 저희 하나님이라 일컬음 받으심을 부끄러워 아니하시고 저희를 위하여 한 성을 예비하셨느니라
벧후 3 : 13	우리는 그의 약속대로 의의 거하는 바 새 하늘과 새 땅을 바라보도다
히 12 : 26-28	그때에는 그 소리가 땅을 진동하였거니와 이제는 약속하여 가라사대 내가 또 한번 땅만 아니라 하늘도 진동하리라 하셨느니라
시 102 : 26-27	천지는 없어지려니와 주는 영존하시겠고 그것들은 다 옷같이 낡으리니 의복같이 바꾸시면 바뀌려니와 주는 여상하시고 주의 연대는 무궁하리이다

❖ 완전한 축복과 영화의 사회

천국은 죽음을 통과한 성도들이 사는 영원한 사회요(계 21 : 4, 22 : 3), 그리스도 안에서 구원받은 성도들이 하나님의 완전한 축복과 영화(榮化)에 참여하는 사회이다(계 7 : 15-17; 롬 8 : 30).

계 21 : 4	모든 눈물을 그 눈에서 씻기시매 다시 사망이 없고 애통하는 것이나 곡하는 것이나 아픈 것이 다시 있지 아니하리니 처음 것들이 다 지나갔음이러라
계 22 : 3	다시 저주가 없으며 하나님과 그 어린양의 보좌가 그 가운데 있으리니 그의 종들이 그를 섬기며
계 7 : 15-17	그러므로 그들이 하나님의 보좌 앞에 있고 또 그의 성전에서 밤낮 하나님을 섬기매 보좌에 앉으신 이가 그들 위에 장막을 치시리니 저희가 다시 주리지도 아니하며 목마르지도 아니하고 해나 아무 뜨거운 기운에 상하지 아니할지니 이는 보좌 가운데 계신 어린양이 저희의 목자가 되사 생명수 샘으로 인도하시고 하나님께서 저희 눈에서 모든 눈물을 씻어 주실 것 임이러라
롬 8 : 30	또 미리 정하신 그들을 또한 부르시고 부르신 그들을 또한 의롭다 하시고 의롭다 하신 그들을 또한 영화롭게 하셨느니라

(2) 천국의 종류(구분)

❖ 심령의 천국

예수님께서는 "하나님의 나라가 어느 때에 임하나이까"고 묻는 바리새인들에게 대답하시기를 "하나님의 나라는 볼 수 있게 임하는 것이 아니요 또 여기 있다 저기 있다고도 못하리니 하나님의 나라는 너희 안에 있느니라"고 하셨다(눅 17 : 20-21). 바리새인이 유형적 천국을 질문한데 대하여 예수님께서는 무형적 천국, 즉 심령 천국을 가지고 대응하신 것이다. 그 이유는 회개하고 예수님을 믿음으로 영접하여 구속함을 받은 자의 마음 안에는 천국이 이루어지기 때문이다.

❖ 교회의 천국

지상의 유형적 교회는 천국의 모형이다. 예수님께서는 지상 교회에는 참신자와 거짓 신자가 혼합될 것을 비유로 언급하셨다(마 13 : 24-35 참조).

❖ 천년왕국

천년 시대는 천국 행복의 그림자요, 천년왕국은 하나님의 나라의 모형이다(계 20 : 4-6).

계 20 : 4-6	또 내가 보좌들을 보니 거기 앉은 자들이 있어 심판하는 권세를 받았더라 또 내가 보니 예수의 증거와 하나님의 말씀을 인하여 목 베임을 받은 자의 영혼들과 또 짐승과 그의 우상에게 경배하지도 아니하고 이마와 손에 그의 표를 받지도 아니한 자들이 살아서 그리스도로 더불어 천 년 동안 왕 노릇하니(그 나머지 죽은 자들은 그 천년이 차기까지 살지 못하더라) 이는 첫째 부활이라 이 첫째 부활에 참예하는 자들은 복이 있고 거룩하도다 둘째 사망이 그들을 다스리는 권세가 없고 도리어 그들이 하나님과 그리스도의 제사장이 되어 천 년 동안 그리스도로 더불어 왕 노릇하리라

❖ 영원 천국

천년 시대가 지나면 마침내 새 하늘과 새 땅 그리고 거룩한 성 새 예루살렘이 도래하는데 여기가 바로 영원 천국이다(계 21 : 1-2, 10-27 참조 계 22 : 1-5).

계 21 : 1-2	또 내가 새 하늘과 새 땅을 보니 처음 하늘과 처음 땅이 없어졌고 바다도 다시 있지 않더라 또 내가 보매 거룩한 성 새 예루살렘이 하나님께로부터 하늘에서 내려오니 그 예비한 것이 신부가 남편을 위하여 단장한 것 같더라
계 22 : 1-5	또 저가 수정같이 맑은 생명수의 강을 내게 보이니 하나님과 및 어린양의 보좌로부터 나서 길 가운데로 흐르더라 강 좌우에 생명나무가 있어 열두 가지 실과를 맺히되 달마다 그 실과를 맺히고 그 나무 잎사귀들은 만국을 소성하기 위하여 있더라 다시 저주가 없으며 하나님과 그 어린양의 보좌가 그 가운데 있으리니 그의 종들이 그를 섬기며 그의 얼굴을 볼 터이요 그의 이름도 저희 이마에 있으리라 다시 밤이 없겠고 등불과 햇빛이 쓸데없으니 이는 주 하나님이 저희에게 비취심이라 저희가 세세토록 왕 노릇하리로다

(3) 천국 생활의 복락

❖ 하나님과 함께 거함

천국에서는 구원받은 사람들이 하나님과 함께 거하며 놀라운 축복을 누리게 된다. 이는 하나님의 장막이 사람들과 함께 있기 때문이다(계 21 : 3).

계 21 : 3	내가 들으니 보좌에서 큰 음성이 나서 가로되 보라 하나님의 장막이 사람들과 함께 있으매 하나님이 저희와 함께 거하시리니 저희는 하나님의 백성이 되고 하나님은 친히 저희와 함께 계셔서

❖ 불로 장생함

천국에서는 인간이 불로 장생(不老長生)하게 된다. 이는 죄악과 사망이나 질병이 없기 때문이다(사 65 : 20; 벧전 2 : 24-25; 요일 2 : 17; 계 21 : 4).

사 65 : 20	거기는 날 수가 많지 못하여 죽는 유아와 수한이 차지 못한 노인이 다시는 없을 것이라 곧 백 세에 죽는 자가 아이겠고 백 세 못되어

죽는 자는 저주받은 것이리라

벧전 2 : 24-25　친히 나무에 달려 그 몸으로 우리 죄를 담당하셨으니 이는 우리로 죄에 대하여 죽고 의에 대하여 살게 하려 하심이라 저가 채쩍에 맞음으로 너희는 나음을 얻었나니 너희가 전에는 양과 같이 길을 잃었더니 이제는 너희 영혼의 목자와 감독되신 이에게 돌아왔느니라

요일 2 : 17　이 세상도 그 정욕도 지나가되 오직 하나님의 뜻을 행하는 이는 영원히 거하느니라

계 21 : 4　모든 눈물을 그 눈에서 씻기시매 다시 사망이 없고 애통하는 것이나 곡하는 것이나 아픈 것이 다시 있지 아니하리니 처음 것들이 다 지나갔음이러라

❖ 비애와 고통이 없음

천국에는 인간의 비애와 고통이 전혀 없고 희락만이 있을 뿐이다(계 21 : 2-4; 롬 14 : 17).

계 21 : 2-4　또 내가 보매 거룩한 성 새 예루살렘이 하나님께로부터 하늘에서 내려오니 그 예비한 것이 신부가 남편을 위하여 단장한 것 같더라 내가 들으니 보좌에서 큰 음성이 나서 가로되 보라 하나님의 장막이 사람들과 함께 있으매 하나님이 저희와 함께 거하시리니 저희는 하나님의 백성이 되고 하나님은 친히 저희와 함께 계셔서 모든 눈물을 그 눈에서 씻기시매 다시 사망이 없고 애통하는 것이나 곡하는 것이나 아픈 것이 다시 있지 아니하리니 처음 것들이 다 지나갔음이러라

롬 14 : 17　하나님의 나라는 먹는 것과 마시는 것이 아니요 오직 성령 안에서 의와 평강과 희락이라

❖ 사망과 공포가 없음

성경은 천국에 대하여 언급하기를 "모든 눈물을 그 눈에서 씻기시매 다시 사망이 없고 애통하는 것이나 곡하는 것이나 아픈 것이 다시 있지 아니하리니…"라고 하였다(계 21 : 4).

❖ 저주가 없음

지상에는 인간의 범죄로 인하여 저주가 임하였으나, 천국에는 다시 저주와 질고가 없다(계 22 : 3; 롬 8 : 18; 계 21 : 4; 사 35 : 5).

계 22 : 3	다시 저주가 없으며 하나님과 그 어린양의 보좌가 그 가운데 있으리니 그의 종들이 그를 섬기며
롬 8 : 18	생각건대 현재의 고난은 장차 우리에게 나타날 영광과 족히 비교할 수 없도다
계 21 : 4	모든 눈물을 그 눈에서 씻기시매 다시 사망이 없고 애통하는 것이나 곡하는 것이나 아픈 것이 다시 있지 아니하리니 처음 것들이 다 지나갔음이러라
사 35 : 5	그때에 소경의 눈이 밝을 것이며 귀머거리의 귀가 열릴 것이며

❖ 영광의 옷을 입음

사도 요한은 천국에 있는 성도들이 흰 옷을 입었고 그 손에 종려나무 가지를 들었더라고 하였다. 그들은 곧 영광의 옷을 입은 것이다(계 7 : 9-10).

계 7 : 9-10	이 일 후에 내가 보니 각 나라와 족속과 백성과 방언에서 아무라도 능히 셀 수 없는 큰 무리가 흰 옷을 입고 손에 종려 가지를 들고 보좌 앞과 어린양 앞에 서서 큰 소리로 외쳐 가로되 구원하심이 보좌에 앉으신 우리 하나님과 어린양에게 있도다 하니

❖ 생명과(生命果)를 먹음

성경에 "귀 있는 자는 성령이 교회들에게 하시는 말씀을 들을지어다 이기는 그에게는 내가 하나님의 낙원에 있는 생명나무의 과실을 주어 먹게 하리라"(계 2 : 7)고 하였다. 아담의 범죄로 인하여 생명나무의 실과를 먹어 보지 못하였던 인간들이 (창 3 : 22-24) 마지막 아담이신 예수 그리스도의 구속의 은혜를 입어 하늘 낙원의 생명과를 먹게 되는 것이다(계 22 : 14).

창 3 : 22-24	여호와 하나님이 가라사대 보라 이 사람이 선악을 아는 일에 우리

	중 하나 같이 되었으니 그가 그 손을 들어 생명나무 실과도 따먹고 영생할까 하노라 하시고
계 22 : 14	그 두루마기를 빠는 자들은 복이 있으니 이는 저희가 생명나무에 나아가며 문들을 통하여 성에 들어갈 권세를 얻으려 함이로다

❖ 화려한 궁에서 주님과 동거함

구원 얻은 성도들은 장차 주님께서 지으신 천국의 화려한 궁에서 사랑하는 주님과 더불어 동거하게 된다(계 21 : 21; 요 14 : 2; 고후 5 : 1).

계 21 : 21	그 열두 문은 열두 진주니 문마다 한 진주요 성의 길은 맑은 유리 같은 정금이더라
요 14 : 2	내 아버지 집에 거할 곳이 많도다 그렇지 않으면 너희에게 일렀으리라 내가 너희를 위하여 처소를 예비하러 가노니
고후 5 : 1	만일 땅에 있는 우리의 장막 집이 무너지면 하나님께서 지으신 집 곧 손으로 지은 것이 아니요 하늘에 있는 영원한 집이 우리에게 있는 줄 아나니

(4) 천국에 들어갈 자

❖ 택함을 입은 자

그리스도 안에서 하나님의 자녀로 선택함을 받은 자들이 천국에 들어가게 된다(행 13 : 48; 엡 1 : 4).

행 13 : 48	이방인들이 듣고 기뻐하여 하나님의 말씀을 찬송하며 영생을 주시기로 작정된 자는 다 믿더라
엡 1 : 4	곧 창세 전에 그리스도 안에서 우리를 택하사 우리로 사랑 안에서 그 앞에 거룩하고 흠이 없게 하시려고

❖ 예수님을 믿는 자

그리스도 예수를 구주로 믿고 의지하는 자들이 천국에 들어간다(마 16 : 16; 요 3 : 16).

마 16 : 16   시몬 베드로가 대답하여 가로되 주는 그리스도시요 살아 계신
               하나님의 아들이시니이다
요 3 : 16   하나님이 세상을 이처럼 사랑하사 독생자를 주셨으니 이는 저를
               믿는 자마다 멸망치 않고 영생을 얻게 하려 하심이니라

❖ 거듭난 자

예수님께서 니고데모에게 말씀하시기를 "진실로 진실로 네게 이르노니 사람이 거듭나지 아니하면 하나님 나라를 볼 수 없느니라"고 하셨고(요 3 : 3), 또 "사람이 물과 성령으로 나지 아니하면 하나님 나라에 들어갈 수 없느니라"고 하셨다(요 3 : 5).

❖ 하나님 뜻대로 행하는 자

예수님께서 말씀하시기를 "나더러 주여 주여 하는 자마다 천국에 다 들어갈 것이 아니요 다만 하늘에 계신 내 아버지의 뜻대로 행하는 자라야 들어가리라"고 하였다(마 7 : 21). 행함은 없이 입으로만 열심히 "주여, 주여"하는 자는 위선자이다. 위선자는 천국에 들어가지 못한다(계 21 : 27, 22 : 15).

계 21 : 27   무엇이든지 속된 것이나 가증한 일 또는 거짓말하는 자는 결코
               그리로 들어오지 못하되 오직 어린양의 생명책에 기록된 자들뿐이라
계 22 : 15   개들과 술객들과 행음자들과 살인자들과 우상 숭배자들과 및 거짓
               말을 좋아하며 지어내는 자마다 성 밖에 있으리라

4) 천국

의인들의 영원한 거처는 천국(天國)이다. 성경은 이 천국이 영원한 내세에서 성도가 거처할 집이라고 한다. 예수님께서 천국을 가리켜 거할 곳이 많은 아버지의 집이라고 표현하셨다(요 14 : 2-3). 또 의인(신자)들은 그 집안에서 살고 악인(불신자)들은 그 밖으로(형벌의 장소에) 쫓겨나게 될 것이라고 하셨다(마 22 : 12-13, 25 : 10-12).

이상에서 설명한 영원한 내세에서 의인들이 거할 처소를 다시 요약하면 신천신지에 세워진 천국의 수도 새 예루살렘 성에 있는 천국(하나님의 집)이 바로 성

도들이 장차 하나님 아버지를 모시고 영원 무궁, 영생 복락을 누릴 거처이다.

마 22 : 12-13   가로되 친구여 어찌하여 예복을 입지 않고 여기 들어왔느냐 하니
저가 유구무언이어늘 임금이 사환들에게 말하되 그 수족을 결박하여
바깥 어두움에 내어던지라 거기서 슬피 울며 이를 갊이 있으리라
하니라

마 25 : 10-12   저희가 사러 간 동안에 신랑이 오므로 예비하였던 자들은 함께
혼인 잔치에 들어가고 문은 닫힌지라 그 후에 남은 처녀들이 와서
가로되 주여 주여 우리에게 열어 주소서 대답하여 가로되 진실로
너희에게 이르노니 내가 너희를 알지 못하노라 하였느니라

요 14 : 2-3   내 아버지 집에 거할 곳이 많도다 그렇지 않으면 너희에게
일렀으리라 내가 너희를 위하여 처소를 예비하러 가노니 가서
너희를 위하여 처소를 예비하면 내가 다시 와서 너희를 내게로
영접하여 나 있는 곳에 너희도 있게 하리라

2. 의인의 최후 상태

장차 의인(성도)들은 성경의 예언대로 천국을 유업으로 받을 뿐만 아니라 새 하늘과 새 땅(마 5 : 5; 계 21 : 1-3)의 거룩한 새 예루살렘 성 하나님의 집에서 주 하나님과 동거하며 한없는 영화와 행복을 누리게 될 것이다(계 21 : 19-26 참조, 계 22 : 1-5).

마 5 : 5   온유한 자는 복이 있나니 저희가 땅을 기업으로 받을 것임이요

계 21 : 1-3   또 내가 새 하늘과 새 땅을 보니 처음 하늘과 처음 땅이 없어졌고
바다도 다시 있지 않더라 또 내가 보매 거룩한 성 새 예루살렘이
하나님께로부터 하늘에서 내려오니 그 예비한 것이 신부가 남편을
위하여 단장한 것 같더라 내가 들으니 보좌에서 큰 음성이 나서
가로되 보라 하나님의 장막이 사람들과 함께 있으매 하나님이
저희와 함께 거하시리니 저희는 하나님의 백성이 되고 하나님은
친히 저희와 함께 계셔

계 22 : 1-5   또 저가 수정같이 맑은 생명수의 강을 내게 보이니 하나님과 및
어린양의 보좌로부터 나서 길 가운데로 흐르더라 강 좌우에 생명

나무가 있어 열두 가지 실과를 맺히되 달마다 그 실과를 맺히고
그 나무 잎사귀들은 만국을 소성하기 위하여 있더라 다시 저주가
없으며 하나님과 그 어린양의 보좌가 그 가운데 있으리니 그의
종들이 그를 섬기며 그의 얼굴을 볼 터이요 그의 이름도 저희 이마에
있으리라 다시 밤이 없겠고 등불과 햇빛이 쓸데없으니 이는 주
하나님이 저희에게 비취심이라 저희가 세세토록 왕 노릇하리로다

3. 의인의 상급

의인은 최후에 천국과 영생(永生)을 상급으로 받아 누리게 된다(마 25 : 46; 롬 2 : 7). 그런데 이 영생은 영원한 생명일 뿐만 아니라 현재의 불완전한 고통 같은 것이 전혀 없는 기쁨과 평화가 충만한 삶(生)이다(롬 14 : 17). 이 같은 기쁨과 평화가 충만한 삶은 하나님과 더불어 교통하는 가운데 누리게 될 것이다. 이것은 참으로 영생의 본질인 것이다(계 21 : 3). 모든 성도는 다 한결같이 완전한 행복을 누릴 것이지만, 그러나 이 천국의 복락(福樂)과 영생에도 역시 등급이 있을 것이다(단 12 : 3; 고전 3 : 10-15; 고후 9 : 6).

마 25 : 46	저희는 영벌에 의인들은 영생에 들어가리라 하시니라
롬 2 : 7	참고 선을 행하여 영광과 존귀와 썩지 아니함을 구하는 자에게는 영생으로 하시고
롬 14 : 17	하나님의 나라는 먹는 것과 마시는 것이 아니요 오직 성령 안에서 의와 평강과 희락이라
계 21 : 3	내가 들으니 보좌에서 큰 음성이 나서 가로되 보라 하나님의 장막이 사람들과 함께 있으매 하나님이 저희와 하께 거하시리너 저희는 하나님의 백성이 되고 하나님은 친히 저희와 함께 게셔서
단 12 : 3	지혜 있는 자는 궁창의 빛과 같이 빛날 것이요 많은 사람을 옳은 데로 돌아오게 한 자는 별과 같이 영원토록 비취리라
고전 3 : 10-15	내게 주신 하나님의 은혜를 따라 내가 지혜로운 건축자와 같이 터를 닦아 두매 다른 이가 그 위에 세우나 그러나 각각 어떻게 그 위에 세우기를 조심할지니라 이 닦아둔 것 외에 능히 다른 터를 닦아둘 자가 없으니 이 터는 곧 예수 그리스도라 만일 누구든지

금이나 은이나 보석이나 나무나 풀이나 짚으로 이 터 위에 세우면
각각 공력이 나타날 터인데 그날이 공력을 밝히리니 이는 불로
나타내고 그 불이 각 사람의 공력이 어떠한 것을 시험할 것임이니라
만일 누구든지 그 위에 세운 공력이 그대로 있으면 상을 받고
누구든지 공력이 불타면 해를 받으리니 그러나 자기는 구원을
얻되 불 가운데서 얻은 것 같으리라

고후 9 : 6 이것이 곧 적게 심는 자는 적게 거두고 많이 심는 자는 많이 거둔다
하는 말이로다

제 21 장
십계명과 현대 교회

모세가 시내산(호렙산)에서 여호와 하나님으로부터

직접 받은 십계명은 율법의 기본이며,

하나님과 이웃에 관한 기독교의 근본적 도덕율을 규정한 것이다.

그러나 십계명의 내용은 단순한 윤리 도덕이나 생활 신조뿐만 아니라

신자의 예배 계명인 동시에 예배하는 자의

생활 계명이라는 점에서 중요한 가치와 의미를 지니고 있다.

그러므로 본 장에서는 주로 십계명과 예배와 현대 교회의 관계를 다루었다.

십계명과 예배의 관계

십계명은 율법의 기본이며 하나님과 이웃간에 지켜야 할 기독교의 근본 윤리와 도덕을 규정한 것이다. 십계명은 구약 출애굽기 20장 2-17절과 신명기 5장 6-21절에 기록되어 있으며, 십계명의 중심은 예배와 깊은 관계가 있다.

십계명의 가장 중요한 부분은 하나님과 인간 사이에 지켜야 할 계명(제1~4계명)으로서 이는 한마디로 예배 계명이다. 교회의 건전한 성장과 발전은 그 교회의 예배 형태와 내용 및 교인들의 예배 자세에 달려 있다. 그리고 또 목사에게 있어서 예배는 목회의 가장 중요한 부분이다.

본 장에서는 현대 교회의 예배와 교인의 생활 윤리 문제에 대하여 필자가 그동안 목회 사역 중에 부딪히고, 느끼고, 생각했던 것들을 "십계명과 현대 교회" 라는 주제로 피력하고자 한다.

Ⅰ. 십계명의 핵심은 예배임

1. 십계명은 예배 계명임

십계명의 내용을 살펴보면 무엇보다도 하나님께 대한 예배 명령(禮拜命令)이라고 할 수 있다. 십계명의 내용을 요약하면, 제1계명(예배의 대상)은 "참신은 여호와시니 오직 여호와 하나님께만 예배해야 된다" 라는 것으로(시 9 : 6; 마 4 : 10) 이는 창조주 하나님만이 모든 피조물의 예배를 받으시기에 합당하시다는 것이다.

제2계명(예배의 방법)은 "우상(거짓 하나님)을 만들지 말며 그것에 절(예배)하지 말아야 한다" 라는 것으로 이는 우상을 만들어 놓고 그것이 하나님이라고 하며 그것에 경배하는 것은 거짓된 예배이므로 금해야 된다는 것이다.

제3계명(예배의 자세)은 "하나님의 이름을 함부로 부르지 말라" 는 것인데, 이는 영이신 하나님께 예배하는 성도는 심령적 자세를 바로 가져야 된다는 뜻이다. 즉 하나님께서는 영이시기에 비록 눈에 보이지 않지만 예배에 임재하시는 하나님을 믿고 마음가짐이나 입놀림을 함부로 하지 말아야 된다는 것이다.

제4계명(예배의 날)은 "안식일을 거룩히 지키라"는 명령으로, 이는 안식일은 하나님께 속한 구별된 날이므로 이날에는 오직 하나님께 예배드리며 거룩하게 지내야 된다는 것이다.

제5-10계명(예배자의 생활)은 하나님께 예배드리는 성도가 인간 관계에서 지켜야 할 사회적 생활 윤리를 규정하고 있다. 성도는 종적으로는 하나님과의 영적 관계를 맺고, 횡적으로는 이웃과 선린 관계를 유지하며 살아가야 하기 때문이다(마 7 : 21, 5 : 23-24).

시 9 : 6	원수가 끊어져 영영히 멸망하였사오니 주께서 무너뜨린 성읍들을 기억할 수 없나이다
마 4 : 10	이에 예수께서 말씀하시되 사단아 물러가라 기록되었으되 주 너의 하나님께 경배하고 다만 그를 섬기라 하였느니라
마 7 : 21	나더러 주여 주여 하는 자마다 천국에 다 들어갈 것이 아니요 다만 하늘에 계신 내 아버지의 뜻대로 행하는 자라야 들어가리라
마 5 : 23-24	그러므로 예물을 제단에 드리다가 거기서 네 형제에게 원망들을 만한 일이 있는 줄 생각나거든 예물을 제단 앞에 두고 먼저 가서 형제와 화목하고 그 후에 와서 예물을 드리라

이상과 같이 상고해 볼 때, 십계명은 하나님께 대한 성도의 참된 예배와 예배자의 바른 생활을 명령하신 것임을 알 수 있다.

2. 신자는 예배를 바로 드려야 함

하나님께서 이스라엘을 애굽에서 해방시켜 약속의 땅으로 인도해 가신 목적은 그들을 통하여 예배를 받으시려는데 있었다(출 8 : 25-28).

오늘날에도 하나님께서 세상에서 죄인들을 불러내시어 구속하시고 하나님의 자녀가 되게 하시는 목적은 그들의 예배를 통하여 영광을 받으시기 위함이다. 그러므로 하나님을 섬기는 성도는 무엇보다도 예배를 바로 드려야 한다. 하나님을 섬기는 제1조는 예배이다. 예배를 바로 드리지 않고는 신앙 생활이 바로 되지 못한다. 그렇기 때문에 마귀는 성도들이 예배를 바로 드리지 못하도록 유혹하고 방해한다.

마귀의 예배 방해 전략은 첫째, 예배 모임을 폐하게 하는 것이다. 히브리서 기자는 말세 성도들에게 "모이기를 폐하는 어떤 사람들의 습관과 같이 하지 말고 오직 권하여 그날이 가까움을 볼수록 더욱 그리하자"라고 했다(히 10 : 25). 마귀는 인류 구원의 역사를 방해하려고 복음을 혼잡케 하고(고후 2 : 17) 신자들의 신앙심을 떨어뜨리기 위해 예배를 폐지하도록 온갖 수단과 방법을 가리지 않고 역사하고 있다. 말세 성도의 2대 사명은 "복음 진리 파수"와 "예배 파수"이다.

둘째, 마귀는 교인들이 전통적인 예배에 싫증이 나게 한다. 즉 교인들로 하여금 예배 시간이 지루하고 권태를 느끼게 하며 항상 되풀이되는 예배의 형식과 고정된 내용에 식상하게 하여 인간적 흥미 위주의 예배를 지향하도록 유혹한다. 오늘날 예배를 주관하는 목회자들은 교인들의 편의를 위한다고 전통적인 예배 형식과 내용 및 예배 시간 등을 인간 중심으로 바꾸는 일을 경계해야 한다. 예배에 대한 인본주의는 결국 자유주의로, 자유주의는 편리주의로, 편리주의는 흥미주의로 타락하고 만다.

예배의 중요한 목적은 하나님을 기쁘시게 하는 것이다. 예배는 언제나 하나님께 드리는 것이며, 하나님께 영광을 돌리기 위한 것이다.

예배의 부차적인 목적은 사람(예배자)이 하나님으로부터 은혜와 복을 받는 것이다. 즉 인간편에서는 예배를 통하여 하나님께 기도와 찬송과 헌금과 정성을 드리고 하나님께서는 인간에게 예배의 응답으로서 말씀의 은혜(설교)와 축복(축도)을 베푸시는 것이다. 현대 교회는 마귀의 예배 변질 및 예배 폐지 전략을 경계해야 한다. 요즈음 인간적 흥미 위주의 예배, 인간의 오락을 방불하는 그런 예배는 마귀의 예배 타락, 예배 파괴 공작에 말려든 증거이다.

출 8 : 25-28　　바로가 모세와 아론을 불러 이르되 너희는 가서 이 땅에서 너희 하나님께 희생을 드리라 모세가 가로되 그리함은 불가하니이다

> 우리가 우리 하나님 여호와께 희생을 드리는 것은 애굽 사람의
> 미워하는 바이온즉 우리가 만일 애굽 사람의 목전에서 희생을
> 드리면 그들이 그것을 미워하여 우리를 돌로 치지 아니하리이까
> 우리가 사흘길쯤 광야로 들어가서 우리 하나님께 희생을 드리되
> 우리에게 명하시는 대로 하려하나이다 바로가 가로되 내가 너희를
> 보내리니 너희가 너희 하나님 여호와께 광야에서 희생을 드릴
> 것이나 너무 멀리는 가지 말라 그런즉 너희는 나를 위하여 기도하라
>
> 고후 2 : 17　우리는 수다한 사람과 같이 하나님의 말씀을 혼잡하게 하지
> 아니하고 곧 순전함으로 하나님께 받은 것같이 하나님 앞에서와
> 그리스도 안에서 말하노라

II. 현대인도 십계명은 지켜야 함
1. 십계명은 폐지된 것이 아님

현대인에게 있어서 십계명은 폐지된 것이 아니다. 현대 교회의 교인들도 십계명은 반드시 지켜야 한다. 만약 십계명이 폐지됐다면 기독교는 대 혼란을 면치 못하게 될 것이다.

가령 "하나님 외에 다른 신을 섬기지 말라"는 제1계명이 폐지되었다면, 기독교의 입장에서 다른 신을 섬겨도 된다는 말이 되니 이는 큰 문제가 된다.

그리고 "우상을 만들지 말고 그것에 절하지 말라"는 제2계명이 폐지되었다면,

"하나님의 이름을 망령되이 일컫지 말라"는 제3계명이 폐지되었다면,

"안식일을 기억하여 거룩하게 지키라"는 제4계명이 폐지되었다면,

"부모를 공경하라"는 제5계명이 폐지되었다면,

"살인하지 말라"는 제6계명이 폐지되었다면,

"간음하지 말라"는 제7계명이 폐지되었다면,

"도적질하지 말라"는 제8계명이 폐지되었다면,

"거짓 증거하지 말라"는 제9계명이 폐지되었다면,

"탐내지 말라"는 제10계명이 폐지되었다고 한다면 인간 사회는 윤리와 도덕의 기준이 없어지므로 엄청난 사회적, 도덕적 혼란을 초래할 것이다. 그렇지 않아도 부패와 타락이 극에 달한 현대 사회의 형편이 어떻게 되겠는가?

인간 사회에 건전한 윤리와 도덕적 질서가 유지되고 사람이 사람답게 살아가기 위해서는 십계명은 결코 폐지될 수 없다. 예수님께서는 율법을 폐하러 오시지 않았다고 분명히 말씀하셨다(마 5 : 17 참조). 물론 십계명이 구원을 얻기 위해 지켜야 하는 계명으로서의 효력은 상실하였지만 구원을 얻은 성도들의 생활 규칙으로서는 계속 유효하다.

십계명은 하나님과 인간 사이에 또 인간과 인간 사이에 반드시 지켜야 할 계명이며 인간 사회의 건전한 윤리와 질서와 평화를 위하여 중요한 법칙이다.

2. 십계명은 사랑의 계명임

하나님께서는 모든 사람이 하나님과 인류에 대하여 실천할 사랑의 구체적 표현 방법으로 십계명을 지키도록 명령하셨다. 그러므로 십계명은 "사랑의 계명"이다. 십계명의 내용을 한마디로 요약하면 "서로 사랑하라"이다.

십계명의 내용을 두 부분으로 요약하면 첫째 부분은 나를 사랑하시는 하나님을 사랑하라는 것이고, 둘째 부분은 하나님께서 사랑하시는 이웃을 사랑하라는 것이다. 즉 제1-4계명은 인간이 하나님을 사랑하라는 계명이고, 제5-10계명은 인간이 인간을 사랑하라는 계명이다. 그러므로 십계명을 하나로 묶어 놓으면 그것은 곧 "사랑의 계명"이다. 십계명은 우리가 하나님을 사랑하고 이웃을 사랑하는 구체적인 방법을 규정해 놓은 것이다.

요한복음 14장 15절에 "너희가 나를 사랑하면 나의 계명을 지키리라"고 하였다. 우리가 십계명을 지킴으로 하나님께 대한 사랑을 구체적으로 표현하게 된다.

3. 십계명은 행복의 계명임

십계명은 하나님께서 인간의 행복을 위해 주신 계명이다. 하나님께서는 언제나 인간의 행복을 원하신다. 모든 사람이 약속된 하나님의 축복을 받고 행복하게 살기를 바라시는 것이 하나님의 뜻이다. 그러므로 십계명은 인간의 행복을 위하여 하나님께서 정해 주신 행복의 계명이다. 인간들은 십계명을 지킴으로 하나님과 이웃과의 관계를 바로 유지하며 축복을 받고, 참된 삶의 자유와 행복을 누리게 된다(신 28 : 1-14 참조).

Ⅲ. 신자는 능히 십계명을 지킬 수 있음

1. 십계명을 지킴은 율법주의가 아님

율법주의는 율법 준수를 구원의 수단으로 간주하는 주장, 즉 사람이 율법을 지킨 후 그것을 자기의 의로 인정하고 그 의로 구원을 얻으려 하는 것을 의미한다. 그러므로 예수님을 믿고 구원을 얻은 성도가 그리스도인으로서 바른 생활을 하기 위해 십계명을 지켜야 한다는 것은 율법주의가 아니다.

하나님께서는 이스라엘을 애굽에서 구원해 내신 후 선민의 생활 규칙으로 십계명을 주셨다. 당시 이스라엘 민족은 애굽의 노예 생활로부터 구원 얻은 후 선민의 구별된 생활을 하기 위하여 일정한 윤리와 도덕의 기준이 되는 계명이 필요했던 것이다. 오늘날에도 교인들이 십계명을 지켜야 하는 것은 구원을 받기 위한 목적이 아니라 구원을 얻은 성도로서 경건하고 성결한 생활을 하기 위하여 필요한 것이다.

2. 주님을 사랑하면 십계명을 지킴

성도는 하나님께서 정해 주신 신앙 생활의 기본 수칙인 십계명을 반드시 지켜야 하고 또 충분히 지킬 수 있다. 그 이유는 참된 성도는 십계명을 주신 하나님을 사랑하기 때문이다(요14 : 15). 예수님께서는 "너희가 나를 사랑하면 나의 계명을 지키리라"고 하셨다.

요 14 : 15　　　　너희가 나를 사랑하면 나의 계명을 지키리라

3. 성령님의 도우심으로 계명을 지킬 수 있음

신자가 십계명을 지킬 수 있음은 보혜사 성령님께서 계명을 지킬 수 있는 능력을 주시기 때문이다. 그렇기 때문에 신자가 십계명을 지킬 수 없다고 단정함은 성령의 역사를 무시하는 주장이다.

예수님을 믿어 구원받고 주님을 사랑하는 성도에게는 성령님께서 늘 함께 하시므로 능히 계명을 지킬 수 있다. 사도 바울은 "내게 능력 주시는 자 안에서 내가 모든 것을 할 수 있느니라"고 하였다.

성경 중에 모든 부분은 성령의 감동을 받은 사람들이 기록을 했지만, 오직 십

계명만은 하나님께서 친히 친필로 기록하셨다. 하나님께서 성경을 모두 사람의 손으로 기록하게 하시면서 왜, 십계명만은 친히 친필로 쓰셨을까? 이는 십계명이 인간의 신앙과 생활에 심각하고 중대한 영향을 미치는 원칙이 되기 때문이다. 그리고 또 인간의 신앙 행위에서 가장 귀중한 예배 규범이 십계명에 포함되어 있기 때문이다.

십계명은 하나님의 자녀된 교인은 물론 하나님의 피조물인 모든 인간이 마땅히 지켜야 할 도덕적 행위 규범이며 하나님께 대한 신자의 예배 규범이라는 점에서 매우 가치 있는 계명이다.

Ⅳ. 21세기 교회의 과제는 예배의 복원임
1. 예배가 점점 변질되어 가고 있음

오늘날 예배의 변질과 타락이 급속도로 진행되고 있음을 우려하지 않을 수 없다. 누군가가 예배의 변질과 타락의 흐름을 보고 "교인들이 예배를 드리다, 예배를 보다, 이제는 예배를 가지고 논다"라고 우려하며, 이러다가는 머지않은 장래에 예배를 팽개쳐 버리고 말 것은 밤에 불을 보듯 뻔하다고 하던 말이 귀에 걸린다.

철없는 어린아이들은 장난감을 가지고 한동안 즐겁게 놀다가 결국에는 그것을 팽개쳐 버리고 만다. 요사이 어린아이들이 장난감을 가지고 놀듯이 예배를 가지고 놀이하는 교회가 점점 늘어나고 있다는 것은 매우 우려되는 점이다. 예배는 하나님을 경배하는 것이지 사람의 유희나 오락의 방편이 아니다. 오늘날 분별없는 교회들의 예배 행태를 보면 하나님의 영광을 위하여 예배를 드리는 것이 아니라 인간적 오락이나 감흥을 위해 예배 놀이를 하고 있다고 할 수밖에 없다. 어린아이들이 장난감을 가지고 실컷 놀다 결국에는 내어버리고 마는 것처럼 오늘날 예배를 가지고 노는 사람들도 언젠가는 그것을 팽개쳐 버리게 될 것이다.

2. 예배가 점점 폐지되고 있음

히브리서 기자는 "모이기를 폐하는 어떤 사람들의 습관과 같이 하지 말고 오직 권하여 그날이 가까움을 볼수록 더욱 그리하자"라고 했다(히 10 : 25). 이는 마지막 때에 교인들이 예배를 등한시 하거나 폐지하는 경향이 점증하게 될 것을 예언한 것이다.

오늘날은 영상 매체와 컴퓨터, 인터넷 등의 발달로 인하여 집안에 앉아서 공부하고, 쇼핑하고, 회의하고, 극장 구경하는 시대가 되었다. 앞으로 이런 풍조가 팽배해지면 교인들도 집안에 앉아서 예배보려 할 것이며, 집안에서 TV나 혹은 인터넷으로 예배를 보게 된다면 많은 교회들은 불가불 문을 닫고 교회 방송국이나 하나쯤 남게 될 것이 아닌가? 사실 지금도 교인들을 모아 놓고 비디오나 TV로 대교회의 예배 실황을 시청하며 영상 예배를 보는 교인들도 적지 않다.

3. 21세기 위기는 예배 위기임

전술한 바와 같이 21세기에 가장 우려되는 점은 물질 생활의 풍요로 인한 인본주의 행락주의가 팽배하여 교인들이 교회를 멀리하므로 교회 출석율이 점점 떨어져 마침내 예배가 폐지된다는 전망이다.

목회자에게는 하나님께로부터 위임된 3대 권위가 있다. 그것은 곧 ① 제사권 - 예배 인도권, ② 판결권 - 권징권(땅에서 매고 푸는), ③ 축복권 - 축도권(위임된 하나님의 권위로 축복을 선포하는)이다. 그런데 예배가 폐지되면 하나님께로부터 목회자에게 위임된 이 3대 권위는 모두 다 무용지물이 되고 만다. 예배가 폐지된 상황에서 예배를 인도하는 제사권을 행사할 수 없고, 또 교인들이 모두 다 교회를 떠난 상황에서 권징이나 포상이 불가능하며, 예배가 없는데서 누구를 향해 하나님의 복을 선포(축도) 할 수 있겠는가? 그러므로 목회자가 정상적인 목회 사역을 수행할 수 있는 교회다운 교회가 되려면 무엇보다도 전통적이고 사도성 있는 예배가 존속되어야 한다. 따라서 전통적이고 사도성 있는 예배를 파수하는 것이 곧 교회를 지키는 일이 된다. 히브리서 기자가 예언한 대로(히 10 : 25) 21세기의 위기는 분명히 예배 위기이다.

V. 21세기 예배 위기에 관한 대책
1. 계명의 의식화 교육이 필요함

현대 교회는 그 어느 때보다도 교인에 대한 계명의 의식화 교육이 필요하다. 그 이유는 첫째, 물질 문명의 고도한 발달로 인한 물질 만능주의, 개인주의, 이기

주의의 팽배가 인간의 윤리와 도덕성을 타락시키고 있기 때문이다. 둘째, 사랑이 점점 식어지고 불법이 왕성해지므로 신자들의 생활에 대한 의가 그 어느 때보다도 떨어지고 있기 때문이다. 오늘날 교인들은 일단 예수님을 믿음으로 말미암아 의롭다 함을 받았고, 예수 그리스도의 의를 전가받았기 때문에 누구나 다 구원의 의는 충분하다. 그러나 그리스도를 믿는 성도로서 세상의 빛과 소금되는 생활의 의는 이방 종교인들의 수준에도 미치지 못하고 있는 실정이다. 요사이 매스컴에 의해 폭로되는 대형의 부정 부패, 반사회적이고 파렴치한 범죄의 혐의를 받거나 범행이 드러난 인사들 중에는 많은 그리스도인들이 포함되어 있으며 그들 중에는 교회의 중진들도 많이 섞여 있다.

예수님께서는 "너희 의가 서기관과 바리새인보다 더 낫지 못하면 결단코 천국에 들어가지 못하리라"고 하셨다(마 5 : 20). 이 말씀은 그리스도인들의 생활의 의가 다른 종교인들, 즉 유대교인이나 불교인들보다 못해서는 결코 안 된다는 뜻이다. 교인들의 생활의 의를 높이려면 무엇보다 십계명 교육을 철저히 실시하여 하나님의 계명을 의식화함으로 일상 생활에서 항상 계명 의식을 가지고 스스로 삼가며 행동을 자제하도록 해야 한다. 다른 종교인들은 비록 복음은 믿지 않지만 자기 종교의 계명 의식이 투철하기 때문에 인간적, 사회적, 윤리적 생활의 의는 결코 그리스도인들보다 못하지 않다.

인간은 오직 믿음으로 구원된다. 그러나 그 믿음은 행위로만 증명된다. 그러기에 예수님은 믿고 구원 얻은 사람도 하나님의 계명을 준수하여 그 믿음을 행위로 나타내야 하는 것이다.

2. 사도적 예배를 복원해야 함

21세기의 교회가 예배 위기를 극복하기 위하여 인본주의와 자유주의적인 세상 풍조에 동조하는 예배 형태를 경계하며 사도성 있는 진정한 예배를 복원해야 한다.

초대 교회의 사도들이 인도하던 예배는 그 형식과 내용이 하나님 중심이지 인간 중심이 아니었다. 그리고 낮 예배보다는 저녁 예배에 비중을 두었었다. 주일 낮에는 성경 공부를 주로 하고 저녁에는 성대한 예배를 드리되 구원의 확신을 위한 사경회와 성만찬 및 성령 충만을 대망하는 영성이 풍부한 예배를 드렸다.

예배 시간도 시작하는 시간은 있으되 끝나는 시간은 일정하지 않았다. 성령의 인도하심에 따라 어떤 때는 밤새도록 예배가 진행되기도 했고, 어떤 때는 초저녁에 시작한 예배가 이튿날 아침까지 계속되기도 했다(행 20 : 7-11 참조).

3. 저녁 예배를 복원해야 함

현대 교회가 예배 위기를 극복하려면 초대 교회와 같이 저녁 예배를 복원하고 성만찬식(聖晚餐式)을 철저히 거행해야 한다. 매주일 성만찬을 베풀면 교인들이 성만찬에 참예하기 위해서 자연스럽게 저녁 예배에 출석하여 예배를 드리게 될 것이다. 그리고 또 세례나 성찬식은 정당한 집례자가 없이 교인이 자기 혼자 집 안에서 TV나 인터넷으로 할 수 있는 것이 아니기 때문이다. 천주교에서는 매번 미사 때마다 성찬식을 거행하고 떡은 신부가 직접 교인의 입에 넣어 준다.

한국 교회가 현재 마이너스 성장을 하고 있다는 것은 인간의 편의를 위해 저녁 예배를 오후 예배로 대치하거나 저녁 예배를 폐지하고 예배 형태를 인간적 흥미 위주로 변경한 것과 무관하지 않다고 본다. 그러므로 교인이 교회에 나가지 않고는 참예배다운 예배를 드릴 수 없게끔 예배의 내용을 보완해야 한다. 교회의 자랑은 교인의 숫자나 건물이 아니고 사도적 신앙과 초대 교회의 영성(靈性) 및 전통을 면면히 계승하는 것이다.

초대 교회로부터 면면히 이어오는 사도성을 상실한 예배는 마땅히 개혁되어야 한다. 오늘날 마귀는 그 어느 때보다도 교인들의 예배 참석 등한과 예배 세속화 및 폐지를 위하여 모든 수단과 방법을 총동원하여 교인들을 유혹하고 있다.

초대 교회는 저녁 예배를 중요시했다. 그러기에 성찬식도 저녁 예배시에 거행하였고 그래서 성찬식을 성만찬(聖晚餐)이라고 부르는 것이다. 현대 교회는 저녁 예배를 폐지하고 오후 예배를 드리는 경향이여서 자연히 성만찬이 성오찬이 되어 버린 경우가 많다.

4. 목회자가 예배 복원에 앞장서야 함

출애굽기 3장 8절에 "내가 내려와서 그들을 애굽인의 손에서 건져내고 그들을 그 땅에서 인도하여 아름답고 광대한 땅, 젖과 꿀이 흐르는 땅 곧 가나안 ··· 지방에 이르려 하노라"고 하셨다. 이 말씀은 구속사적(救贖史的)으로 성경 내용 전체를 한마디로 요약해 놓은 구절이다. 하나님께서는 모세를 통하여 애굽에서 노예가 되어 학대당하는 이스라엘 백성들을 구출해서 홍해를 건너고 광야를 지나 약속의 땅 가나안에 이르려고 하셨으며, 그 목적은 하나님께 예배드리게 하기 위함이었다.

하나님께서 영광을 받으시기 위하여 택함을 입은 하나님의 백성들이 가장 먼저 해야 할 일은 예배이다. 이스라엘 백성들이 출애굽하여 가나안 복지로 간 목적이 하나님의 백성으로서 하나님의 영광을 위하여 예배드리기 위함이었던 것처럼 오늘날에도 죄악 세상에서 불러냄을 받고 그리스도의 교회 공동체에 참여한 성도들은 하나님께 예배하는 것이 가장 중요한 목적이다. 그리고 지상 교회 성도들이 장차 천국에 가는 목적도 하늘 보좌에 계신 하나님께 예배를 드리기 위함이다. 그러기에 지상의 성도들을 보고 순례자(巡禮者 ; 예배하러 가는 자)라고 하는 것이다.

성경에 보면 천상 교회(天上敎會)는 모든 성도가 천군 천사와 더불어 항상 하나님께 경배와 찬양을 드린다. 지상 교회(地上敎會)는 천상 교회의 그림자이다. 예배가 신령해야 교회가 신령하고 교인들의 영성이 풍부해진다. 예배가 바로 서야 교회가 바로 서고, 예배가 살아야 교회가 산다.

예배가 속화(俗化)되고 폐지된 상황에서는 특히 목사의 역할이 별로 없다. 예배가 속화된 교회는 세상의 풍조를 따라 아나운서처럼 재치있게 말 잘하는 사람이 사회하고, 가수는 노래하고, 인기있는 유명인이 설교대신 간증하고, 말재주꾼이 복음이 아닌 이야기로 회중이나 웃기는 그런 예배 아닌 예배가 요사이 유행병처럼 번지고 있음은 한심하기 짝이 없다.

십계명은 참된 예배 계명임

십계명은 하나님께서 직접 두 돌판에 쓰셔서 시내산에서 모세에게 주셨다. 십계명을 두 돌판에 써 주신 것은 인간의 의무가 양면성인 것을 말해 준다. 사람은 누구나 다 하나님을 향하여 종교적 의무가 있고 인간을 향한 도덕적 의무가 있다.

십계명의 내용을 분석해 보면 그것은 한마디로 "참된 예배를 위한 계명"이라는 것을 금방 알게 된다.

Ⅰ. 십계명의 전반부 4개조의 내용 (출 20 : 3-11 참조)

제1계명은 예배의 대상을 규정한 계명으로 "참신은 여호와시니 오직 여호와 하나님만 예배의 대상이며, 하나님만 예배(경배)해야 된다"라는 것이다(출 20 : 3; 시 9 : 6; 마 4 : 10).

출 20 : 3	너는 나 외에는 다른 신들을 네게 있게 말지니라
시 9 : 6	원수가 끊어져 영영히 멸망하였사오니 주께서 무너뜨린 성읍들을 기억할 수 없나이다
마 4 : 10	이에 예수께서 말씀하시되 사단아 물러가라 기록되었으되 주 너의 하나님께 경배하고 다만 그를 섬기라 하였느니라

제2계명은 참된 예배의 방법을 규정한 것으로 "우상(거짓 하나님)을 만들어 놓고 그것이 하나님이라고 하며 거짓된 예배를 드리지 말고 신령과 진정으로 예배하라"는 (출 20 : 4; 요 4 : 24) 계명이다.

출 20 : 4	너를 위하여 새긴 우상을 만들지 말고 또 위로 하늘에 있는 것이나

아래로 땅에 있는 것이나 땅 아래 물 속에 있는 것의 아무 형상이든지
만들지 말며

요 4 : 24   하나님은 영이시니 예배하는 자가 신령과 진정으로 예배할지니라

제3계명은 예배의 자세를 규정한 것으로 "하나님의 이름을 함부로 부르지 말라"는 계명이다(출 20 : 7). 이는 영이신 하나님께 예배하는 자는 심령적 자세를 바르게 해야 된다는 뜻이 있다. 즉 하나님께서는 영이시라 비록 눈에 보이지 않아도 하나님의 임재를 믿고 마음가짐이나 입놀림을 함부로 하지 말아야 된다는 것이다.

출 20 : 7   너는 너의 하나님 여호와의 이름을 망령되이 일컫지 말라 나
여호와는 나의 이름을 망령되이 일컫는 자를 죄 없다 하지
아니하리라

제4계명은 예배의 날에 대한 규정으로 "안식일을 거룩히 지키라"는 계명이다. 안식일은 하나님께 속한 하나님의 날이며 이날은 오직 예배하는 날로 거룩하게 지내야 된다는 뜻이다(출 20 : 8).

출 20 : 8   안식일을 기억하여 거룩히 지키라

II. 십계명의 후반부 6개조의 내용 (출 20 : 12-17 참조)

십계명 중 제5-10계명의 내용은 "네 부모를 공경하라, 살인하지 말지니라, 간음하지 말지니라, 도적질하지 말지니라, 네 이웃에 대하여 거짓 증거하지 말지니라, 네 이웃의 집을 탐내지 말지니라"는 것이다. 이는 인간 관계에서 지켜야 할 성도의 바른 생활 윤리를 규정한 것이다. 그 이유는 하나님을 예배하며 살아가야 하는 성도는 예배에 앞서 생활이 바르고 성결해야 하기 때문이다(마 7 : 21, 5 : 23-24).

마 7 : 21   나더러 주여 주여 하는 자마다 천국에 다 들어갈 것이 아니요 다만
하늘에 계신 내 아버지의 뜻대로 행하는 자라야 들어가리라

마 5 : 23-24   그러므로 예물을 제단에 드리다가 거기서 네 형제에게 원망들을

**만한 일이 있는 줄 생각나거든 예물을 제단 앞에 두고 먼저 가서
형제와 화목하고 그 후에 와서 예물을 드리라**

이상과 같이 생각해 볼 때 십계명은 하나님께 대한 성도의 참된 예배와 성도가 예배자로서 지켜야 할 생활의 원칙을 규정한 것이다.

하나님께서는 애굽의 노예였던 이스라엘 백성들에게 해방과 자유를 주시고 나서 바로 십계명(예배와 생활 규범)을 주셨다(출 20 : 1-21 참조).

하나님께서 이스라엘 백성을 애굽의 노예로부터 해방시켜 가나안 복지로 인도해 가신 목적이 예배를 드리게 하시려는 데 있었듯이(출 8 : 25-28 참조), 오늘날에도 죄인들을 구속하여 하나님의 자녀가 되게 하심은 예배를 드리게 하시려는 데 목적이 있는 것이다. 그것은 하나님을 섬기는 제1조가 예배이기 때문이다. 예배를 철저하게 드리지 않고는 신앙 생활이 바로 되지 않는다. 그러기에 마귀는 성도들의 예배를 방해한다. 마귀는 성도들의 예배 참석을 게을리 하게 하고 예배 드리는 일을 실증나게 한다.

오늘날 교회들 중에 예배 시간을 단축하거나 예배 형태를 변경하여 인간의 흥미 위주와 인본주의, 편리주의에 기울고 있음은 마귀의 예배 파괴공작 때문이다.

말세 성도의 책임은 예배에 힘써 참석하여 하나님의 말씀을 듣고, 교훈을 받으며, 성도의 교제를 가지는 것과 항상 깨어 있어 기도하는 것이다(히 10 : 25). 그런데 마귀는 그것을 하지 못하도록 성도들이 세속적인 쾌락주의에 빠져 예배를 등한시 하도록 역사한다. 예배가 폐지되면 자연 교회는 문을 닫게 된다. 그러므로 교회가 교회되기 위해서는 복음 진리를 파수하는 동시에 예배를 지켜야 한다.

십계명은 성도가 꼭 지켜야 할 하나님의 생명의 법이다. 십계명은 하나님께서 직접 써 주신 기독교의 최고 계명이다. 그리스도인은 십계명을 철저히 지킴으로 성도의 고상한 인격과 품위를 유지하며 교회 생활도 사회 생활도 바르게 하고 세상 사람들 앞에서 빛이 되어 하나님의 영광을 나타내야 한다.

히 10 : 25　　모이기를 폐하는 어떤 사람들의 습관과 같이 하지 말고 오직
권하여 그날이 가까움을 볼수록 더욱 그리하자

십계명의 특성은 무엇인가?

Ⅰ. 십계명은 율법의 근본임

"십계명(十誡命 ; The Ten Commandments)"은 모세가 시내(호렙)산(山)에서 하나님으로부터 받은 열 가지 계명이다. 이는 본래 열 마디 말로써 표시되어 있기 때문에 "열 마디 말씀"이라고도 불렀다.

십계명은 모든 율법의 근본이며, 하나님과 이웃에 대하여 지킬 종교(宗敎)와 도덕(道德)의 기본으로서 각 조항의 문장 형태가 반드시 지켜야 된다는 필연성이 담긴 어미(語尾), 즉 "···하라"와 "···하지 말라"로 되어 있기 때문에 "필연법(必然法)"이라고도 부른다(알트 ; A. Alt).

Ⅱ. 계명과 율법의 차이

율법은 히브리어로 "토라"인데 이는 "지침, 방향, 교훈"이란 뜻이다. 율법이나 계명은 다 하나님의 말씀이요 교훈이다. 그러나 율법은 십계명을 주석한 것이라고 할 수 있다. 즉 십계명이 하나님께서 인간에게 주신 기본법이라면 율법은 그의 시행 세칙(施行細則)과 같은 것이다. 십계명은 종교와 인간 도덕의 기본으로서 이 세상 모든 법의 근본이다.

Ⅲ. 십계명의 특성

십계명은 그 입법(立法)자가 하나님이시고 집행자도 하나님이시다. 십계명은 하나님과 이웃에 대하여 올바른 관계를 유지하며, 의로운 삶을 살기 위해 우리가 무엇을 어떻게 해야 할 것인가를 말씀하고 있는 가장 소중한 계명으로서 다른 어떤 법보다도 아주 독특한 특성이 있다.

1. 영구성

십계명은 하나님께서 친히 손가락으로 돌판에 기록하셨다. 십계명을 하나님께서 양피에 쓰시지 않고 돌판에 새기신 것은 십계명의 영구성을 의미한다. 이 세상의 모든 법은 폐기될 수 있고 변경될 수 있으나 하나님께서 제정하신 십계명은 완전한 법으로서 영구 불변하다.

2. 현실성

십계명은 구약 시대에 적용되었던 법이고, 신약 시대는 은혜 시대라 은혜의 법이 적용된다고 하는 사람들이 있다. 또 그리스도께서 오셔서 율법을 완성하셨기 때문에 율법은 폐지되었다고 주장하는 사람들도 있다. 그러나 주님께서는 분명히 말씀하시기를 "내가 율법이나 선지자나 폐하러 온 줄로 생각지 말라 폐하러 온 것이 아니요 완전케 하려 함이로다" 라고(마 5 : 17) 하셨다. 자연 만물은 모두 다 하나님의 법칙을 지킨다. 태양은 하나님께서 정해 주신 원리(법)대로 매일 변함없이 동(東)에서 떠서 서(西)쪽으로 진다. 시대가 바뀌었다고 해서 태양의 출몰 방향(出沒方向)이 바뀌지 않는다. 마찬가지로 십계명은 만고불변의 법으로서 온 인류가 영원히 지켜야 할 삶의 원리요, 반드시 지켜야 할 하나님의 법이다.

헷셀 포드의 십계명 강해에 이런 예화가 있다. 어떤 사람이 흑인 하인과 같이 바다 낚시를 갔다 저녁 때 돌아오면서 피곤한지라, 그 하인에게 "네가 좀 모터 보오트의 키를 잡고, 저기 보이는 저 북극성만 바라보며 달려라. 그러면 우리 집에 당도하게 될 것이다. 그 동안 난 좀 자야겠다" 라고 하면서 방향타를 하인이 잡게 했다. 한참 후에 하인이 다급한 목소리로 주인을 깨우며 "주인님, 주인님, 이 보오트가 어찌나 빨리 달리는지 그만 북극성을 지나치고 말았어요. 다시 다른 별을 가르쳐 주셔야지요!" 라고 말했다.

어떤 사람은 십계명이 옛날 4천 년 전에 그 시대 사람들에게 주신 말씀이라 지금에 와서는 맞지 않는다고 주장한다. 그러나 어떤 배도 북극성을 앞질러 갈 수 없는 것처럼 세월이 아무리 흘러갔고 세상이 제아무리 발달했어도 십계명은 결코 지나버린 도덕, 지나버린 윤리가 아니다. 십계명은 인류가 영원히 지켜야 할 가장 귀중한 만고불변의 삶의 규범이요, 하나님의 법이다.

3. 필연성

십계명의 조문의 문장 형식은 "⋯하라"와 "⋯하지 말라"는 절대 명령형으로 되어 있다. 이는 인간의 이성이나 감정에 따라 지키고 말고 할 것이 아니라 반드시 지켜야 한다는 의미가 있는 것이다. 그리고 또 이것은 죄의 성격이 무엇인지를 우리에게 가르쳐준다. 즉 "⋯하지 말라"고 한 것("내 앞에 다른 신을 두지 말라", "살인하지 말라", "간음하지 말라", "도적질하지 말라" 등)의 위반은 "명령을 위반한 죄"이고 또, "⋯하라"는 것("안식일을 지켜라", "네 부모를 공경하라" 등)의 위반은 "명령을 불순종한 죄"이다. 결국 사람이 죄를 짓는다는 것은 하나님 말씀(명령)을 위반하거나 불순종하는 것이다.

4. 단순성

십계명은 간단 명료하여 문장이 간결하면서도 그 함축된 내용이 풍부한 것이 특징이다. 창세기 1장 1절의 "태초에 하나님이 천지를 창조하시니라" 이 한 절의 말씀 안에 성경 전체가 함축되어 있는 것처럼 십계명은 모든 율법의 요약으로 우리가 지켜야 할 소중한 규범이 모두 다 함축되어 있다.

십계명은 하나님께서 우리로 하여금 쉽게 기억하고 지킬 수 있게 하기 위하여 그 많은 율법을 단 열마디로 요약, 간단 명료하게 기록해 주신 것이다. 그런데 타락한 인간은 이 열 가지도 제대로 지키지 못함으로써 그리스도께서 그것을 단 두 마디, 즉 "네 마음을 다하고 목숨을 다하고 뜻을 다하여 주 너의 하나님을 사랑하라"(제1~4계명)와 "네 이웃을 네 몸과 같이 사랑하라"(제5~10계명)로 요약해 주셨다(마 22 : 37-39). 이는 십계명의 핵심이 "하나님 사랑"과 "이웃 사랑"이라는 것을 의미하는 것이다.

마 22 : 37-39　예수께서 가라사대 네 마음을 다하고 목숨을 다하고 뜻을 다하여
　　　　　　　　주 너의 하나님을 사랑하라 하셨으니 이것이 크고 첫째 되는 계명이요
　　　　　　　　둘째는 그와 같으니 네 이웃을 네 몸과 같이 사랑하라 하셨으니

5. 연계성

십계명은 "제1계명"에서 "제10계명"까지 통일되고 연관되어 있다. 그러기에 야고보는 "누구든지 온 율법을 지키다가 그 하나에 거치면 모두 범한 자가 되나니 간음하지 말라 하신 이가 또한 살인하지 말라 하셨은즉 네가 비록 간음하지 아니하여도 살인하면 율법을 범한 자가 되느니라"(약 2 : 10-11)고 하였다. 십계명은 한 하나님의 뜻이므로 어느 한 가지든 범하면 그분의 뜻을 어긴 것이요, 또한 그분께서 주신 계명을 범한 것이다.

6. 대구성(對句性)

십계명의 "…하라"는 말씀 속에 "…하지 말라"는 뜻도 포함되어 있다. 즉 "안식일에는 쉬어라"는 말씀 속에 "6일 동안은 일을 해야지 놀아서는 안 된다" 라는 뜻이 포함되어 있고, 또 "도적질하지 말라"는 말씀 속에 "부지런히 일하여 남을 도와 주어야 한다" 라는 뜻이 포함되어 있는 것이다(엡 4 : 28).

엡 4 : 28	도적질하는 자는 다시 도적질하지 말고 돌이켜 빈궁한 자에게 구제할 것이 있기 위하여 제 손으로 수고하여 선한 일을 하라

7. 포괄성

십계명의 각 조항은 간략하고 단순한 문장이지만 그 속에 많은 것을 포함하고 있다. 예컨대 "살인하지 말라"는 계명은 단순히 인명 살생 금지 뿐만 아니라 형제 사랑의 의무도 부과하고 있으며, 형제에 대한 분노, 미움, 증오까지도 금할 것을 포함하고 있다(골 3 : 5; 딤전 6 : 10). 십계명은 풍부한 내용이 간단한 말 속에 포괄적으로 함축되어 있고 종교와 윤리가 불가분적으로 조화된 것이 특징이다.

골 3 : 5	그러므로 땅에 있는 지체를 죽이라 곧 음란과 부정과 사욕과 악한 정욕과 탐심이니 탐심은 우상 숭배니라
딤전 6 : 10	돈을 사랑함이 일만 악의 뿌리가 되나니 이것을 사모하는 자들이 미혹을 받아 믿음에서 떠나 많은 근심으로써 자기를 찔렀도다

Ⅳ. 십계명을 주신 목적
1. 올바른 삶의 법칙을 세워 주기 위함

하나님께서는 우주 만물을 지으시고 모든 피조물이 창조의 질서와 원리를 따라 바로 살게 하기 위하여 자연의 원리와 법칙을 정해 주셨다. 십계명은 인간이 창조주 하나님의 뜻에 순종하여 바른 길로 살아가게 하기 위해 정해 주신 삶의 원리요 법칙이다.

2. 인간을 행복하게 하기 위함

십계명은 인간을 속박하기 위한 것이 아니라 인간의 삶의 안녕과 질서와 행복을 보장하기 위하여 주신 법이다. 인간이 사는 곳에는 어느 나라, 어느 민족에게도 법이 있으며, 그 법은 백성들의 안녕과 질서를 유지하고 행복한 삶을 보장해 주는 것이다. 만약 국가 사회에 법이 없다면 무정부 상태, 무법 천지가 되어 아무도 살아남을 수 없게 될 것이다.

Ⅴ. 복음과 율법의 관계
1. 율법과 복음의 기능

그리스도께서 오셔서 율법을 완성하셨기 때문에 율법은 폐지되었다고 주장하며 십계명을 부인하는 사람도 있다. 그러나 주님께서는 분명히 말씀하시기를 "내가 율법이나 선지자나 폐하러 온 줄로 생각지 말라…"고 하셨다(마 5 : 17). 율법과 복음의 차이점은 율법은 피조물인 인간이 창조주 하나님을 알고 경배하며 올바른 삶의 길을 살아가게 하는 것이요, 복음은 율법을 범한 인간이 자기의 죄인됨을 알고 살기 위해 그리스도 안에서 용서해 주시는 하나님을 믿고 바라보게 하는 것이다(요 3 : 16; 마 11 : 28; 행 16 : 31).

로마서 3장 31절에 "그런즉 우리가 믿음으로 말미암아 율법을 폐하느뇨 그럴 수 없느니라 도리어 율법을 굳게 세우느니라"고 했다.

율법은 율법을 범한 사람들의 죄를 깨우쳐 준다(롬 7 : 7,12-13). 율법은 마치 거울처럼 율법을 범한 사람의 죄인된 모습을 들어내 보여 줌으로써 죄를 깨닫고 죄사함을 받기 위해서는 구주이신 예수 그리스도에게로 와야 한다는 것을 가르쳐 알게 해준다. 이런 의미에서 율법은 우리를 그리스도에게로 인도하는 "몽학 선생"
이라고 하였다(갈 3 : 24).

요 3 : 16	하나님이 세상을 이처럼 사랑하사 독생자를 주셨으니 이는 저를 믿는 자마다 멸망치 않고 영생을 얻게 하려 하심이니라
마 11 : 28	수고하고 무거운 짐 진 자들아 다 내게로 오라 내가 너희를 쉬게 하리라
행 16 : 31	가로되 주 예수를 믿으라 그리하면 너와 네 집이 구원을 얻으리라 하고
롬 7 : 7	그런즉 우리가 무슨 말하리요 율법이 죄냐 그럴 수 없느니라 율법으로 말미암지 않고는 내가 죄를 알지 못하였으니 곧 율법이 탐내지 말라 하지 아니하였더면 내가 탐심을 알지 못하였으리라
롬 7 : 12-13	이로 보건대 율법도 거룩하며 계명도 거룩하며 의로우며 선하도다 그런즉 선한 것이 내게 사망이 되었느뇨 그럴 수 없느니라 오직 죄가 죄로 드러나기 위하여 선한 그것으로 말미암아 나를 죽게 만들었으니 이는 계명으로 말미암아 죄로 심히 죄되게 하려 함이니라
갈 3 : 24	이같이 율법이 우리를 그리스도에게로 인도하는 몽학 선생이 되어 우리로 하여금 믿음으로 말미암아 의롭다 함을 얻게 하려 함이니라

2. 구원받은 자도 율법을 지켜야 함

성경은 구원받은 그리스도인들도 율법을 지켜야 한다고 가르친다. 그 이유는
구원을 얻기 위해서가 아니라 하나님의 법을 준행함으로써 구원 얻은 증거를 나
타내야 되기 때문이다.

요한일서 2장 3절에 "우리가 그의 계명을 지키면 이로써 우리가 저를 아는 줄로
알 것이요" 라고 하였고, 요한일서 5장 2절에는 "우리가 하나님을 사랑하고 그의
계명들을 지킬 때에 이로써 우리가 하나님의 자녀 사랑하는 줄을 아느니라"고 했다.
그리고 3절에는 "하나님을 사랑하는 것은 이것이니 우리가 그의 계명들을 지키는 것
이라…"고 했다.

십계명의 해석

Ⅰ. 제1계명 : "오직 하나님만 예배하라"

"나는 너를 애굽 땅 종되었던 집에서 인도하여 낸 너의 하나님 여호와로라 너는 나 외에는 다른 신들을 네게 있게 말지니라"(출 20 : 2-3)

1. 머리말

십계명은 인류에게 가장 큰 영향을 주는 도덕률의 기본으로서 모든 법의 모체이며 기독교 윤리의 근본이다. 윌리어드(G. W. Williard)는 "십계명은 인간에게 주어진 모든 법의 어머니" 라고 하였다. 십계명은 구속(救贖)자이신 하나님께서 당신의 백성을 애굽에서 구원하여 내신 후에 주신 것이다(출 20 : 1-2). 그러므로 십계명은 구속(救贖)의 조건으로 주신 것이 아니라, 구속받은 사람들의 삶의 규범으로 주신 것이다. 그러기 때문에 구원받은 성도는 마땅히 십계명을 지켜야 되고 행하여야 한다.

우리가 이 계명을 지킬 때 참신앙의 자유와 행복을 누릴 수 있다. 야고보는 이 율법을 "자유하게 하는 율법"이라 하고 이 율법을 "실행하는 일에 복을 받으리라"고 하였다(약 1 : 25).

출 20 : 1-2   하나님이 이 모든 말씀으로 일러 가라사대 나는 너를 애굽 땅 종되었던 집에서 인도하여 낸 너의 하나님 여호와로라

약 1 : 25   자유하게 하는 온전한 율법을 들여다보고 있는 자는 듣고 잊어버리는 자가 아니요 실행하는 자니 이 사람이 그 행하는 일에 복을 받으리라

2. 본문 연구

"나 외에는 다른 신들을 네게 있게 말지니라" (출 20 : 3)

제1계명은 피조물인 인간이 창조주 하나님을 모시고 그분만을 섬겨야 한다는 유일신(唯一神) "하나님 숭배 명령"(崇拜命令)이다.

1) 이스라엘 백성은 다신교가 지배하는 애굽에서 나왔고, 그들이 들어가 살 가나안 역시 다신교가 지배하는 곳이므로 이러한 환경을 감안하여 주신 첫째 계명이 "너는 나 외에는 다른 신들을 네게 있게 말라"는 것인데, 이는 다신교나 범신교 사상을 경계하고 유일신 신앙을 확고하게 심어 주기 위한 것이었다. 우주와 만물은 한 하나님에 의해 기원된 것이다. 그러므로 피조물인 사람은 한분이신 하나님을 모시며 그분만을 섬겨야 하는 것이다.

2) 제1계명에서 "너는"이라는 단어는 단수로서 "너희들은"이라는 복수와 달리 인간 개개인이 하나님 앞에서 하나님을 향하여 가져야 할 태도와 의무를 강조하는 것이다. 또 "나 외에"의 "나"는 여호와 하나님을 가리킨다. 성경이 하나님으로 시작하듯(창 1 : 1) 십계명도 하나님으로 시작한다.

창 1 : 1　　　태초에 하나님이 천지를 창조하시니라

3) 제1계명은 하나님의 유일성(唯一性)과 유일하신 하나님께 대한 온전한 충성을 강조한다. 또한 "다른 신들을 네게 있게 말지니라"는 말은 다른 신들의 존재를 인정하는 말씀이 아니다. 여기에서 "다른 신"이란 그 당시 애굽인들이 섬기던 많은 우상들 곧 거짓된 가상적(假想的) 신들을 말한다. 가나안 땅에서도 이런 비슷한 유형의 신들을 숭배하고 있음을 하나님께서 아셨기 때문에 이 말씀을 강조하신 것이다.

4) 현대인들의 마음속에 "하나님 외에 다른 신" 곧 거짓신들은 "돈, 인기, 명예, 권력, 쾌락, 지식"이라고 할 수 있다. 특히 현대인들에게는 재물이 하나님이다. 돈

이 모든 일을 해결한다고 믿는다. 또 현대인들은 인기를 끌고 유명해지고자 하는 강한 욕망이 있다. 인기 정상에만 오르면 거기에 인생이 추구하는 모든 것이 다 있다고 믿는다. 그러나 "인기와 유명함"도 거짓 신이다.

세계적 인기 여배우 "잉그릿 버그만"이 그의 회고담 가운데 "헐리웃이여, 은막이여, 이처럼 황량(荒凉)한가!" 라고 한 말이 있다. 인기와 명예는 우리에게 참만족과 기쁨을 주지 못한다. 하나님만이 우리에게 참된 기쁨과 만족을 주신다. 현대인의 속에는 하나님대신 "쾌락"이 자리잡고 있다. 사람들은 쾌락에서 행복을 얻기를 바란다. 그러나 쾌락은 일시적인 짜릿한 기분, 황홀한 감정을 느끼게 할 뿐이다. 쾌락의 속성은 더 깊은 자극을 요구하고 감각의 양을 더해 가야 함으로써 결국 파멸을 초래하게 된다.

현대인이 믿는 지식도 그렇다. 그러기에 어거스틴은 "하나님만 사랑하라 그리고 모든 것은 네 마음대로 하라 하나님만이 나의 주인이 되게 하고 그 외에 모든 것들은 네 종이 되게 하라"고 하였다. 우리가 하나님 외에 돈이나 명예나 쾌락의 노예가 되어서는 안 된다.

5) 하나님께서는 질투하는 하나님이시다. 질투하는 하나님이란 말은 자기 백성을 지극히 사랑하시기 때문에 그 백성의 애정을 "우상"(거짓 신)에게 빼앗길 때에 질투하신다는 뜻이다. 아브라함이 100세에 얻은 아들이 너무 귀하고 사랑스러워서 하나님께로 향하던 애정을 그 아들에게 기울이게 될 때 하나님께서는 "아브라함아! 네 아들 이삭을 번제로 드리라"고 명령하셨다.

3. 영적 교훈

1) 우주에 하나님은 오직 한 분 뿐이시다. "다른 신들을 네게 있게 말지니라"고 하신 말씀은 다른 신은 제쳐놓고 하나님만 섬기면 된다는 뜻이 아니라, 다른 신은 아예 있지도 않으니 하나님 외에 다른 신은 생각할 것조차 없다는 뜻이다. 성경은 "하나님은 오직 한 분만이 존재하신다" 라고 가르치고 있다.

2) 십계명은 하나님께서 자기 백성들을 애굽에서 구원해 내신 후에 주신 종교

적, 윤리적 계명이다. 그러므로 십계명은 그들이 구원되기 전에 구원의 조건으로 주신 것이 아니다. 십계명은 이스라엘 선민이 구원받은 후 종교적, 윤리적으로 지키고 행하여야 할 삶의 규칙으로 주신 것이다. 구원받은 성도라면 마땅히 십계명을 지키고 행하여야 한다.

십계명은 선민이 지켜야 할 종교적 계율과 도덕적 의무를 규정하고 있기 때문이다.

3) 제1계명은 열 계명 중의 하나가 아니라 십계명 전체의 뿌리이다. 그러므로 제1계명을 지키지 못하면 나머지 아홉 개의 계명은 지킬 수도 없지만, 지킨다고 해도 하나님과의 관계에서 아무런 의미가 없다.

4) 제1계명에 "너희는 하나님을 믿어야 한다" 라는 말은 없이 다만 "너희 앞에 다른 신을 두지 말라"고만 하신 것을 보면 인간은 태어날 때부터 이미 하나님을 믿는 종교적 본능을 지니고 출생하였음을 알 수 있다. 전도서 3장 11절에 "하나님이 모든 것을 지으시되 때를 따라 아름답게 하셨고 또 사람에게 영원을 사모하는 마음을 주셨느니라…"고 하였다.

어린아이에게 배고픔이나 목마름을 가르칠 필요는 없다. 그것은 본능적으로 다 알고 적응하게 되기 때문이다. 마찬가지로 신에 대한 신앙과 숭배하는 노력은 인간의 생득(生得)적(날 때부터 지님)으로 본능에 포함된 심성(心性)이다. 그러기에 하나님께서 "너희는 하나님을 믿어야 한다" 라고 하시지 않고, 다만 자기 백성들이 잘못된 예배 대상을 찾을까봐 "나 외에는 다른 신들을 네게 있게 말지니라"고 하신 것이다(신 5 : 7).

신 5 : 7   **나 외에는 위하는 신들을 네게 있게 말지니라**

4. 맺는 말

제1계명에서 "나 외에는 다른 신들을 네게 있게 말지니라"고 하신 것은 창조주 하나님 외에는 다른 신이 없으므로 애굽이나 가나안 사람들처럼 신이 아닌 가상적인 거짓신(실제로 존재하지 않는 신)을 마음에 두어서는 안 된다는 뜻이다(신 4 : 25; 왕상 8 : 60).

고린도전서 8장 6절에 "우리에게는 한 하나님 곧 아버지가 계신다"라고 하였다. 그런데 우리의 마음에 다른 어떤 것들이 하나님과 나 사이를 가로막고 있다면 그 것은 바로 하나님 외에 다른 신이다. 주님께서는 우리에게 목숨을 걸고 하나님을 사랑하라고 하셨으며(마 22 : 37), 오직 하나님께만 경배하라고 하셨다(마 4 : 10 참조). 하나님만을 섬기고 예배하는 것은 성도의 최고 특권이며 복된 의무이다.

신 4 : 25	네가 그 땅에서 아들을 낳고 손자를 얻으며 오래 살 때에 만일 스스로 부패하여 무슨 형상의 우상이든지 조각하여 네 하나님 여호와 앞에 악을 행함으로 그의 노를 격발하면
왕상 8 : 60	이에 세상 만민에게 여호와께서만 하나님이시고 그 외에는 없는 줄을 알게 하시기를 원하노라
마 22 : 37	예수께서 가라사대 네 마음을 다하고 목숨을 다하고 뜻을 다하여 주 너의 하나님을 사랑하라 하셨으니

II. 제2계명 : "우상을 숭배하지 말라"

"너를 위하여 새긴 우상을 만들지 말고 또 위로 하늘에 있는 것이나 아래로 땅에 있는 것이나 땅 아래 물 속에 있는 것의 아무 형상이든지 만들지 말며 그것들에게 절 하지 말며 그것들을 섬기지 말라 나 여호와 너의 하나님은 질투하는 하나님인즉 나를 미워하는 자의 죄를 갚되 아비로부터 아들에게로 삼 사대까지 이르게 하거니와 나를 사랑하고 내 계명을 지키는 자에게는 천대까지 은혜를 베푸느니라"(출 20 : 4-6)

1. 머리말

십계명의 둘째 계명은 "우상 숭배 금지 명령"(偶像崇拜禁止命令)으로서 예배의 올바른 방법에 대하여 규정하고 있다. 즉 제1계명에서는 예배 대상이 잘못된 예 배를 금지했고, 제2계명에서는 예배 대상의 형상화(形象化)와 그에 대한 예배의 부당함을 선포하고 있다.

로마 카톨릭은 제1계명과 제2계명을 합하여 한 계명으로 취급하고 있으나 복음

주의 기독교인 개신교에서는 제1계명과 제2계명을 구분해서 취급한다. 이것은 성경의 자연스런 문맥과도 일치한다.

2. 본문 연구

"너를 위하여 새긴 우상을 만들지 말고… 아무 형상이든지 만들지 말며… 그것들에게 절하지 말며…섬기지 말라"

1) "우상을 만들지 말라"

여기에서 "우상"이라 함은 돌이나 나무에 새겨 만든 신상(삿 17 : 3; 왕하 21 : 7 참조)을 의미하며, 이는 곧 하나님을 대신하여 예배의 대상으로 신을 구체화(具體化)시킨 형상(形象)이나 조각품을 의미한다. 고대(古代)의 우상(偶像)은 주로 돌이나 나무에 새겨 만든 것이었다.

하나님께서는 영이시고(요 4 : 24), 그가 창조하신 물질 위에 초연하시다. 그리고 아무도 하나님의 형상을 본 사람은 없다. 그러므로 피조물인 인간의 가상적인 생각으로 영이신 하나님을 어떤 형상(形象)으로 표현하여 시각화(視覺化)하고 거기에 절하는 것은 스스로 속는 어리석은 짓이다. 그래서 하나님께서는 "너희를 위하여 우상을 만들지 말라"고 하신 것이다.

요 4 : 24   하나님은 영이시니 예배하는 자가 신령과 진정으로 예배할지니라

2) "아무 형상도 만들지 말라"

무형(無形)의 신(神)을 표현하는 형상은 "위로 하늘에 있는 것"(해, 달, 별과 조류 등)이나(신 4 : 17), "아래로 땅에 있는 것"(사람이나, 소나 사자 등의 동물)이나, "땅 아래(땅보다 낮은 강이나 바다) 물 속에 있는 것"(어패류)의 아무 형상도 만들지 말라고 하셨다. 그러나 회화(繪畵)나 조각 같은 미술품(美術品)의 창작까지도 이 계명에 저촉된다고 보지는 않는다.

신 4 : 17   땅 위에 있는 아무 짐승의 형상이라든지 하늘에 나는 아무 새의

형상이라든지

3) "우상에게 절하지 말라"

여기에서 "그것들에게 절하지 말라"고 하심은 우상에게 예배하지 말라는 뜻이다. 하나님의 형상을 닮은 하나님의 자녀가 하나님의 피조물 앞에 절하는 것이나, 또 만물의 영장인 사람이 사람의 손으로 만든 우상에게 절하는 것은 천부당만부당한 일이다.

우상에 대한 금령(禁令)은 두 가지, 즉 "만들지 말고, 절하지 말라"는 것이다. 그러기에 "우상을 만드는 자"와 "우상에게 절하는 자"는 다같이 징벌의 대상이 되는 것이다.

4) "우상 숭배는 가장 무서운 죄"

성경에 "우상 숭배", 즉 "우상을 섬기는 죄"는 가장 무서운 대역죄(大逆罪)로 이는 "하나님을 미워하는 것"으로 취급되고 있다(출 20 : 5). 특히 우상 숭배자에게는 아비의 죄를 자손 3-4대까지 그 죄책(罪責)을 따지겠다고 하였다(출 20 : 5).

출 20 : 5 그것들에게 절하지 말며 그것들을 섬기지 말라 나 여호와 너의
하나님은 질투하는 하나님인즉 나를 미워하는 자의 죄를 갚되
아비로부터 아들에게로 삼 사대까지 이르게 하거니와

5) "계명을 지킴이 곧 하나님을 사랑하는 것"

하나님께서는 "우상을 숭배하지 말라"는 계명을 지키는 자를 "하나님을 사랑하는 자"로 간주하여 그의 자손 천대까지 은혜를 베푸시겠다고 약속하셨다(출 20 : 6). 그것은 하나님을 사랑하는 것이 그의 계명을 지키는 근본 동기가 되기 때문이다 (신 10 : 12-13). 이 약속대로 오늘날에도 의인의 후손들이 세계 도처에서 탁월한 축복을 받고 있으며, 그 대표적인 표본이 아브라함의 자손들이다.

신 10 : 12-13 이스라엘아 네 하나님 여호와께서 네게 요구하시는 것이 무엇이냐
곧 네 하나님 여호와를 경외하여 그 모든 도를 행하고 그를 사랑하며

마음을 다하고 성품을 다하여 네 하나님 여호와를 섬기고 내가
오늘날 네 행복을 위하여 네게 명하는 여호와의 명령과 규례를
지킬 것이 아니냐

출 20 : 6   나를 사랑하는 내 계명을 지키는 자에게는 천대까지 은혜를
베푸느니라

3. 영적 교훈

1) 우상을 숭배하지 말라는 계명의 내용은 첫째, 무형(無形)이신 하나님의 형상화 금지(形象化禁止), 둘째, 창조주 하나님의 자녀들의 피조물 숭배 금지(被造物崇拜禁止)이다. 이는 오직 한 분뿐인 참하나님을 사랑해야 하는 그 사랑이 다른 데로 흘러가는 것을 막기 위한 것이다(신 6 : 5).

신 6 : 5   너는 마음을 다하고 성품을 다하고 힘을 다하여 네 하나님 여호와를
사랑하라

2) 하나님께서는 영이시라 형상이 없으신데 어떤 피조물의 형상을 만들어 시각화(視覺化)해 놓고 그 거짓신을 참하나님이라 믿고 그에게 경배하는 일은 자기 기만이요, 하나님을 부정하고 모독하는 무서운 대역죄가 된다는 것이다. 우상은 사람이 만들었고(암 5 : 26; 호 13 : 2), 피조물을 모방한 것이며, 생명이 없는 형상이기 때문에 경배의 대상이 될 수 없다.

신명기 4장 15절에 "여호와께서 호렙산 화염 중에서 너희에게 말씀하시던 날에 너희가 아무 형상도 보지 못하였은즉 너희는 깊이 삼가라"고 하였다.

암 5 : 26   너희가 너희 왕 식굿과 너희 우상 기윤 곧 너희가 너희를 위하여
만들어서 신으로 삼은 별 형상을 지고 가리라

호 13 : 2   이제도 저희가 더욱 범죄하여 그 은으로 자기를 위하여 우상을
부어 만들되 자기의 공교함을 따라 우상을 만들었으며 그것은
다 장색이 만든 것이어늘 저희가 그것에 대하여 말하기를 제사를
드리는 자는 송아지의 입을 맞출 것이라 하도다

3) 영이신 하나님께서는 형상이 없으시다. 그러므로 그를 어떤 보이는 형상으로 하여 예배해서는 안 된다. 영이신 하나님을 형상 없이 바로 섬기는 것이다. 어떤 형상이 있으면 그것 때문에 영이신 하나님을 바로 섬기지 못한다. 주님께서는 "하나님은 영이시니 예배하는 자가 신령과 진정으로 예배할지니라"고(요 4 : 24) 하셨다.

4. 맺는 말

1) 하나님은 "질투하는 하나님이시라"

출애굽기 34장 14절에 "너는 다른 신에게 절하지 말라 여호와는 질투라 이름하는 질투의 하나님임이니라"고 하였다. 질투하는 하나님이라 함은 하나님께서 자기 백성을 지극히 사랑하시기 때문에 그들의 사랑이 하나님 외에 다른 신에게 빼앗기는 것을 결코 용납하지 않으시겠다는 뜻이다.

이사야서 62장 4절에 보면 하나님께서 자기 백성들을 "헵시바"(나의 기쁨은 오직 너에게만 있다는 뜻) 라고 부르면서 극진한 사랑을 표현하셨다. 여기서 "질투하는 하나님"이라고 함은 하나님께서 가장 사랑하는 자를 우상에게 빼앗기셨을 때에 일어나는 열정을 의미한다. 구약에는 하나님과 이스라엘의 관계를 부부 관계에 비유하고, 우상 숭배는 곧 아내의 부정 행위로 간주했다.

> 사 62 : 4　　　다시는 너를 버리운 자라 칭하지 아니하며 다시는 네 땅을 황무지라 칭하지 아니하고 오직 너를 헵시바라 하며 네 땅을 뿔라라 하리니 이는 여호와께서 너를 기뻐하실 것이며 네 땅이 결혼한 바가 될 것임이라

2) 신자에게 우상 숭배는 절대 금물(禁物)

우상 숭배는 어떤 이유로도 용납되어서는 안 된다. 지난 날 우리 조상들은 일제의 신사참배 강요를 거부하다가 순교한 이들도 많았다. 신사참배나, 불상이나, 성자상(聖者像), 위인상 등에 절하는 것은 우상 숭배이다. 그리고 엄격히 말해서 일종의 예배 형식인 조상 숭배의 제사 행위도 우상 숭배이다.

Ⅲ. 제3계명 : "여호와의 이름을 망령되이 일컫지 말라"

"너는 너의 하나님 여호와의 이름을 망령되이 일컫지 말라 나 여호와는 나의 이름을 망령되이 일컫는 자를 죄 없다 하지 아니하리라"(출 20 : 7)

1. 머리말

십계명의 제3계명인 "여호와의 이름을 망령되이 일컫지 말라"는 명령은 신(神)의 이름에 대한 "남용 금지 명령"(濫用禁止命令)으로서 하나님께 예배드리는 자가 무엇보다도 심령적 자세를 바르게 해야 된다는 것을 강조하고 있다.

예배는 의식이나 형식의 문제가 아니라 예배자(인간)가 예배의 대상(영)이신 하나님께 어떤 심령적 자세로 임하느냐에 따라서 참된 예배가 아니면 거짓된 예배가 되는 것이다.

2. 본문 연구

"너의 하나님 여호와의 이름을 망령되이 일컫지 말라…"(출 20 : 7)

1) 여호와의 이름은 하나님 자신을 가리킨다

본문에 "여호와 하나님의 이름을 망령되이 일컫지 말라"고 하신 뜻은, 거룩하시고 위대하신 하나님의 영광스럽고 엄위하신 속성과 사역이 나타나 있는 하나님의 이름을 존중하는 것이 곧 하나님 자신을 존중함이 되기 때문이다. 이름은 그 인격과 동일시됨으로 "여호와의 이름"은 곧 "하나님 자신"인 것이다(마 6 : 9).

> 마 6 : 9　　　그러므로 너희는 이렇게 기도하라 하늘에 계신 우리 아버지여
> 이름이 거룩히 여김을 받으시오며

2) 하나님의 이름을 "망령되이 일컫는다" 함은?

십계명의 셋째 계명은 하나님의 이름에 관한 것이다. 이름은 바로 인격과 동일시됨으로 여호와의 이름은 곧 하나님 자신이다(마 6 : 9). 이스라엘은 본 계명에 의하여 하나님의 이름을 함부로 부르지도 않고 쓰지도 아니한다. 본 계명에서 하

나님 여호와의 이름을 "망령되이 일컫지 말라"의 "망령되이"는 "허무하고 거짓된 것"을 뜻한다. 즉 하나님의 이름을 허무하고 거짓되게 "마술"이나 "저주" 등에 함부로 사용해서는 안 된다는 것이다.

3) 하나님의 이름을 경홀히 사용함은 죄가 된다

하나님께서 "나 여호와는 나의 이름을 망령되이 일컫는 자를 죄 없다 하지 아니하리라"(출 20 : 7; 신 5 : 11)고 하셨다. 이 말씀이 문맥상으로는 완화한 표현인 듯하나 그 뜻은 하나님의 이름을 경홀히 사용하는 자는 "하나님이 그를 엄중히 벌하실 것이다"라는 말이다(Kalisch).

출 20 : 7	너는 너의 하나님 여호와의 이름을 망령되이 일컫지 말라 나 여호와는 나의 이름을 망령되이 일컫는 자를 죄 없다 하지 아니하리라
신 5 : 11	너는 너의 하나님 여호와의 이름을 망령되이 일컫지 말라 나 여호와는 나의 이름을 망령되이 일컫는 자를 죄 없는 줄로 인정치 아니하리라

4. 영적 교훈

1) 제1계명은 "참신(神) 하나님 한 분만이 예배의 대상"이라 하였고, 제2계명은 "우상은 사람의 손이나 생각으로 만든 거짓 신으로서 예배의 대상에서 배제됨"을 말하였고, 제3계명은 "영이신 하나님께 예배하는 자의 영적 자세가 바로 되어야 함"을 말하고 있다. 우리가 하나님께 예배할 때에 최상의 겸손과 진실과 경외(敬畏)와 간절한 신심(信心)을 기울이고, 추호도 형식이나 거짓됨이 없이 신령한 심령 상태로써 경배하게 될 때 하나님께서 기뻐 받으시는 예배가 되는 것이다.

2) 예배 중의 "찬송"이나 "기도"는 물론, 대인 관계에서의 "약속"이나 그밖에 어떤 경우에도 하나님의 이름을 경홀히 헛되이 사용하는 것은 "하나님의 이름을 망령되이 부르는 것"이 된다. 예컨대 여호와의 이름을 부르며 사람을 의식하는 기도를 하고 하나님의 이름을 찬양하는 찬송을 부르면서 사람의 반응에 관심을 쏟

는 것, 그리고 하나님의 이름을 빌어 맹세하거나 저주하는 행위는 하나님의 이름을 망령되이 일컫는 죄가 되는 것이다. 성경학자 매튜 헨리(Matthew Henry)는 이러한 죄를 "신성 모독죄(神聖冒瀆罪)"라고 하였다.

3) 성도는 부지불식(不知不識)간에라도 여호와의 이름을 망령되이 일컫는 일이 없도록 항상 각별히 주의를 기울여야 한다. 왜냐하면 실없는 농담 중에 하나님의 이름을 경홀히 사용하거나 순간적으로 감정이 폭발하여 튀어나오는 저주나 욕설을 통하여 자기도 모르는 사이에 하나님의 이름을 망령되이 일컫는 죄를 범할 수 있기 때문이다. 특히 조상 대대로 예수님을 오래 믿어 온 서양 사람들이 쓰는 가장 심한 욕에는 하나님(God)과 예수님(Jesus)의 이름이 붙어 다닌다는 것을 주의해야 할 것이다. 물질 문명의 발달과 인본주의, 자유주의가 팽배하여 교인들이 모이기를 등한시하므로 예배가 경홀히 되고 하나님의 이름이 업신여김을 받다 보니 종내에 그 영광스럽고 위대하신 "하나님"이라는 성호가 욕으로 변하고 만 것이다.

4) 제3계명의 메시지는 "너희 예배하는 자세가 의식과 형식에 치우치고 습관적이어서는 안 된다. 기독교는 폼(form)이 아니며, 왔다 갔다 하는 습관도 아니다. 하나님 앞에는 언제나 중심을 드려야 한다"라고 가르치고 있다.

하나님을 만날 수 있는 길, 즉 하나님을 만나서 깊은 사랑의 사귐을 갖고 참행복을 체험할 수 있는 것은 중심으로 하나님의 이름을 부르며 내 심령이 직접 영이신 하나님과 만나고 교제하는 예배로써만이 가능하다.

4. 맺는 말

이스라엘인들은 성경에 "여호와 하나님"이란 말이 나타나면 이를 "주 하나님"이라고 읽는다. "여호와"라는 이름은 대제사장만이 1년에 한 번씩, 속죄일에 지성소에서 속죄의 제물을 바친 후에 부를 수 있다.

하나님의 이름이 망령되이 일컬어지는 곳에서는 하나님을 경외하는 신앙을 찾아볼 수 없다. 피조물인 인간이 창조주의 지극히 신성한 성호(聖號)를 없신 여겨 함부로 들먹이는 일은 불신앙일 뿐만 아니라 하나님을 모독하는 죄악이다.

하나님의 이름을 빌어 성급하게 맹세하고 지키지 못하는 것이나, 하나님의 이름을 우상들의 이름과 함께 무분별하게 부르는 것은 불경스러운 일이다. 그리고 개인의 신앙을 미화시키고 돋보이려는 생각으로 하나님의 이름을 경홀히 사용하는 것도 죄 없다 할 수 없다. 거룩한 하나님의 이름이 실없는 대중적인 화제나 오락 및 농담 등에 사용되어서는 안 된다.

하나님께서 사랑하는 자기 백성들을 향하여 "내 이름을 헛되이 부르지 말라"고 하심은 마치 어린아이가 엄마나 아빠를 부를 때 신뢰와 존경하는 순수한 심정으로 부르는 것처럼 성도가 기도와 찬송과 경배를 드릴 때에 하나님을 중심으로 존경하고 사랑하는 마음으로 부르라는 뜻이다.

하나님의 이름을 망령되이 부르는 것은 무서운 죄가 된다. 예배 중에 의미 없이 건성으로 "주여, 주여!" 하고, 바람직하지 못한 대화 속에서 지킬 마음 없는 약속이나 서원, 혹은 악한 일을 하면서 주님의 이름을 경홀히 사용하는 일이 없어야 한다.

고대 로마 시대에 기독교를 박해하던 황제가 어느 날 "나사렛 예수"를 들먹이며 처형 직전에 있는 그리스도인들을 조롱했다. "도대체 너희 주, 목수 나사렛 예수는 어디서 무엇을 하고 있느냐?" 이때 황제 앞에 묶여 있던 성도 중 하나가 성령이 충만하여 황제의 영혼을 주께 드리면서 황제에게 말하기를, "폐하여! 나사렛 예수는 지금 하늘나라 목공실에서 폐하를 위하여 관(棺)을 만들고 계십니다"라고 대답했다. 이 말이 끝나자마자 주님의 이름을 망령되이 부르던 황제는 그 자리에서 죽고 말았다. 어떤 경우에도 하나님의 이름을 망령되이 부르는 일이 없어야 한다.

Ⅳ. 제4계명 : "안식일을 거룩히 지켜라"

"안식일을 기억하여 거룩히 지키라 엿새 동안은 힘써 네 모든 일을 행할 것이나 제 칠일은 ⋯ 안식일인즉 ⋯ 아무 일도 하지 말라 이는 엿새 동안에 나 여호와가 ⋯ 모든 것을 만들고 제 칠일에 쉬었음이라 그러므로 ⋯ 안식일을 복되게 하여 그날을 거룩하게 하였느니라" (출 20 : 8-11)

1. 머리말

제4계명은 "성수 주일 명령"(聖守主日命令)으로서 "하나님의 날" 즉 "예배하는 날"에 관한 계명이다. 안식일은 유대인의 이레 중 휴식하며 예배드리는 하루로서 하나님을 기쁘시게 해드리는 날이다. 이날은 이스라엘의 많은 제일(祭日) 중(속 죄일, 월삭, 절기들)에 유일하게 십계명에 들어 있는 거룩하고 소중한 날이다. 안 식일의 기원(起源)은 하나님께서 엿새 동안에 천지 창조(天地創造) 사역을 끝내 시고 제 칠일에 안식하시며 피조물을 축복하사 거룩하게 하신 데(창 2 : 3)에 있 다. 안식일은 쉬면서 하나님의 복을 받고 거룩하게 지내는 날이다. 예수님께서도 규례대로 안식일의 회당 예배에 참석하셨다(눅 4 : 16).

눅 4 : 16   예수께서 그 자라나신 곳 나사렛에 이르사 안식일에 자기 규례대로
                회당에 들어가사 성경을 읽으려고 하시매

창 2 : 3   하나님이 일곱째 날을 복 주사 거룩하게 하셨으니 이는 하나님이
                그 창조하시며 만드시던 모든 일을 마치시고 이날에
                안식하셨음이더라

2. 본문 연구

1) 안식(安息)

성경에 "안식(安息)"이란 말은 "휴식, 또는 중지하다"의 뜻으로 "안식일"이라고 말할 때는 이날이 여호와께 속한 날이므로 세속적인 일을 중지하고 쉼으로써 이 를 여호와께 드린다는 뜻이다(창 2 : 2; 출 16 : 23,30). 모세는 안식일에 대하여 "하나님을 위한 날"(출 16 : 23), 또는 "하나님의 선물"(출 16 : 29)이라고 하였다. 이는 안식일이 "하나님께 속한 것"이므로(출 31 : 14) 그분을 기쁘시게 하기 위하 여 그분에게 예배하고 영광 돌리는 날이라는 뜻에서 "하나님을 위한 날"이라 하 고, 안식일은 또 하나님께서 인간에게 휴식과 원기(元氣) 회복 및 영성 회복을 위 한 은혜의 날로 주셨다는 점에서 "하나님의 선물"이라고 하는 것이다.

창 2 : 2   하나님이 지으시던 일이 일곱째 날이 이를 때에 마치니 그 지으시던
                일이 다하므로 일곱째 날에 안식하시니라

출 16 : 23   모세가 그들에게 이르되 여호와께서 이같이 말씀하셨느니라 내일은
                  휴식이니 여호와께 거룩한 안식일이라 너희가 구울 것은 굽고
                  삶을 것은 삶고 그 나머지는 다 너희를 위하여 아침까지 간수하라

출 16 : 30   그러므로 백성이 제 칠일에 안식하니라

출 16 : 29   볼지어다 여호와가 너희에게 안식일을 줌으로 제 육일에는 이틀
                  양식을 너희에게 주는 것이니 너희는 각기 처소에 있고 제 칠일에는
                  아무도 그 처소에서 나오지 말지니라

출 31 : 14   너희는 안식일을 지킬지니 이는 너희에게 성일이 됨이라 무릇
                  그날을 더럽히는 자는 죽일지며 무릇 그날에 일하는 자는 그 백성
                  중에서 그 생명이 끊쳐지리라

2) 안식일이 주일이 된 연유

초기 그리스도인들도 일곱째 날은 안식일로 지켰으나, 그리스도가 십자가에 달려 죽으셨다가 부활하신 후부터는 일주일 중 첫 번째 날(부활하신 날)을 그들 생활의 가장 축복된 날로 여기며, 모여서 예배를 드리기 시작했고(행 2 : 1 참조), 그리고 이날을 "주의 날"로 칭하였다. 그리고 그리스도인들과 유대인들간의 갈등이 확대되면서 그리스도인들은 점차 주의 날에만 모여 예배드리게 되었고, 따라서 안식일을 지키는 것은 점차 폐지되었다. 이리하여 안식일을 지키는 것은 주일을 지키는 것으로 자연히 대치되었다(롬 14 : 5 참조; 골 2 : 16 참조).

오늘날의 주일은 구약의 안식일과 일맥 상통한다. 그리스도께서 오심으로써 구약의 율법이 완성되고 신약 시대에 성취될 예시(모형)가 실제로 이루어짐에 따라 몇 가지 변경된 제도가 있다. 즉 그리스도께서 십자가에 달려 우리 죄를 위한 화목 제물이 되심(요일 2 : 2, 4 : 10; 롬 3 : 25)으로 구약에서 하나님과 사람간에 속죄와 화목을 위해 드리던 소나 양의 희생 제물은 폐지되었고 또 거룩한 백성의 표인 할례는 세례로, 구속(救贖)을 기념하는 유월절은 성만찬으로, 안식일은 주일로 바뀌었다.

주일은 예수님께서 부활하신 날, 성령이 강림하신 날, 초대 교회가 시작된 날이다. 구약에는 이스라엘 백성들이 안식일에 쉬면서 하나님의 창조 역사를 기억하였으나 신약에 와서는 예수님께서 죽어 무덤에 계셨던 안식일보다 무덤을 열고

살아나신 주일에 예수님의 십자가 대속의 죽음과 부활을 기억하며 주 하나님께 예배하고 영광을 돌리게 되었다. 그러므로 안식일의 주인이신 예수님께서는(막 2 : 28) 또한 주일의 주인이 되신다(계 1 : 10).

요일 2 : 2	저는 우리 죄를 위한 화목 제물이니 우리만 위할 뿐 아니요 온 세상의 죄를 위하심이라
요일 4 : 10	사랑은 여기 있으니 우리가 하나님을 사랑한 것이 아니요 오직 하나님이 우리를 사랑하사 우리 죄를 위하여 화목제로 그 아들을 보내셨음이니라
롬 3 : 25	이 예수를 하나님이 그의 피로 인하여 믿음으로 말미암는 화목 제물로 세우셨으니 이는 하나님께서 길이 참으시는 중에 전에 지은 죄를 간과하심으로 자기의 의로우심을 나타내려 하심이니
막 2 : 28	이러므로 인자는 안식일에도 주인이니라
계 1 : 10	주의 날에 내가 성령에 감동하여 내 뒤에서 나는 나팔 소리 같은 큰 음성을 들으니

3) 안식일에 일을 해서는 안 된다

성경 본문에 "엿새 동안은 힘써 네 모든 일을 행할 것이나, 제 칠일은 … 안식일인 즉 너나 … 네 문안에 유하는 객이라도 아무 일도 하지 말라"고 하셨다(출 20 : 9-10).

안식일은 하나님께 예배드리며 쉬는 날이지 일하는 날이 아니다. 그러나 안식일에 쉬기 위해 6일은 힘써 일을 해야 된다. 안식일은 휴식과 함께 예배하며 신령한 은혜와 복을 받고 하나님을 기쁘시게 하는 거룩한 날이다.

4) 안식일은 가정적, 사회적, 국가적으로 지켜야 한다

안식일에는 "너나 … 네 문안에 유하는 객이라도 아무 일도 하지 말라"고 하였다 (출 20 : 10). 여기에서 "네 문안에"의 "문(門)"은 성(城)이나 벽으로 둘러싸인 궁전의 문을 뜻한다. 그러므로 "문안에"는 개인의 집안이 아니고 성(城) 안을 가리킨다. 그러기에 안식일은 가정적, 사회적, 국가적으로 지켜야 된다는 것이다.

3. 영적 교훈

1) 안식일은 "여호와께 속한 날"이므로 이날을 쉬며, 예배하며, 거룩하게 지키는 것은 "여호와의 날을 여호와께 돌린다" 라는 의미가 있다.

2) 안식일을 범하면 되는 일이 없다. 이스라엘 백성이 출애굽한 후 광야에서 지낼 때에 하늘에서 만나가 6일 동안 내리고, 제 7일에는 내리지 않았다(출 16 : 22). 그럼에도 혹시나 하고 만나를 거두려는 욕심으로 들판에 나가는 자들이 있었으나 그들의 노력은 번번이 헛수고가 되고 말았다.

소련의 공산 혁명때에 "레닌"이 7일 일하고 하루 쉬게 하는 "8일 휴일제(八日休日制)"를 선포하여 1년 52주중에 휴일과 만나는 주일은 겨우 7~8회밖에 안 되게 하여 기독교가 자연 말살되게 하려고 하였으나 이 제도가 시행된 후 전 국가적인 생산 지수가 30%이상 떨어지자, 당황한 "레닌"은 다시 "6일 휴일제(六日休日制)"로 변경했으나 실패하고, 결국 성경대로 주일에 쉬도록 환원하고 말았다.

> **출 16 : 22** 제 육일에는 각 사람이 갑절의 식물 곧 하나에 두 오멜씩 거둔지라 회중의 모든 두목이 와서 모세에게 고하매

3) 안식일을 지키는 자에게 축복이 있다. 안식일은 우리에게 복을 주시려고 하나님께서 정하신 복된 날이다. 그러므로 안식일을 지키면 복을 받는다(사 58 : 13-14). 이 세상에서 가장 장수하고 돈 잘 버는 민족은 유대인이다. 유대 민족은 세계 어디서나 장수하고 돈 잘 버는 것으로 나타나 있다. 그들은 안식일에 일하지 않고 휴식할 뿐만 아니라 예배하며, 하나님과 깊은 사귐과 경건한 묵상을 하며 지낸다. 신자가 주일에 장사하고 노동하면 점점 생활이 곤핍(困乏)해질 뿐이다. 우리의 체질을 아시는 하나님께서는 "7일 휴일제"가 생리(生理)적, 영리(靈理)적으로 가장 알맞기 때문에 엿새 일하고 하루 쉬도록 하신 것이다. 하나님께서는 언제나 최선의 방법을 택하신다.

> **사 58 : 13-14** 만일 안식일에 네 발을 금하여 내 성일에 오락을 행치 아니하고 안식일을 일컬어 즐거운 날이라, 여호와의 성일을 존귀한 날이라

하여 이를 존귀히 여기고 네 길로 행치 아니하며 네 오락을 구치
아니하며 사사로운 말을 하지 아니하면 네가 여호와의 안에서
즐거움을 얻을 것이라 내가 너를 땅의 높은 곳에 올리고 네 조상
야곱의 업으로 기르리라 여호와의 입의 말이니라

4. 맺는 말

안식일은 하나님께서 우리에게 주신 축복의 선물이다. 우리는 이 소중한 안식
의 축복을 지키기 위하여 주일은 꼭 지켜야 한다. 주일을 지켜야 소모된 자동차
배터리를 충전하고 풀려진 시계 태엽을 감아 주는 것처럼 우리가 영육간에 필요한
영력과 활력을 충전하고 신앙 자세를 바로 추슬러서 승리의 삶을 살아가게 된다.

올리버 홈즈는 "내 마음속에 경건이라는 자그마한 나무 한 그루가 있다. 이 나무는
일주일에 한번씩 물을 주어야 시들지 아니한다"라고 했다. 영적으로 푸르고 건강한
신앙을 위해 매 주일(主日)에는 예배에 참석하여 하나님과의 은혜와 사랑의 사귐
을 가져야 한다. 충성스러웠던 성도들이 타락하는 것은 주일을 제대로 지키지 못
하는 데서 부터 시작된다고 하였다. 지상에서 안식일을 거룩히 지키는 일은 장차
영원한 천국의 안식에 들어갈 예비 훈련이다(골 2 : 17; 히 10 : 1). 보통 사람 사
는 이치로 생각하더라도 장가가는 날은 장가가고, 시집가는 날은 시집을 가야지
다른 일을 하면 불행하게 된다. 주일은 하나님께 예배하고 복받는 날로 정해진 날
이다. 그러기에 주일에 하나님께 예배하는 일 말고 딴 일을 하면 안 된다.

골 2 : 17 　　이것들은 장래 일의 그림자이나 몸은 그리스도의 것이니라
히 10 : 1 　　율법은 장차 오는 좋은 일의 그림자요 참형상이 아니므로 해마다
　　　　　　늘 드리는 바 같은 제사로는 나아오는 자들을 언제든지 온전케
　　　　　　할 수 없느니라

V. 제5계명 : "네 부모를 공경하라"

"네 부모를 공경하라 그리하면 너의 하나님 나 여호와가 네게 준 땅에서 네 생명이
길리라"(출 20 : 12)

1. 머리말

제5계명은 사람에 대한 계명 중 첫째로서 이는 사람 중에 으뜸인 부모에 대한 자식의 도리를 규정한 계명, 즉 "부모 공경 명령"(父母恭敬命令)이다.

하늘에는 하나님이 계시고 땅에는 부모님이 계신다. 우리가 세상에 태어나서 제일 먼저 맺는 관계가 부모님과의 관계이다. 그러나 육적 출생을 통해서는 부모님과의 관계를 맺고 영적 출생(중생)을 통해서는 하나님과의 관계를 맺게 된다.

인간의 삶에 있어서 가장 중요한 관계는 첫째, 하나님과의 관계이며, 둘째, 부모님과의 관계이다. 모든 인생은 태어나면서부터 이 두 관계 속에서 살아가게 된다. 그래서 십계명도 앞부분(1-4계명)에서는 하나님과의 관계에 대하여, 뒷부분(5-10계명)에서는 부모님을 위시하여 인간 관계에 대하여 명령하고 있다. 인간 관계에서 지켜야 할 계명 중에 첫째는 사람 중에 으뜸되는 부모님에 대한 계명이다.

2. 본문 연구

1) 부모님은 어떤 분인가?

부모님은 하나님의 그림자와 같은 분으로서, 부모님이 곧 하나님과 같은 분은 아니지만 우리에게는 하나님 다음으로 소중한 분이시다.

마르틴 루터는 "우리가 부모님을 하나님 다음으로 높여야 한다"라고 하였다. 성경에 하나님과 부모를 동일시하지는 않았어도, 부모님을 거역하는 죄악을 하나님 거역하는 죄악과 같이 취급한 기록들이 있다. "… 누구든지 자기 하나님을 저주하면 죄를 당할 것이요 …"(레 24 : 15), "무릇 그 아비나 어미를 저주하는 자는 반드시 죽일지니…"(레 20 : 9), "하나님이 이르셨으되 네 부모를 공경하라 하시고 또 아비나 어미를 훼방하는 자는 반드시 죽으리라 하셨거늘"(마 15 : 4), "여호와의 이름을 훼방하면 그를 반드시 죽일지니 … 외국인이든지 본토인이든지 … 그를 죽일지니라"(레 24 : 16)

2) 부모님을 공경하는 자가 복을 받는다

본문에 부모님을 공경하는 자는 "여호와가 네게 준 땅에서 네 생명이 길리라"고 하였다. 그런데 이 말씀이 신명기 5장 16절에는 "… 네가 생명이 길고 복을 누리리라"고 보충되어 있다. 그리고 이 축복의 약속 때문에 신약에서는 제5계명을 "약속 있는 첫 계명"이라고 하였다(엡 6 : 2).

하나님께서는 부모님의 명령을 소중히 여기고 순복한 레갑 족속에게 "… 레갑의 아들 요나답에게서 내 앞에 설 사람이 영영히 끊어지지 아니하리라"고 하셨다(렘 35 : 19).

엡 6 : 2　　　　네 아버지와 어머니를 공경하라 이것이 약속 있는 첫계명이니

3. 영적 교훈
1) 부모님께 대한 효심(孝心)은 하나님께 대한 공경심에서 비롯된다

하늘에 계신 하나님 아버지는 모든 인류의 아버지이시다. 땅의 부모에게 효도하라는 것은 위대한 하늘 아버지이신 하나님의 뜻이요, 명령이다. 그렇기 때문에 하나님께 대한 공경심이 투철한 사람은 자연 하나님의 뜻을 받들어 부모님께 효도하게 된다.

땅에 있는 육신의 부모를 공경하는 사람은 역시 하늘에 계신 보이지 않는 영적 아버지를 공경할 수 있다. 눈에 보이는 육신의 부모를 공경하며 보이지 않는 영적 아버지께 예배하는 자를 하나님께서는 기뻐하신다.

2) 부모님 공경은 인류 도덕의 기본이다

사람이 태어나면서 가장 먼저 맺는 인간 관계가 부모와 자녀간의 관계이다. 이 기본적인 인간 관계가 바로 되지 못하면 모든 인간 관계가 바로 될 수 없다. 그것은 부모와 자녀의 관계가 인간 윤리 도덕 체계의 중심이며, 사회적 관계의 기반이 되기 때문이다. 부모와 자식간의 인륜(人倫) 체계가 바로 서야 하나님과의 천륜(天倫) 체계도 바로 선다.

3) 부모님을 공경하는 것은 부모님을 존중하는 것이다

성경 본문의 "공경"이란 말에는 "무겁다, 중요하다"라는 뜻이 담겨져 있다. 자녀가 부모를 공경하는 것은 부모님을 귀중히 여기고 그분의 인격과 뜻을 존중하

는 것이다.

고대 이스라엘에 "다마"라는 보석 장사가 살고 있었다. 어느 날 랍비들이 와서 사원의 침전(寢殿) 장식에 쓴다며 6천 개의 금화를 줄 테니 이에 해당한 보석을 팔라고 하였다. "다마"가 상자를 열고 보석을 팔려고 하니 상자의 열쇠를 부친이 베개 밑에 넣고 잠들어 있었다. "다마"는 "잠드신 아버지를 깨게 할 수 없어 보석을 팔지 않겠다"라고 말하였다. 결국 그는 엄청난 이익금을 스스로 포기한 것이다. 맹자는 "효자의 지고(至高)는 어버이를 존경하는 것이며 이 이상 큰 것은 없다"라고 하였다.

4) 부모님 공경은 부모님께 친절히 대하는 것이다

잠언 23장 22절에 "너 낳은 아비에게 청종하고 네 늙은 어미를 경히 여기지 말지니라"고 하였다. 부모를 존경하는 자식은 언제나 불순종, 말대꾸, 핑계하는 법이 없고 부모님의 질문에 결코 불충분한 대답을 하지 않는다고 하였다.

탈무드에 "부모에게 닭 잡아 대접하고도 지옥 가는 자식"이 있다고 한다. 그 까닭은 아들이 부모님께 닭을 잡아 과 드렸더니 부모님이 "어디서 이런 맛있는 닭을 구했니?" 하고 물으니까 "그건 알아 무엇하시려고요? 걱정 마시고 그냥 잡수시기나 하세요!" 라고 충분한 대답을 해주지 않기 때문이라는 것이다.

4. 맺는 말

독일 속담에 "한 아버지는 열 아들을 기를 수 있으나 열 아들은 한 아버지를 봉양하기가 어렵다"라는 말이 있다. 언제나 부모가 자식을 사랑하는 것만큼 자식은 부모를 사랑하지 못한다.

자기는 부모에게 불효하면서도 제 자식은 효자가 되어 주기를 바라는 것이 인지상정(人之常情)이다. 그러기에 소크라테스는 "네 자식들이 해주길 바라는 것과 똑같이 네 부모에게 행동하라"고 하였다.

인간이란 제 자식을 사랑하기는 쉬워도 저 낳은 부모를 사랑하기는 어렵다. 그래서 하나님께서는 "부모는 자식을 사랑하라"고 하시지 않고 "자식은 부모를 공경하라"고 하신 것이다.

어느 깊은 겨울, 추위를 피해 새끼를 품고 따뜻한 곳을 찾아 날아가던 까마귀가 그의 새끼에게 물었다. "얘야, 지금은 내가 기운이 좋아서 너를 업고 날아가지만 내가 늙으면 네가 나를 업어 주겠니?" 이때 새끼는 곰곰이 생각하더니 "안 돼요. 그 때쯤이면 나도 새끼를 업어 주어야 할테니까요" 라고 하였다. 슬퍼진 어미는 그러나 더욱 힘껏 새끼를 품고 날아갔다고 한다.

Ⅵ. 제6계명 : "살인하지 말라"

"살인하지 말지니라" (출 20 : 13)

1. 머리말

제6계명은 사람의 생명에 관한 계명으로서 생명의 신성을 보장하기 위한 "살인 금지 명령"(殺人禁止命令)이다.

인류 사회는 가인이 자기 동생을 살인함으로써 시작된 이래 살인과 전쟁과 자살로 인하여 고귀한 생명을 죽이는 비극이 근절되지 않고 있다.

제6계명은 천하보다 귀한 사람의 생명에 관한 계명으로서 이는 생명의 신성을 보호하고, 생명 경외 사상을 확고히 하기 위한 하나님의 엄숙한 명령이다. 생명 경시 풍조가 점증하고 있는 이 시대에 이 계명의 중요성은 아무리 강조하여도 지나침이 없다. 생명의 신성과 안전을 보장하는 것은 인간의 생활 안정과 복지(福祉)의 기초가 된다.

인간이 하나님께서 당신의 형상대로 친히 지으신 사람을 살해하는 것은 그를 지으신 하나님께 도전하는 것이며, 하나님의 형상을 파괴하는 대역죄(大逆罪)이다. 성경에 "사람은 하나님의 형상대로 지음을 받았으니 누구든지 사람을 죽인 자는 죽임을 당할 것이다"(창 9 : 6 표준 새번역) 라고 하였다.

2. 본문연구

1) 본문의 "살인"이란 고의적 살인은 물론, 부주의(신 22 : 8), 방종(레 19 : 14), 증오, 분노 및 원한(레 19 : 17-18)까지도 포함하는 살인 및 상해 행위를 의미한다. 살인은 마귀가 하는 일이다. 살인의 배후에는 마귀의 조종이 숨어 있다.

인류 역사에 최초의 살인은 가인이 그의 동생 아벨을 쳐 죽인 것이다(창 4 : 8). 그런데 성경은 이 사건에 대하여 "가인이 악한 자 곧 사단에게 조종을 당하여 살인을 한 것이라"고 말하고 있다(요일 3 : 12). 예수님께서도 마귀는 "처음부터 살인자" 즉 "최초의 살인범"이라고 하셨다(요 8 : 44).

신 22 : 8	네가 새 집을 건축할 때에 지붕에 난간을 만들어 사람으로 떨어지지 않게 하라 그 피 흐른 죄가 네 집에 돌아갈까 하노라
레 19 : 14	너는 귀먹은 자를 저주하지 말며 소경 앞에 장애물을 놓지 말고 네 하나님을 경외하라 나는 여호와니라
레 19 : 17-18	너는 네 형제를 마음으로 미워하지 말며 이웃을 인하여 죄를 당치 않도록 그를 반드시 책선하라 원수를 갚지 말며 동포를 원망하지 말며 이웃 사랑하기를 네 몸과 같이하라 나는 여호와니라
창 4 : 8	가인이 그 아우 아벨에게 고하니라 그 후 그들이 들에 있을 때에 가인이 그 아우 아벨을 쳐 죽이니라
요일 3 : 12	가인같이 하지 말라 저는 악한 자에게 속하여 그 아우를 죽였으니 어찐 연고로 죽였느뇨 자기의 행위는 악하고 그 아우의 행위는 의로움이니라
요 8 : 44	너희는 너희 아비 마귀에게서 났으니 너희 아비의 욕심을 너희도 행하고자 하느니라 저는 처음부터 살인한 자요 진리가 그 속에 없으므로 진리에 서지 못하고 거짓을 말할 때마다 제 것으로 말하나니 이는 저가 거짓말쟁이요 거짓의 아비가 되었음이니라

2) 본문에 "살인하지 말라"는 명령은 사람을 죽이는 모든 행위가 다 살인죄에 해당한다는 뜻은 아니다. 이 계명에서는 불법적인 또는 악의 살인을 금하는 것이다. 구약에서는 하나님의 율법을 어긴 자를 죽이라고 명하였고(레 24 : 14; 민 14 : 10; 신 22 : 21), 원수 갚는 일도 허용되었으며(민 35 : 18), 전쟁도 인정되었다.

레 24 : 14	저주한 사람을 진 밖에 끌어내어 그 말을 들은 모든 자로 그 머리에 안수하게 하고 온 회중이 돌로 그를 칠지니라
민 14 : 10	온 회중이 그들을 돌로 치려하는 동시에 여호와의 영광이 회막에서

<table>
<tr><td></td><td>이스라엘 모든 자손에게 나타나시니라</td></tr>
<tr><td>신 22 : 21</td><td>처녀를 그 아비 집 문에서 끌어내고 그 성읍 사람들이 그를 돌로
쳐 죽일지니 이는 그가 그 아비 집에서 창기의 행동을 하여 이스라엘
중에서 악을 행하였음이라 너는 이와 같이 하여 너의 중에 악을
제할지니라</td></tr>
<tr><td>민 35 : 18</td><td>만일 사람을 죽일 만한 나무 연장을 손에 들고 사람을 쳐 죽이면
이는 고살한 자니 그 고살자를 반드시 죽일 것이니라</td></tr>
</table>

3) "살인하지 말라"는 계명은 다른 사람의 생명은 물론, "자기 살인" 즉 "자살"도 금지하는 명령이다. 모든 생명은 창조주 하나님께서 주인이심으로 자신의 생명이라도 스스로 살해하는 것은 하나님의 주권에 도전하는 것이 된다. 자살은 생명을 주신 하나님께 대한 반역이요, 모욕이다. 자살은 "자기 살인"이다. 살인자는 지옥에 간다고 하였다(계 21 : 8).

<table>
<tr><td>계 21 : 8</td><td>그러나 두려워하는 자들과 믿지 아니하는 자들과 흉악한 자들과
살인자들과 행음자들과 술객들과 우상 숭배자들과 모든 거짓말하는
자들은 불과 유황으로 타는 못에 참예하리니 이것이 둘째 사망이라</td></tr>
</table>

3. 영적 교훈
1) 성경이 말하는 살인

성경이 말하는 살인은 직접적인 살인으로 "타살"(타인의 생명 살해)과 "자살"(자기 생명 살해), 무고의(無故意) 살인인 "과실 치사", 그리고 간접 살인인 "형제를 미워하고 화내고 욕하는 증오" 등을 포함한 개념이다. 구약에서는 살인이라도 고의성이 없는 단순한 실수로 인한 것일 때에는 도피성으로 피하여 사형을 면케 하였다(출 21 : 14; 레 24 : 17; 민 35 : 11, 15). 신약에서는 결과는 살인이 아니더라도 동기가 살인적이면 그것은 곧 살인으로 규정하고 있다. 예컨대 형제에 대하여 "노하고 욕하는 것"(마 5 : 21-22)을 살인과 같은 것으로 보고 "형제를 미워하는 자마다 살인하는 자"라고(요일 3 : 15) 하였다. 이는 "노의 감정이나 증오는 살인의 원인이 아니라 살인의 시작"이기 때문이다. 모든 증오의 밑바탕에는 살인의 의지가 숨어 있다. 그러므로 우리는 "시기, 질투, 복수심 및 노를 격발하는 폭언" 등을 절대 경계해야 한다.

출 21 : 14	사람이 그 이웃을 짐짓 모살하였으면 너는 그를 내 단에서라도 잡아내려 죽일지니라
레 24 : 17	사람을 쳐 죽인 자는 반드시 죽일 것이요
민 35 : 11	너희를 위하여 성읍을 도피성으로 정하여 그릇 살인한 자로 그리로 피하게 하라
민 35 : 15	이 여섯 성읍은 이스라엘 자손과 타국인과 이스라엘 중에 우거하는 자의 도피성이 되리니 무릇 그릇 살인한 자가 그리고 도피할 수 있으리라
마 5 : 21-22	옛 사람에게 말한 바 살인치 말라 누구든지 살인하면 심판을 받게 되리라 하였다는 것을 너희가 들었으나 나는 너희에게 이르노니
요일 3 : 15	그 형제를 미워하는 자마다 살인하는 자니 살인하는 자마다 영생이 그 속에 거하지 아니하는 것을 너희가 아는 바라

2) 기독교 윤리에서 정죄하지 않는 살인

성경에 살인으로 정죄하지 않는 경우는 첫째, 정당한 전쟁에 의한 살생이다. 즉 침략자로부터 주권과 자유와 정의를 수호하기 위한 공의로운 목적으로 수행하는 전쟁에서의 살생은 살인이 아니다. 신명기 20장에 보면 "평화 수호와 하나님을 부인하는 반신(反神) 세력들"을 멸하기 위한 전쟁의 정당성을 인정한다(히 11 : 33 참조). 둘째, 정당 방위는 살인으로 정죄하지 않는다. 성경에 "도적이 뚫고 들어옴을 보고 그를 쳐죽이면 피흘린 죄가 없으나" 라고 하였다(출 22 : 2). 그리고 "살인의 의도가 없이 부지중에 실수로 사람을 죽인 자를 보호하는 도피성 제도"가 있었다(수 20 : 1-3). 셋째, 국법에 따라 흉악범에게 시행되는 사형 집행은 살인으로 정죄되지 않는다. 성경에도 "살인자는 사(死)한다" 라고 하였다(창 9 : 6).

출 22 : 2	도적이 뚫고 들어옴을 보고 그를 쳐 죽이면 피 흘린 죄가 없으나
수 20 : 1-3	여호와께서 여호수아에게 일러 가라사대 이스라엘 자손에게 고하여 이르라 내가 모세로 너희에게 말한 도피성을 택정하여 부지중

오살한 자를 그리로 도망하게 하라 이는 너희 중 피의 보수자를
피할 곳이니라

창 9 : 6　무릇 사람의 피를 흘리면 사람이 그 피를 흘릴 것이니 이는 하나님이
자기 형상대로 사람을 지었음이니라

3) "살인하지 말라"는 명령에는 적어도 다음 세 가지 뜻이 담겨져 있다

첫째, 타인의 명예(이름)와 인격을 모독하고 손상치 말라는 뜻이다. 둘째, 타인의 육신을 살해하지 말라는 뜻이다. 셋째, 타인의 영혼을 살해하지 말라는 뜻이다. 즉 다른 사람을 타락케 하거나 순진한 신자를 유혹하여 실족케 하는 것이나(마 18 : 6), 나의 책임인 전도의 대상에게 복음을 전해 주지 않아 그를 멸망케 하는 것은 살인에 해당된다는 것이다(겔 3 : 18).

마 18 : 6　누구든지 나를 믿는 이 소자 중 하나를 실족케 하면 차라리 연자
맷돌을 그 목에 달리우고 깊은 바다에 빠뜨리우는 것이 나으니라

겔 3 : 18　가령 내가 악인에게 말하기를 너는 꼭 죽으리라 할 때에 네가
깨우치지 아니하거나 말로 악인에게 일러서 그 악한 길을 떠나
생명을 구원케 하지 아니하면 그 악인은 그 죄악 중에서 죽으려니와
내가 그 피 값을 네 손에서 찾을 것이고

4. 맺는 말

오늘날 인간들의 생명을 경시하는 풍조가 날로 더해 가고 있다. 그러나 하나님께서는 생명을 귀중히 여기신다. 하나님께서는 사람을 지으신 분이라 사람의 귀중한 가치를 알고 계신다. "살인하지 말라"는 명령은 천하보다 귀한 생명의 가치를 존중하라는 뜻이다. 주님께서는 "사람이 만일 온 천하를 얻고도 제 목숨을 잃으면 무엇이 유익하리요 사람이 무엇을 주고 제 목숨과 바꾸겠느냐"(마 16 : 26) 라고 하셨다.

그리스도인은 직접이든 간접이든 간에, 살인은 금물(禁物)이다. 살인 금지는 하나님의 절대적인 명령이다. 이 명령에 대한 거역은 인간 공동체의 파괴인 동시에 자기 자신의 파괴이다.

우리가 살인하지 않으려면 첫째, 분한 감정을 억제하고 속히 풀어야 한다(엡 4 : 26). 하루는 마귀가 농부에게 와서 다음 세 가지 중 한 가지, 즉 "아내를 죽이든지, 아내를 때리든지, 술을 많이 마시든지" 선택하라고 했다. 농부는 술 마시는 것이 가장 무난할 것 같아서 술을 많이 마셨다. 그러자 술에 취하여 아내를 구타하고 아내가 소리를 지르자 화가 나서 더욱 때리니 아내는 매에 못 이겨 죽고 말았다. 사단은 이렇게 집요하게 살인을 조종하고 있다.

둘째, 타인에 대한 시기와 질투 미움을 버리고 화목해야 한다. 잠언 14장 30절에 "마음의 화평은 육신의 생명이나 시기는 뼈의 썩음"이라고 하였다.

셋째, 형제는 물론 원수까지 사랑해야 한다. 살인은 미움에서 출발한다. 그러므로 살인을 막는 길은 사랑하는 것뿐이다. 우리는 사랑으로써만이 시기와 미움을 이기고 살인을 피할 수 있다(레 19 : 17-18 참조). 참된 사랑은 말이 아니라 행동이며, 사랑할 수 없는 사람(원수)을 사랑하는 것이다. 십계명은 오직 사랑으로써만이 지킬 수 있다. 그 이유는 이 계명이 곧 "하나님의 사랑의 명령"이기 때문이다. 사랑은 율법의 완성이다.

엡 4 : 26　　　　분을 내어도 죄를 짓지 말며 해가 지도록 분을 품지 말고

VII. 제7계명 : "간음하지 말라"

"간음하지 말지니라" (출 20 : 14)

1. 머리말

제7계명은 '간음 금지 명령'(姦淫禁止命令)으로서 이는 가정의 신성과 평화와 행복을 지키기 위해 필요한 정조(貞操)에 관한 계명이다. 어떤 사람은 오늘날 성(性)의 위험을 경고하는 것은 시대에 뒤떨어진 일이며 과거에는 간음이 죄였지만 현대는 간음이 죄가 아니라고 말한다. 그러나 분명히 알아야 할 것은 "사람은 영원히 사람이고, 하나님은 영원히 동일하신 분"이시다. 하나님의 율법은 구약 시대만 아니라 지금도 유효한 영원한 법이다.

2. 본문연구
1) 간음

일반적인 개념으로는 "간음"이란 기혼이나 미혼자가 자기의 남편이나 아내 이외의 이성과 성적 교섭을 갖는 불법적인 성관계, 즉 "간통"을 의미한다. 하지만 본문의 "간음하지 말라"는 말씀 속에는 간음과 음행, 즉 강간, 남색, 동성 연애, 근친 상간, 매음 행위, 혼전 성관계, 수음 등 모든 종류의 성범죄를 포함하고 있다. 신약에서는 간음하고자 하는 생각은 간음 행위와 같다고 하였고(마 5 : 27-28), 버림받은 여자와 결혼하는 것조차 간음이라고 하였다(마 5 : 32).

마 5 : 27-28	또 간음치 말라 하였다는 것을 너희가 들었으나 나는 너희에게 이르노니 여자를 보고 음욕을 품는 자마다 마음에 이미 간음하였느니라
마 5 : 32	나는 너희에게 이르노니 누구든지 음행한 연고 없이 아내를 버리면 이는 저로 간음하게 함이요 또 누구든지 버린 여자에게 장가드는 자도 간음함이니라

2) 성경은 영적인 간음도 정죄한다

성경에는 간음이라는 용어를 우상 숭배와 하나님께 대한 불신(不信)을 가르키는 데도 사용했다(사 57 : 3; 렘 3 : 8-9). 하나님만 사랑해야 할 택한 백성들이 하나님 이외의 우상이나 다른 어떤 것에 마음이 미혹되어 신앙의 순결을 저버릴 때 이를 영적 간음으로 정죄하였다. 이스라엘 백성이 하나님을 떠나 우상 숭배에 빠졌을 때 하나님께서는 "내게 배역한 이스라엘이 간음을 행하였으므로 내가 그를 내어쫓고 이혼서까지 주었다" 라고 하였다(렘 3 : 8). 이밖에도 하나님과 선민 사이를 부부 관계로 표현하고 신앙의 정조를 버린 이스라엘을 영적 간음한 아내로 하여 경책한 말씀이 성경에 여러 번 나타나 있다(사 54 : 5, 62 : 4-5; 렘 3 : 2; 호 9 : 1). 신약에도 그리스도와 교회와의 관계를 부부로 비유하고 있으며(고후11 : 1-2; 엡5 : 24-28; 계 19 : 7, 21 : 9), 야고보는 세상과 벗된 신자들을 향하여 "간음하는 여자들이여 세상과 벗된 것이 하나님의 원수임을 알지 못하느뇨…"(약 4 : 4)라고 경고하였다.

사 57 : 3	무녀의 자식 간음자와 음녀의 씨 너희는 가까이 오라
렘 3 : 8-9	내게 배역한 이스라엘이 간음을 행하였으므로 내가 그를 내어쫓고 이혼서까지 주었으되 그 패역한 자매 유다가 두려워 아니하고 자기도 가서 행음함을 내가 보았노라 그가 돌과 나무로 더불어 행음함을 가볍게 여기고 행음하여 이 땅을 더럽혔거늘
사 54 : 5	이는 너를 지으신 자는 네 남편이시라 그 이름은 만군의 여호와시며 네 구속자는 이스라엘의 거룩한 자시라 온 세상의 하나님이라 칭함을 받으실 것이며
사 62 : 4-5	다시는 너를 버리운 자라 칭하지 아니하며 다시는 네 땅을 황무지라 칭하지 아니하고 오직 너를 헵시바라 하며 네 땅을 뿔라라 하리니 이는 여호와께서 너를 기뻐하실 것이며 네 땅이 결혼한바가 될 것임이라
렘 3 : 2	네 눈을 들어 자산을 보라 너의 행음치 아니한 곳이 어디 있느냐 네가 길 가에 앉아 사람을 기다린 것이 광야에 있는 아비라 사람 같아서 음란과 행악으로 이 땅을 더럽혔도다
호 9 : 1	이스라엘아 너는 이방 사람처럼 기뻐 뛰놀지 말라 네가 행음하여 네 하나님을 떠나고 각 타작 마당에서 음행의 값을 좋아하였느니라
고후 11 : 1-2	원컨대 너희는 나의 좀 어리석은 것을 용납하라 청컨대 나를 용납하라 내가 하나님의 열심히 너희를 위하여 열심 내노니 내가 너희를 정결한 처녀로 한 남편인 그리스도께 드리려고 중매함이로다
엡 5 : 24-28	그러나 교회가 그리스도에게 하듯 아내들도 범사에 그 남편에게 복종할지니라 남편들아 아내 사랑하기를 그리스도께서 교회를 사랑하시고 위하여 자신을 주심같이 하라 이는 곧 물로 씻어 말씀으로 깨끗하게 하시고 자기 앞에 영광스러운 교회로 세우사 티나 주름잡힌 것이나 이런 것들이 없이 거룩하고 흠이 없게 하려 하심이니라
계 19 : 7	우리가 즐거워하고 크게 기뻐하여 그에게 영광을
계 21 : 9	일곱 대접을 가지고 마지막 일곱 재앙을 담은 일곱 천사 중 하나가 나아와서 내게 말하여 가로되 이리 오라 내가 신부 곧 어린양의 아내를 네게 보이리라 하고

3) 간음을 금지하는 이유

성경이 간음이나 음행을 금지하는 것은 첫째, 자신의 인격을 파괴하기 때문이다(잠 6 : 32). 고린도전서 6장 18절에 보면 "음행을 피하라 사람이 범하는 죄마다 몸 밖에 있거니와 음행하는 자는 자기 몸에 죄를 범하느니라"고 하였다. 간음은 단순히 육체만 아니라 영혼까지도 파괴시켜 하나님을 섬기던 "인격이 정욕의 노예"로 전락하게 되는 무서운 죄이다. 우리의 몸은 성령이 거하시는 전이다(고전 6 : 19). 간음이나 음행은 성령의 전을 더럽히는 죄가 된다.

잠 6 : 32   부녀와 간음하는 자는 무지한 자라 이것을 행하는 자는 자기의
영혼을 망하게 하며

고전 6 : 19   너희 몸은 너희가 하나님께로부터 받은 바 너희 가운데 계신 성령의
전인 줄을 알지 못하느냐 너희는 너희의 것이 아니라

둘째, 간음은 가정을 파괴하기 때문이다. 한 남자와 한 여자가 연합하여 이룩하는 사랑의 공동체가 바로 성스러운 가정이다. 간음은 이 성스러운 연합체를 파괴하는 범죄 행위이다. 그러기에 성경은 "모든 사람은 혼인을 귀히 여기고 침소를 더럽히지 않게 하라…"(히 13 : 4)고 명령한다. 가정은 순결한 사랑의 공동체요 하나님 앞에서 약속한 신성한 언약의 공동체이다. 하나님께서는 인간에게 은총의 기관으로 가정과 교회를 주셨다. 가정은 하나님의 은총의 통로이다. 가정은 사회의 중요한 기초 단체이므로 가정은 절대 파괴되어서는 안 된다. 가정이 파괴되면 사회가 파괴된다. 과거 소돔과 고모라의 파멸이 음행의 죄때문이었고, 폼페이의 최후인 로마의 멸망도 간음과 음란의 죄가 초래한 것이었다. 간음은 개인적인 범죄인 동시에 사회적인 범죄이다.

셋째, 간음은 하나님 나라의 유업을 받지 못하게 하기 때문이다. 성경에 "불의한 자가 하나님의 나라를 유업으로 받지 못할 줄을 알지 못하느냐…우상 숭배하는 자나 간음하는 자나…하나님의 나라를 유업으로 받지 못하리라"(고전 6 : 9-10)고 하였다. 주님의 나라는 깨끗하고 거룩한 나라이다. 순결한 영혼들이 들어가는 나라이다(레 11 : 45). 간음으로 인하여 몸과 심령이 더러워진 영혼들은 이 나라에 참여

할 수 없다(계 21 : 8).

레 11 : 45	나는 너희의 하나님이 되려고 너희를 애굽 땅에서 인도하여 낸 여호와라 내가 거룩하니 너희도 거룩할지어다
계 21 : 8	그러나 두려워하는 자들과 믿지 아니하는 자들과 흉악한 자들과 살인자들과 행음자들과 술객들과 우상 숭배자들과 모든 거짓말 하는 자들은 불과 유황으로 타는 못에 참예하리니 이것이 둘째 사망이라

3. 영적 교훈

1) "간음하지 말라" 함은 부부 간에 신뢰와 사랑을 저버리지 말라는 뜻이다

부부는 사랑으로 결합된 가장 친밀한 관계이다. 그 무엇도 그 둘을 갈라놓을 수 없다. 부부는 서로가 신뢰하고 사랑하는 관계이다. 부부 간에 신뢰가 깨어질 때 불행하다. 어떤 이는 자기의 배우자보다 남을 더 믿고, 자기의 취미를 반려자보다 더 사랑하는 경우도 있다.

그러나 가장 신뢰하고 사랑해야 할 대상은 자신의 반려자이다. 성경이 그것을 말하고 있다(마 19 : 5; 엡 5 : 22-25). 부부는 영원히 사랑해야 할 대상이다. 부부 간에는 언제나 사랑만이 있어야 한다. 사랑은 사랑으로써만 만족한다. 사랑의 대답은 오직 사랑뿐이다. 사랑이 있는 곳에 감격이 있다. 사랑이 있는 곳에 기쁨이 있고 행복이 있다. 간음은 반려자의 신뢰와 사랑에 대한 무서운 배반이다.

마 19 : 5	말씀하시기를 이러므로 사람이 그 부모를 떠나서 아내에게 합하여 그 둘이 한 몸이 될지니라 하신 것을 읽지 못하였느냐
엡 5 : 22-25	아내들이여 자기 남편에게 복종하기를 주께 하듯하라 이는 남편이 아내의 머리 됨이 그리스도께서 교회의 머리 됨과 같음이니 그가 친히 몸의 구주시니라 그러나 교회가 그리스도에게 하듯 아내들도 범사에 그 남편에게 복종할지니라 남편들아 아내 사랑하기를 그리스도께서 교회를 사랑하시고 위하여 자신을 주심같이 하라

2) 간음의 유혹을 이기고 순결을 지키는 길은 무엇인가?

우리가 간음의 유혹을 이기는 최선의 길은 "피하는 것"이다. 사도 바울은 고린도 교회에 음행을 경고하면서 "음행을 피하라"고 권면하였다(고전 6 : 18). 여기에서 "음행을 피하라" 함은 "음행의 유혹에서 도망하라"는 뜻이 있다. 다른 죄에 대하여 싸워야 한다면 음행에서는 도망하는 것이 상책이다. 구약의 요셉도 도망함으로써 음행의 유혹을 이겨냈다(창 39 : 12). 어느 날 어거스틴이 거리를 지나던 중, 그가 전에 방탕의 길을 걷고 있을 때 사귀었던 여인을 만났다. 어거스틴이 자꾸 피하려 하자 그녀는 "나예요, 나"라고 말하면서 계속 쫓아왔다. 이때 어거스틴은 "너는 너지만, 나는 네가 아는 내가 아니다"라고 대답해 버리고 걸음을 재촉해 달아났다고 한다. 간음의 죄는 싸우려 하지 말고 피하여야 한다.

> 고전 6 : 18 　음행을 피하라 사람이 범하는 죄마다 몸 밖에 있거니와 음행하는 자는 자기 몸에게 죄를 범하느니라
>
> 창 39 : 12 　그 여인이 그 옷을 잡고 가로되 나와 동침하자 요셉이 자기 옷을 그 손에 버리고 도망하여 나가매

4. 맺는말

성경은 음행이나 간음이 하나님의 무서운 심판을 받게 된다고 경고하고 있다. 본래 간음의 형벌은 죽음이었다(레 18 : 20, 20 : 20). 그러나 남자들의 도덕적 타락이 늘어남에 따라 간음죄에 대한 판결법이 바뀌고 AD 30년 경에 사형 제도가 폐지됨에 따라 간음자에 대한 죽음의 형벌도 중지되었다.

히브리서 13장 4절에 "⋯음행하는 자들과 간음하는 자들을 하나님이 심판하시리라"고 하였다. 우리는 나 자신을 파괴하고 가정을 파괴하고 나아가서 사회를 파괴하는 무서운 성범죄를 경계해야 한다. 그러기 위해서는 마음속에 음욕이 일어나 시험에 들지 않도록 기도해야 한다. 루터는 "정욕이 일어나면 기도하라 기도하면 성령님께서 너를 주장하시리라"고 하였다. 예수님께서도 "⋯여자를 보고 음욕을 품은 자마다 마음에 이미 간음했다"라고(마 5 : 28) 하셨다. 그리고 성적인 미혹을 받을 만한 장소, 즉 남녀가 함께 어울려 한가히 노는 곳에 가지 말아야 한다. 남녀 혼숙이나 선정적(煽情的)인 영화나 오락 및 댄스 같은 것을 피하여야 한다. 특

히 서양의 댄스는 혼자서 추는 한국의 춤과 달리 남녀가 함께 잡고 추게 되기 때문에 더욱 문제가 된다. 사람은 무드(Mood)에 약한 동물이다.

레 18 : 20 　　　너는 타인의 아내와 통간하여 그로 자기를 더럽히지 말지니라
레 20 : 20 　　　누구든지 백숙모와 동침하면 그 백숙부의 하체를 범함이니 그들이
　　　　　　　　그 죄를 당하여 무자히 죽으리라

VIII. 제8계명 : "도적질하지 말라"

"도적질하지 말지니라"(출 20 : 15)

1. 머리말

제8계명은 "도적질 금지 명령"으로서 이는 사람의 재산의 권리를 보장하기 위한 계명이다. 도적질은 살인, 간음과 함께 현대인의 3대 범죄 가운데 하나이다. 제8계명은 이웃의 소유물, 즉 유형 무형의 재산권 보호에 대한 계명이다. 재산은 정당한 노동의 대가를 지불하고 얻어야 하며(엡 4 : 28), 이런 대가를 지불하지 않고 불로소득으로 재물을 얻는 자를 불한당(不汗黨)이라고 칭한다.

우리는 정당한 방법으로 얻은 자신의 소유물에 만족하고 헛된 욕심을 내지 말아야 한다. 그것은 도적질의 근본 원인이 자기 소유(所有)에 대한 불만족이기 때문이다.

엡 4 : 28 　　　도적질하는 자는 다시 도적질하지 말고 돌이켜 빈궁한 자에게
　　　　　　　　구제할 것이 있기 위하여 제 손으로 수고하여 선한 일을 하라

2. 본문 연구

1) 도적질이란?

도적질이란 다른 사람의 것을 훔치거나 빼앗아 가지는 것을 의미한다. 도적은 남의 재산을 훔치거나 빼앗는 자로서 좀도둑과 노상 강도를 포함한다(눅 10 : 30; 요 12 : 6).

인간에 의해서 저질러진 최초의 죄가 도적질이다. 도적질의 개념에는 단순히 남의 재산을 훔치고 빼앗는 것만이 아니고 사기 행위에 의한 남의 재물을 착복하거나 부주의나 태만으로 남에게 재산상의 손해를 입히는 것도 포함된다. "아담과 하와"는 하나님께서 금하신 선악과를 몰래 훔쳐먹음으로써 인류 역사상 첫 도적이 되었다(창 3 : 6). 이스라엘 백성이 가나안 땅에 들어갔을 때 최초로 저질러진 범죄도 "아간"의 도적질이었다(수 7 : 21). 예수님의 제자인 "가룟 유다"도 주님의 일을 하면서 도적질하였고, 초대 교회의 "아나니아와 삽비라"도 헌금을 몰래 빼돌려 도적질을 하였다(행 5 : 2).

눅 10 : 30	예수께서 대답하여 가라사대 어떤 사람이 예루살렘에서 여리고로 내려가다가 강도를 만나매 강도들이 그 옷을 벗기고 때려 거반 죽은 것을 버리고 갔더라
요 12 : 6	이렇게 말함은 가난한 자들을 생각함이 아니요 저는 도적이라 돈궤를 맡고 거기 넣는 것을 훔쳐 감이러라
창 3 : 6	여자가 그 나무를 본즉 먹음직도 하고 보암직도 하고 지혜롭게 할 만큼 탐스럽기도 한 나무인지라 여자가 그 실과를 따먹고 자기와 함께한 남편에게도 주매 그도 먹은지라
수 7 : 21	내가 노략한 물건 중에 시날산의 아름다운 외투 한 벌과 은 이백 세겔과 오십 세겔중의 금덩이 하나를 보고 탐내어 취하였나이다 보소서 이제 그 물건들을 내 장막 가운데 땅속에 감추었는데 은은 그 밑에 있나이다
행 5 : 2	그 값에서 얼마를 감추매 그 아내도 알더라 얼마를 가져다가 사도들의 발 앞에 두니

2) 성경이 말하는 도적질의 개념

성경이 말하는 도적질이란 다른 사람의 물질을 훔치거나 빼앗는 행위만이 아니라 유괴, 납치(신 24 : 7), 착취(搾取), 또는 고리대금(암 8 : 5), 사기 횡령(미 2 : 2), 품질이나 함량, 분량을 속이는 것(미 6 : 11), 하나님께 바쳐야 할 것을 다 바치지 않는 것(말 3 : 8), 하나님께서 받으셔야 할 영광이나 다른 사람이 받아야 할 칭찬을 가로채는 것(잠 3 : 27), 그리고 고용인 학대와 임금 체불(滯拂, 신

24 : 14; 사 3 : 15; 약 5 : 4), 심지어 남의 물건을 악평하거나 지나치게 싸게 사려는 것(잠 20 : 14), 값싼 물건에 높은 가격을 붙여 부당한 이득을 취하는 것, 게으름, 태만, 낭비까지도 도적질로 간주한다. 이러한 도적질에 대한 형벌은 보통 물건을 훔치거나 착취한 때에는 그것의 5배에 해당되는 배상을 하도록 되어 있으나(출 22 : 1-4), 유괴 납치죄는 사형에 처하는 등(신 24 : 7), 특수 절도죄는 특별히 배상하도록 하였다.

신 24 : 7	사람이 자기 형제 곧 이스라엘 자손 중 한 사람을 후려다가 그를 부리거나 판 것이 발견되거든 그 후린 자를 죽일지니 이같이 하여 너의 중에 악을 제할지니라
암 8 : 5	너희가 이르기를 월삭이 언제나 지나서 우리로 곡식을 팔게 하며 안식일이 언제나 지나서 우리로 밀을 내게 할꼬 에바를 작게 하여 세겔을 크게 하며 거짓 저울로 속이며
미 2 : 2	밭들을 탐하여 빼앗고 집들을 탐하여 취하니 그들이 사람과 그 집 사람과 그 산업을 학대하도다
미 6 : 11	내가 만일 부정한 저울을 썼거나 주머니에 거짓 저울추를 두었으면 깨끗하겠느냐
말 3 : 8	사람이 어찌 하나님의 것을 도적질하겠느냐 그러나 너희는 나의 것을 도적질하고도 말하기를 우리가 어떻게 주의 것을 도적질하였나이까 하도다 이는 곧 십일조와 헌물이라
잠 3 : 27	네 손이 선을 베풀 힘이 있거든 마땅히 받을 자에게 베풀기를 아끼지 말며
신 24 : 14	곤궁하고 빈한한 품군은 너의 형제든지 네 땅 성문 안에 우거하는 객이든지 그를 학대하지 말며
사 3 : 15	어찌하여 너희가 내 백성을 짓밟으며 가난한 자의 얼굴에 맷돌질하느뇨 주 만군의 여호와 내가 말하였느니라 하시리로다
약 5 : 4	보라 너희 밭에 추수한 품군에게 주지 아니한 삯이 소리 지르며 추수한 자의 우는 소리가 만군의 주의 귀에 들렸느니라
잠 20 : 14	사는 자가 물건이 좋지 못하다 좋지 못하다 하다가 돌아간 후에는 자랑하느니라
출 22 : 1-4	사람이 소나 양을 도적질하여 잡거나 팔면 그는 소 하나에 소

다섯으로 갚고 양 하나에 양 넷으로 갚을지니라 도적이 뚫고 들어
옴을 보고 그를 쳐 죽이면 피 흘린 죄가 없으나 해 돋은 후이면
피 흘린 죄가 있으리라 도적은 반드시 배상할 것이나 배상할 것이
없으면 그 몸을 팔아 그 도적질한 것을 배상할 것이요 도적질한
것이 살아 그 손에 있으면 소나 나귀나 양을 무론하고 갑절을
배상할지니라

3) 도적질의 원인

(1) 욕심과 탐심이 도적질을 하게 한다. 성경에 "욕심이 잉태한즉 죄를 낳는다"
라고 하였다(약 1 : 15). 아담과 하와는 선악과를 보고 탐심이 생겨 그것을 훔쳐
먹었고(창 3 : 6), 아간은 외투 한 벌과 금덩이 하나를 보고 욕심이 생겨 그것을
훔쳤다(수 7 : 21).

창 3 : 6 여자가 그 나무를 본즉 먹음직도하고 보암직도 하고 지혜롭게
할 만큼 탐스럽기도 한 나무인지라 여자가 그 실과를 따먹고 자기와
함께 한 남편에게도 주매 그도 먹은지라

수 7 : 21 내가 노략한 물건 중에 시날산의 아름다운 외투 한벌과 은 이백
세겔과 오십 세겔 중의 금덩이 하나를 보고 탐내어 취하였나이다
보소서 이제 그 물건들을 내 장막 가운데 땅속에 감추었는데 은은
그 밑에 있나이다

(2) 마귀의 유혹과 충동 때문이다. 마귀는 사람의 마음을 충동하여 도적질하게
한다. '가룟 유다'도 '아나니아와 삽비라'도 모두 마귀의 유혹 때문에 도적질을 하
였다(요 13 : 27; 행 5 : 2-3).

요 13 : 27 조각을 받은 후 곧 사단이 그 속에 들어간지라 이에 예수께서
유다에게 이르시되 네 하는 일을 속히 하라 하시니

행 5 : 2-3 그 값에서 얼마를 감추매 그 아내도 알더라 얼마를 가져다가
사도들의 발 앞에 두니 베드로가 가로되 아나니아야 어찌하여
사단이 네 마음에 가득하여 네가 성령을 속이고 땅값 얼마를

감추었느냐

(3) 게으름과 나태(懶怠)때문이다. 일하기 싫어하는 게으름과 나태에 빠진 자(잠 26 : 15)가 불로소득의 미혹을 받아 도적질을 하게 된다. 그러므로 도적질하는 자는 제 손으로 힘써 일하여 얻는 소득으로 선한 일을 하라고 했다(엡 4 : 28).

잠 26 : 15	게으른 자는 그 손을 그릇에 넣고도 입으로 올리기를 피로워하느니라
엡 4 : 28	도적질하는 자는 다시 도적질하지 말고 돌이켜 빈궁한 자에게 구제할 것이 있기 위하여 제 손으로 수고하여 선한 일을 하라

3. 영적 교훈

1) 신자는 무엇보다도 하나님의 것을 도적질해서는 안 된다. 신자가 주일에 예배함으로 하나님의 날을 하나님께 드리지 않고, 수입의 십일조를 구별하여 하나님의 것을 하나님께 바치지 않는 것은 하나님의 것을 도적질하는 일이 된다(말 3 : 8-9).

말 3 : 8-9	사람이 어찌 하나님의 것을 도적질하겠느냐 그리고 너희는 나의 것을 도적질하고도 말하기를 우리가 어떻게 주의 것을 도적질하였나이까 하도다 이는 곧 십일조와 헌물이라 너희 곧 온 나라가 나의 것을 도적질하였으므로 너희가 저주를 받았느니라

2) 하나님께 돌려야 할 영광을 내가 받으려고 할 때에 우리는 하나님의 영광을 도적질하는 것이 된다. "헤롯"은 하나님께 돌아갈 영광을 자기가 가로챈 연고로 주의 사자가 하늘에서 내려와 치니 곧 충이 먹어 죽었다(행 12 : 23).

행 12 : 23	헤롯이 영광을 하나님께로 돌리지 아니하는고로 주의 사자가 곧 치니 충이 먹어 죽으니라

3) 부정직한 상거래도 도적질하는 죄가 되며(레 19 : 35) 빌리고 난 후 갚지 않는 것도 도적질로 간주된다. 시편 37편 21절에 "악인은 꾸고 갚지 아니한다"라고 하였다. 연장이나 그릇이나 도구를 빌려 오고 그것을 갖다 주지 않는 것도 도적질이며, 고용인의 품삯을 떼어먹는 것도 도적질이다(약 5 : 4). 그리고 높은 이자를 받아 부(富)를 축적하는 것도 도적질이다(출 22 : 25).

레 19 : 35　　**너희는 재판에든지 도량형에든지 불의를 행치 말고**

약 5 : 4　　**보라 너희 밭에 추수한 품군에게 주지 아니한 삯이 소리 지르며**
　　　　추수한 자의 우는 소리가 만군의 주의 귀에 들렸느니라

출 22 : 25　　**네가 만일 너와 함께 한 나의 백성 중 가난한 자에게 돈을 꾸이거든**
　　　　너는 그에게 채주같이 하지 말며 변리를 받지 말 것이며

4) 남의 것을 훔치는 것만이 아니라 자신의 것이라도 잘못 쓰는 경우에는 도적질하는 것이 된다. 내 것이라고 해서 필요 이상의 사치와 낭비를 하게 될 때 그것은 곧 내 것의 궁극적 주인이신 하나님의 것을 도적질하는 것이 된다. 우리는 주님의 청지기일 뿐이다.

5) 남을 위해 쓸 만한 재산이 있음에도 불구하고 그 재산을 남을 위하여 사용하지 않는 것도 도적질이다. 모든 재산은 원칙적으로 하나님의 것인 동시에 우리 모두의 것이기도 하다. 하나님께서 우리에게 물질을 여유 있게 주신 이유는 그것으로 다른 사람의 부족을 채우라는 뜻이 있다(고후 8 : 14).

고후 8 : 14　　**이제 너희의 유여한 것으로 저희 부족한 것을 보충함은 후에 저희**
　　　　유여한 것으로 너희 부족한 것을 보충하여 평균하게 하려 함이라

4. 맺는 말

도적질은 사람이 할 짓이 못된다. 더구나 신자가 도적질을 하는 것은 하나님 앞에 무서운 죄악이다. 우리는 도적질을 하지 않기 위해서 첫째, 내 손으로 부지런히 일하여 생활하고 정직한 직업을 가져야 한다(살후 3 : 10). 둘째, 이웃의 이

익과 행복을 추구하며 이기적인 사고 방식을 버려야 한다. 셋째, 열심히 일한 소득으로 생활하고 나머지로는 궁핍한 자를 구제하는 선한 일을 해야 한다(엡 4 : 28). 넷째, 탐심을 버리고, 있는 바를 족한 줄 알며 하나님께 감사해야 한다(빌 4 : 11-12). 다섯째, 아굴처럼 하나님께 기도해야 한다(잠 30 : 8-9).

오두막집 단칸방에 가난한 3부자가 살고 있었다. 아버지는 병들어 눕고 추운 겨울이라 난로를 피워야겠는데 장작이 없었다. 아버지가 큰아들에게 "얘야, 나무 좀 훔쳐다 불 좀 피워라"고 했다. 아들이 대답하기를 "아버지, 저는 그럴 수 없습니다. 교회에서 도적질하지 말라고 배웠습니다"라고 했다. 그러자 아버지는 화를 내며 "야, 이놈아! 너는 네 부모를 순종하라는 말은 안 배웠니?" 하고 반문한다. 아들은 마음이 아프고 갈등이 생겼다. 그는 그날 밤 하나님께 기도하기를 주기도문의 "오늘날 우리에게 일용할 양식을 주옵시고"를 계속 외웠다. 다음 날 학교에 갔다와 보니 "기독교 자선 단체"에서 보내 온 장작이 집안에 잔뜩 쌓여 있었다.

살후 3 : 10	우리가 너희와 함께 있을 때에도 너희에게 명하기를 누구든지 일하기 싫어하거든 먹지도 말게 하라 하였더니
엡 4 : 28	도적질하는 자는 다시 도적질하지 말고 돌이켜 빈궁한 자에게 구제할 것이 있기 위하여 제 손으로 수고하여 선한 일을 하라
빌 4 : 11-12	내가 궁핍하므로 말하는 것이 아니라 어떠한 형편에든지 내가 자족하기를 배웠노니 내가 비천에 처할 줄도 알고 풍부에 처할 줄도 알아 모든 일에 배부르며 배고픔과 풍부와 궁핍에도 일체의 비결을 배웠노라
잠 30 : 8-9	곧 허탄과 거짓말을 내게서 멀리 하옵시며 나로 가난하게도 마옵시고 부하게도 마옵시고 오직 필요한 양식으로 내게 먹이시옵소서 혹 내가 배불러서 하나님을 모른다 여호와가 누구냐 할까 하오며 혹 내가 가난하여 도적질하고 내 하나님의 이름을 욕되게 할까 두려워함이니이다

IX. 제9계명 : "거짓 증거하지 말라"

"네 이웃에 대하여 거짓 증거하지 말지니라" (출 20 : 16)

1. 머리말

제9계명은 "위증(거짓 증언) 금지 명령(僞證禁止命令)"이다. 즉 거짓으로 증언하여 남에게 손해를 끼치는 것을 금하는 계명이다. 특별히 법정에서의 위증을 해서는 안 된다는 것이다. 거짓말은 본래 마귀가 행한 범죄였다(요 8 : 44). 거짓말은 도적질보다 더 심각한 죄이다.

한마디 거짓말을 하면 그것을 믿게 하기 위하여 더 많은 거짓말을 해야 된다. 도적질은 이웃의 재산상의 피해를 주지만 거짓말은 이웃의 재산과 명예에까지 치명적인 피해를 준다.

어떤 어린이가 어머니에게 물었다. "엄마, 도적질과 거짓말하는 것 중에 어느 것이 더 나쁜 거예요?" 어머니는 "그야 물론 도적질이 더 나쁘지"라고 대답해 주었다. 그러나 아이의 생각은 달랐다. "아니에요, 엄마가 틀렸어요. 거짓말이 더 나빠요. 거짓말은 돌려줄 수가 없잖아요"라고 하였다. 거짓말은 하나님께서 특별히 미워하시는 것이다(잠 6 : 9; 슥 8 : 17).

요 8 : 44	너희는 너희 아비 마귀에게서 났으니 너희 아비의 욕심을 너희도 행하고자 하느니라 저는 처음부터 살인한 자요 진리가 그 속에 없으므로 진리에 서지 못하고 거짓을 말할 때마다 제 것으로 말하나니 이는 저가 거짓말쟁이요 거짓의 아비가 되었음이니라
잠 6 : 9	게으른 자여 네가 어느 때까지 눕겠느냐 네가 어느 때에 잠이 깨어 일어나겠느냐
슥 8 : 17	심중에 서로 해하기를 도모하지 말며 거짓 맹세를 좋아하지 말라 이 모든 일은 나의 미워하는 것임이니라 나 여호와의 말이니라

2. 본문 연구

1) 거짓 증거란?

본문의 "거짓 증거"란 "거짓 증언", "거짓말하다", 또는 "근거 없는 허위성의 말이나 행동을 하다"라는 뜻이다. 성경에서 "거짓 증거"는 중요한 범죄로 취급된다. 그 이유는 위증(僞證)은 남의 명예를 훼손시키는 범죄 행위이고 때로는 살인까지도 결과할 수 있어(왕상 21 : 13 참조), 상대방에게 돌이킬 수 없는 치명적인 피해를 주는 행위가 거짓 증거이기 때문이다(민 35 : 30; 신 19 : 16-19).

구약의 "나봇의 포도원 사건"에서 나봇을 쳐 죽이고 포도원을 빼앗기 위해 "나봇이 하나님과 왕을 저주했다"라고 증언한 거짓 증거는 성경에 나타난 위증 범죄의 가장 대표적인 유형이다(왕상 21장 참조).

예수님께서도 이러한 거짓 증거로 고소를 당하셨다(마 26 : 60-61; 막 14 : 56-58). 허위 증언이 이웃의 재산 및 생명에 그토록 치명적인 피해를 주기 때문에 모세의 율법은 만일 어떤 사람의 증언이 거짓으로 판명되면 그 위증인(僞證人)은 피고인이 받을 형벌을 대신 받도록 규정하고 있다(신 19 : 15-21 참조).

왕상 21 : 13	때에 비류 두 사람이 들어와서 그 앞에 앉고 백성 앞에서 나봇에게 대하여 증거를 지어 이르기를 나봇이 하나님과 왕을 저주하였다 하매 무리가 저를 성 밖으로 끌고 나가서 돌로 쳐 죽이고
민 35 : 30	무릇 사람을 죽인 자 곧 고살자를 증인들의 말을 따라서 죽일 것이나 한 증인의 증거만 따라서 죽이지 말 것이요
신 19 : 16-19	만일 위증하는 자가 있어 아무 사람이 악을 행하였다 말함이 있으면 그 논쟁하는 양방이 같이 하나님 앞에 나아가 당시 제사장과 재판장 앞에 설 것이요 재판장은 자세히 사실하여 그 증인이 위증인이라 그 형제를 거짓으로 무함한 것이 판명되거든 그가 그 형제에게 행하려고 꾀한 대로 그에게 행하여 너희 중에서 악을 제하라
마 26 : 60-61	거짓 증인이 많이 왔으나 얻지 못하더니 후에 두 사람이 와서 가로되 이 사람의 말이 내가 하나님의 성전을 헐고 사흘에 지을 수 있다 하더라 하니
막 14 : 56-58	이는 예수를 쳐서 거짓 증거하는 자가 많으나 그 증거가 서로 합하지 못함이라 어떤 사람들이 일어나 예수를 쳐서 거짓 증거하여 가로되 우리가 그의 말을 들으니 손으로 지은 이 성전을 내가 헐고 손으로 짓지 아니한 다른 성전을 사흘에 지으리라 하더라 하되

2) 거짓 증거의 유형은 여러 가지이다

첫째, 참소이다. 이는 이웃을 헐뜯어 없는 죄를 꾸며서 고해 바치는 일이다. 둘째, 허위 사실 유포이다. 이는 이웃에 대하여 헛소문을 유포하여 가해하는 것이다(잠 20 : 19; 레 19 : 16). 셋째, 위증(僞證)이다. 이는 법정에서 사실을 거짓 없이 말하겠다고 선서해 놓고 사실이 아닌 거짓을 증언하는 것이다. 유대 교회의 지도자들은 예수님을 정죄하기 위해 거짓 증인들을 이용하려 했다(마 26 : 59-60). 넷째, 지나친 과장이나 축소 및 아첨을 하는 말이다.

잠 20 : 19	두루 다니며 한담하는 자는 남의 비밀을 누설하나니 입술을 벌린 자를 사귀지 말지니라
레 19 : 16	너는 네 백성 중으로 돌아다니며 사람을 논단하지 말며 네 이웃을 대적하여 죽을 지경에 이르게 하지 말라 나는 여호와니라
마 26 : 59-60	대제사장들과 온 공회가 예수를 죽이려고 그를 칠 거짓 증거를 찾으매 거짓 증인이 많이 왔으나 얻지 못하더니 후에 두 사람이 와서

3) 거짓 증거하는 이유는 무엇인가?

첫째, 남을 파괴하려는 악의에서 또는 자신에게 닥칠 일에 대한 두려움 때문에 거짓말을 하게 된다. 둘째, 신중하게 생각하지 않고 부주의하게 내뱉은 말이 거짓말의 동기가 된다. 셋째, 자신의 이득을 위하는 심리가 거짓말하게 된다. 거짓말의 바탕에는 욕심과 허영의 심리가 깔려 있다. 넷째, 모든 거짓말의 배후에는 반드시 사단의 유혹과 조정이 있다. 사단은 거짓말의 아비요, 모체이다(요 8 : 44).

요 8 : 44	너희는 너희 아비 마귀에게서 났으니 너희 아비의 욕심을 너희도 행하고자 하느니라 저는 처음부터 살인한 자요 진리가 그 속에 없으므로 진리에 서지 못하고 거짓을 말할 때마다 제 것으로 말하나니 이는 저가 거짓말쟁이요 거짓의 아비가 되었음이니라

3. 영적 교훈

1) 거짓 증거는 입으로 하는 범죄이다

성경은 혀로 짓는 죄에 대해서 가장 많이 말하고 있다. 그러나 사람들은 거짓말이 너무 흔하고 또 쉽게 할 수 있기 때문에 별 죄의식 없이 거짓말하는 혀를 자주 놀리게 된다.

　그러나 성경은 "사람이 무슨 말을 하든지 심판 날에 심판을 받으리라"고 경고하고·있다(마 12 : 36).

마 12 : 36　　　내가 너희에게 이르노니 사람이 무슨 무익한 말을 하든지 심판날에 이에 대하여 심문을 받으리니

2) 진실된 말은 진실된 인격의 표현이다

　인간의 언어 기능은 "로고스(말씀)"이신 하나님께서 주신 가장 고귀한 능력이다. 하나님께서 인간에게 언어를 주신 목적은 상호 의사를 소통하고 진실을 말하며 하나님을 찬양하고 이웃을 사랑하는 그런 표현을 위해서 주셨다. 그러나 사람이 범죄하고 타락한 후 그 혀를 진실과 사랑보다는 저주와 참소와 악독과 거짓을 행하는데 더 많이 사용하게 되었다. 사람이 거짓말을 하면 인격이 더러워진다. 성경에 "혀가 온몸을 더럽힌다" 라고 하였다(약 3 : 6). 깨끗한 혀는 몸과 생활을 깨끗하게 한다.

약 3 : 6　　　혀는 곧 불이요 불의의 세계라 혀는 우리 지체 중에서 온 몸을 더럽히고 생의 바퀴를 불사르나니 그 사르는 것이 지옥불에서 나느니라

3) 침묵도 거짓 증거가 될 수 있다

　침묵은 금이라고 하지만 진실을 밝히고 이웃의 억울한 피해를 막기 위하여 증언을 꼭 해야 할 때 자신의 불이익이나 예상되는 위험때문에 증언하지 않는다면 이런 침묵은 금이 아니라 거짓 증언이다.

4) 남의 일에 참견하는 말을 삼가야 한다

　우리는 이웃의 깊은 사정을 알지 못한 채 남을 비난하기 쉽다.

　헛셀 포드 목사의 예화 중에 있는 이야기이다. 미국의 대륙 횡단 열차 안에서 어린아기가 앙앙 소리 지르며 울었다. 승객들이 처음에는 웃으면서 친절하게 "아

가야, 어디 아프니?" 하고 걱정해 주더니, 아기가 계속 울어대자 사람들이 웅성거리고 그 중에 성급한 사람이 쫓아가 "여보, 어째서 아이를 그렇게 울리는 거요! 젖을 좀 줘요, 젖을! 이 아기 엄마는 어딜 갔기에 혼자 아기를 데리고 여행을 하면서 남에게 피해를 주는 거요" 라고 다그치자, 아기의 아빠가 자리에서 일어나 머리 숙여 정중히 사과하며 "제 아내가 서부에서 같이 살다가 병들어 죽었습니다. 그 시신을 담은 관이 이 기차 화물칸에 있습니다. 이 아이가 엄마의 젖을 먹지 못해서 이렇게 웁니다" 라고 하였다. 이제까지 남의 깊은 사정도 모른 채 떠들고 분노했던 사람들은 미안하고 부끄러워 고개를 들지 못했다.

우리는 남의 깊은 사정, 아픈 사정, 슬픈 사정, 괴로운 사정을 잘 모른다. 이웃이 잘되면 말을 않다가도 잘못되기만 하면 말을 막한다. 고통당하고 있는 그 사람을 더 발로 밟고 짓누른다.

4. 맺는 말

하나님께서는 사람에게만 말을 할 수 있는 고귀한 언어 기능을 주셨다. 우리의 삶은 대부분이 언어로 이루어진다. 따라서 죄도 입으로 짓는 죄가 가장 많고 그로 인한 피해도 가장 크다. 성경은 경우에 합당한 말이 아름답고(잠 25 : 11) 말에 실수가 없으면 온전한 인격자라고 했다(약 3 : 2).

다윗은 언어 구사의 천재이면서도 "내 입에 파숫군을 세워 주옵소서…" 라고(시 141 : 3) 기도하였다. 생각은 많이 하고 말은 적게 해야 한다. 말을 좋게 하는 사람이 복을 받는다(벧전 3 : 10).

교회의 회의도 적게, 짧게 해야 한다. 제직회, 월례회, 무슨 회의 건간에 회의하며 은혜받는 경우는 별로 없다. 우리는 무엇보다도 말을 조심해야 한다. 사람의 입은 어떤 말을 하느냐에 따라서 화(禍)의 문(門)도, 복(福)의 문(門)도 될 수 있다.

잠 25 : 11　　경우에 합당한 말은 아로새긴 은쟁반에 금사과니라

약 3 : 2　　우리가 다 실수가 많으니 만일 말에 실수가 없는 자면 곧 온전한 사람이라 능히 온 몸도 굴레 씌우리라

벧전 3 : 10   그러므로 생명을 사랑하고 좋은 날 보기를 원하는 자는 혀를
금하여 악한 말을 그치며 그 입술로 궤휼을 말하지 말고

X. 제10계명 : "네 이웃의 소유를 탐내지 말라"

"네 이웃의 집을 탐내지 말지니라 네 이웃의 아내나 그의 남종이나 그의 여종이나 그의 소나 그의 나귀나 무릇 네 이웃의 소유를 탐내지 말지니라"(출 20 : 17)

1. 머리말

제10계명은 "탐욕 금지 명령"(貪慾禁止命令)으로서 모든 계명의 결론적 요약이다. 이는 십계명의 맨 마지막 계명으로서 앞에서 언급한 아홉까지 계명이 행동 강령이라면 이 마지막 계명은 마음의 강령이라고 할 수 있다. 무엇인가를 탐내어 가지려는 욕망인 탐심은 보이지 않지만 사람 속에 실재하는 죄의 욕망이며, 근본적인 죄의 동기이다. 사람은 동물과 달라서 본능대로 행하지 않고 마음이 결정하는 대로 행동하게 된다. 그러기에 하나님께서 모든 죄악의 욕망이며 동기가 되는 마음의 탐심(롬 7 : 7)을 물리치라고 명령하신 것이다.

롬 7 : 7   그런즉 우리가 무슨 말하리요 율법이 죄냐 그럴 수 없느니라
율법으로 말미암지 않고는 내가 죄를 알지 못하였으니 곧 율법이
탐내지 말라 하지 아니하였더면 내가 탐심을 알지 못하였으리라

2. 본문 연구

1) 탐심이란?

본문의 탐심(貪心)이란, 자기 소유가 아닌 어떤 대상이 마음에 들어 그것을 계속 바라보며 무슨 수단을 써서라도 내 것으로 만들었으면 하는 지나친 욕심을 의미한다.

그러기에 "어거스틴"은 "탐심이란 충족한 것보다 우리가 더욱 원하는 것"이라고 하였다. 이러한 탐욕은 물질적이거나 정신적인 것까지도 포함하며(마 23 : 25; 막 7 : 22; 엡 5 : 3). 성경에는 "탐심"이란 말이 "더욱 많이 지나치게 갖고자 하는 탐욕"이라는 뜻으로 표현되어 있다. 구약의 신명기에는 "탐심"이란 단어가 "타바"

(Tabah)라는 단어로 쓰여졌는데 이는 "악한 소욕(所欲)" 혹은 "불법적인 욕심"을 가리키는 것이다.

마 23 : 25	화 있을진저 외식하는 서기관들과 바리새인들이여 잔과 대접의 겉은 깨끗이 하되 그 안에는 탐욕과 방탕으로 가득하게 하는도다
엡 5 : 3	음행과 온갖 더러운 것과 탐욕은 너희 중에서 그 이름이라도 부르지 말라 이는 성도의 마땅한 바너라
막 7 : 22	간음과 탐욕과 악독과 속임과 음탕과 흘기는 눈과 훼방과 교만과 광패너

2) 남의 것을 탐내지 말라고 하였다

본 계명은 '남의 소유' 라는 것에 강조점을 두고 있다. 즉 "네 이웃의 집을 탐내지 말지니라 네 이웃의 아내나 그의 남종이나 그의 여종이나 그의 소나 그의 나귀나 무릇 네 이웃의 소유를 탐내지 말지니라"고 함으로써 남의 소유권 인정을 강조하고 있다는 것이다.

여기에서 특히 남의 소유권 인정을 강조하는 이유는 내게 소유권이 없는 이웃의 소유를 불의한 욕심으로 탐내게 될 때 그 탐욕이 결국 남의 소중한 소유권을 부정하는 죄를 범하게 되기 때문이다. 남의 소유권을 부정하는 것은 곧 그의 생존권과 행복권을 부정하는 죄악이다.

3. 영적 교훈

1) 탐심은 우상 숭배와 간음, 도적질 및 기타 모든 죄를 일으키는 근원이 된다 (약 1 : 15; 골 3 : 5). 탐심은 여러 가지 시험에 빠지게 한다. 성경에 "부하려 하는 자들은 시험과 올무와 여러 가지 어리석고 해로운 정욕에 떨어지나니 곧 사람으로 침륜과 멸망에 빠지게 하는 것이라"(딤전 6 : 9)고 하였다.

톨스토이의 글 가운데 이런 이야기가 있다. 어떤 농부가 영주로부터 "네가 하루 동안에 밟고 걸어다니는 땅을 다 네 소유로 주겠다" 라는 약속을 받았다. 이 농부는 아침 일찍부터 시작하여 해지기 전까지 뛰며 걸으며 엄청난 땅을 밟고 출발점으로 돌아왔다. 그러나 그는 돌아오자마자 기진맥진하여 쓰러져 죽고 말았다. 결국 소유에 대한 그의 탐심이 자신의 생명까지 삼켜 버리고 만 것이다.

| 약 1 : 15 | 욕심이 잉태한즉 죄를 낳고 죄가 장성한즉 사망을 낳느니라 |
| 골 3 : 5 | 그러므로 땅에 있는 지체를 죽이라 곧 음란과 부정과 사욕과 악한 정욕과 탐심이니 탐심은 우상 숭배니라 |

2) 탐심은 하나님보다 다른 무엇을 더 사랑한다는 증거이며, 다른 사람을 돌아보고자 하는 마음은 조금도 없이 오직 자기 자신의 안일과 욕심만을 채우려는 극단적인 이기주의가 지배하는 심리라고 하였다.

3) 본 계명은 십계명의 마지막 계명으로서 눈에 보이는 행동보다 훨씬 고차원적이고 근본적인 인간의 생각을 규제 대상으로 삼고 있다는 점에 유의해야 한다. 이 계명은 인간의 중심을 감찰하시는 여호와 하나님의 임재를 믿는 신앙이 없이는 지킬 수 없는 계명이다(삼상 16 : 7; 살전 2 : 4; 히 4 : 2).

삼상 16 : 7	여호와께서 사무엘에게 이르시되 그 용모와 신장을 보지 말라 내가 이미 그를 버렸노라 나의 보는 것은 사람과 같지 아니하니 사람은 외모를 보거니와 나 여호와는 중심을 보느니라
살전 2 : 4	오직 하나님의 옳게 여기심을 입어 복음 전할 부탁을 받았으니 우리가 이와 같이 말함은 사람을 기쁘게 하려 함이 아니요 오직 우리 마음을 감찰하시는 하나님을 기쁘시게 하려 함이라
히 4 : 2	저희와 같이 우리도 복음 전함을 받은 자이나 그러나 그 들은바 말씀이 저희에게 유익되지 못한 것은 듣는 자가 믿음을 화합지 아니함이라

4) 탐심은 죄악의 뿌리요, 근본적인 동기이다. 탐심은 모든 죄의 어머니라고 하였다. 아담과 하와가 저지른 인류 최초의 범죄도 바로 이 탐심때문이었다.

야고보는 "욕심이 잉태한즉 죄를 낳고 죄가 장성한즉 사망을 낳는다" 라고 하였다(약 1 : 15). 탐심은 탐심의 죄 하나만으로 끝나지 않고 모든 죄를 유발하는 근본적인 동기가 된다는데 문제가 있다. 탐심의 죄는 십계명의 모든 계명들을 파괴해

버린다.

인간의 모든 죄는 그 바탕이 탐심이다. 따지고 보면 "간음"은 이웃의 정조를, "도적질"은 이웃의 소유를, "살인"은 이웃의 생명을, "거짓 증거"는 이웃의 명예를 탐하는 데서 비롯된 죄악이다.

5) 탐심은 끝없는 탐욕의 죄로 빠져든다. 전도서 5장 10절에 "은을 사랑하는 자는 은으로 만족함이 없고 풍부를 사랑하는 자는 소득으로 만족함이 없나니…" 라고 하였다. 정욕의 탐심을 품은 자는 탐욕의 죄악으로 한없이 빠져들게 된다. 마치 바닥이 없는 무저갱(지옥)의 심연으로 계속 빠져들게 된다.

4. 맺는 말

성경에는 무엇보다도 탐심의 죄를 가장 경계하고 있다. 골로새서 3장 5절에 "탐심은 우상 숭배라"고 하였고 에베소서 5장 5절에는 "음행하는 자나 더러운 자나 탐하는 자 곧 우상 숭배자는 다 그리스도와 하나님 나라에서 기업을 얻지 못하리라"고 하였다.

예수님께서 친히 말씀하시기를 "삼가 모든 탐심을 물리치라 사람의 생명이 그 소유의 넉넉한데 있지 아니하니라"(눅 12 : 15)고 하셨다. 우리는 물질보다도 더욱 쾌락의 탐심을 물리쳐야겠다.

바울 사도는 쾌락을 탐하는 "사람들의 신(神)은 배" 라고 하였다(빌 3 : 19). 즉 사람들은 "쾌락"을 자기 하나님으로 삼는다는 뜻이다. 우리는 "명예의 탐심"도 물리쳐야 한다. 명예에 대한 탐심은 하나님이 되고자 하는 무서운 죄악이다. 인류의 시조가 선악과를 따먹고 전 인류를 사망에 빠뜨리는 죄악을 범하게 된 동기가 바로 "인간이 하나님과 같이 되고자 하는 탐심"이었던 것이다.

창세기 3장 1-6절에 보면 마귀가 하와를 꾀어 말하기를 "네가 선악과를 따먹는 날에는 너희 눈이 밝아져 하나님과 같이 되리라"고 하였다.

존 부스라는 청년은 자기가 남보다 못났다는 열등감을 느끼다가 "내가 유명한 사람을 죽이면 나도 유명해지겠지" 하는 명예에 대한 탐심을 품게 되었고, 결국 링컨 대통령을 향하여 방아쇠를 당기고 말았다. 인류 역사에 나타난 큰 별, 위대한 링컨 대통령이 철없는 한 청년의 탐심의 제물이 되고 말았다. 탐심을 물리치려면 무엇보다도 주님을 사랑하는 뜨거운 열정과 있는 바(하나님이 내게 주신 것)를 족한 줄로 아는 믿음이 있어야 한다.

빌 3 : 19　　　　저희의 마침은 멸망이요 저희의 신은 배요 그 영광은 저희의 부끄러움에 있고 땅의 일을 생각하는 자라

주제색인

부모님께 대한 효심(孝心)은
하나님께 대한 공경심에서 비롯된다/290
부모님을 공경하는 것은
부모님을 존중하는 것이다/290
부모님을 공경하는 자가 복을 받는다/289
부활은 신체적 부활임/197
부활의 범위/187
부활의 시기에 대한 여러 견해/205
부활의 어의(語意)/186
부활의 의미/188
부활의 차례를 밝힘/194
부활체는 변화된 몸임/200
부활체의 특성/201
분봉왕은 순교한 성도들/170

사

사단과 그의 사자들/217
사단을 결박하기 위함/149
사도들의 증거/124
사도들이 증거함/196
사도적 예배를 복원해야 함/259
사회적 형편/176
사후 영혼 존속 문제/40
사후 영혼 존속의 증거/41
사후 영혼의 의식적 활동설/69
사후에도 영혼은 존속함/42
"살인하지 말라"는 명령에는 적어도 다음

세 가지 뜻이 담겨져 있다/296
상선 벌악(賞善罰惡)하심/219
새 예루살렘 성/231
생활의 회복 시대/181
선인과 악인을 분리함/219
선지자들의 예언/191
성경 예언의 성취/183
성경 예언의 성취/84
성경은 영적인 간음도 정죄한다/298
성경이 말하는 도적질의 개념/304
성경이 말하는 살인/294
성도들/213
성도들에게 기업을 주려 함/184
성도들을 영화롭게 하려 함/184
성도의 대망 성취/87
성도의 부활/143
성도의 부활과 공중 혼연이 끝난 후/167
성도의 휴거/141
성령 강림설(聖靈降臨設)/94
성령님의 도우심으로
계명을 지킬 수 있음/256
성화를 위한 징계의 절정/32
세상을 떠남/22
세태와 인정이 타락함/106
수명의 회복 시대/181
스올에서 구출을 바람/191
슬퍼하지 말 것/36

차

예배와 삶의 일치

복음에는 하나님의 의가 나타나서 믿음으로 믿음에
이르게 하나니 기록된 바 오직 의인은 믿음으로
말미암아 살리라 함과 같으니라

로마서 1 : 17

비전북은 줄과추 도서출판 와 하늘사다리 가 연합하여 설립한 출판사로서
이 땅에 하나님 나라의 확장을 위하여 존재하며
오직 믿음으로 주님 오실 그날까지 주님을 외치며 꿈과 비전을 가지고
모든 삶의 영역 속에서 예배와 삶의 일치를 이루어 갈 것입니다.

쉽게 풀어쓴 기독교 신학

V. 예수 재림과 십계명

저자 : 박 재 호
발행처 : 비전북출판사
전화 : (02)3141-9090 / 팩스 : (02)3144-6620
공급처 : 비전북
전화 : (031)907-3927 / 팩스 : (080)403-1004

값 9,000원

예배와 삶의 일치

복음에는 하나님의 의가 나타나서 믿음으로 믿음에
이르게 하나니 기록된 바 오직 의인은 믿음으로
말미암아 살리라 함과 같으니라

로마서 1 : 17

비전북은 줄과 추 도서출판 와 하늘사다리 가 연합하여 설립한 출판사로서
오직 믿음으로만 살았던 개혁신앙을 계승 발전시키고 다시오실 주님
의 길을 예비하는 마음으로 21세기에도 역동적인 신앙을 세우는데
꿈과 비전을 품고 예배와 삶의 일치를 이루는 출판 공동체입니다.